Z

18924

SECONDE SÉRIE

DE LA

BIBLIOTHÈQUE

LATINE-FRANÇAISE

DEPUIS ADRIEN JUSQU'A GRÉGOIRE DE TOURS

publiée

PAR C. L. F. PANCKOUCKE

OFFICIER DE LA LÉGION D'HONNEUR

IMPRIMERIE PANCKOUCKE,
rue des Poitevins, 14.

ÉCRIVAINS
DE
L'HISTOIRE AUGUSTE

ÆLIUS LAMPRIDIUS
VIES DE COMMODE, DE DIADUMÈNE, D'HÉLIOGABALE, D'ALEXANDRE SÉVÈRE

traduction nouvelle

PAR M. LAASS D'AGUEN
Membre de la Société asiatique de Paris.

FLAVIUS VOPISCUS
VIES D'AURÉLIEN, DE TACITE, DE FLORIEN,
DE PROBUS, DE FIRMUS, DE SATURNIN, DE PROCULUS, DE BONOSE
DE CARUS, DE NUMÉRIEN, DE CARIN

traduction nouvelle

PAR MM. E. TAILLEFERT
Censeur des études au collège royal de Mâcon

ET JULES CHENU

TOME DEUXIÈME

PARIS
C. L. F. PANCKOUCKE, ÉDITEUR
OFFICIER DE L'ORDRE ROYAL DE LA LÉGION D'HONNEUR
RUE DES POITEVINS, 14

1847

ÆLIUS LAMPRIDIUS.

NOTICE
SUR ÆLIUS LAMPRIDIUS.

Lampride (*Ælius Lampridius*) vivait au commencement du IVe siècle, sous les règnes de Dioclétien et de Constantin le Grand, auxquels il dédia ses écrits. Nous n'avons eu à consulter aucuns documents sur Lampride, il n'est connu que par les œuvres qui lui sont attribuées. Ce sont les Vies de quatre empereurs, comprenant une période de cinquante-quatre ans (de 180 à 234 de J.-C.), avec une lacune de vingt-cinq ans entre Commode Antonin et Antonin Diadumène. D'après plusieurs passages de ces biographies, il est présumable qu'il en avait composé d'autres, antérieures à celles qui nous sont parvenues : il promet aussi de donner celles des empereurs postérieurs à Alexandre Sévère ; mais il nous est impossible de déterminer si réellement il les a écrites, ou si le temps lui a manqué pour accomplir la tâche qu'il s'était imposée. On peut voir à ce sujet le dernier chapitre de la *Vie d'Héliogabale*, où il annonce non-seulement celle de son successeur, mais celle d'Aurélien, celle de Claude, celle de Dioclétien, celle de Maximien et de tous les autres empereurs, jusqu'à Constantin, auquel il s'adresse. *Scribere autem ordiar qui post sequentur, quorum Alexander optimus..., Aurelianus præcipuus, et horum omnium decus, auctor tui generis, Claudius.... His jungendi sunt Diocletianus.... et Maximianus.... ceterique ad pietatem tuam.* Quoi qu'il en soit, ce que nous avons de Lampride se borne aux quatre Vies dont nous avons parlé : ce sont celles de Commode Antonin, d'Antonin Diadumène, d'Antonin Héliogabale et d'Alexandre Sévère. En vain chercherait-on dans notre auteur le style sévère et concis, la richesse des descriptions de Salluste, la profondeur des vues, l'énergie qu'on admire en Tacite, l'art si varié et les vives peintures de Tite-Live, la pureté et l'élégance de l'abréviateur de Trogue-Pompée : le siècle d'Auguste est déjà loin; il ne reviendra plus. On peut justement reprocher à Lampride de manquer de critique, de méthode et de goût : sous le rapport de la méthode, surtout, il offre généralement le plus fatigant désordre ; mais, écrivain estimable, il s'attache à ne rien omettre de ce qui peut compléter le tableau de la vie de ses héros. N'allons donc pas, avec Tillemont (*Histoire des Empereurs*, t. III, p. 387), pousser la sévérité jusqu'à dire que « Lampride et les autres qui ont fait l'*Histoire Auguste* ne méritent pas le nom d'historiens. » Lampride, au contraire, se montre digne de toute notre confiance. Flavius Vopiscus, qui l'avait pris pour modèle comme historien, tout en lui refusant ses éloges pour le style, le loue de son amour pour la vérité, *non tam diserte quam veré* (*Vie de Probus*, ch. II). Si quelques-uns des faits qu'il raconte paraissent hasardés, comme dans la *Vie d'Héliogabale*, il prévient lui-même qu'il a souvent rapporté des bruits populaires dont il ne se rend pas garant. Et ici je pourrais rappeler le jugement que porte Juste-Lipse (lib. v, ep. 1 et 21) sur cette intéressante collection de l'*Histoire Auguste*, où Lampride a sa part d'un éloge mérité : « *E Spartiano, Lampridio, Capitolino, Vulcatio, et illis quasi partium secundarum historicis, eloquentiæ non multum, rerum et morum veterum immensam copiam est haurire.* — Sans doute il n'y a pas beaucoup à gagner pour l'éloquence dans Spartien, Lampride, Capitolinus, Vulcatius, et ces autres historiens qu'on peut appeler du second ordre; mais on en peut tirer une riche moisson pour l'histoire des événements et des mœurs anciennes. » Fabricius (*Biblioth. lat.*, liv. III, ch. 6) prétend que Lampride est le même que Spartien, dont le nom entier serait *Ælius Lampridius Spartianus*. On a aussi voulu confondre Capitolinus avec Lampride, et l'on se fondait sur un passage de notre auteur (*Vie d'Héliogabale*, ch. XXXIV) où il parle d'une Vie des Gordien père et fils qu'il aurait composée. Vossius (*de Hist. Lat.*, p. 193) est du même avis. Saumaise lui-même a embrassé cette opinion; mais M. de Moulines, dans la préface savante qu'il a mise en tête de sa traduction des écrivains de l'*Histoire Auguste*, réfute ces assertions, et prouve assez bien, tant par les différences de style que par certaines convenances de dédicace, qu'on ne doit guère penser à changer la répartition que nous trouvons établie. Tout ce qu'on pourrait accorder, c'est que Lampride aurait en effet écrit une Vie des Gordien qui serait aujourd'hui perdue, et que nous n'avons que celle donnée par J. Capitolinus. Ainsi, dans cette collection, nous laisserons chaque biographie à l'auteur auquel elle est attribuée, tout ce qui a été dit jusqu'ici pour provoquer des changements à cet égard, n'étant basé que sur des suppositions et non sur des certitudes. Pour nous, qui donnons cette traduction, n'avons-nous pas aussi quelques reproches personnels à craindre? Quand nous faisons passer dans la langue française des faits aussi honteux que ceux qui font le tissu de la vie de Commode et de celle d'Héliogabale, n'avons-nous pas à redouter que des lecteurs à conscience délicate ne nous condamnent? A cela nous répondons que, avant tout, un traducteur doit reproduire fidèlement son auteur, qu'aucune considération ne doit l'arrêter; c'était notre mission, et nous avons tâché de la remplir. Nous dirons avec de Moulines « qu'on a sans doute raison de ne pas traduire ces productions licencieuses dont les images obscènes peuvent, à l'aide des charmes du style, séduire et corrompre un grand nombre de lecteurs. Mais il en est tout autrement, je crois, des ouvrages dans lesquels l'auteur a soin de mettre, pour ainsi dire, l'antidote à côté du venin, en témoignant toute l'indignation que méritent des détails qu'il passerait avec plaisir sous silence, si son premier devoir n'était pas d'être fidèle à la vérité de l'histoire. » Avons-nous dû être plus scrupuleux que Lampride lui-même, qui, sur le point de raconter les infamies d'Héliogabale, s'écriait qu'il entreprenait malgré lui cette tâche, et qu'il se fût abstenu de parler d'un tel monstre, s'il eût pu penser que son silence dût le dérober à la connaissance de la postérité? Lui-même demande pardon à ses lecteurs de certains détails dans lesquels il est entré. « Moi le premier, dit-il, j'ai à m'excuser d'avoir livré à la publicité des détails recueillis de côté et d'autre. J'ai omis bien des faits; mais ce sont de hideuses actions, des choses qu'on ne peut répéter sans rougir; ceux que j'ai relatés, je les ai palliés, autant que j'ai pu, sous le voile d'expressions adoucies. — *Sed primum omnium ipse veniam peto, quod hæc, quæ apud diversos reperi, litteris tradidi, quum multa improba reticuerim, et quæ ne dici quidem sine maximo pudore possunt. Ea vero quæ dixi, præ-*

textu verborum adhibito, quantum potui, texi. » C'en est assez pour faire absoudre Lampride ; et nous réclamons une part de la même indulgence.

Il nous reste maintenant à dire quelques mots sur la correction du texte. En général, nous avons suivi celui de l'édition de Deux-Ponts ; cependant, en plus d'un endroit, nous avons été forcé de le modifier ; mais ce n'a jamais été qu'en nous appuyant de quelque manuscrit, sans nous laisser séduire tout d'abord par les doctes, mais souvent bien hardies conjectures des Casaubon, des Saumaise, des Gruterus. Ainsi, le texte que nous donnons n'offre rien de hasardé, aucune leçon qui n'ait pour elle une autorité. Prétendre avoir atteint la perfection, ce serait ridicule de notre part ; mais nous espérons du moins en avoir approché, en nous aidant du raisonnement d'abord, puis des travaux de nos devanciers.

LAASS D'AGUEN,

ÆLIUS LAMPRIDIUS.

[A. U. 933 — 945]

COMMODI ANTONINI VITA

AD DIOCLETIANUM AUG.

I. DE Commodi Antonini parentibus in Vita Marci Antonini satis est disputatum. Ipse autem natus est apud Lanuvium cum fratre Antonino gemino, pridie kalendas septembres, patre patruoque consulibus [1], ubi et avus maternus [2] dicitur natus. Faustina quum esset Commodo cum fratre prægnans, visa est in somnis serpentes parere; sed ex his unum ferociorem. Quum autem peperisset Commodum atque Antoninum, Antoninus quadrimus est elatus : quem parem astrorum cursu Commodo mathematici promittebant. Mortuo igitur fratre, Commodum Marcus et suis præceptis, et etiam magnorum atque optimorum virorum erudire conatus est [3]. Habuit litteratorem Græcum, Onesicritum; Latinum, Capellam Antistium; orator ei Ateius Sanctus fuit. Sed tot disciplinarum magistri ei nihil profuerunt : tantum valet aut ingenii vis, aut eorum qui in aula institutores habentur; nam a prima statim pueritia, turpis, improbus, crudelis, libidinosus, ore quoque pollutus et constu-

ÆLIUS LAMPRIDIUS.

[De J.-C. 180 — 192]

VIE DE COMMODE ANTONIN

ADRESSÉE A DIOCLÉTIEN AUGUSTE.

I. On a assez discuté sur les parents de Commode Antonin dans la Vie de Marc Antonin. Quant à lui, il naquit à Lanuvium avec un frère jumeau qui fut nommé Antonin, la veille des calendes de septembre, son père et son oncle paternel étant consuls, dans cette même ville où, dit-on, son aïeul maternel avait pris naissance. Pendant que Faustine était enceinte de Commode et de son frère, elle rêva qu'elle accouchait de deux serpents, dont l'un était plus féroce que l'autre. Enfin elle mit au monde Commode et Antonin; celui-ci mourut à l'âge de quatre ans, malgré la prédiction des astrologues, qui, d'après le cours des astres, lui avaient promis une fortune égale à celle de Commode. Après la mort de ce frère, Marc Antonin essaya de donner de l'instruction à Commode, tant par ses propres leçons que par celles d'hommes éminents et recommandables. Il eut pour maître des lettres grecques, Onésicrite; des lettres latines, Capella Antistius : pour maître d'éloquence, Ateius Sanctus. Mais tous ces doctes enseignements ne produisirent en lui aucun fruit : tant est grande la force du naturel, ou puissant l'ascendant de ceux qui, dans les cours, se mêlent de l'éducation des princes! Dès sa plus

pratus fuit : jam in his artifex, quæ stationis imperatoriæ non erant, ut calices fingeret, saltaret, cantaret, sibilaret, scurram denique et gladiatorem se perfectum ostenderet. Auspicium crudelitatis apud Centumcellas dedit anno ætatis duodecimo; nam quum tepidius forte lotus esset, balneatorem in fornacem conjici jussit; quando a pædagogo, cui hoc jussum fuerat, vervecina pellis in fornace consumpta est, ut fidem pœnæ de fœtore nidoris impleret. Appellatus est autem Cæsar puer cum fratre suo Severo [4]; decimo quarto ætatis anno in collegium sacerdotum adscitus est; cooptatus inter trossulos princeps juventutis, quum togam sumpsit; adhuc in prætexta puerili congiarium dedit, atque ipse in basilica Trajani præsedit.

II. Indutus autem toga est nonarum juliarum die, quo in terris Romulus non apparuit, et eo tempore quo Cassius a Marco descivit. Profectus est, commendatus militibus, cum patre in Syriam et Ægyptum, et cum eo Romam rediit. Post hæc, venia legis Annariæ impetrata, consul est factus : et cum patre imperator est appellatus quinto kalendarum decembrium die, Pollione et Apro consulibus, et triumphavit cum patre; nam et hoc patres decreverant. Profectus est cum patre et ad Germanicum bellum. Adhibitos custodes vitæ suæ honestiores ferre non potuit; pessimos quosque detinuit, et submotos, usque ad ægritudinem desideravit : quibus per patris mollitiem restitutis, popinas et ganeas in

tendre enfance, il fut dépravé dans ses goûts, sans probité, cruel, débauché, dissolu en paroles, infâme en actions. Bientôt, se livrant à des occupations d'artisan peu dignes du rang d'un empereur, il modelait des vases, il dansait, il chantait, il jouait de la flûte, il faisait le bouffon, et semblait tenir à passer pour excellent gladiateur. Il avait douze ans quand il donna, à Centumcelles, le premier indice de sa cruauté. L'eau de son bain s'étant trouvée trop chaude, il ordonna que l'esclave qui l'avait préparée fût jeté dans la fournaise ; mais, pour lui faire croire, par l'odeur, que son ordre était exécuté, son gouverneur y fit brûler la peau d'un bouc. Il reçut le nom de César en même temps que son frère Sévère ; à quatorze ans, il fut admis au collége des prêtres, et, au moment où il prit la toge, les vœux unanimes des jeunes chevaliers le nommèrent prince de la jeunesse. Il portait encore la prétexte, qu'il fit des largesses de blé au peuple, et vint s'asseoir dans la basilique de Trajan.

II. Il fut revêtu de la toge le jour des nones de juillet ; à pareil jour Romulus avait disparu de dessus la terre, et en ce moment Cassius abandonnait Marc Antonin. Recommandé aux soldats, il partit avec son père pour la Syrie et pour l'Égypte, et revint à Rome avec lui. Par dispense de la loi sur l'âge requis pour les magistratures, il fut fait consul, reçut le titre d'empereur avec son père, le 5 des calendes de décembre, sous le consulat de Pollion et d'Aper, et triompha avec lui, d'après un décret du sénat. Il suivit encore son père à la guerre de Germanie. Mais des gardiens de sa conduite il ne put supporter les plus honnêtes, il ne retint que les plus corrompus, et lorsqu'on les lui retira, il les regretta jusqu'à devenir malade ; par faiblesse, son père les lui rendit ; il fit alors des appartements du palais des tavernes et des lieux de débauches continuelles, et ne ménagea plus ni la pudeur ni les

palatinis semper ædibus fecit, neque unquam pepercit vel pudori vel sumptui. In domo aleam exercuit. Mulierculas formæ scitioris, ut prostibula mancipia lupanariorum, ad ludibrium pudicitiæ contraxit. Imitatus est propolas circumforaneos. Equos curules sibi comparavit. Aurigæ habitu currus rexit; gladiatoribus convixit; aquam gessit, ut lenonum minister, ut probris natum magis, quam ei loco, cum crederes, ad quem fortuna provexit.

III. Patris ministeria seniora submovit, amicos senes abjecit. Filium Salvii Juliani, qui exercitibus præerat, ad impudicitiam frustra tentavit, atque exinde Juliano tetendit insidias. Honestissimos quosque, aut per contumeliam, aut per honorem indignissimum, abjecit. Appellatus est a mimis quasi obstupratus: eosdemque ita, ut non apparerent, subito deportavit. Bellum etiam, quod pater pæne confecerat, legibus hostium addictus, remisit, ac Romam reversus est. Romam ut rediit, subactore suo Antero [5] post se in curru locato, ita triumphavit, ut cum sæpius cervice reflexa publice oscularetur; etiam in orchestra hoc idem fecit. Et quum potaret in lucem, helluareturque viribus Romani imperii, vespera etiam per tabernas ac lupanaria volitavit. Misit homines ad provincias regendas, vel criminum socios, vel a criminosis commendatos. In senatus odium ita venit, ut et ipse crudeliter in tanti ordinis perniciem sæviret, fieretque contemptui.

IV. Crudelis vita Commodi Quadratum et Lucillam

dépenses ; il établit des jeux dans sa maison ; il recueillit de ces femmes d'une beauté trop connue, et en fit comme des appâts de mauvais lieux, pour corrompre les femmes honnêtes. Il imita les marchands qui courent les foires. Il achetait des chevaux de trait, et, en habit de cocher, conduisait des voitures ; il mangeait avec les gladiateurs ; il portait l'eau, comme valet de ces hommes méprisables qui tiennent maison de prostitution, tellement que vous l'eussiez cru né plutôt pour cette abjection que pour le poste éminent où le plaça la fortune.

III. Il écarta les anciens serviteurs de son père, il dédaigna ses amis devenus vieux. Salvius Julianus était à la tête des armées ; ses efforts furent impuissants pour attirer son fils à la débauche, il tendit des embûches au père. Tout ce qu'il y avait d'honnêtes gens, il les éloigna soit par des affronts, soit par des places indignes d'eux. Des comédiens de la plus basse classe l'appelèrent des noms les plus honteux ; bientôt, pour qu'ils ne parussent plus, il les bannit. La guerre avait été presque terminée par son père ; il eut la lâcheté de se laisser imposer la loi de l'ennemi, abandonna tout, et revint à Rome. A son retour, il triompha ; mais Anterus, objet de turpitude, était placé derrière lui sur le char, et plus d'une fois, dans la pompe triomphale, on vit l'empereur tourner la tête pour lui donner publiquement des baisers. Même chose se renouvela au théâtre. Après avoir passé le jour à boire et à engloutir les richesses de l'empire romain, le soir il courait les tavernes et les lieux de prostitution. Il envoya pour gouverner les provinces ou les compagnons de ses crimes, ou des gens que ceux-ci lui recommandaient. Enfin il en vint à un tel point de haine contre le sénat, qu'il se porta à des cruautés extrêmes envers cet ordre honorable, et qu'il tomba dans le mépris.

IV. La conduite atroce de Commode poussa Quadratus

compulit ad ejus interfectionem consilia inire, non sine præfecti prætorio Tarruteni Paterni consilio. Datum autem est negotium peragendæ necis Claudio Pompeiano propinquo : qui ingressus ad Commodum districto gladio, quum faciendi potestatem habuisset, in hæc verba prorumpens, « Hunc tibi pugionem senatus mittit, » detexit facinus fatuus, nec implevit, multis cum eo participantibus causam. Post hæc interfecti sunt Pompeianus primo et Quadratus; dein Narbana, atque Norbanus, et Paralius, et mater ejus, et Lucilla in exsilium exacta. Quum præfecti prætorio vidissent Commodum in tantum odium incidisse obtentu Anteri, cujus potentiam populus Romanus ferre non poterat, urbane Anterum eductum a palatio sacrorum causa, et redeuntem in hortos suos, per frumentarios occiderunt. Id vero gravius, quam de se ipso, Commodo fuit. Paternum autem, et hujus cædis auctorem, et, quantum videbatur, paratæ necis Commodi conscium, et interventurum ne conjuratio latius puniretur, instigante Tigidio, per laticlavi honorem a præfecturæ administratione submovit; post paucos dies insimulavit eum conjurationis, quum diceret ob hoc promissam Juliani filio filiam Paterni, ut in Julianum transferretur imperium : quare et Paternum, et Julianum, et Vitruvium Secundum, Paterni familiarissimum, qui epistolas imperatorias curabat, interfecit. Domus præterea Quintiliorum omnis exstincta, quod Sextus Condiani filius, specie mortis, ad defectionem diceretur evasisse. Interfecta et Vitrasia

et Lucilla à s'entendre pour se défaire de lui, non sans le conseil de Tarrutenus Paternus, préfet du prétoire. L'exécution du projet fut confiée à Claudius Pompeianus, parent de l'empereur, qui, étant arrivé jusqu'à lui, tira son glaive, et ayant toute facilité d'agir, se contenta de s'écrier : « Le sénat t'envoie ce poignard, » découvrant ainsi son crime sans l'accomplir, le sot, tandis que tant de conjurés faisaient cause commune avec lui. Pompeianus et Quadratus furent les premières victimes ; ensuite Narbana, Norbanus, Paralius avec sa mère ; Lucilla fut envoyée en exil. Les préfets du prétoire, voyant que Commode était devenu l'objet de la haine la moins équivoque à cause d'Anterus, dont le peuple romain ne pouvait supporter la puissance, employèrent les formes les plus polies pour engager cet Anterus à sortir du palais sous prétexte d'un sacrifice, et à son retour dans ses jardins, ils le firent tuer par des marchands de blé. Commode en fut plus vivement affecté que s'il avait été attaqué lui-même. Or, Paternus était l'auteur de ce meurtre ; et, suivant toute apparence, il était complice de l'attentat dirigé contre l'empereur ; il interviendrait probablement pour que l'on s'arrêtât dans la recherche et la punition des conjurés. Aussi, à l'instigation de Tigidius, Commode lui ôta sa charge de préfet, en échange de laquelle il lui conféra le laticlave. Peu de jours après, il l'accusa ouvertement de conspiration, en supposant que pour récompense on avait promis au fils de Julien la fille de Paternus, afin de transmettre l'empire à ce même Julien. Ainsi il fit périr et Paternus, et Julien, et Vitruvius Secundus, ami intime de Paternus et secrétaire de l'empereur. En outre, toute la famille des Quintilius fut éteinte, parce que Sextus, fils de Condianus, se faisant passer pour mort, avait, disait-on, quitté la ville pour se mettre à la tête d'un complot. On fit mourir Vitrasia

Faustina, et Velius Rufus, et Egnatius Capito, consulares. In exsilium autem acti sunt Æmilius Junctus et Atilius Severus, consules; et in multos alios varie saevitum.

v. Post haec Commodus nunquam facile in publicum processit, neque quidquam sibi nuntiari passus, nisi quod Perennis ante tractasset. Perennis autem, Commodi persciens, invenit quemadmodum ipse potens esset : nam persuasit Commodo ut ipse deliciis vacaret, idem vero Perennis curis incumberet. Quod Commodus laetanter accepit. Hac igitur lege vivens ipse cum trecentis concubinis, quas ex matronarum meretricumque delectu ad formae speciem conciliaverat, trecentisque aliis puberibus exoletis, quos aeque ex plebe ac nobilitate, nuptiisque, forma disceptatrice collegerat, in palatio per convivia et balneas bacchabatur. Inter haec, habitu victimarii, victimas immolavit : in arena rudibus, inter cubicularios gladiatores pugnavit, lucentibus aliquando, mucronibus. Tunc tamen Perennis cuncta sibimet vindicavit : quos voluit, interemit; spoliavit plurimos; omnia jura subvertit; praedam omnem in sinum contulit. Ipse autem Commodus Lucillam sororem, quum eam compressisset, occidit : sororibus dein suis ceteris, ut dicitur, constupratis, consobrina patris complexibus suis conjuncta, uni etiam ex concubinis matris nomen imposuit et uxoris; quam deprehensam in adulterio exegit, exactam relegavit, et postea occidit. Ipsas concubinas suas sub oculis suis stuprari jubebat. Nec

Faustina, et les consulaires Velius Rufus et Egnatius Capiton. Les consuls Émilius Junctus et Atilius Sévère furent envoyés en exil. On sévit de différentes manières sur un grand nombre d'autres.

v. Dès lors Commode ne se montra plus volontiers en public; il ne souffrit même plus qu'on pût arriver jusqu'à lui, sans l'assentiment de Perennis. Celui-ci, qui avait étudié à fond le caractère de Commode, imagina un moyen de s'emparer du pouvoir : il persuada à l'empereur de ne s'occuper que de ses plaisirs, tandis que lui s'inquiéterait des affaires de l'État. Commode accepta la proposition avec joie. D'après cet arrangement, retiré dans son palais avec trois cents concubines que leur beauté lui avait fait choisir parmi les femmes mariées et les prostituées, et autant de jeunes débauchés pris également d'après leur extérieur dans le peuple et la noblesse, et même parmi les hommes mariés, il vivait dans la licence des banquets et des bains. Plus d'une fois, en habit de sacrificateur, il égorgea des victimes. Il descendait dans l'arène avec les gladiateurs gardes de sa chambre, et se battait contre eux à pointe émoussée, quelquefois même avec des glaives acérés. Pendant ce temps Perennis envahit toute la puissance : il fit mourir ceux qu'il voulut, dépouilla de leurs biens grand nombre de citoyens, bouleversa toutes les lois, et attira à lui tout le butin de Rome. Quant à Commode, il fit mourir sa sœur Lucilla après en avoir abusé; ayant ensuite déshonoré, dit-on, ses autres sœurs, et entretenu des liaisons avec une cousine germaine, il fit choix d'une des concubines de son père, à laquelle il donna le nom de mère et celui d'épouse; puis, l'ayant surprise en adultère, il la chassa, la bannit, et enfin la fit mourir. Il faisait violer ses propres concubines sous ses yeux. Et il ne manquait pas de jeunes libertins qui venaient assouvir sur lui leur

irruentium in se juvenum carebat infamia, omni parte corporis, atque ore in sexum utrumque pollutus. Occisus est eo tempore etiam Claudius, quasi a latronibus: cujus filius cum pugione quondam ad Commodum ingressus est; multique alii senatores sine judicio interempti, feminæ quoque divites. Et nonnulli per provinvincias, a Perenni ob divitias insimulati, spoliati sunt, vel etiam interempti. His autem quibus decrat ficti criminis appositio, objiciebatur quod scribere voluissent Commodum heredem.

VI. Eo tempore in Sarmatia res bene gestas per alios duces, in filium suum Perennis referebat. Hic tamen Perennis, qui tantum potuit, subito, quod bello Britannico militibus equestris loci viros præfecerat, amotis senatoribus, prodita re per legatos exercitus, hostis appellatus, lacerandusque militibus est deditus. In cujus potentiæ locum Cleandrum ex cubiculariis subrogavit. Multa sane post interfectum Perennem ejusque filium, quasi a se non gesta, rescidit, velut in integrum restituens. Et hanc quidem pœnitentiam scelerum ultra triginta dies tenere non potuit, graviora per Cleandrum faciens, quam fecerat per supra dictum Perennem. Et in potentia quidem Cleander Perenni successerat, in præfectura vero Niger : qui sex tantum horis præfectus prætorii fuisse perhibetur : mutabantur enim præfecti prætorii per horas ac dies, Commodo pejora omnia, quam fecerat ante, faciente. Fuit item Marcius Quartus præfectus prætorio diebus quinque. Horum successores

infâme passion, lui qui abandonnait toutes les parties de son corps, et sa bouche même, aux souillures de l'un et de l'autre sexe. A cette époque Claudius périt assassiné, disait-on, par des voleurs : son fils avait autrefois pénétré jusqu'à Commode le poignard à la main; on fit aussi mourir sans formes de procès beaucoup d'autres sénateurs et des femmes opulentes. Dans les provinces, un grand nombre de personnages furent accusés pour leurs richesses, et dépouillés ou mis à mort. Quant à ceux contre qui l'on ne pouvait imaginer aucune accusation, on leur reprochait d'avoir voulu inscrire Commode comme leur héritier.

VI. En ce même temps Perennis rapportait à son fils tout l'honneur des succès obtenus chez les Sarmates par les autres généraux. Cependant ce Perennis, ayant, dans la guerre de Bretagne, mis à la tête des troupes des hommes de l'ordre des chevaliers, en remplacement de sénateurs, le fait ayant été dénoncé par des députés de l'armée, ce Perennis, naguère si puissant, fut tout à coup déclaré ennemi de l'État, et livré aux soldats pour être mis en pièces. Cléandre, l'un des officiers de la chambre de l'empereur, succéda à son crédit. Après la mort de Perennis et de son fils, Commode désavoua bien des choses comme n'ayant pas été faites par lui-même, et parut vouloir les réparer. Mais ce repentir de ses crimes ne put durer au delà de trente jours, et il fit par le ministère de Cléandre des actions plus odieuses que celles dont il s'était rendu coupable par l'intermédiaire de Perennis. Cléandre avait bien succédé à Perennis pour la puissance; mais comme préfet du prétoire, ce fut Niger, qui ne garda cette charge que l'espace de six heures : car on changeait de préfet tous les jours et, pour ainsi dire, toutes les heures, Commode se portant à plus d'excès qu'il n'avait jamais fait. Marcius Quartus fut préfet pendant cinq

ad arbitrium Cleandri aut retenti sunt, aut occisi; ad cujus nutum etiam libertini in senatum atque in patricios lecti sunt. Tuncque primum vigintiquinque consules in unum annum; venditæque omnes provinciæ. Omnia Cleander pecunia venditabat; revocatos de exsilio dignitatibus ornabat; res judicatas rescindebat; qui tantum per stultitiam Commodi potuit, ut Byrrum, sororis Commodi virum, reprehendentem, nuntiantemque Commodo quæ fiebant, in suspicionem regni affectati traheret, et occideret; multis aliis, qui Byrrum defendebant, pariter interemptis. Præfectus etiam Ebutianus inter hos est interemptus : in cujus locum ipse Cleander cum aliis duobus, quos ipse delegerat, præfectus est factus. Tuncque primum tres præfecti prætorio fuere : inter quos libertinus, qui a pugione appellatus est.

VII. Sed et Cleandro dignus tandem vitæ finis impositus : nam quum insidiis illius Arrius Antoninus, fictis criminibus in Attali gratiam, quem in proconsulatu Asiæ damnaverat, esset occisus, nec eam tum invidiam, populo sæviente, Commodus ferre potuisset, plebi ad pœnam donatus est : quum etiam Apolaustus aliique liberti aulici pariter interempti sunt. Cleander inter cetera etiam concubinas ejus constupravit : de quibus filios suscepit, qui post ejus interitum cum matribus interempti sunt. In cujus locum Julianus et Regillus subrogati sunt : quos et ipsos postea pœnis affecit. His occisis, interemit Servilium et Dulium Silanos, cum suis; mox Anicium Lupum, et Petronios Mamertinum et Suram,

jours. Ses successeurs furent, au gré de Cléandre, ou emprisonnés ou tués ; il permit que des affranchis fussent élus pour remplir le sénat et les rangs des patriciens. Alors, pour la première fois, on vit vingt-cinq consuls dans une année. Toutes les provinces furent vendues. Cléandre faisait argent de tout ; il rappelait des exilés et leur conférait des dignités ; il cassait les jugements rendus ; mais une chose qui témoigne de la stupidité de Commode, c'est qu'il eut assez de crédit pour faire périr, sous l'inculpation de tentative d'usurpation, Byrrus, beau-frère de Commode, qui faisait des remontrances à l'empereur et lui découvrait ce qui se passait ; plusieurs autres qui se mêlèrent de la défense de Byrrus furent également mis à mort. De ce nombre fut le préfet Ebutianus, à la place duquel Cléandre lui-même, avec deux autres qu'il s'adjoignit, fut créé préfet. On vit alors, pour la première fois, trois préfets du prétoire, dont un affranchi, qui fut spécialement chargé du glaive impérial.

VII. Mais Cléandre lui-même eut une fin digne de sa vie. En effet, Arrius Antoninus ayant péri victime de ses menées, sous la fausse accusation d'avoir agi en faveur d'Attale, qu'il avait condamné dans son proconsulat d'Asie, et Commode, assailli par les fureurs du peuple, ne pouvant plus maîtriser l'envie qu'excitait Cléandre, il le livra à la vengeance populaire. Apolaustus et d'autres affranchis de la cour furent en même temps mis à mort. Entre autres choses que fit Cléandre, il eut commerce avec les concubines de Commode, et en eut des enfants, qui, après sa mort, furent tués avec leurs mères. L'empereur mit en sa place Julianus et Regillus, qu'il fit tuer aussi dans la suite. Après ceux-ci, il fit mourir Servilius Silanus et Dulius Silanus avec les leurs ; ensuite Anicius Lupus, Petronius Mamertinus et Petronius Sura, et Antonin, fils de Mamertinus et de sa sœur.

filiumque Mamertini Antoninum, ex sorore sua genitum. Et post eos sex simul ex consularibus, Allium Fuscum, Cœlium Felicem, Luceium Torquatum, Lartium Euripianum, Valerium Bassianum, Pactuleium Magnum cum suis : atque in Asia Sulpitium Crassum proconsulem et Julium Proculum cum suis, Claudiumque Lucanum, consularem, et consobrinam patris sui Faustinam Anniam in Achaia, et alios infinitos. Destinaverat et alios quatuordecim occidere, quum sumptus ejus vires Romani imperii sustinere non possent.

VIII. Inter hæc Commodus, senatu semet ridente, quum adulterum matris consulem designasset, appellatus est Pius; quum occidisset Perennem, appellatus est Felix. Inter plurimas cædes multorum civium, quasi quidam novus Sulla, idem Commodus ille Pius, ille Felix, finxisse etiam quamdam contra se conjurationem dicitur, ut multos occideret. Nec alia ulla fuit defectio præter Alexandri, qui postea se et suos interemit, et sororis Lucillæ. Appellatus est Commodus etiam Britannicus ab adulatoribus, quum Britanni etiam imperatorem contra eum deligere voluerint. Appellatus est etiam Romanus Hercules [6], quod feras Lanuvii in amphitheatro occidisset : erat enim hæc illi consuetudo, ut domi bestias interficeret. Fuit præterea ea dementia, ut urbem Romam, coloniam Commodianam vocari voluerit : qui furor dicitur ei inter delinimenta Marciæ injectus. Voluit etiam in circo quadrigas agitare. Dalmaticatus in publico processit, atque ita signum quadrigis emitten-

Après eux, six consulaires à la fois : Allius Fuscus, Célius Felix, Luceius Torquatus, Lartius Euripianus, Valerius Bassianus, Pactuleius Magnus avec les siens ; en Asie, le proconsul Sulpitius Crassus, et Julius Proculus avec les siens, et Claudius Lucanus, personnage consulaire ; en Achaïe, sa cousine germaine Faustina Annia, et une infinité d'autres. Il avait encore désigné quatorze victimes ; car les forces de l'empire romain ne pouvaient plus suffire à ses dépenses.

VIII. Cependant, Commode ayant désigné consul l'adultère de sa mère, le sénat, sans doute par dérision, lui donna le surnom de Pieux : déjà à la mort de Perennis, il avait reçu celui d'Heureux. Au milieu des meurtres d'un grand nombre de citoyens, ce nouveau Sylla, Commode, ce Pieux, cet Heureux empereur, imagina, dit-on, une conspiration ourdie contre sa personne, pour servir de prétexte à de nouveaux assassinats. Il n'y eut d'autre révolte véritable que celle d'Alexandre, qui ensuite se tua lui et les siens ; et celle de Lucilla sa sœur. Il reçut de ses flatteurs le nom de Britannique, pendant que les Bretons voulaient élire un empereur pour le lui opposer. Il fut appelé l'Hercule romain, pour avoir abattu des bêtes féroces dans l'amphithéâtre de Lanuvium : car c'était sa coutume de tuer des bêtes dans sa maison. Sa folie fut telle, qu'il voulut que la ville de Rome fût appelée colonie Commode. On dit que ce fut Marcia qui, dans ses embrassements, lui inspira cet acte de démence. Il voulut aussi conduire dans le cirque des chars à quatre chevaux. Il parut en public revêtu de la dalmatique, et donna ainsi le signal pour faire partir les chars. Et dans le même temps où il en référa au sénat pour faire appeler Rome Commodienne, non-seule-

dis dedit. Et eo quidem tempore, quo ad senatum retulit de Commodiana facienda Roma, non solum senatus hoc libenter accepit per irrisionem (quantum intelligitur), sed etiam se ipsum Commodianum vocavit, Commodum Herculem et Deum appellans.

IX. Simulavit se et in Africam iturum, ut sumptum itinerarium exigeret; et exegit, eumque in convivia et aleam convertit. Motilenum, præfectum prætorio, per ficus veneno interemit. Accepit statuas in Herculis habitu; eique immolatum est ut deo. Multos præterea paraverat interimere: quod per parvulum quemdam proditum est, qui tabulam e cubiculo ejecit, in qua occidendorum erant nomina scripta. Sacra Isidis coluit, ut et caput raderet, et Anubin portaret. Bellonæ servientes vere exsecare[7] brachium præcepit, studio crudelitatis. Isiacos vere pineis usque ad perniciem pectus tundere cogebat. Quum Anubin portaret, capita Isiacorum graviter obtundebat ore simulacri. Clava non solum leones in veste muliebri et pelle leonina, sed etiam multos homines afflixit. Debiles pedibus, et eos qui ambulare non possent, in gigantum modum formavit, ita ut a genibus de pannis et linteis quasi dracones dirigerentur; eosdemque sagittis confecit. Sacra Mithriaca[8] homicidio vero polluit, quum illic aliquid ad speciem timoris vel dici vel fingi soleat.

X. Etiam puer et gulosus et impudicus fuit. Adolescens omne genus infamavit hominum, quod erat secum, et ab omnibus est infamatus; irridentes se feris

ment le sénat l'accueillit volontiers, par dérision, comme on peut le penser, mais il s'appela lui-même Commodien, prodiguant à Commode les noms d'Hercule et de Dieu.

IX. Il feignit un projet de départ pour l'Afrique, afin de pouvoir demander des fonds pour sa route; il les reçut, et les dépensa au jeu et dans les festins. Il fit mourir Motilenus, préfet du prétoire, en lui donnant des figues empoisonnées. On lui érigea des statues avec les attributs d'Hercule, et on lui fit des sacrifices comme à ce dieu. Il avait projeté, en outre, bien des meurtres; mais ce projet fut trahi par un jeune enfant qui jeta hors de la chambre une tablette qui portait écrits les noms des victimes désignées. Il pratiqua le culte d'Isis, si bien qu'il se fit raser la tête, et qu'il porta la statue d'Anubis. Il ordonna, par un raffinement de cruauté, que les ministres de Bellone s'entailleraient véritablement les bras; et força ceux d'Isis à se frapper réellement la poitrine avec des branches de pin jusqu'à compromettre leur vie. Quand il portait Anubis, il frappait rudement de la figure de la statue les têtes des ministres d'Isis. Vêtu d'habits de femme et couvert d'une peau de lion, il assomma à coups de massue non-seulement des lions, mais un grand nombre d'hommes. Ceux qui étaient faibles des jambes et ceux qui ne pouvaient marcher, il les transformait en géants qu'au moyen de morceaux de linge et de drap il terminait en dragons, puis les tuait à coups de flèches. Il souilla d'un homicide réel les mystères de Mithra, tandis que d'ordinaire on se contentait de quelque action ou de quelque parole qui suppose la terreur.

X. Dès son enfance il avait été gourmand et sans pudeur. Jeune homme, il avilit tous ceux qui l'entourèrent, et s'avilit lui-même avec eux. Ceux qui se moquaient de

objiciebat; cum etiam qui Tranquilli librum vitam Caligulæ continentem legerat, feris objici jussit, quia eumdem diem natalis habuerat quem et Caligula. Si quis sane se mori velle prædixisset, hunc invitum præcipitari jubebat. In jocis quoque perniciosus : nam cum quem vidisset albescentes inter nigros capillos quasi vermiculos habere, sturno apposito, qui se vermes sectari crederet, capite suppuratum reddebat. Obtunsi oneris pinguem hominem medio ventre dissecuit, ut ejus intestina subito funderentur. Monopedios et luscinios 9, eos quibus aut singulos tulisset oculos, aut singulos pedes fregisset, appellabat. Multos præterea passim exstinxit : alios, quia barbarico habitu occurrerant; alios, quia nobiles et speciosi erant. Habuit in deliciis homines appellatos nominibus verendorum utriusque sexus : quos libentius suis osculis applicabat. Habuit et hominem pene prominente ultra modum animalium, quem *Onon* appellabat, sibi carissimum : quem et ditavit, et sacerdotio Herculis rustici præposuit.

XI. Dicitur sæpe pretiosissimis cibis humana stercora miscuisse, nec abstinuisse gustu; aliis, ut putabat, irrisis. Duos gibbos retortos in lance argentea sibi sinapi perfusos exhibuit, eosdemque statim promovit ac ditavit. Præfectum prætorio suum Julianum, togatum, præsente officio suo, in piscinam detrusit; quem saltare etiam nudum ante concubinas suas jussit, quatientem cymbala, deformato vultu. Genere leguminum coctorum ad convivium propter luxuriæ continuationem, raro

lui, il les faisait exposer aux bêtes : ce fut le supplice qu'il infligea à celui qui lui avait lu le livre de Suétone qui contient la vie de Caligula, parce que Caligula était né le même jour que lui. Arrivait-il à quelqu'un de dire qu'il voulait mourir, il le faisait précipiter malgré lui. Même dans ses divertissements il était cruel. Voyant à un individu des cheveux blancs mêlés parmi les noirs, il lui plaça sur la tête un étourneau, qui, croyant becqueter des petits vers, y produisit une plaie dégoûtante. Il ouvrit par le milieu du ventre un homme d'une obésité extraordinaire, pour voir s'échapper ses intestins. Il appelait guéridons et rossignols ceux à qui il avait fait arracher un œil ou couper une jambe. Il y en eut bien d'autres qu'il fit mourir : ceux-ci, parce qu'ils s'étaient présentés à lui en costume d'étrangers; ceux-là, parce qu'ils étaient nobles et bien faits de corps. Il eut une affection toute particulière pour des hommes auxquels il avait donné les noms des parties de chaque sexe : c'était ceux-là qu'il embrassait le plus volontiers. Il aima aussi à l'excès un homme dont le membre excédait toute proportion, et qu'il appelait son *Ane;* il l'enrichit et le fit prêtre d'Hercule rustique.

XI. On dit qu'aux mets les plus exquis il mêla de la fiente humaine, et ne craignit pas d'en goûter, dans l'idée qu'il allait pouvoir rire aux dépens des autres. Il se fit apporter un jour sur un plat d'argent, et couverts de moutarde, deux bossus tout contrefaits, qu'à l'instant même il éleva aux honneurs et enrichit. Il fit jeter dans un vivier Julien, son préfet du prétoire, en toge et dans l'exercice de ses fonctions. Il l'avait forcé de danser nu devant ses concubines, agitant des cymbales, et se défigurant par des grimaces. Rarement on vit sa table sans légumes, nourriture qui entretient les penchants volup-

vacavit [10]. Lavabat per diem septies atque octies, et in ipsis balneis edebat. Deorum templa polluit stupris et humano sanguine. Imitatus est et medicum, ut sanguinem hominibus emitteret scalpris feralibus. Menses quoque in honorem ejus pro Augusto Commodum, pro septembri Herculem, pro octobri Invictum, pro novembri Exsuperatorium, pro decembri Amazonium, ex signo ipsius adulatores vocabant. Amazonius autem vocatus est ex amore concubinæ suæ Marciæ [11], quam pictam in Amazone diligebat : propter quam et ipse amazonico habitu in arenam Romanam procedere voluit. Gladiatorum etiam certamen subiit, et nomina gladiatorum recepit eo gaudio, quasi acciperet triumphalia. Ludum semper ingressus est : et, quoties ingrederetur, publicis monumentis indi jussit. Pugnasse autem dicitur septingenties tricies quinquies. Nominatus inter Cæsares quarto iduum octobrium (quas Herculeas postea nominavit), Prudente et Pollione consulibus; appellatus Germanicus, idibus Herculeis, Maximo et Orphito consulibus.

XII. Assumptus est in omnia collegia sacerdotalia sacerdos, decimotertio kalendas Invictas, Pisone et Juliano consulibus; profectus in Germaniam decimoquarto kalendas Ælias, ut postea nominavit, iisdem consulibus; togam virilem accepit, cum patre appellatus imperator, quinto kalendas Exsuperatorias, Pollione iterum et Apro consulibus; triumphavit decimo kalendas Amazonias, iisdem consulibus; iterum profectus tertio nonas Commodias, Orphito et Rufo consulibus; datus

tueux. Il se baignait six à huit fois par jour et mangeait dans le bain. Il souilla par des impuretés et par du sang humain les temples des dieux. Voulant contrefaire le médecin, il tirait du sang aux hommes avec des scalpels à disséquer les morts. Ses flatteurs avaient donné en son honneur des noms aux différents mois d'après ceux qu'il portait lui-même. Ainsi pour août c'était Commode, pour septembre Hercule, pour octobre l'Invincible, pour novembre le Triomphateur, pour décembre l'Amazonien. Or, Commode se fit appeler Amazonien, par amour pour sa concubine Marcia, qu'il avait pris plaisir à faire peindre en amazone, et pour laquelle lui-même voulut paraître au spectacle de Rome en habit d'amazone. Il se mêla aussi aux combats des gladiateurs, et reçut des noms de gladiateurs avec la même joie que si on lui eût décerné les honneurs du triomphe. Il entrait fort souvent dans la salle des exercices, et chaque fois il voulait qu'on l'inscrivît dans les fastes publics. Il combattit, dit-on, sept cent trente-cinq fois. C'est le quatre des ides d'octobre, qu'il appela depuis Herculiennes, qu'il avait reçu le nom de César, sous le consulat de Prudens et de Pollion, et c'est aux ides Herculiennes, Maxime et Orphitus étant consuls, qu'il reçut celui de Germanique.

XII. Il fut admis comme prêtre à tous les colléges sacerdotaux, le 13 des calendes Invincibles, Pison et Julien étant consuls; il partit pour la Germanie le 14 des calendes Éliennes, comme il les nomma depuis, sous les mêmes consuls; il prit la robe virile et fut nommé empereur, avec son père, le 5 des calendes Triomphatoriales, Pollion étant consul pour la seconde fois, avec Aper; il triompha le 10 des calendes Amazoniennes, sous les mêmes consuls; il partit une seconde fois le 3 des nones Commodiennes, sous le consulat d'Orphitus et de Rufus; l'armée et le sénat décrétèrent des vœux pour sa conser-

in perpetuum ab exercitu et senatu in domo Palatina Commodiana conservandus, undecimo kalendas Romanas, Præsente iterum consule. Tertio meditans de profectione, a senatu et populo suo retentus est; vota pro eo facta sunt nonis Piis, Fusciano iterum consule. Inter hæc refertur in litteras pugnasse illum sub patre trecenties sexagies quinquies. Item postea tantum palmarum gladiatoriarum confecisse, vel victis retiariis, vel occisis, ut mille contingeret. Ferarum autem diversarum manu sua occidit multa millia, ita ut elephantos occideret. Et hæc fecit sæpe, spectante populo Romano.

XIII. Fuit autem validus ad hæc, alias debilis et infirmus; vitio etiam inter inguina prominenti, ita ut ejus tumorem per sericas vestes populus Romanus agnosceret. Versus in eum multi scripti sunt, de quibus etiam in opere suo Marius Maximus gloriatur. Virium ad conficiendas feras tantarum fuit, ut elephantum conto transfigeret, et orygis cornu hasta transmiserit, et singulis ictibus multa millia ferarum ingentium conficeret. Impudentiæ tantæ fuit, ut cum muliebri veste in amphitheatro vel theatro sedens, publice sæpissime biberit. Victi sunt sub eo tamen, quum ille sic viveret, per legatos, Mauri; victi Daci; Pannoniæ quoque compositæ; in Britannia, in Germania et in Dacia imperium ejus recusantibus provincialibus; quæ omnia ista per duces sedata sunt. Ipse Commodus in subscribendo tardus et negligens, ita ut libellis una forma multis subscriberet. In epistolis autem plurimis *Vale* tantum scriberet; age-

vation dans le palais Commodien, le 11 des calendes Romaines, Présens étant consul pour la seconde fois. Comme il méditait un troisième voyage, il fut retenu par le sénat et par son peuple. On fit des vœux publics pour lui aux nones Pieuses, Fuscianus étant consul pour la seconde fois. On a trouvé aussi consigné dans des lettres, qu'il combattit sous son père trois cent soixante-cinq fois; qu'aux combats des gladiateurs, il avait recueilli jusqu'à mille palmes, pour avoir vaincu ou tué autant de rétiaires. Il tua de sa propre main plusieurs milliers de bêtes de diverses espèces, même des éléphants, et cela souvent sous les yeux du peuple romain.

XIII. Quoiqu'il se distinguât dans toutes ces choses, il était, du reste, faible et sans vigueur; il portait une hernie inguinale si proéminente, qu'on la voyait à travers ses vêtements de soie. On a composé contre lui bien des vers, dont Marius Maximus se glorifie dans son ouvrage. Il déployait une telle force pour tuer les animaux, qu'avec un pieu il transperçait un éléphant, et que d'un coup de bâton il lui arriva de faire sauter les cornes d'une gazelle; enfin, qu'il tua des milliers d'animaux, et des plus grands, en les frappant chacun d'un seul coup. Il fut tellement éhonté, qu'assis à l'amphithéâtre ou au théâtre en habit de femme, il lui arriva souvent de boire en public. Cependant sous son empire, et pendant le cours d'une vie si dissolue, furent vaincus par ses lieutenants les Maures et les Daces. Les Pannonies furent pacifiées. En Bretagne, en Germanie, en Dacie, l'on refusait de reconnaître son autorité; ses généraux rétablirent partout le bon ordre et la soumission. Quant à lui, il était d'une paresse et d'une négligence telles pour donner sa signature, que souvent il ne l'apposait qu'une seule fois pour plusieurs édits. Dans bien des lettres il se contentait

banturque omnia per alios, qui etiam condemnationes in sinum vertisse dicuntur.

XIV. Per hanc autem negligentiam, quum et annonam vastarent ii qui tunc rempublicam gerebant, etiam inopia ingens Romæ exorta est, quum fruges non deessent : et eos quidem qui omnia vastabant, postea Commodus occidit atque proscripsit. Ipse vero seculum aureum, Commodianum nomine assimulans, vilitatem proposuit; ex qua majorem penuriam fecit. Multi sub eo et alienam poenam et suam salutem pecunia redemerunt. Vendidit etiam suppliciorum diversitates, et sepulturas, et imminutiones malorum, et alios pro aliis occidit. Vendidit etiam provincias et administrationes; quum hi per quos venderet partem acciperent, partem vero Commodus. Vendidit nonnullis et inimicorum suorum cædes. Vendiderunt sub eo etiam eventus litium liberti. Præfectos Paternum et Perennem non diu tulit; ita tamen, ut etiam de his præfectis quos ipse fecerat, triennium nullus impleret; quorum plurimos interfecit vel veneno vel gladio. Et præfectos Urbi eadem facilitate mutavit.

XV. Cubicularios suos libenter occidit, quum omnia ex nutu eorum semper fecisset. Electus cubicularius, quum videret eum tam facile cubicularios occidere, prævenit eum, et factioni mortis ejus interfuit. Spectator gladiatoria sumpsit arma, panno purpureo nudos humeros advelans. Habuit præterea morem, ut omnia quæ turpiter, quæ impure, quæ crudeliter, quæ gladiatorie,

d'écrire le mot *Vale*⁽¹⁾. Il chargeait, du reste, de toutes ses affaires diverses personnes, qui tournèrent, dit-on, à leur profit bien des condamnations.

XIV. Par suite de cette négligence, tandis que ceux qui gouvernaient alors la république, en pillaient les ressources, une grande famine se manifesta dans Rome, quoique les grains ne manquassent pas. Il est vrai que dans la suite Commode fit mourir ou proscrivit les accapareurs; mais lui-même, voulant que le siècle Commode fût assimilé au siècle d'or par le bas prix excessif des denrées, rendit par cette mesure la pénurie plus grande encore. Sous son règne, beaucoup de gens rachetèrent pour de l'argent leur propre vie ou le châtiment des autres. Il vendit même les différents degrés de supplices, les sépultures, les commutations de peines, et même la substitution des personnes condamnées à perdre la vie. Il vendit jusqu'aux provinces et aux gouvernements; et le prix en revenait partie à Commode, partie à ceux qu'il employait. Il vendit à plusieurs la vie de leurs ennemis. Les affranchis, sous son règne, vendirent même l'issue des procès. Il ne supporta pas longtemps les préfets Paternus et Perennis; de tous ceux qu'il créa, aucun ne resta trois ans en charge; il les fit mourir presque tous par le poison ou par le glaive. Il changea les préfets de Rome avec la même facilité.

XV. Après avoir longtemps fait toutes choses au gré des officiers de sa chambre, il prenait plaisir à les faire périr. L'un d'eux, Electus, voyant avec quelle facilité il tuait ses officiers, le prévint et se joignit au complot qui décida de la vie de l'empereur. Quand celui-ci n'était que spectateur au théâtre, il prenait des armes de gladiateur, et couvrait ses épaules nues d'un morceau de pourpre.

(1) Portez-vous bien.

quæ lenonice faceret, actis Urbis indi juberet, ut Marii Maximi scripta testantur. Commodianum etiam populum Romanum dixit : quo sæpissime præsente gladiator pugnavit. Sane, quum illi sæpe pugnanti, ut deo, populus favisset, irrisum se credens, populum Romanum a militibus classiariis, qui vela ducebant, in amphitheatro interimi præceperat. Urbem incendi jusserat, utpote coloniam suam : quod factum esset, nisi Lætus præfectus prætorio, Commodum deterruisset. Appellatus est sane, inter cetera triumphalia nomina, etiam sexcenties vicies Palus primus sequutorum.

XVI. Prodigia ejus imperio et publice et privatim hæc facta sunt : crinita stella apparuit; vestigia deorum in Foro visa sunt exeuntia; et ante bellum desertorum [12], cœlum arsit; et repentina caligo ac tenebra in Circo kalendis januariis oborta ; et ante lucem fuerant etiam incendiariæ aves [13], ac diræ. De Palatio ipse ad Cœlium montem in Vectilianas ædes migravit, negans se in Palatio posse dormire. Janus geminus sua sponte apertus est, et Anubis simulacrum marmoreum moveri visum est; Herculis signum æneum sudavit in Minucia per plures dies; bubo etiam supra cubiculum ejus deprehensa est, tam Romæ, quam Lanuvii. Ipse autem prodigium non leve sibi fecit : nam quum in gladiatoris occisi vulnus manum misisset, ad caput sibi detersit ; et, contra consuetudinem, penulatos jussit spectatores, non togatos, ad

En outre, il avait coutume, toutes les fois qu'il faisait quelque infamie, quelque débauche scandaleuse, quelque acte de cruauté, quelque action digne d'un gladiateur ou d'un corrupteur de la jeunesse, d'ordonner qu'on l'insérât dans les actes de la ville, comme le témoignent les écrits de Marius Maximus. Il appela du nom de Commodien le peuple romain, sous les yeux duquel il combattit fréquemment. Souvent, tandis qu'il combattait, le peuple l'applaudissait comme un dieu; alors, croyant qu'on se moquait de lui, il donnait ordre aux matelots qui tendaient les voiles de massacrer le peuple dans l'amphithéâtre. Il avait commandé qu'on mît le feu à la ville, comme étant sa colonie : ce qui eût été fait, si Létus, préfet du prétoire, ne l'eût détourné de ce projet. Parmi les noms triomphaux qui lui furent donnés, il reçut six cent vingt fois celui de Palus; on appelait ainsi le remplaçant d'un gladiateur tué.

XVI. Voici les prodiges, tant publics que particuliers, qui eurent lieu sous son règne : une comète apparut au ciel; on vit dans le Forum les traces des dieux quittant la ville; avant la guerre des déserteurs, le ciel parut en feu; une soudaine obscurité et des ténèbres profondes couvrirent le Cirque aux calendes de janvier; et avant le jour on vit des oiseaux incendiaires et de mauvais augure. L'empereur lui-même, disant qu'il ne pouvait dormir dans le palais, le quitta pour aller au mont Célius habiter la maison de Vectilius. Le temple de Janus Geminus s'ouvrit spontanément, et la statue en marbre d'Anubis parut se mouvoir; pendant plusieurs jours on vit suer la statue en airain d'Hercule près la chapelle de Minucius; on prit un hibou sur le lit de l'empereur, tant à Rome qu'à Lanuvium. Lui-même fit un prodige qui n'était pas sans importance pour lui : car, un gladiateur ayant été tué, il mit la main dans la blessure, puis l'essuya sur sa tête; et, contre la coutume, il ordonna que les

munus convenire, quod funebribus solebat : ipse in pullis vestimentis præsidens. Galea ejus bis per portam Libitinensem [14] elata est. Congiarium dedit populo, singulis denarios septingenos vicenos quinos [15]. Circa alios omnes parcissimus fuit, quod luxuriæ sumptibus ærarium minuerat. Circenses multos addidit, ex libidine potius quam religione, et ut dominos factionum ditaret.

XVII. Iis incitati, licet nimis sero, Quintus Æmilius Lætus præfectus, et Marcia, concubina ejus, inierunt conjurationem ad occidendum eum. Primum ei venenum dederunt : quod quum minus operaretur, per athletam, cum quo exerceri solebat, eum strangulaverunt. Fuit autem forma corporis justa, vultu insubido, ut ebriosi solent, et sermone incondito, capillo semper fucato, et auri ramentis illuminato, adurens comam et barbam timore tonsoris. Corpus ejus ut unco traheretur, atque in Tiberim mitteretur, senatus et populus postulavit; sed postea, jussu Pertinacis, in monumentum Hadriani translatum est. Opera ejus, præter lavacrum, quod Cleander nomine ipsius fecerat, nulla exstant; sed nomen ejus, alienis operibus incisum, senatus erasit; nec patris autem sui opera perfecit. Classem Africanam instituit, quæ subsidio esset, si forte Alexandrina frumenta cessassent. Ridicule etiam Carthaginem, Alexandriam Commodianam togatam appellavit, quum classem quoque Africanam, Commodianam

spectateurs vinssent aux jeux, vêtus du manteau au lieu de la toge, ce qui ne se faisait d'ordinaire qu'aux funérailles : lui-même présida les jeux en habit de deuil. Son armure de tête lui fut enlevée deux fois, et passa sous la porte Libitine. Dans une largesse qu'il fit au peuple, il donna à chacun sept cent vingt-cinq deniers. Dans toutes les autres il fut très-mesquin, parce que les folles dépenses de ses plaisirs avaient beaucoup appauvri le trésor. Il multiplia les jours de fête, plus par goût pour les divertissements que par esprit de religion, et aussi pour enrichir les chefs de factions.

XVII. Tous ces désordres poussèrent, quoiqu'un peu tard, Marcia, sa concubine et le préfet Quintus Émilius Létus, à conspirer pour la perte de Commode. D'abord ils lui donnèrent du poison ; mais comme il n'opérait pas assez vite, ils le firent étrangler par un athlète avec lequel il avait coutume de s'exercer. Il était d'une taille bien proportionnée, avait le regard téméraire, comme l'ont d'ordinaire les hommes ivres, le langage grossier, les cheveux toujours teints et saupoudrés de limaille d'or; redoutant le fer du barbier, il se brûlait la barbe et la chevelure. Le sénat et le peuple demandèrent que son corps, traîné avec un croc, fût jeté dans le Tibre; mais dans la suite, il fut, par l'ordre de Pertinax, transporté au tombeau d'Adrien. Il ne reste de lui aucuns travaux, si ce n'est des thermes que Cléandre avait construits sous son nom ; mais partout ailleurs où le nom de Commode était gravé, le sénat l'en fit disparaître. Il ne fit même pas achever les travaux commencés par son père. Il établit une flotte africaine pour le cas où Alexandrie cesserait de fournir des grains. Il appela aussi ridiculement Carthage du nom d'Alexandrine Commodienne en toge, et la flotte d'Afrique du nom de Commodienne Herculienne. Il avait ajouté quelques ornements au Colosse, mais ils furent tous enlevés depuis. Il en avait fait

Herculeam appellasset. Ornamenta sane quædam Colosso addidit : quæ postea cuncta sublata sunt. Colossi autem caput dempsit, quod Neronis esset [16], ac suum imposuit : et titulum more solito subscripsit, ita ut illum gladiatorium effeminatum non prætermitteret.

Hunc tamen Severus, imperator gravis, et vir nominis sui, odio, ut videtur, senatus, inter deos retulit, flamine addito, quem ipse vivus sibi paraverat, Herculaneo Commodiano. Sorores tres superstites reliquit. Ut natalis ejus celebraretur, Severus instituit.

XVIII. Acclamationes senatus [17] post mortem Commodi graves fuerunt. Ut autem sciretur quod judicium senatus de Commodo fuerit, ipsas acclamationes de Mario Maximo indidi, et sententiam senatusconsulti : « Hosti patriæ honores detrahantur; parricidæ honores detrahantur; parricida trahatur; hostis patriæ, parricida, gladiator, in spoliario lanietur; hostis deorum, carnifex senatus, hostis deorum, parricida senatus; hostis deorum, hostis senatus; gladiatorem in spoliario; qui senatum occidit, in spoliario ponatur; qui senatum occidit, unco trahatur; qui innocentes occidit, unco trahatur; hostis, parricida, vere severe, qui sanguini suo non pepercit, unco trahatur; qui te occisurus fuit, unco trahatur. Nobiscum timuisti, nobiscum periclitatus es. Ut salvi simus, Jupiter optime maxime, serva nobis Pertinacem. Fidei prætorianorum feliciter; prætoriis cohortibus feliciter; exercitibus Romanis feliciter; pietati

ôter la tête, qui représentait Néron, pour y faire mettre la sienne et fait inscrire au bas, selon sa coutume, tous ses titres de gloire, sans oublier celui de gladiateur efféminé.

Cependant l'empereur Sévère, homme grave, et qui eut le mérite d'être le premier de son nom, éleva Commode au rang des dieux, et affecta à son culte, avec le titre de flamine Herculien Commodien, un prêtre qu'il se destinait à lui-même de son vivant. Ce qu'il fit, sans doute, en haine du sénat. Commode laissa trois sœurs. Sévère institua une fête pour célébrer le jour de sa naissance.

XVIII. Les acclamations du sénat après la mort de Commode furent violentes. Afin que l'on sache quel fut le sentiment de ce corps à l'égard de cet empereur, j'ai extrait du livre de Marius Maximus ces acclamations mêmes, et la sentence décrétée : « Qu'on prive l'ennemi de la patrie de tout honneur; qu'on prive le parricide de tout honneur; que le parricide soit traîné ; que l'ennemi de la patrie, le parricide, le gladiateur soit mis en pièces dans le lieu où l'on traîne les cadavres des gladiateurs; que l'ennemi des dieux, le bourreau du sénat, l'ennemi des dieux, le parricide du sénat, l'ennemi des dieux, l'ennemi du sénat, soit traîné comme un gladiateur dans le spoliaire. Lui qui a tué le sénat, qu'il soit mis au spoliaire ; lui qui a tué le sénat, qu'il soit traîné avec un croc; lui qui a fait mourir tant d'innocents, qu'il soit traîné avec un croc. L'ennemi, le parricide, vraiment il n'y aura là qu'une juste sévérité, lui qui n'a pas épargné son propre sang, qu'il soit traîné avec un croc. Lui qui a voulu te tuer, qu'il soit traîné avec un croc. Tu as tremblé avec nous, tu as partagé nos dangers. O Jupiter très-bon, très-grand ! si tu veux nous sauver, conserve-nous Pertinax. Vive la fidé-

senatus feliciter. Parricida trahatur. Rogamus, auguste [18], parricida trahatur. Hoc rogamus, parricida trahatur. Exaudi, Caesar, delatores ad leonem. Exaudi, Caesar, delatores ad leonem. Exaudi, Caesar, Speratum ad leonem [19]. Victoriae populi Romani feliciter; fidei militum feliciter; fidei praetorianorum feliciter; cohortibus praetoriis feliciter. Hostis statuas undique, parricidae statuas undique, gladiatoris statuas undique; gladiatoris et parricidae statuae detrahantur. Necator civium trahatur; parricida civium trahatur; gladiatoris statuae detrahantur. Te salvo, salvi et securi sumus; vere, vere, modo vere, modo digne, modo vere, modo libere. Nunc securi sumus : delatoribus metum. Ut securi simus, delatoribus metum; salvi simus, delatores de senatu ; delatoribus fustem, te salvo; delatores ad leonem, te imperante; delatoribus fustem.

XIX. « Parricidae gladiatoris memoria aboleatur, parricidae gladiatoris statuae detrahantur; impuri gladiatoris memoria aboleatur; gladiatorem in spoliario. Exaudi, Caesar; carnifex unco trahatur; carnifex senatus more majorum unco trahatur. Saevior Domitiano, impurior Nerone, sicut fecit, sic patiatur. Memoriae innocentium serventur : honores innocentium restituas, rogamus. Parricidae cadaver unco trahatur; gladiatoris cadaver unco trahatur; gladiatoris cadaver in spoliario ponatur. Perroga, perroga : omnes censemus unco trahendum.

lité des prétoriens ! vivent les cohortes prétoriennes ! vivent les armées romaines ! vive la piété du sénat ! Que le parricide soit traîné. Nous t'en prions, auguste empereur, que le parricide soit traîné. Nous te le demandons avec instance, que le parricide soit traîné. Exauce-nous, César, aux lions les délateurs. Exauce-nous, César, aux lions les délateurs. Exauce-nous, César, aux lions Spérat. Vivent les triomphes du peuple romain ! vive la fidélité des soldats ! vive la fidélité des prétoriens ! vivent les cohortes prétoriennes ! On voit partout les statues de l'ennemi, partout les statues du parricide, partout les statues du gladiateur ; que partout on abatte les statues du gladiateur et du parricide. Que le meurtrier des citoyens soit traîné ; que le parricide des citoyens soit traîné ; qu'on abatte les statues du gladiateur. Toi sauvé, nous sommes sauvés et tranquilles ; vraiment, vraiment, oui à présent vraiment, à présent dignement, à présent vraiment, à présent librement. Nous sommes tranquilles maintenant : aux délateurs la crainte. Pour que nous soyons en sûreté, il faut que les délateurs tremblent ; pour que nous soyons sauvés, il faut que les délateurs soient chassés du sénat. Aux délateurs le bâton, tu es sauvé ; aux lions les délateurs, tu règnes ; aux délateurs le bâton.

XIX. « Qu'on abolisse jusqu'à la mémoire du parricide gladiateur ; qu'on abatte les statues du parricide gladiateur ; qu'on abolisse la mémoire de l'impur gladiateur : au spoliaire le gladiateur. Exauce-nous, César ; que le bourreau soit traîné avec un croc ; que le bourreau du sénat soit, suivant la coutume de nos ancêtres, traîné avec un croc. Plus cruel que Domitien, plus impudique que Néron, qu'il lui soit fait comme il a fait aux autres. Que la mémoire des innocents soit conservée : rétablis les innocents dans leurs honneurs, nous t'en prions. Que le cadavre du parricide soit traîné avec un croc ; que le cadavre du gladiateur soit traîné avec un croc ;

Qui omnes occidit, unco trahatur; qui omnem ætatem occidit, unco trahatur; qui utrumque sexum occidit, unco trahatur; qui sanguini suo non pepercit, unco trahatur; qui templa spoliavit, unco trahatur; qui testamenta delevit, unco trahatur; qui vivos spoliavit, unco trahatur. Servis servivimus. Qui pretia vitæ excepit, unco trahatur; qui pretia vitæ exegit, et fidem non servavit, unco trahatur; qui senatum vendidit, unco trahatur; qui filiis abstulit hereditatem, unco trahatur. Indices de senatu, delatores de senatu, servorum subornatores de senatu. Et tu nobiscum timuisti : omnia scis; bonos et malos nosti : omnia scis; omnia emenda. Pro te timuimus. O nos felices, te viro imperante! De parricida refer, refer, perroga : præsentiam tuam rogamus. Innocentes sepulti non sunt : parricidæ cadaver trahatur. Parricida sepultos eruit : parricidæ cadaver trahatur. »

XX. Et quum jussu Pertinacis Livius Laurensis, procurator patrimonii, Fabio Chiloni consuli designato dedisset, per noctem Commodi cadaver sepultum est. Senatus acclamavit : « Quo auctore sepelierunt? Parricida sepultus eruatur, trahatur. » Cingius Severus

que le cadavre du gladiateur soit mis au spoliaire. Interroge-nous les uns après les autres : nous opinons tous pour qu'il soit traîné avec un croc. Que celui qui a assassiné tous les citoyens soit traîné avec un croc : que celui qui a tué des êtres humains de tout âge, soit traîné avec un croc ; que celui qui a tué des personnes de tout sexe, soit traîné avec un croc ; que celui qui n'a pas épargné son propre sang soit traîné avec un croc ; que celui qui a dépouillé les temples soit traîné avec un croc ; que celui qui a annulé les testaments, soit traîné avec un croc ; que celui qui a dépouillé les vivants, soit traîné avec un croc. Nous avons servi des esclaves. Que celui qui a vendu la vie des citoyens, soit traîné avec un croc ; que celui qui a reçu le prix de la vie des citoyens, et n'a pas gardé sa parole, soit traîné avec un croc ; que celui qui a vendu le sénat, soit traîné avec un croc ; que celui qui a privé les fils de l'héritage de leur père, soit traîné avec un croc. Hors du sénat, les dénonciateurs ; hors du sénat, les délateurs ; hors du sénat, les suborneurs d'esclaves. Et toi aussi, tu as tremblé avec nous : tu sais tout, toi ; tu connais les bons et les mauvais ; tu sais tout ; réforme tout. Nous avons tremblé pour toi. O que nous sommes heureux, toi régnant, toi qui du moins es véritablement homme. Fais un rapport sur le parricide ; fais un rapport : établis une enquête ; nous demandons instamment ta présence. Les innocents ont été privés de sépulture : que le cadavre du parricide soit traîné. Le parricide a violé les tombeaux : que le cadavre du parricide soit traîné. »

XX. Et sur l'ordre de Pertinax, Livius de Laurente, intendant du patrimoine, ayant donné à Fabius Chilon, consul désigné, le corps de Commode, celui-ci l'enterra de nuit. « Et de quel droit, s'écria le sénat, l'a-t-on enseveli? Que le parricide enseveli soit tiré de terre, qu'il soit traîné. » Cingius Severus dit alors : « C'est à tort

dixit : « Injuste sepultus est. Quia pontifex dico, hoc collegium pontificum dicit. Quoniam læta percensui, nunc convertar ad necessaria, censeoque, quod is qui non nisi ad perniciem civium, et ad dedecus suum vixit, ob honorem suum decerni coegit, abolendas statuas : quæ undique sunt abolendæ, nomenque ex omnibus privatis publicisque monumentis eradendum : mensesque his nominibus nuncupandos, quibus nuncupabantur, quum primum illud malum in rempublicam incubuit. »

qu'il a été enseveli. Ce que je dis comme pontife, le collége des pontifes le dit avec moi. Si j'ai donné mon opinion quand il était question de choses joyeuses, maintenant je m'occupe du nécessaire ; et je suis d'avis que, puisque cet homme n'a vécu que pour la perte des citoyens et pour sa propre infamie, il faut abattre les statues qu'il a fait ériger de force en son honneur ; il faut les abattre partout où il s'en trouve, et enlever son nom de tous les monuments publics et particuliers ; il faut aussi que les mois reprennent les noms qu'ils portaient avant que ce fléau ne vînt opprimer la république. »

[A. U. 970-971]

ANTONINI DIADUMENI VITA.

I. Antonini Diadumeni pueri, quem cum patre Opilio Macrino imperatorem dixit exercitus, occiso Bassiano factione Macriniana, nihil habet vita memorabile, nisi quod Antoninus est dictus, et quod ei stupenda omina sunt facta imperii non diuturni; ut evenit. Nam quum primum innotuit per legiones occisum esse Bassianum, ingens moeror obsedit omnium pectora, quod Antoninum in republica non haberent, existimantium quod cum eo Romanum esset imperium periturum. Id ubi Macrino jam imperatori nuntiatum est, veritus ne in aliquem Antoninum, qui multi ex affinibus Antonini Pii erant inter duces, exercitus inclinaret, statim concionem parari jussit, filiumque suum hunc puerum Antoninum appellavit. Concionis verba ejusdem : « Videtis, commilitones, et me ætatis provectæ, et Diadumenum puerum : quem diu principem, si dii faveant, habebitis. Intelligo præterea desiderium ingens Antonini nominis apud vos manere; quare, quoniam mihi per conditionem fragilitatis humanæ non multum

[De J.-C. 217 — 218]

VIE D'ANTONIN DIADUMÈNE.

I. La vie du jeune Antonin Diadumène, que l'armée proclama empereur avec son père Opilius Macrin, après l'assassinat de Bassianus par le parti de Macrin, n'offre rien de mémorable, si ce n'est le nom d'Antonin qui lui fut donné, et les prodiges étonnants qui lui présagèrent l'empire, qu'il devait posséder si peu de temps. En effet, dès que la mort de Bassianus fut connue parmi les légions, une tristesse profonde s'empara de tous les cœurs, parce que la république n'avait plus d'Antonin, et qu'on était persuadé que la perte de ce nom devait entraîner celle de l'empire romain. Instruit de cette disposition des esprits, Macrin, déjà empereur, craignant que l'armée ne se prononçât pour quelqu'un des nombreux Antonins, parents d'Antonin le Pieux, qui se trouvaient parmi les chefs, fit aussitôt convoquer l'assemblée, et appela du nom d'Antonin son fils, cet enfant dont nous parlons. Voici en quels termes il s'exprima : « Braves compagnons d'armes, vous voyez ici un homme déjà avancé en âge, et Diadumène encore enfant : si les dieux vous favorisent, vous aurez en lui un prince que vous garderez longtemps. Je connais en outre l'immense regret que le nom d'Antonin a laissé dans vos cœurs. C'est pourquoi, puisque, par une condition inséparable de la fragilité humaine, je ne puis espérer de voir ma vie se pro-

superesse videtur ad vitam, hunc puerum Antoninum vobis auctoribus nuncupo, diu vobis Antoninum repræsentaturum. » Acclamatum[2] : « Macrine imperator, dii te servent. Antonine Diadumene, dii te servent. Antoninum divum omnes rogamus : Jupiter optime maxime, Macrino et Antonino vitam. Tu scis, Jupiter, Macrinus vinci non potest : tu scis, Jupiter, Macrinus vinci non potest. Antoninum habemus : omnia habemus. Antoninum nobis dii dederunt patrem. Antoninus dignus imperio. »

II. Macrinus imperator dixit : « Habete igitur, commilitones, pro imperio aureos ternos; pro Antonini nomine aureos quinos, et solitas promotiones, sed geminatas. Dii faciant, ut hæc sæpius fiant. Dabimus autem per cuncta quinquennia id, quod hodie deputavimus. » Post hoc ipse puerulus Diadumenus Antoninus imperator dixit : « Gratias ago vobis, commilitones, quod me imperio donastis et nomine, siquidem dignos et me et patrem meum duxistis, quos Imperatores Romanos diceretis, et quibus committeretis rempublicam. Et pater quidem meus curabit ne desit imperio : ego autem elaborabo, ne desim nomini Antoninorum. Scio enim me Pii, me Marci, me Veri suscepisse nomen, quibus satisfacere perdifficile est. Interim tamen, causa imperii, causa nominis, id omne, quod pater et tantumdem promitto, honoribus, ut venerandus Macrinus pater præsens promisit, duplicatis. » Herodianus Græcus scriptor, hæc præteriens, Diadumenum tantum Cæsarem dicit puerum a militibus nuncupatum, et cum patre oc-

longer beaucoup encore, je donne avec votre assentiment à cet enfant le nom d'Antonin, pour représenter longtemps Antonin parmi vous. » Toute l'armée s'écria : « Macrin notre empereur, que les dieux te conservent ! Antonin Diadumène, que les dieux te conservent ! Nous prions tous le divin Antonin ! O Jupiter très-bon, très-grand, vivent Macrin et Antonin ! Tu le sais, Jupiter, Macrin est invincible; Macrin est invincible, tu le sais, Jupiter. Nous possédons un Antonin, nous possédons tout. Les dieux nous ont donné Antonin pour père. Antonin est digne de l'empire. »

II. L'empereur Macrin dit alors : « Recevez donc, braves compagnons d'armes, trois auréus pour l'avénement à l'empire, cinq pour le nom d'Antonin, et les promotions accoutumées, mais doublées. Fassent les dieux que nous renouvellions souvent tout ceci. Tous les cinq ans, je donnerai les mêmes gratifications qu'aujourd'hui. » Après cela l'empereur Diadumène Antonin, tout enfant qu'il était, prit la parole : « Je vous rends grâces, compagnons d'armes, pour l'empire et le nom que vous m'avez donnés, puisque vous nous avez crus dignes, mon père et moi, d'être proclamés empereurs des Romains, d'être chargés du soin de veiller au salut de la république. Mon père se fera un devoir de ne pas manquer à l'empire, et moi je travaillerai à soutenir l'honneur du nom des Antonins. Je sais combien sera difficile ma tâche, en acceptant un nom qui fut celui de Pius, de Marcus, de Verus. En attendant néanmoins, à l'occasion de l'avénement et du nom, je vous promets tout autant que mon père, en doublant les honneurs, comme vous l'a promis le vénérable Macrin mon père, ici présent. » Hérodien, écrivain grec, passant tous ces détails sous silence, se contente de dire que Diadumène fut proclamé César par les soldats, étant encore enfant, et qu'il fut tué avec son père. Quand l'assemblée se fut séparée, on battit à Antioche de la monnaie

cisum ³. Hac habita concione, statim apud Antiochiam moneta Antonini Diadumeni nomine percussa est : Macrini, usque ad jussum senatus dilata est. Missæ etiam ad senatum litteræ, quibus nomen Antonini indicatum est. Quare etiam senatus imperium id libenter dicitur recepisse : quamvis alii Antonini Caracalli odio id factum putent. Paraverat sane pænulas populo coloris rosei dare Macrinus imperator in honorem Antonini filii sui, quæ vocarentur Antoninianæ, ut Caracallæ Bassiani dictæ sunt; asserens melius filium suum *Penuleum* vel *Penularium* dicendum, quam *Caracallus* esset dictus Bassianus. Congiarium etiam per edictum Antoninianum promisit, ut ipsum edictum poterit indicare. Verba edicti : « Vellem, Quirites, jam præsentes essemus : Antoninus vester vobis congiarium sui nominis daret ; daret præterea et pueros Antoninianos, et puellas Antoninianas, quæ tam grati nominis gloriam propagarent ; et reliqua. »

III. His ita gestis, signa in castris et vexilla fieri Antoniniana jussit. Fecitque Bassiani simulacra ex auro atque argento, atque dies septem supplicatio pro Antonini nomine celebrata est. Puer fuit omnium speciosissimus, statura longiuscula, crine flavo, nigris oculis, naso deducto, ad omnem decorem mento composito, ore ad oscula parato, fortis naturaliter, exercitio delicatior. Hic ubi primum indumenta coccea et purpurea, ceteraque castrensia imperii insignia accepit, quasi sidereus et cœlestis emicuit, ut amaretur ab omnibus gratia venustatis. Hæc sunt, quæ de imperio pueri dicenda

au nom d'Antonin Diaduméne. Quant à celle au nom de Macrin, on attendit l'ordre du sénat. On lui dépêcha donc des lettres dans lesquelles on lui annonçait le nom d'Antonin. Ce nom disposa favorablement le sénat pour les nouveaux maîtres de l'empire. Quelques-uns cependant pensent que l'on n'agit en tout cela qu'en haine d'Antonin Caracallus. L'empereur Macrin avait projeté de donner au peuple, en l'honneur d'Antonin son fils, des manteaux de couleur rose qu'on aurait appelés Antoniniens, comme les casaques longues de Bassianus avaient été appelées Caracalles, assurant que son fils serait à bien plus juste titre surnommé *Penuleus* ou *Penularius*, à cause de son manteau, que Bassianus *Caracallus* à cause de sa longue casaque. Il promit au peuple un *congiarium* par un édit sous le nom d'Antonin, ainsi que va l'indiquer l'édit lui-même : « Je voudrais, citoyens, que nous fussions déjà présents au milieu de vous : votre Antonin vous donnerait le *congiarium* à l'occasion de son nom : en outre, il choisirait parmi vous de jeunes garçons et de jeunes filles, qu'il appellerait Antoniniens et Antoniniennes, pour immortaliser la gloire d'un nom qui vous est si cher, etc. »

III. Après cela, il fit distribuer dans les camps des drapeaux et des étendards antoniniens. Il fit faire des statues de Bassianus en or et en argent, et pendant sept jours il y eut des prières publiques pour le nom d'Antonin. C'était le plus bel enfant qu'on pût voir : taille svelte, chevelure blonde, yeux noirs, nez allongé, menton de la forme la plus belle, bouche qui semblait provoquer les baisers; naturellement fort, l'exercice avait donné de la délicatesse à ses formes. Dès qu'il eut reçu les habits d'écarlate et de pourpre, et les autres insignes militaires des empereurs, il parut comme un astre brillant, comme un être tout céleste, dont la beauté devait attirer à lui tous les cœurs. Voilà ce que j'ai cru

putavi. Nunc veniamus ad omina imperii, quæ quum in aliis, tum in hoc præcipue sunt stupenda.

IV. Die qua natus est, pater ejus purpuras, tum forte procurator jam ærarii majoris, inspexit, et quas claras probavit, in id conclave redigi præcepit, in quo post duas horas Diadumenus natus est. Solent deinde pueri pileo insigniri naturali, quod obstetrices rapiunt, et advocatis credulis vendunt, siquidem causidici hoc juvari dicuntur : at iste puer pileum non habuit, sed diadema tenue, sed ita forte, ut rumpi non potuerit, venis intercedentibus specie nervi sagittarii. Ferunt denique *Diadematum* puerum appellatum, sed ubi adolevit, avi sui nomine materni, *Diadumenum* vocatum; quamvis non multum abhorruerit ab illo signo diadematis nomen Diadumeni. In agro patris ejus oves purpureas duodecim ferunt natas, quarum una tantum varia fuerit. Eadem die, qua hic natus est, aquilam ei constat sensim palumbum regium parvulum attulisse, et posuisse in cunis dormienti, ac recessisse sine noxa. Pantagathi [4] in domo patris ejus nidum posuerunt.

V. His diebus, quibus ille natus est, mathematici, accepta genitura [5] ejus, exclamaverunt et ipsum filium imperatoris esse, et ipsum imperatorem : quasi mater ejus adulterata esset, quod fama retinebat. Huic eidem aquila pileum in agro ambulanti tulit : et quum comitum infantis clamor esset factus, in monumento regio quod juxta villam esset in qua tunc pater agebat, supra sta-

devoir dire au sujet de l'avénement de cet enfant à l'empire. Parlons maintenant des présages qui le lui annonçaient, et qui, tant pour les autres choses que pour cet avénement surtout, sont réellement frappants.

IV. Le jour où il naquit, son père, alors intendant du trésor, vit deux vêtements de pourpre, et, les trouvant fort éclatants, les fit transporter dans la chambre même où deux heures après naquit Diadumène. Autre présage : les enfants naissent ordinairement coiffés d'un bonnet naturel que les accoucheuses enlèvent, et vendent aux avocats crédules, auxquels on prétend que ce talisman donne beaucoup de facilité pour la défense des causes : or l'enfant dont nous parlons, au lieu d'une coiffe entière, n'apporta en naissant qu'un cercle très-mince en forme de diadème, mais si fort qu'on ne put le rompre, les membranes qui le composaient étant aussi fortement tendues que la corde d'un arc. On raconte que l'enfant fut alors appelé Diadémé; mais qu'une fois grand, il prit le nom de Diadumène, qui était celui de son aïeul maternel, et qui d'ailleurs rappelait encore assez bien l'idée du diadème. On raconte aussi qu'à la campagne de son père il naquit douze brebis couleur de pourpre, dont une seulement était tachetée. Le jour même où il naquit, un aigle apporta doucement un petit pigeon, et le plaça sur son berceau pendant qu'il dormait, puis se retira sans lui faire de mal. Des oiseaux de bon augure vinrent faire leur nid dans la maison de son père.

V. Quelques jours après sa naissance, des astrologues, ayant tiré son horoscope, s'écrièrent qu'il était fils d'empereur et empereur lui-même; ce qui semblait attaquer l'honneur de sa mère, sur laquelle d'ailleurs, couraient certains bruits. Comme il se promenait à la campagne, un aigle lui enleva son chapeau; les compagnons de l'enfant ayant jeté un cri, l'aigle alla le porter dans un monument royal qui touchait à la villa où son

tuam regis posuit, ita ut capiti ejus aptaret ; quod multi ominosum putarunt, et morti accommodum; clarum autem eventus ostendit. Natus est præterea natali Antonini, et ea hora, et signis prope concinentibus, quibus et Antoninus Pius : quare dixerunt mathematici, et imperatoris illum filium futurum, et imperatorem, sed non diu. Die qua natus est, quod Antonini esset natalis, mulier quædam propinqua dicitur exclamasse, « Antoninus vocetur; » sed Macrinum timuisse, quod nullus ex ejus genere hoc nomine censeretur, abstinuisseque nomine imperatorio, simul quod jam rumor de vi geniture illius [6] emanasset. Hæc atque alia omina fuisse multi in litteras retulerunt : sed illud præcipue, quod quum in cunis esset Diadumenus, et leo, ruptis vinculis, et quidem ferus [7], effugisset, atque ad incunabula ejus venisset, puerum delinxit, et inviolatum reliquit; quum nutrix se in leonem misisset, atque ejus morsu affecta periisset, quæ sola forte in areola inventa erat, in qua infans jacebat.

VI. Hæc sunt quæ digna memoratu in Antonino Diadumeno esse videantur : cujus vitam junxissem patris gestis [8], nisi Antoninorum nomen me ad edendam puerilis specialem expositionem vitæ coegisset. Et fuit quidem tam amabile illis temporibus nomen Antoninorum, ut, qui eo nomine non niteretur, mereri non videretur imperium. Unde etiam quidam et Severum, et Pertinacem, et Julianum, Antoninorum prænominibus honorandos putant : unde postea duos Gordianos, patrem et filium, Antoninos cognominatos putant. Sed

père était en ce moment, et le posa sur la statue du roi, à la tête de laquelle il s'ajusta parfaitement. On regarda généralement cette circonstance comme un présage de mort; ce que l'issue confirma. Il naquit en outre le jour anniversaire de la naissance d'Antonin, à la même heure, et presque avec les mêmes pronostics qu'Antonin le Pieux; aussi annonça-t-on qu'il serait fils d'empereur, et empereur lui-même, mais pas pour longtemps. Le jour où il naquit, une femme du voisinage s'écria, dit-on, que, puisque c'était le jour de la naissance d'Antonin, il fallait aussi l'appeler Antonin; mais Macrin n'osa pas donner à l'enfant ce nom réservé aux empereurs, parce que personne de sa famille ne l'avait porté, et que, d'un autre côté, il eût donné quelque consistance aux doutes que l'on avait déjà sur sa puissance prolifique. Tous ces présages et bien d'autres se trouvèrent consignés dans un grand nombre de lettres, et en particulier le suivant : Diadumène était en bas âge; un lion, rompant ses chaînes, et c'était un lion non apprivoisé, s'enfuit et vint jusqu'à son berceau. Il lécha l'enfant sans lui faire aucun mal; tandis que sa nourrice, qui par hasard se trouvait seule dans la petite cour où était l'enfant, et qui s'était jetée au-devant du lion, périt d'une morsure qu'elle en reçut.

VI. Tels sont les faits concernant Antonin Diadumène que j'ai crus dignes d'être rapportés. J'aurais joint sa vie à celle de son père, si le nom d'Antonin ne m'avait forcé à donner séparément la vie de cet enfant. Car le nom d'Antonin exerçait en ces temps un tel ascendant sur les cœurs, que quiconque ne pouvait s'en prévaloir, était regardé comme indigne de l'empire. Aussi beaucoup d'historiens croient devoir honorer de ce prénom Sévère, Pertinax et Julianus; et pensent que les deux Gordien, père et fils, l'ont porté aussi. Mais autre chose est de l'avoir pour nom de famille, autre chose, de l'avoir ajouté au sien comme

aliud est quum praenomen adsciscitur, aliud quum ipsum nomen imponitur. Nam Pius verum nomen Antonini habuit, cognomen Pii : Marcus verum nomen Verissimi habuit; sed hoc sublato atque abolito, non praenomen Antonini, sed nomen accepit. Verus autem Commodi nomen habuit : quo abolito, Antonini non praenomen, sed nomen accepit. Commodum autem Marcus Antoninum appellavit, atque ita in publicas edidit diem natalis sui. Jam Caracallum Bassianum satis constat vel somnii causa, quod Severus viderat, quum sibi Antoninum successorem praedictum sensisset, anno demum decimotertio Antoninum dixisse, quando ei etiam imperatoriam addidisse dicitur potestatem. Getam vero, quem multi Antoninum negant dictum, eadem ratione, qua Bassianum, appellatum, satis constat, ut patri Severo succederet, quod minime factum est. Post hoc ipse Diadumenus ut commendaretur exercitui, senatui, populoque Romano, quum esset ingens desiderium Bassiani Caracallae, Antoninum appellatum, satis constat.

VII. Exstat epistola Opilii Macrini, patris Diadumeni, qua gloriatur non tam se ad imperium pervenisse, qui esset secundus imperii[9], quam quod Antoniniani nominis esset pater factus, quo clarius illis temporibus non fuerat vel deorum. Quam epistolam priusquam intexam, libet versus inserere in Commodum dictos, qui se Herculem appellaverat, ut intelligant omnes tam clarum fuisse Antoninorum nomen, ut illi nec deorum nomen commode videretur adjungi.

prénom. Antonin le Pieux s'appelait de son nom Antonin. Pieux était un surnom. Le vrai nom de Marc-Antonin était Verissimus : ce nom une fois retranché et perdu, ce n'est pas comme prénom qu'il se fit appeler Antonin, ce fut désormais son nom. Verus s'appelait Commode ; il perdit ce nom, et reçut celui d'Antonin, qui ne fut pas pour lui un simple prénom. Marc-Aurèle appela Antonin son fils Commode, et il le fit inscrire sous ce nom dans les actes publics le jour de sa naissance. Déjà il est hors de doute que c'est à la suite d'un songe, que Sévère, y voyant l'annonce qu'il aurait pour successeur un Antonin, donna ce nom à Caracallus Bassianus son fils, la treizième année de son âge, au moment, dit-on, où il venait de recevoir la pourpre impériale. Il est bien connu que Geta lui-même, auquel beaucoup d'auteurs refusent le nom d'Antonin, pour succéder à Sévère, son père, chose, du reste, qui n'eut pas lieu, reçut ce nom, comme l'avait reçu son frère, et par le même motif. Il n'est pas moins avéré que Diadumène aussi ne fut appelé Antonin, que pour le recommander aux yeux de l'armée, du sénat et du peuple romain, au moment où Bassianus Caracallus était l'objet des plus vifs regrets.

VII. Il existe une lettre d'Opilius Macrin, père de Diadumène, dans laquelle il se glorifie moins encore d'être parvenu à l'empire, dont il était le second personnage, que d'être devenu le père d'un Antonin, nom auquel s'attachait alors plus d'éclat qu'à aucun autre, même qu'à ceux des dieux. Avant d'insérer ici cette lettre, qu'il me soit permis de rapporter quelques vers faits contre Commode, qui s'était fait appeler Hercule, afin que tous comprennent que le nom des Antonins fut tellement illustre qu'aucun nom de divinité ne pouvait s'y adjoindre avec avantage.

VERSUS IN COMMODUM ANTONINUM DICTI.

Commodus Herculeum nomen habere cupit,
Antoninorum non putat esse bonum :
Expers humani juris et imperii,
Sperans quin etiam clarius esse deum,
Quam si sit princeps nominis egregii :
Non erit iste deus, nec tamen ullus homo.

Ili versus, a Græco nescio quo compositi, a malo poeta in Latinum translati sunt : quos ego idcirco inserendos putavi, ut scirent omnes Antoninos pluris fuisse quam deos, ac trium principum amorem, quo sapientia, bonitas, pietas consecrata sit; in Antonino pietas, in Vero bonitas, in Marco sapientia. Redeo nunc ad epistolam Opilii Macrini.

OPILIUS MACRINUS NONIÆ CELSÆ CONJUGI.

« Quid boni adepti sumus, mea uxor, caret æstimatione; et fortassis de imperio me putes dicere : non magnum istud, quod etiam indignis fortuna concessit. Antonini pater factus sum, Antonini mater es facta. O nos beatos, o fortunatam domum, præclaram laudem nunc demum felicis imperii. Dii faxint, et bona Juno, quam colis, ut et ille Antonini meritum effingat; et ego, qui sum pater Antonini, dignus omnibus videar ! »

VIII. Hæc epistola indicat quantum gloriæ adeptus sibi videretur quod vocatus est filius Antoninus. Hic

VERS CONTRE COMMODE ANTONIN.

Commode, où donc aspire un orgueil ridicule ?
Quoi ! tu voudrais qu'en toi l'on reconnût Hercule ?
Comptes-tu pour si peu le nom des Antonins,
Qu'on doive l'échanger pour les honneurs divins ?
Tu méconnais tes droits, tu méprises l'empire :
Être dieu, c'est donc là ce que ton cœur désire ?
Mais un trône entouré de respect et d'amour
Vaut-il moins que l'encens d'une hypocrite cour ?
Tu veux avoir un temple et des autels dans Rome :
Ah ! bien loin d'être un dieu, tu n'es pas même un homme.

Ces vers, composés par je ne sais quel auteur grec, furent traduits en latin par quelque méchant poëte. J'ai pensé devoir les rapporter ici, pour montrer à tous que les Antonins furent regardés comme supérieurs aux dieux, et de quel amour furent l'objet trois princes de ce nom, honorés comme les types sacrés de la sagesse, de la bonté, de la piété : Antonin, Verus et Marc-Aurèle. Revenons maintenant à la lettre d'Opilius Macrin.

OPILIUS MACRIN A NONIA CELSA, SA FEMME.

« Le bonheur qui nous est arrivé, chère épouse, est inestimable. Tu penses sans doute que je parle de l'avénement au trône : c'est peu de chose que cela ; la fortune en fait autant pour les plus indignes. Je suis père d'un Antonin. Tu es mère d'un Antonin. Quel bonheur est le nôtre ! ô maison fortunée qui va désormais faire la gloire et la félicité de l'empire ! Fassent les dieux, et la bonne Junon, objet de ton culte, que notre fils offre les vertus de son nom, et que moi je paraisse aux yeux de tous digne de l'honneur d'être le père d'un Antonin ! »

VIII. Cette lettre montre combien il croyait avoir acquis de gloire par le nom d'Antonin porté par son fils. Cepen-

tamen, quartodecimo mense imperii, ob incivilem patris atque asperum principatum interfectus est cum patre, non suo nomine [10]. Quamvis etiam istum ultra ætatem sævisse in plerosque reperiam, ut docent litteræ ab hoc eodem ad patrem missæ. Nam quum quidam defectionis suspicionem incurrissent, et eos Macrinus sævissime punisset, filio forte absente, atque hic audisset auctores quidem defectionis occisos, quorum tamen unus dux Armeniæ erat, et item legatos Asiæ atque Arabiæ ob antiquam familiaritatem dimissos, his litteris convenisse patrem dicitur, paribus missis etiam ad matrem, quarum exemplum historiæ causa inserendum putavi.

PATRI AUGUSTO FILIUS AUGUSTUS.

« Non satis, mi pater, videris in amore nostro tenuisse tuos mores, qui tyrannidis affectatæ conscios reservasti, sperans eos vel amiciores tibi futuros, si iis parceres, vel ob antiquam familiaritatem dimittendos: quod nec debuit fieri nec potuit. Nam primum omnium jam te exulcerati suspicionibus amare non possunt. Denique crudeliores inimici sunt qui, obliti veteris familiaritatis, se inimicissimis tuis junxerunt. Adde, quod exercitus adhuc habent.

> Si te nulla movet tantarum gloria rerum,
> Ascanium surgentem ; et spes heredis Iuli
> Respice, cui regnum Italiæ Romanaque tellus
> Debentur.

« Feriendi sunt isti, si vis esse securus. Nam vitio

dant Diadumène, dans le quatorzième mois de son règne, fut tué avec son père, non pour aucun motif qui lui fût personnel, mais à cause de la rudesse de commandement et de la sévérité excessive de son père envers les citoyens. J'ai pourtant trouvé qu'en plusieurs circonstances Diadumène se montra plus cruel que ne le comportait son âge; c'est ce qu'annonce une lettre qu'il écrivit à son père. On avait découvert une conspiration; ceux sur qui planaient les soupçons les plus forts furent punis par Macrin avec la dernière rigueur. Mais son fils était absent. Celui-ci, ayant appris que les auteurs de la rébellion étaient morts, mais que parmi eux se trouvait un général arménien, ainsi que les ambassadeurs d'Asie et d'Arabie, qu'en raison d'une ancienne amitié on avait remis en liberté, adressa une lettre à son père et une à sa mère, que j'ai pensé devoir insérer ici comme monuments historiques.

A L'EMPEREUR, L'EMPEREUR SON FILS.

« En ménageant les complices de la conspiration, vous n'avez pas agi, mon père, suivant l'amour qui doit nous unir : vous avez espéré qu'en leur pardonnant, vous vous en feriez des amis, et une ancienne familiarité vous a déterminé à les laisser aller; il ne pouvait, il ne devait pas en être ainsi. D'abord, le cœur ulcéré des soupçons dont ils ont été l'objet, jamais ils ne vous aimeront; ensuite la haine n'est jamais plus cruelle que chez ceux qui, après une longue amitié, se sont rangés du côté de nos plus grands ennemis. Ajoutez à cela qu'ils ont encore des troupes à leur disposition.

> Si *ta* propre grandeur ne *te* peut émouvoir,
> De *ta* postérité pourquoi trahir l'espoir ?
> Pourquoi trahir un fils sur qui déjà se fonde
> Le sort de l'Italie et l'empire du monde ?
> (*Énéide*, liv. IV, trad. de Delille.)

« Il faut les frapper si vous voulez être tranquille. Car,

generis humani alii non sunt defuturi, quum isti servantur. »

Hanc epistolam quidam ipsius, quidam magistri ejus Cæliani ferunt, Afri quondam rhetoris : ex qua apparet quam asper futurus juvenis si vixisset.

IX. Exstat alia epistola ad matrem ab eodem destinata talis :

« Dominus noster et Augustus nec te amat, nec ipsum se, qui inimicos suos servat. Age igitur ut Arabianus, et Tuscus, et Gellius, ad palum deligentur : ne, si occasio fuerit, nos interimant. »

Et, quantum Lollius Urbicus in historia sui temporis dicit, istæ litteræ per notarium proditæ, illi puero multum apud milites obfuisse dicuntur. Nam, quum patrem occidissent, quidam hunc servare voluerunt : sed exstitit cubicularius, qui has epistolas concioni militum legit. Interfectis igitur ambobus, et capitibus pilo circumlatis, in Marcum Aurelium Antoninum, caritate nominis, inclinavit exercitus. Is filius Bassiani Caracalli ferebatur. Erat autem templi Heliogabali sacerdos, homo omnium impurissimus, et qui fato quodam Romanum deformaverit imperium. De quo quidem, quia multa sunt dicenda, loco suo disseram.

par un vice de la nature humaine, si vous ménagez ceux-ci, d'autres ne manqueront pas de se montrer. »

Cette lettre, les uns la regardent comme écrite par lui, d'autres l'attribuent à Célianus son précepteur, ancien rhéteur africain. Elle montre assez clairement ce que serait devenu ce jeune homme s'il eût vécu.

IX. Nous avons également la lettre qu'il écrivit à sa mère; la voici :

« Notre empereur et maître ne vous aime pas, il ne s'aime pas lui-même, puisqu'il laisse la vie à ses ennemis. Faites donc en sorte qu'Arabianus, Tuscus et Gellius soient attachés au poteau; de peur qu'à la première occasion, nous ne soyons leurs victimes. »

Si l'on en croit Lollius Urbicus, dans l'histoire qu'il écrivit des événements de son époque, ces lettres, publiées par un secrétaire, firent beaucoup de tort au jeune prince dans l'esprit des soldats. Ceux qui venaient de tuer le père, étaient tout disposés à laisser la vie au fils. Mais un officier de la chambre se trouva là qui lut ces lettres en pleine assemblée. Les deux empereurs tués, leurs têtes furent promenées au bout d'une pique, et l'armée se prononça pour Marcus Aurelius Antonin; c'est le nom qui la décida. Il passait pour fils de Bassianus Caracallus, et était prêtre du temple d'Héliogabale. C'était l'homme du monde le plus dissolu, et, par une destinée fatale, l'empire fut avili entre ses mains. J'aurais bien des choses à dire de cet Antonin Héliogabale; je les rapporterai en leur lieu.

[A. U. 971-975]

ANTONINI HELIOGABALI VITA

AD CONSTANTINUM AUG.

I. Vitam Heliogabali Antonini, qui Varius etiam dictus est, nunquam in litteras misissem, ne quis fuisse Romanorum principem sciret, nisi ante Caligulas, et Nerones, et Vitellios, hoc idem habuisset imperium. Sed quum eadem terra et venena ferat et frumentum, atque alia salutaria, alia contraria, eadem serpentes et ciconias, compensationem sibi lector diligens faciet, quum legerit Augustum, Vespasianum, Titum, Trajanum, Hadrianum, Pium, Marcum, contra hos prodigiosos tyrannos : simul intelliget Romanorum judicia, quod illi et diu imperarunt, et exitu naturali functi sunt; hi vero interfecti, tracti, tyranni etiam appellati, quorum nec nomina libet dicere. Igitur occiso Macrino, ejusque filio Diadumeno, qui, pari potestate imperii, Antonini etiam nomen acceperat, in Varium Heliogabalum imperium collatum est, idcirco quod Bassiani filius diceretur. Fuit autem Heliogabalus, vel Jovis, vel Solis sacerdos, atque Antonini sibi nomen adsciverat, vel in argumentum generis, vel quod id nomen usque adeo carum esse cognoverat gentibus, ut etiam parricida

[De J.-C. 218-222]

VIE D'ANTONIN HÉLIOGABALE

ADRESSÉE A CONSTANTIN AUGUSTE.

I. Jamais je n'aurais pu me décider à écrire la vie d'Héliogabale Antonin, qui fut aussi appelé Varius, et à faire connaître au monde que les Romains ont eu pour prince un pareil monstre, si déjà avant lui ce même empire n'avait eu les Caligula, les Néron et les Vitellius. Mais puisque la même terre produit le poison qui tue et le blé qui fait vivre, offre le remède à côté du mal, et donne naissance au serpent et à la cicogne, le lecteur attentif établira dans son esprit la compensation, puisque, pour opposer à de si monstrueux tyrans, il a pu voir Auguste, Vespasien, Titus, Trajan, Adrien, Antonin le Pieux, Marc-Aurèle. Il comprendra en même temps quels furent les jugements des Romains; les bons empereurs ont régné longtemps et n'ont été enlevés au monde que par la mort naturelle : tandis que les autres furent tués, traînés ignominieusement, flétris comme tyrans : leurs noms même ne se prononcent qu'à regret. Ainsi, après la mort violente de Macrin et de son fils Diadumène, qui partageait l'empire avec lui, et avait reçu le nom d'Antonin, le pouvoir fut déféré à Varius Héliogabale, parce qu'il passait pour être fils de Bassianus. Cet Héliogabale fut prêtre de Jupiter ou du Soleil, et s'était arrogé le nom d'Antonin, soit comme une preuve qu'il était issu de cette famille, soit parce qu'il savait que ce nom était tellement cher aux

Bassianus causa nominis amaretur. Et hic quidem prius dictus est Varius, post Heliogabalus [1] a sacerdotio dei Heliogabali; cui templum Romæ in eo loco constituit, in quo prius ædes Orci [2] fuit, quem e Syria secum advexit; postremo quum accepit imperium, Antoninus appellatus est : atque ipse in Romano imperio ultimus Antoninorum fuit.

II. Hic tantum Semiamiræ matri [3] deditus fuit, ut sine illius voluntate nihil in republica faceret, quum ipsa, meretricio more vivens, in aula omnia turpia exerceret; Antonino autem Caracallo stupro cognita, ita ut hinc vel Varius vel Heliogabalus vulgo conceptus putaretur. Et aiunt quidam, Varii etiam nomen idcirco eidem inditum a condiscipulis, quod vario semine, de meretrice utpote, conceptus videretur. Hic fertur, occiso Macrini factione patre, ut dicebatur, Antonino, in templum dei Heliogabali confugisse, velut in asylum, ne interficeretur a Macrino, qui sævissime cum filio luxurioso et crudeli exercuit imperium. Sed de nomine hactenus, quamvis sanctum illud Antoninorum nomen polluerit : quod tu, Constantine sacratissime, ita veneraris, ut Marcum et Pium inter Constantios Claudiosque, velut majores tuos, aureos formaveris, adoptans virtutes veterum, tuis moribus congruentes, et tibi amicas carasque.

III. Sed ut ad Antoninum Varium revertamur, nactus imperium, Romam nuntios misit : excitatisque omnibus ordinibus, omni etiam populo ad nomen Antoninum,

peuples que Bassien même, le parricide, était aimé, à cause de ce nom. Il fut d'abord appelé Varius, puis Héliogabale, comme prêtre du dieu Héliogabale dont il avait apporté le culte avec lui de Syrie, et auquel il éleva un temple dans Rome à l'endroit même où l'on voyait auparavant la chapelle de Pluton. Enfin, à son avénement au trône, il se fit appeler Antonin, et il fut le dernier empereur de ce nom.

II. Il fut tellement dévoué à Semiamira sa mère, qu'il ne fit rien dans la république sans la consulter, tandis qu'elle, vivant en courtisane, s'abandonnait dans le palais à toutes sortes de désordres. Aussi ses rapports connus avec Antonin Caracallus laissaient naturellement quelques doutes sur l'origine de Varius ou Héliogabale. Il en est même qui vont jusqu'à dire que le nom de Varius lui avait été donné par ses condisciples comme étant né d'une courtisane et, par conséquent, du mélange de plusieurs sangs. On raconte de lui qu'après la mort d'Antonin, qu'il regardait comme son père, assassiné par la faction de Macrin, il se réfugia dans le temple du dieu Héliogabale, comme dans un asile, pour se soustraire à la cruauté de Macrin, qui, avec son fils, exerça dans l'empire toutes sortes de débauches et de scélératesses. Mais c'est assez parler du nom d'Antonin, de ce nom sacré qu'il profana, et que toi, Constantin très-saint empereur, tu respectes tellement, que tu as fait couler en or les statues de Marc-Aurèle et d'Antonin le Pieux, pour les placer parmi celles des Constance et des Claude, comme étant du nombre de tes ancêtres, adoptant les vertus des anciens, si conformes à tes mœurs, et qui te sont si chères.

III. Mais revenons à Antonin Varius. Arrivé à l'empire, il envoya à Rome des députés, pour exciter tous les ordres de l'État et même le peuple au nom d'An-

quod non solum titulo, ut in Diadumeno fuerat, sed etiam in sanguine redditum videbatur, quum se Antoninum Bassiani filium scripsisset, ingens ejus desiderium factum est. Erat praeterea etiam rumor, qui novis post tyrannos solet donari principibus : qui nisi ex summis virtutibus non permanet, et quem multi mediocres principes amiserunt. Denique ubi in senatu lectae sunt litterae Heliogabali, statim fausta in Antoninum, et dira in Macrinum ejusque filium dicta sunt, appellatusque Antoninus princeps, volentibus cunctis, et studiose credentibus, ut sese habent vota hominum ad credulitatem festinantium, quum quod optant verum esse desiderant. Sed ubi primum ingressus est Urbem, omissis iis quae in provincia gerebantur, Heliogabalum in Palatino monte juxta aedes imperatorias consecravit, eique templum fecit, studens et Matris typum, et Vestae ignem, et Palladium, et ancilia, et omnia Romanis veneranda in illud transferre templum, et id agens, ne quis Romae deus, nisi Heliogabalus, coleretur. Dicebat praeterea Judaeorum et Samaritanorum religiones, et Christianam devotionem illuc transferendam, ut omnium culturarum secretum Heliogabali sacerdotium teneret.

IV. Deinde ubi primum diem senatus habuit, matrem suam in senatum rogari jussit. Quae quum venisset, vocata ad consulum subsellia, scribendo affuit, id est senatusconsulti conficiendi testis : solusque omnium imperatorum fuit, sub quo mulier quasi clarissima, loco viri senatum ingressa est. Fecit et in colle Quirinali se-

tonin, qui n'était pas pour lui comme pour Diadumène un simple prénom, mais qu'il semblait devoir à son origine, puisqu'il signait Antonin fils de Bassianus; il fit naître ainsi un violent désir de voir sa personne. Il eut pour lui la faveur dont le peuple accueille toujours les nouveaux princes qui succèdent à des tyrans, mais faveur qui ne se soutient que par des vertus éminentes, et que les princes médiocres ont bientôt perdue. Enfin, dès que les lettres d'Héliogabale eurent été lues dans le sénat, on fit des vœux pour Antonin, on prononça des imprécations contre Macrin et contre son fils, Antonin fut d'une voix unanime proclamé empereur, et, comme il est dans la nature des hommes de se laisser facilement aller à croire véritable ce qu'ils désirent, tous les cœurs croyaient à ses vertus. Mais sitôt qu'il eut fait son entrée dans Rome, sans plus s'occuper de ce qui se passait dans la province, il fit construire et consacra à Héliogabale un temple sur le mont Palatin auprès du palais impérial; il affecta d'y faire transporter et la statue de Junon, et le feu de Vesta, et le Palladium, et les boucliers anciles, enfin tous les objets de la vénération des Romains; afin qu'à Rome on n'adorât d'autre dieu qu'Héliogabale. Il disait en outre que les religions des Juifs et des Samaritains, ainsi que le culte du Christ, seraient transportés en ce lieu, pour que les mystères de toutes les croyances fussent réunis dans le sacerdoce d'Héliogabale.

IV. Lors de la première assemblée du sénat, il fit mander sa mère. A son arrivée, elle fut appelée à prendre place à côté des consuls, elle prit part à la signature, c'est-à-dire qu'elle fut témoin de la rédaction du sénatus-consulte : de tous les empereurs il est le seul sous le règne duquel une femme, avec le titre de clarissime, eut accès au sénat pour y tenir la place d'un homme. Il établit aussi sur le mont

naculum, id est mulierum senatum, in quo ante fuerat conventus matronalis, solemnibus duntaxat diebus, et si unquam aliqua matrona consularis conjugii esset ornamentis donata : quod veteres imperatores affinibus detulerunt, et his maxime, quae nobilitatos maritos non habuerant, ne innobilitatae remanerent. Sed Semiamirica facta sunt senatusconsulta ridicula de legibus matronalibus : quae quo vestitu incederet, quae cui cederet, quae ad cujus osculum veniret; quae pilento, quae equo sagmario, quae asino veheretur; quae carpento mulari, quae boum; quae sella veheretur, et utrum pellicea, an ossea, an eborata, an argentata ; et quae aurum vel gemmas in calciamentis haberent.

v. Ergo quum hibernasset Nicomediae, atque omnia sordide ageret, inireturque a viris et subaret, statim milites facti sui poenituit, quod in Macrinum conspiraverant, ut hunc principem facerent : atque in consobrinum ejusdem Heliogabali Alexandrum, quem Caesarem senatus, Macrino interempto, appellaverat, inclinavere animos. Quis enim ferre posset principem, per cuncta cava corporis libidinem recipientem, quum ne belluam quidem talem quisquam ferat? Romae denique nihil egit aliud, nisi ut emissarios haberet, qui ei bene vasatos perquirerent, eosque ad aulam perducerent, ut eorum conditionibus frui posset. Agebat praeterea domi fabulam

Quirinal un petit sénat, ou sénat de femmes, dans un lieu où se tenait auparavant la réunion des dames romaines aux fêtes solennelles seulement, réunion à laquelle n'étaient admises que les femmes de consuls qu'on avait honorées des ornements consulaires ; c'est une concession qu'avaient faite nos anciens empereurs, en faveur de celles surtout qui n'avaient pas leurs époux anoblis, pour qu'elles ne restassent pas elles-mêmes sans distinction. Mais ce sénat sémiamirique n'enfanta que des édits ridicules sur les modes des femmes : on y décidait quel habit chacune porterait dans les rues de la ville ; quelle femme céderait le pas à telle autre; quelle était celle qui devait attendre le baiser de l'autre ; à qui serait reservée la voiture, à qui le cheval de selle, à qui l'âne ; et parmi celles qui avaient le droit de voiture, qui pourrait y atteler des mules, qui se ferait traîner par des bœufs ; parmi celles qui auraient le droit de monture, si la selle serait en pelleterie, en os, en ivoire ou en argent ; enfin qui aurait le droit de porter à sa chaussure de l'or ou des pierreries.

V. Dans un hiver que l'empereur passa à Nicomédie, comme il s'y comportait de la manière la plus dégoûtante, admettant les hommes à un commerce réciproque de turpitudes, les soldats se repentirent bientôt de ce qu'ils avaient fait, et se rappelèrent avec amertume qu'ils avaient conspiré contre Macrin, pour faire ce nouveau prince : ils pensèrent donc à porter leurs vues sur Alexandre, cousin de ce même Héliogabale, et auquel le sénat, après la mort de Macrin, avait conféré le titre de César. Car qui pouvait supporter un prince qui prêtait à la luxure toutes les cavités de son corps, quand on ne le souffre pas dans les bêtes elles-mêmes ? Enfin il en vint au point de ne plus s'occuper d'autre chose dans Rome, que d'avoir des émissaires chargés du soin de rechercher exactement les hommes les mieux conformés

Paridis, ipse Veneris personam subiens, ita ut subito vestes ad pedes defluerent, nudusque, una manu ad mammam, altera pudendis adhibita, ingenicularet, posterioribus eminentibus in subactorem rejectis et oppositis. Vultum praeterea eodem, quo Venus pingitur, schemate figurabat, corpore toto expolitus : eum fructum vitae praecipuum existimans, si dignus atque aptus libidini plurimorum videretur.

VI. Vendidit et honores, et dignitates, et potestatem, tam per se quam per omnes servos ac libidinum ministros. In senatum legit sine discrimine aetatis, census, generis, pecuniae merito : militaribus etiam praeposituris, et tribunatibus, et legationibus, et ducatibus venditis; etiam procurationibus et palatinis officiis. Aurigas Protogenem et Gordium, primo in certamine curuli socios, post in omni vita et actu participes habuit. Multos, quorum corpora placuerant, de scena, et Circo, et arena in aulam traduxit. Hieroclem vero sic amavit, ut eidem inguina oscularetur, quod dictu etiam verecundum est, Floralia sacra se asserens celebrare. In virginem vestalem incestum admisit. Sacra populi Romani sublatis penetralibus profanavit. Ignem perpetuum exstinguere voluit. Nec Romanas tantum exstinguere voluit religiones, sed per orbem terrae unum studens, ut Heliogabalus Deus unus ubique coleretur : et in penum Vestae, quod solae virgines solique pontifices adeunt, irrupit pollutus ipse omni contagione morum,

pour ses goûts abjects, et de les introduire au palais pour qu'il pût en jouir. Il se plaisait en outre à faire représenter chez lui la fable de Pâris. Lui-même y jouait le rôle de Vénus, et, laissant tout à coup tomber ses vêtements à ses pieds, entièrement nu, une main sur le sein, l'autre sur les parties génitales, il s'agenouillait, et élevant la partie postérieure, il la présentait au compagnon de sa débauche. Il arrangeait aussi son visage, comme on peint celui de Vénus, et avait soin que tout son corps fût parfaitement poli, regardant comme le principal avantage qu'il pouvait tirer de la vie, de se faire juger apte à satisfaire les goûts libidineux du plus grand nombre possible.

VI. Il trafiqua et des honneurs, et des dignités, et de la puissance, tant par lui que par ses gens et les ministres de ses turpitudes. Il conféra la dignité de sénateur sans aucun discernement d'âge, de cens, de noblesse, ne reconnaissant d'autre mérite que l'argent ; il vendit les charges de préfets, de tribuns, d'ambassadeurs, de généraux d'armée, et jusqu'aux intendances et autres offices du palais. Les cochers Protogène et Gordius furent d'abord ses compagnons dans les courses de chars, puis ses complices dans tous les actes de sa vie. Il aima un certain Hiéroclès avec tant de passion, que, chose honteuse à rapporter, il lui baisait les parties naturelles, disant qu'il célébrait ainsi les mystères de Flore. Il commit un inceste avec une vestale. Il profana les choses les plus révérées du peuple romain, en enlevant les simulacres des dieux. Il voulut éteindre le feu sacré. Et ce n'est pas seulement les religions de Rome qu'il voulut abolir ; mais, s'efforçant d'établir dans le monde entier le culte unique de son dieu Héliogabale, il pénétra, profané qu'il était par la corruption de ses mœurs et s'accompagnant de gens aussi impurs que lui, dans le sanctuaire de Vesta, où n'ont accès que les vierges consacrées et les pontifes ; ayant voulu enlever le simulacre de la déesse, il prit pour la véritable

cum iis qui se polluerant. Et penetrale sacrum est auferre conatus: quumque seriam, quasi veram rapuisset (quamvis⁴ virgo maxima falsam monstraverat), atque in ea nihil reperisset, applosam fregit : nec tamen quidquam religioni dempsit, quia plures similes factæ dicuntur esse, ne quis veram unquam possit auferre. Hæc quum ita essent, signum tamen, quod Palladium esse credebat, abstulit, et auro fictum, in sui dei templo locavit.

VII. Matris etiam deum sacra accepit et tauroboliatus est, ut typum eriperet, et alia sacra quæ penitus habentur condita. Jactavit autem caput inter præcisos fanaticos, et genitalia sibi devinxit⁵, et omnia fecit quæ galli facere solent : ablatumque sanctum in penetrale dei sui transtulit. Salambonem⁶ etiam omni planctu et jactatione Syriaci cultus exhibuit, omen sibi faciens imminentis exitii. Omnes sane deos sui dei ministros esse aiebat, quum alios ejus cubicularios appellaret, alios servos, alios diversarum rerum ministros. Lapides qui Divi dicuntur⁷, ex proprio templo Dianæ Laodiceæ, ex adyto suo, in quo id Orestes posuerat, afferre voluit. Et Orestem quidem ferunt non unum simulacrum Dianæ, nec uno in loco posuisse, sed multa in multis. Postea-quam se apud Tria flumina circa Hebrum ex responso purificavit, etiam Orestam condidit civitatem, quam sæpe cruentari hominum sanguine necesse est. Et Orestam quidem urbem Hadrianus suo nomine vindicari jussit, eo tempore quo furore cœperat laborare, ut ex

une statue qui, malgré son apparence, n'était qu'une fausse idole substituée par la grande vestale; mais, n'y trouvant rien d'extraordinaire, il la brisa en éclats : ce qui ne fit rien perdre à ce culte, parce qu'on en avait, dit-on, fait faire plusieurs semblables, afin qu'on ne pût jamais emporter la véritable. Il enleva néanmoins une statue, qu'il croyait être le Palladium, et l'ayant fait dorer, il la plaça dans le temple de son dieu.

VII. Il se fit aussi initier aux mystères de la Mère des dieux, et s'arrogea le taurobole, afin de pouvoir enlever la statue de la déesse, et surprendre tout ce qui servait à son culte et que l'on tenait inviolablement caché aux profanes. On le vit dans le temple, au milieu d'eunuques fanatiques, agiter sa tête en tous sens, se lier les parties de la génération, faire enfin tout ce que font ordinairement les galles; puis, la statue de la déesse une fois enlevée, il la transporta dans le sanctuaire de son dieu. Il représenta Vénus pleurant Adonis, avec tout l'appareil de gémissements et de contorsions qui caractérise en Syrie le culte de Salambo; il donnait ainsi lui-même un présage de sa fin prochaine. Il déclarait hautement que tous les dieux n'étaient que les ministres du sien, assignant aux uns le titre d'officiers de sa chambre, à d'autres celui de ses valets, à d'autres enfin différents emplois près de sa personne. Il voulut faire enlever du temple de Diane à Laodicée les pierres qu'on appelle Divines, qu'Oreste y avait placées, celle même de la déesse qu'il avait mise dans son sanctuaire. Oreste, toutefois, ne s'était pas contenté d'y apporter une seule statue de Diane, ni d'en avoir mis en un seul endroit; mais il en avait mis plusieurs en différents lieux. Après s'être purifié suivant une réponse de l'oracle, dans les

responso, quum ei dictum esset ut in furiosi alicujus domum vel nomen irreperet; nam ex eo emollitam insaniam ferunt, per quam multos senatores occidi jusserat: quibus servatis, Antoninus Pii nomen meruit, quod eos post ad senatum adduxit, quos omnes jussu principis interfectos credebant.

VIII. Cædit et humanas hostias, lectis ad hoc pueris nobilibus et decoris per omnem Italiam patrimis et matrimis, credo, ut major esset utrique parenti dolor. Omne denique magorum genus aderat illi, operabaturque quotidie, hortante illo, et gratias diis agente, quod amicos eorum invenisset; quum inspiceret exta puerilia, et excuteret hostias ad ritum gentilem suum. Quum consulatum inisset, in populum, non nummos vel argenteos vel aureos, vel bellaria, vel minuta animalia, sed boves opimos, et camelos, et asinos, et cervos[8] populo diripiendos objecit, imperatorium id esse dictitans. Insectatus est famam Macrini crudeliter; sed multo magis Diadumeni, quod Antoninus dictus est, Pseudoantoninum ut Pseudophilippum eum appellans, simul quod, quum luxuriosissimus exstitisset, vir fortissimus, optimus, gravissimus, severissimus diceretur. Coegit denique scri-

eaux de l'Èbre, Oreste avait bâti sur ses bords, à l'endroit où il se joint à deux autres fleuves, une ville que de son nom il avait appelée Oresta, et que doivent ensanglanter de fréquents sacrifices humains. L'empereur Adrien changea le nom de cette ville pour lui donner le sien propre, lorsqu'un oracle lui répondit que, pour guérir de la manie furieuse dont il était affecté, il fallait qu'il entrât dans la maison d'un furieux ou qu'il en prit le nom. De ce moment commença, dit-on, à se calmer cette maladie, dans un des accès de laquelle il avait donné ordre qu'on mît à mort un grand nombre de sénateurs. C'est à l'occasion de leur conservation qu'Antonin reçut le nom de Pieux, parce qu'on les croyait tous morts par l'ordre du prince, et que depuis il les ramena au sénat.

VIII. Il sacrifia aussi des victimes humaines, et faisait recueillir à cet effet par toute l'Italie des enfants nobles et beaux ayant leurs pères et leurs mères, afin, sans doute, que la douleur fût plus grande pour chacun des deux parents. Il s'entourait de toutes sortes de magiciens qui travaillaient chaque jour avec lui, encouragés par ses exhortations, et les actions de grâces qu'il rendait aux dieux de leur avoir trouvé des amis, quand ils consultaient les entrailles des enfants, et écorchaient les victimes suivant le rite de leur nation. Quand il reçut la dignité de consul, ce ne fut ni des pièces d'or ou d'argent, ni des pâtisseries, ni des viandes découpées, mais des bœufs engraissés, des chameaux, des ânes et des cerfs, qu'il fit distribuer au peuple, disant qu'il était de la dignité impériale de le traiter ainsi. Il attaqua avec acharnement la réputation de Macrin, et surtout celle de Diaduméne, à cause du nom d'Antonin qu'il avait pris, l'appelant Pseudo-Antonin, par allusion au Pseudo-Philippe, et par dépit de lui entendre donner les titres de très-vaillant, très-bon, très-grave, très-sévère, tan-

ptores nonnullos nefanda, immo potius non ferenda ejus dicta de luxuria disputare, in vita ejus. Lavacrum publicum in ædibus aulicis fecit; simul et palam [9] populo exhibuit, ut ex eo conditiones bene vasatorum hominum colligeret. Idque diligenter curatum est, ut ex tota penitus urbe atque ex nauticis monobolos quærerent: sic eos appellabant, qui viriliores videbantur.

IX. Quum Marcomannis bellum inferre vellet, quod Antoninus pulcherrime profligaverat [10], dictum est a quibusdam, per Chaldæos et magos Antoninum Marcum id egisse, ut Marcomanni populo Romano semper devoti essent atque amici, idque factis carminibus: et consecrationem quum quæreret, quæ illa esset, vel ubi esset, suppressum est; constabat enim illum ob hoc consecrationem quærere, ut eam dissiparet spe belli concitandi: et idcirco maxime, quod audierat responsum fuisse, ab Antonino bellum Marcomannicum finiendum; quum hic Varius, et Heliogabalus, et ludibrium publicum diceretur; nomen autem Antonini pollueret, in quod invaserat. Prodebatur autem per eos maxime, qui dolebant sibi homines ad exercendas libidines bene vasatos et majoris peculii opponi. Unde etiam de nece ejus cogitari cœpit. Et hæc quidem domi.

X. Sed milites pestem illam velari imperatoris nomine pati nequiverunt, ac primum inter sese, deinde per coronas jecere sermones, in Alexandrum omnes in-

dis qu'il était fort adonné à la débauche. Enfin il força plus d'un historien de sa vie, d'y écrire les choses les plus infâmes, les plus révoltantes sur son avidité pour les plaisirs. Il établit des bains publics dans les bâtiments du palais, et en même temps y admit le peuple, afin de connaître ceux qui étaient le mieux conformés pour ses goûts dépravés. Et il s'attacha à faire rechercher dans toute la ville, jusque parmi les matelots, sous le nom de monobèles, ceux dont la virilité paraissait le plus prononcée.

IX. Comme il voulait porter la guerre chez les Marcomans, qu'Antonin avait glorieusement défaits, on lui dit que c'était par le moyen des Chaldéens et des Mages, et en employant des enchantements, que Marc Antonin les avait maintenus dans la soumission et dans l'amitié du peuple romain. En vain demanda-t-il quelles étaient les paroles magiques employées, et en quel lieu elles étaient consignées; on les fit disparaître : on savait trop bien qu'il ne les recherchait que pour en détruire le charme et renouveler ainsi la guerre; dans l'espérance, surtout, d'accomplir l'oracle qu'il connaissait, d'après lequel la guerre des Marcomans serait terminée par un Antonin : prétention d'autant plus ridicule, que ce nom qu'il profanait il se l'était arrogé par usurpation, et que, objet de la risée publique, on ne l'appelait que Varius ou Héliogabale. Or, il était trahi surtout par ceux qui s'affligeaient de se voir préférer d'autres hommes plus riches et mieux conformés qu'eux pour subir ses turpitudes. C'est alors que l'on commença à penser à se défaire de lui. Voici ce qui se passait à l'intérieur du palais.

X. Mais les soldats ne purent souffrir qu'un pareil fléau se voilât du titre d'empereur : ce furent d'abord des conversations secrètes ; puis ils parlèrent hautement dans les cercles, penchant tous pour Alexandre,

clinantes, qui jam Cæsar erat a senatu dictus eo tempore quo Macrinus, consobrinus hujus Antonini : nam Varia una his erat avia; unde Heliogabalus Varius dicebatur. Zoticus sub eo tantum valuit, ut ab omnibus officiorum principibus sic haberetur, quasi domini maritus esset. Erat præterea idem Zoticus, qui, hoc familiaritatis nomine abutens, omnia Heliogabali dicta et facta venderet fumis, quam maxime divitias enormes sperans ; quum aliis minaretur, aliis polliceretur, omnes falleret, egrediensque ab illo singulos adiret, dicens, « De te hoc loquutus sum ; de te hoc audivi ; de te hoc futurum est; » ut sunt homines hujusmodi, qui, si admissi fuerint ad nimiam familiaritatem principum, famam non solum malorum, sed et bonorum principum vendunt, et qui, stultitia vel innocentia imperatorum, qui hoc non perspiciunt, infami rumigeratione pascuntur. Nupsit et coiit, ut et pronubum haberet, clamaretque, « Concide Magire [10], » et eo quidem tempore quo Zoticus ægrotabat. Quærebat deinde a philosophis et gravissimis viris, an et ipsi in adolescentia perpessi essent quæ ipse pateretur, et quidem impudentissime : neque enim unquam verbis pepercit infamibus, quum et digitis impudicitiam ostentaret, nec ullus in conventu et audiente populo esset pudor.

XI. Fecit libertos præsides, legatos, consules, duces, omnesque dignitates polluit ignobilitate hominum perditorum. Quum ad vindemias vocasset amicos nobiles, et ad corbes sedisset, gravissimum quemque percontari

que déjà le sénat avait déclaré César en même temps que Macrin, cousin de cet Antonin : car ils avaient pour aïeule commune Varia; d'où le nom de Varius avait été donné à Héliogabale. Un certain Zoticus fut si puissant sous lui, que tous les autres grands officiers le traitaient comme s'il eût été le mari de son maître. En outre, ce même Zoticus, abusant de ce titre de familiarité, donnait de l'importance à toutes les paroles et actions d'Héliogabale, ambitionnant les plus grandes richesses, faisant aux uns des menaces, aux autres des promesses, trompant tout le monde, et quand il sortait d'auprès du prince, allant trouver chacun, pour leur dire : « J'ai dit telle chose de vous; voilà ce que j'en ai entendu sur votre compte; telle chose doit vous arriver; » comme font tous les gens de cette sorte, qui, admis auprès des princes à une trop grande familiarité, vendent la réputation de leur maître, qu'il soit mauvais ou bon ; et grâce à la sottise ou à l'inexpérience des empereurs, qui ne s'aperçoivent de rien, se repaissent du plaisir de divulguer des infamies. Il se maria et consomma le mariage, ayant un garçon de noce qui lui criait, « Perce, enfonce; » et cela pendant que Zoticus était malade. Il demandait ensuite aux philosophes et aux personnages les plus graves, si dans leur jeunesse ils s'étaient laissé faire les mêmes choses que lui, et cela dans les termes les plus éhontés : car jamais il ne ménagea les paroles déshonnêtes, allant jusqu'à représenter des obscénités avec ses doigts, habitué qu'il était à fronder toute pudeur dans les assemblées et en présence du peuple.

XI. Il choisit parmi les affranchis des gouverneurs de provinces, des ambassadeurs, des proconsuls, des chefs militaires ; enfin il souilla toutes les dignités, en les conférant à ce qu'il y avait de plus ignoble en dissolution. Ayant invité à des vendanges des amis de distinc-

cœpit an promptus esset in Venerem, erubescentibusque senibus exclamabat : « Erubuit, salva res est, » silentium ac ruborem pro consensu ducens. Addidit præterea ipse quæ faceret, sine ullius pudoris velamento. Posteaquam senes vidit erubescere ac tacere, vel quia ætas, vel quia dignitas talia refutabat; contulit se ad juvenes, et ab his cœpit omnia exquirere; a quibus quum audiret ætati congrua, gaudere cœpit et dicere vere liberam vindemiam [11] esse, quam sic celebrarent. Ferunt multi ab ipso primum repertum ut in vindemiarum festivo multa in dominos jocularia et audientibus dominis dicerentur, quæ ipse composuerat, et Græca maxime. Horum pleraque Marius Maximus dicit in Vita ipsius Heliogabali. Erant amici improbi, et senes quidam, et specie philosophi, qui caput reticulo componerent, qui improba quædam pati se dicerent, qui maritos se habere jactarent : quos quidam finxisse dicunt, ut illi fierent vitiorum imitatione cariores.

XII. Ad præfecturam prætorii saltatorem, qui histrionicam Romæ fecerat, adscivit : præfectum vigilum Gordium aurigam fecit : præfectum annonæ Claudium Censorem; ad honores reliquos promovit, commendatos sibi pudibilium enormitate membrorum : ad vicesimam hereditatum mulionem curare jussit, et cursorem, jussit et cocum et claustrarium artificem. Quum ingressus est vel castra vel curiam, aviam suam Variam no-

tion, il s'assit auprès des corbeilles, et se mit à demander à chacun des plus graves personnages, s'il sacrifiait encore à Vénus. A mesure que les vieillards rougissaient, il s'écriait : « Il a rougi, cela va bien, » prenant ainsi pour signe d'approbation leur silence et la rougeur qui leur montait au front. Voyant enfin tous les plus anciens rougir et se taire, parce que leur âge ou leur dignité repoussait une telle indiscrétion, il se tourna vers les plus jeunes, et se mit à leur faire toutes les questions possibles. Recevant de ceux-ci du moins des réponses analogues à leur âge, il commença à être plus gai, et dit que c'était là célébrer les fêtes de Bacchus d'une manière digne de ce dieu. C'est lui, dit-on, qui imagina qu'aux fêtes de la vendange il fût permis aux esclaves de débiter sur leurs maîtres, et en leur présence, des vers burlesques, tels que lui-même en avait composés, et surtout en grec. La plupart sont rapportés par Marius Maximus dans la Vie d'Héliogabale. Parmi les amis dépravés qui l'entouraient, il y avait des vieillards, et des espèces de philosophes, qui mettaient sur leur tête des coiffes à réseau, qui disaient se prêter à certaines turpitudes, qui se vantaient enfin d'avoir des maris. On pense généralement qu'ils inventaient ces mensonges pour entrer plus avant dans les bonnes grâces du prince par l'imitation de ses vices.

XII. Il nomma préfet du prétoire un danseur qui avait été histrion dans Rome ; il mit à la tête de ses gardes de nuit le cocher Gordius, et nomma commissaire des vivres Claudius Censor ; toutes les autres charges furent distribuées suivant que l'énormité de leur membre lui rendait les gens recommandables. Il établit procurateurs du vingtième sur les successions un muletier, un coureur, un cuisinier et un serrurier. Toutes les fois qu'il se rendait soit au camp, soit au sénat, il se faisait accompagner de son aïeule Varia, dont nous avons parlé

mine, de qua superius dictum est, secum induxit, ut ejus auctoritate honestior fieret, quia per se non poterat : nec ante eum, quod jam diximus, senatum mulier ingressa est ita, ut ad scribendum rogaretur et sententiam diceret. In conviviis exoletos maxime juxta se ponebat, eorumque attrectatione et tactu præcipue gaudebat : nec quisquam ei magis poculum, quum bibisset, dabat.

XIII. Inter hæc mala vitæ impudicissimæ, Alexandrum, quem sibi adoptaverat, a se amoveri jussit, dicens se pœnitere adoptionis : mandavitque ad senatum ut Cæsaris ei nomen abrogaretur; sed in senatu, hoc prodito, ingens silentium fuit : siquidem erat optimus juvenis Alexander, postea comprobatus genere imperii ejus, quum ideo displiceret patri quod impudicus non esset. Erat autem idem consobrinus, et, ut quidam dicunt, a militibus etiam amabatur, et senatui acceptus erat, et equestri ordini. Nec defuit tamen furor usque ad exitum voti pessimi; nam ei percussores immisit. Et hoc quidem modo : ipse secessit ad hortos Spei Veteris[12], quasi contra novum juvenem vota concipiens, relicta in Palatio matre, et avia, et consobrino suo; jussitque ut trucidaretur juvenis optimus et reipublicæ necessarius. Misit et ad milites litteras, quibus jussit ut abrogaretur nomen Cæsaris Alexandro. Misit qui in castris statuarum ejus titulos luto tegerent, ut fieri solet de tyrannis. Misit et ad nutritores ejus, quibus imperavit, sub præmiorum spe atque honorum, ut eum occide-

plus haut, afin que son autorité lui donnât plus de dignité, puisqu'il en avait si peu par lui-même : avant lui, comme nous l'avons déjà dit, jamais femme ne fut admise à venir au sénat donner son opinion et sa signature. Dans les festins, il se plaçait de préférence auprès des hommes prostitués, il prenait plaisir à leurs attouchements, et jamais il ne recevait de personne, plus volontiers que de leurs mains, la coupe, après qu'ils avaient bu.

XIII. A travers tous les maux inséparables d'une vie si désordonnée, il fit éloigner de lui Alexandre, qu'il avait adopté, disant qu'il se repentait de cette adoption : il manda au sénat de lui retirer le titre de César; mais le sénat à cette proposition garda un silence complet, car cet Alexandre était un excellent jeune homme, qui, plus tard, se montra digne de l'empire, mais qui déplaisait à son père parce qu'il n'était pas vicieux. Il était son cousin, et, suivant quelques-uns, il était aimé des soldats, bien vu du sénat et de l'ordre des chevaliers. La fureur d'Héliogabale le porta jusqu'à souhaiter sa mort. Il aposta des gens pour l'assassiner, et voici le plan qu'il adopta : il feignit d'être épris d'amour pour un nouveau jeune homme, et se retira dans les jardins de la Vieille Espérance, laissant au palais sa mère, son aïeule et son cousin. L'ordre était donné d'égorger pendant ce temps ce jeune prince vertueux et si nécessaire à la république. Il adressa aussi à l'armée une lettre par laquelle il commandait qu'on ôtât à Alexandre le titre de César. Il envoya dans les camps couvrir de boue les inscriptions de ses statues, comme on a coutume de faire pour les tyrans. Il dépêcha aussi aux gouverneurs du jeune prince, avec promesse de biens et d'honneurs, l'ordre

rent, quo vellent modo, vel in balneis, vel veneno, vel ferro.

XIV. Sed nihil agunt improbi contra innocentes : nam nulla vi quis adduci potuit ut tantum facinus impleret, quum in ipsum magis conversa sint tela quæ parabat aliis, ab iisque sit interfectus quibus alios appetebat. Sed ubi primum lutati sunt tituli statuarum, milites omnes exarserunt : et pars in palatium, pars in hortos, in quibus erat Varius, ire tendunt, ut Alexandrum vindicarent, hominemque impurum, eumdemque parricidialis animi, tandem a republica depellerent. Et quum in palatium venissent, Alexandrum cum matre atque avia, custoditum diligentissime, postea in castra duxerunt. Sequuta autem erat illos Semiamira mater Heliogabali pedibus, sollicita filio. Inde itum est in hortos : ubi Varius invenitur certamen aurigandi parans, exspectans tamen intentissime, quando eidem nuntiaretur consobrinus occisus. Qui subito militum strepitu exterritus in angulum se condidit, objectuque veli cubicularis quod in introitu erat cubiculi, se texit. Misit ex præfectis alios ad compescendos milites in castra, alios vero ad eos placandos qui jam in hortos venissent. Antiochianus igitur, ex præfectis unus, milites qui in hortos venerant, et sacramenti admonitione exoravit ne illum occiderent, quia nec multi venerant, et plerique cum vexillo, quod Aristomachus tribunus retinuerat, remanserant. Hæc in hortis.

XV. In castris vero milites precanti præfecto dixe-

de le faire mourir de la manière qu'ils voudraient, soit au bain, soit par le poison, soit par le fer.

XIV. Mais les méchants ne peuvent rien contre l'innocence : aucune violence ne put amener qui que ce fût à se charger d'un pareil crime; au contraire, les traits qu'il préparait aux autres se tournèrent contre lui-même, et il fut tué par ceux qu'il avait chargés de commettre le meurtre. Aussitôt qu'on eut vu les inscriptions des statues souillées de boue, la fureur des soldats fut à son comble : les uns veulent qu'on se porte au palais, les autres qu'on aille aux jardins où était Varius, afin de venger Alexandre, et de chasser du sein de la république cet homme impur, qui méditait le parricide. Arrivés au palais, ils trouvent Alexandre avec sa mère et son aïeule ; ils les gardent avec la plus grande sollicitude ; puis les emmènent dans le camp. Semiamira, la mère d'Héliogabale, inquiète sur le sort de son fils, les avait suivis à pied. De là on partit pour les jardins, où l'on trouva Varius se préparant à une course de chars, tout en attendant avec anxiété la nouvelle de la mort de son cousin. Épouvanté par le bruit soudain des soldats, il se cacha dans un coin et se couvrit d'une tapisserie qui était à l'entrée de sa chambre. Il envoya de ses officiers, les uns pour apaiser les soldats dans le camp, les autres pour calmer ceux qui avaient déjà pénétré dans les jardins. Antiochianus, l'un de ces officiers, alla donc trouver les soldats qui étaient entrés dans les jardins, et parvint à les détourner du projet de tuer l'empereur, en leur rappelant leur serment, parce qu'ils étaient en petit nombre, et que la plupart de leurs compagnons, retenus par le tribun Aristomaque, étaient restés avec l'étendard. Voilà ce qui se passa dans les jardins.

XV. Mais, au camp, les soldats répondirent aux

runt, se parsuros esse Heliogabalo, si et impuros homines, et aurigas, et histriones a se dimoveret, atque ad bonam frugem rediret; his maxime submotis, qui cum omnium dolore apud eum plurimum poterant, et qui omnia ejus vendebant, vel vanitate vel fumis. Remoti sunt denique ab eo Hierocles, Gordius, et Murissimus, et duo improbi familiares, qui cum ex stulto stultiorem faciebant. Mandatum præterea a militibus præfectis, ne paterentur illum ita diutius vivere, et ut Alexander custodiretur, ne vel illi aliqua vis afferretur; simul ne Cæsar quempiam amicum Augusti videret, ne ulla fieret imitatio turpitudinis. Sed Heliogabalus et ingenti prece Hieroclem reposcebat impudicissimum hominem, et insidias in dies Cæsari propagabat. Denique kalendis januariis, quum simul tum designati essent consules, noluit cum consobrino procedere. Ad extremum quum ei avia et mater dicerent imminere milites ad ejus exitium, nisi concordiam viderent inter se consobrinorum, sumpta prætexta, hora diei sexta processit ad senatum, avia sua ad senatum vocata, et ad sellam producta. Deinde in Capitolium ad vota concipienda et perficienda solemnia ire noluit : omnia per præfectum urbanum facta sunt, quasi consules illic non essent.

XVI. Nec distulit cædem consobrini : sed, timens ne senatus ad aliquem se inclinaret, si ille consobrinum occidisset, jussit subito senatum Urbe decedere : omnes-

instances de l'officier, qu'ils épargneraient Héliogabale s'il éloignait de sa personne les hommes débauchés, les cochers et les histrions, et s'il revenait à un genre de vie plus honnête ; qu'ils tenaient surtout à ce qu'on fît disparaître ces hommes qui, au grand regret de tous, avaient acquis tant de pouvoir auprès de lui, et qui pour des futilités, pour une vaine fumée, faisaient trafic de toutes ses faveurs. Alors Hiéroclès, Gordius et Murissimus sont éloignés, ainsi que deux amis sans honneur, qui de sot qu'il était le rendaient plus sot encore. En outre, les soldats recommandent aux officiers du palais de ne pas souffrir qu'il continue plus longtemps son genre de vie, de faire garder à vue Alexandre, pour qu'aucune violence ne lui soit faite, de ne permettre aucun rapprochement entre le jeune César et les amis de l'empereur, afin d'éviter qu'il ne devienne l'imitateur de ses turpitudes. Mais Héliogabale redemandait avec instance Hiéroclès, l'homme le plus impudique, et inventait chaque jour de nouveaux piéges contre César. Enfin, aux calendes de janvier, ayant été tous deux ensemble désignés consuls, il ne voulut pas paraître en public avec son cousin. A la fin, comme son aïeule et sa mère lui dirent que les soldats menaçaient d'attenter à sa vie s'ils ne voyaient la concorde régner entre les cousins, il prit la prétexte et, vers la sixième heure, partit pour se rendre au sénat, en ayant soin d'y appeler son aïeule, qu'il conduisit jusqu'à son siége. Mais il refusa ensuite d'aller au Capitole unir ses vœux à ceux de César et faire les sacrifices publics : tout le reste des cérémonies fut achevé par le préfet de la ville, comme si les consuls eussent été absents.

XVI. Il ne différa pas plus longtemps la mort de son cousin ; mais craignant que le sénat ne portât ses vues sur quelque autre, si lui-même le tuait, il ordonna que

que etiam, quibus aut vehicula, aut servi deerant, subito proficisci jussi sunt : quum alii per bajulos, alii per fortuita animalia et mercede conducta veherentur. Sabinum, consularem virum, ad quem libros Ulpianus scripsit, quod in Urbe remansisset, vocato centurione, mollioribus verbis jussit occidi. Sed centurio, aure surdior, imperari sibi credidit, ut Urbe pelleretur; itaque fecit. Sic vitium centurionis Sabino saluti fuit. Removit et Ulpianum jurisconsultum, ut bonum virum : et Silvinum rhetorem, quem magistrum Cæsaris fecerat. Et Silvinus quidem occisus est, Ulpianus vero reservatus. Sed milites, et maxime prætoriani, vel scientes quæ mala in Heliogabalum paraverant, vel quod sibi viderent invidiam, facta conspiratione ad liberandam rempublicam, primum in conscios vario genere mortis, quum alios vitalibus exemptis necarent, alios ab ima parte perfoderent, ut mors esset vitæ consentiens.

XVII. Post hoc in eum impetus factus est, atque in latrina, ad quam confugerat, occisus. Tractus deinde per publicum, additaque injuria cadaveri est, ut id in cloaculam milites mitterent; sed quum non cepisset cloacula fortuito, per pontem Æmilium, annexo pondere ne fluitaret, in Tiberim abjectum est, ne unquam sepeliri posset. Tractum est cadaver ejus etiam per Circi spatia, priusquam in Tiberim præcipitaretur. Nomen ejus, id est Antonini, erasum est, senatu jubente, remansitque Varii Heliogabali : siquidem illud affectato retinuerat, quum vult videri filius Antonini. Appella-

le sénat quittât la ville sur-le-champ. Ceux même qui n'avaient ni voitures ni domestiques reçurent l'ordre de partir sans délai : les uns louèrent des porteurs, les autres prirent les montures qu'ils trouvèrent. Sabinus, personnage consulaire, auquel Ulpien dédia ses ouvrages, étant resté dans la ville, Varius appela un centurion, et lui commanda à voix basse de tuer le sénateur. Mais le centurion, qui était un peu sourd, crut qu'on lui ordonnait de le chasser de la ville; ce qu'il fit. Ainsi Sabinus ne dut la vie qu'à l'infirmité d'un centurion. Il éloigna de lui, comme homme de bien, le jurisconsulte Ulpien, ainsi que le rhéteur Silvinus qu'il avait donné à César pour maître. Silvinus fut même mis à mort, Ulpien fut conservé. Mais les soldats, surtout les prétoriens, soit qu'ils craignissent une vengeance pour ce qu'ils avaient tenté déjà contre Héliogabale, soit à cause de la haine dont ils se voyaient l'objet, conspirèrent pour délivrer la république, et commencèrent par faire périr les complices du prince par différents genres de supplices, les uns en leur arrachant les entrailles, les autres en les empalant, afin que leur mort eût quelque conformité avec leur vie.

XVII. Après cela on l'attaqua lui-même ouvertement, et enfin il fut tué dans des privés où il s'était réfugié. Traînant ensuite son cadavre sous les yeux du peuple, les soldats l'outragèrent au point de le jeter dans un égout. Mais, cet égout se trouvant trop étroit, on le traîna dans tous les coins du Cirque, puis on le précipita dans le Tibre par-dessus le pont Émilien, après lui avoir attaché des poids, pour qu'il ne revînt pas sur l'eau, et ne pût jamais recevoir de sépulture. Son nom d'Antonin fut effacé par ordre du sénat; on ne laissa subsister que ceux de Varius Héliogabale : car ce n'était que pour donner à croire qu'il était fils d'Antonin, qu'il avait affecté de prendre ce nom. Après sa mort,

tus est post mortem Tiberinus, et Tractitius, et Impurus, et multa, si quando ea erant designanda, quæ sub eo facta videbantur : solusque omnium principum tractus est [13], et in cloacam missus, et in Tiberim præcipitatus : quod odio communi omnium contigit, a quo speciatim cavere debent imperatores; siquidem nec sepulcra mereantur, qui amorem senatus, populi, ac militum non merentur. Opera publica ipsius præter ædem Heliogabali dei, quem Solem alii, alii Jovem dicunt, et amphitheatri instauratio post exustionem, et lavacrum in vico Sulpicio, quod Antoninus Severi filius cœperat, nulla exstant. Et lavacrum quidem Antonini Caracallus dedicaverat, et lavando, et populum admittendo; sed porticus defuerant, quæ postea ab hoc subdititio Antonino exstructæ sunt, et ab Alexandro perfectæ.

XVIII. Hic ultimus Antoninorum fuit, quamvis cognomine postea Gordianos multi Antoninos putent, qui Antonii dicti sunt, non Antonini. Vita, moribus, improbitate ita odibilis, ut ejus nomen senatus eraserit; quem nec ego Antoninum vocassem, nisi causa cognitionis, quæ cogit plerumque dici ea etiam nomina, quæ sunt abolita. Occisa est cum eo et mater Semiamira, probrosissima mulier et digna filio ; cautumque ante omnia, post Antoninum Heliogabalum, ne unquam mulier senatum ingrederetur, utque inferis ejus caput dicaretur devovereturque, per quem id esset factum. De hujus vita multa in litteras missa sunt obscena : quæ quia digna

on lui donna ceux de Tibérien, de Traîné, d'Impur, et beaucoup d'autres encore, suivant qu'on voulait désigner les différentes actions qu'on lui attribuait. Seul de tous les princes, il fut traîné, jeté dans un égout et précipité dans le Tibre, ce qui fut l'effet de la haine qu'on lui portait unanimement, malheur le plus grand qu'un prince ait à éviter : car celui-là n'est pas digne d'un tombeau, qui n'a pas su mériter l'amour du sénat, du peuple et de l'armée. Des travaux publics faits sous son règne, il ne reste que le temple du dieu Héliogabale, que les uns disent être le Soleil, les autres Jupiter ; le nouvel amphithéâtre reconstruit après l'incendie, et des bains dans le quartier Sulpicius, qui avaient été commencés par Antonin fils de Sévère. Et même les bains d'Antonin avaient été inaugurés par Caracallus, qui allait lui-même s'y baigner, et y admettait le peuple; mais les portiques manquaient : leur construction fut commencée par cet Antonin supposé, et achevée par Alexandre.

XVIII. Ce fut le dernier empereur qui prit le nom d'Antonin, malgré l'opinion de quelques historiens qui croient que les Gordien le portèrent : mais ils furent appelés Antoine, et non pas Antonin. La conduite d'Héliogabale, ses mœurs dissolues, sa perversité l'avaient rendu à tel point odieux, que le sénat fit effacer son nom; moi-même je ne l'eusse pas appelé Antonin, si l'on n'était souvent forcé de rapporter certains noms abolis, par cela même qu'ils ont été bien connus. Avec lui on mit à mort Semiamira sa mère, femme sans honneur et bien digne d'un tel fils. Après Antonin Héliogabale on s'occupa, avant toutes choses, du soin d'empêcher que jamais femme ne mît le pied au sénat, et l'on dévoua aux enfers, chargée de malédictions, la tête de celui qui introduirait pareille énormité. On lit dans des lettres écrites sur sa vie bien

memoratu non sunt, ea solum prodenda censui, quæ ad luxuriam pertinebant; quorum aliqua privatus, aliqua jam imperator, fecisse perhibetur, quum ipse privatus diceret se Apicium, imperator vero Neronem, Othonem, et Vitellium imitari.

XIX. Nam primus omnium privatorum, toros aureis toralibus texit, quia tunc ex Antonini Marci auctoritate id fieri licebat, qui omnem apparatum imperatorium publice vendiderat[14]. Deinde æstiva convivia coloribus exhibuit, ut hodie prasinum, vitreum, alia die venetum, et sic deinceps exhiberet, semper varie, per dies omnes æstivos. Primus deinde autepsas argenteas habuit, primus etiam cacabos. Vasa deinde centenaria argentea sculpta, et nonnulla schematibus libidinosissimis inquinata. Et mastichatum, et pulegiatum, et omnia hæc quæ nunc luxuria retinet, primus invenit. Nam rosatum ab aliis acceptum, pinearum etiam attritione odoratius reddidit. Denique hæc genera poculorum ante Heliogabalum non leguntur; nec erat ei ulla vita, nisi exquirere voluptates. Primus fecit de piscibus isitia, primus de ostreis, et leiostreis, et aliis hujusmodi marinis conchis, et locustis, et cammaris, et scillis. Stravit et triclinia de rosa, et lectos et porticus, ac sic per ea deambulavit, idque omni florum genere, liliis, violis, hyacinthis et narcissis. Hic non nisi unguento nobili aut croco piscinis infectis natavit. Nec cubuit in accubitis facile, nisi iis quæ pilum leporinum haberent, aut plumas perdicum subalares, sæpe culcitas mutans.

des obscénités; mais comme ce sont des choses qui ne méritent pas d'être transmises à la mémoire, j'ai cru suffisant de rapporter ici les faits qui prouvent son amour excessif des plaisirs, tant lorsqu'il n'était que simple particulier, que depuis qu'il fut empereur : ainsi, étant simple particulier, il disait vouloir imiter Apicius; étant empereur, c'était Néron, Othon et Vitellius qu'il se proposait pour modèles.

XIX. Il fut le premier comme homme privé qui couvrit ses lits d'étoffes d'or, et il s'autorisait de la vente publique qu'avait faite Marc Antonin de tout le mobilier impérial. Il distingua ses repas d'été par différentes couleurs, par exemple, aujourd'hui vert pré ou vert de mer, demain bleu d'azur, et ainsi, en variant de couleur de jour en jour, pendant tout le cours de l'été. Le premier il eut des marmites à réchaud en argent, ainsi que des chaudrons du même métal. Depuis il eut des centaines de vases d'argent sculptés, dont plusieurs représentaient des images fort obscènes. Le premier il imagina le vin au mastic, le vin au pouliot et toutes ces inventions que le luxe a conservées. Le vin rosat était connu avant lui, mais il y ajouta des pommes de pin concassées pour le rendre plus odorant. En général, on ne fait mention d'aucune de ces boissons avant Héliogabale, dont toute la vie ne fut employée qu'à la recherche des plaisirs. C'est lui qui le premier fit faire des saucisses de poissons, par exemple d'huîtres de plusieurs sortes, de conques marines, de langoustes, de homards, et de scilles. Il parsemait de roses ses salles à manger, les lits et les portiques, et se promenait sur les fleurs de toute sorte, lis, violettes, jacinthes et narcisses. Jamais il ne prit un bain sans y verser des parfums exquis ou du safran. Il ne couchait volontiers que sur des coussins remplis de poil de lièvre ou de plumes prises sous l'aile des perdrix, et changeait souvent d'oreillers.

XX. Senatum nonnunquam ita contempsit, ut mancipia togata appellaret; populum vero Romanum unius fundi cultorem; equestrem ordinem in nullo loco habens. Praefectum urbicum saepe post coenam ad potandum vocabat, adhibitis et praefectis praetorio, ita ut, si recusarent, magistri horum eos cogerent. Voluit et per singulas urbes lenones praefectos urbi facere, et ut essent in urbe quatuordecim; et fecisset, si vixisset; promoturus omnes turpissimos et ultimae professionis homines. Hic solido argento factos habuit lectos, et tricliniares, et cubiculares. Comedit saepius, ad imitationem Apicii, calcanea camelorum [15], et cristas vivis gallinaceis demptas, linguas pavonum et lusciniarum : quia dote tali [16] pestilentia tutus diceretur. Exhibuit et palatinis ingentes dapes extis mullorum refertas, et cerebellis phoenicopterum, et perdicum ovis, et cerebellis turdorum, et capitibus psittacorum, et fasianorum et pavonum. Barbas sane mullorum tantas jubebat exhiberi, ut pro nasturtiis, apiastris, et facelaribus, et foenograeco exhiberet plenis fabatariis et discis : quod praecipue stupendum est.

XXI. Canes jecinoribus anserum pavit. Habuit leones et leopardos exarmatos [17] in deliciis : quos edoctos per mansuetarios, subito ad secundam et tertiam mensam jubebat accumbere, ignorantibus cunctis quod exarmati essent, ad pavorem et ridiculum excitandum. Misit et uvas Apamenas in praesepia equis suis; et psittacis atque fasianis leones pavit, et alia animalia; exhibuit et su-

XX. Il témoigna plus d'une fois un tel mépris pour les sénateurs, qu'il les appelait des esclaves en toge ; le peuple romain n'était pour lui que le cultivateur d'un fonds de terre, et il ne comptait pour rien l'ordre des chevaliers. Souvent, après dîner, il invitait le préfet de la ville à venir boire avec lui, ainsi que les préfets du prétoire, et, s'ils refusaient, il les y faisait contraindre par les maîtres des offices. Il avait le projet d'établir dans chaque ville, en qualité de préfets, de ces gens qui font métier de corrompre la jeunesse : Rome en aurait eu quatorze ; et il l'eût fait s'il eût vécu, décidé qu'il était à élever aux honneurs tout ce qu'il y avait de plus abject et les hommes des plus basses professions. Il eut des lits en argent massif, tant pour manger que pour coucher. Il se fit servir souvent, à l'exemple d'Apicius, des talons de chameaux, des crêtes prises sur des coqs vivants, des langues de paons et de rossignols, parce que c'était, disait-on, un préservatif contre la peste. Il faisait servir aux officiers du palais des plats immenses remplis d'entrailles de mulets, de cervelles de phénicoptères, d'œufs de perdrix, de têtes de perroquets, de faisans et de paons. Il faisait paraître des cirrhes de mulets en si grande quantité qu'on les présentait en guise de cresson, de céleri et de fenugrec, remplissant des vases à faire cuire les fèves et des plats ; ce qui est réellement étonnant.

XXI. Il nourrissait des chiens avec des foies d'oies. Il éprouvait un plaisir tout particulier à avoir des lions et des léopards privés de leurs armes naturelles. Il les faisait dresser par des dompteurs d'animaux, et au second et au troisième service, il les faisait apparaître tout à coup, pour jouir de la stupeur des convives, qui ignoraient qu'ils fussent sans moyens de nuire, et rire ensuite à leurs dépens. Il envoya à ses écuries donner à ses chevaux des raisins d'Apamée ; il nourrit des lions et d'autres animaux

mina aprugna per dies decem tricena quotidie cum suis bulbis; pisum cum aureis, lentem cum cerauniis, fabam cum electris, et orizam cum albis exhibens. Albas præterea in vicem piperis piscibus et tuberibus conspersit. Oppressit in tricliniis versatilibus parasitos suos violis et floribus, sic ut animam aliqui efflaverint, quum erepere ad summum non possent; condito piscinas et solia temperavit, et rosato atque absinthiato. Vulgus ad bibendum invitavit : et ipse cum populo tantum bibit, ut in piscina eum bibisse intelligeretur, viso quod unus bibisset. Eunuchos pro apophoretis dedit : dedit quadrigas, equos stratos, mulos, basternas et rhedas : dedit et aureos millenos, et centena pondo argenti.

XXII. Sortes sane conviviales scriptas in cochlearibus habuit tales, ut alius exhiberet decem camelos, alius decem muscas, alius decem libras auri, alius decem plumbi, alius decem struthiones, alius decem ova pullina, ut vere sortes essent, et fata tentarentur : quod quidem et ludis suis exhibuit, quum et ursos decem, et decem grillos, et decem lactucas, et decem auri libras in sorte habuit; primusque hunc morem sortis instituit, quem nunc videmus. Sed vere ad sortem scenicos vocavit, quum et canes mortuos, et libram bubulæ carnis haberet in sorte : et item centum aureos, et mille argenteos, et centum folles æris[18], et alia talia, quæ populus tam libenter accepit, ut eum postea imperare gratularentur.

avec des perroquets et des faisans. Pendant dix jours, il se fit servir chaque jour trente tetines de laies avec leurs vulves, et sur la même table des pois avec des parcelles d'or, des lentilles avec des pierres de foudre, des fèves avec des morceaux d'ambre, et du riz avec des perles. Il sema aussi des perles en guise de poivre sur des poissons et sur des champignons. Il accabla tellement de violettes et de toutes sortes de fleurs ses parasites au moyen de lits de table qui se retournaient, que plusieurs furent suffoqués, n'ayant pu parvenir à se dégager. Il mélangeait à l'eau des piscines et des baignoires des vins d'aromates, à la rose, à l'absinthe. Il invitait le bas peuple à boire avec lui, et lui-même but tant en sa compagnie, que, bien qu'il n'y eût que lui qui eût bu dans la piscine, on s'apercevait déjà qu'il y avait bu. Au lieu du petit présent qu'on faisait d'ordinaire après les repas, il donna des eunuques, des quadriges, des chevaux avec leurs housses, des mulets, des litières, des chars; il donna jusqu'à mille auréus, et cent livres d'argent.

XXII. Il inscrivait sur les cuillers les lots qu'il destinait aux convives : ainsi l'un gagnait dix chameaux, un autre dix mouches; celui-ci dix livres d'or, celui-là dix livres de plomb; un autre dix autruches, un autre dix œufs de poule; enfin c'était une véritable loterie où l'on tentait la fortune. Cette mode, il l'introduisit même dans ses jeux; il mettait au sort dix ours, dix grillons, dix laitues, dix livres d'or. C'est lui qui institua cette coutume, que nous voyons encore aujourd'hui. Il appela aussi les comédiens à tirer au sort, et les lots qu'il offrait étaient ou des chiens morts ou une livre de chair de bœuf : il y mit aussi cent auréus, mille deniers d'argent, cent petites pièces de cuivre, et autres objets semblables, que le peuple reçut avec tant de joie, qu'il se félicitait dès lors d'avoir un tel empereur.

XXIII. Fertur in euripis vino plenis navales Circenses exhibuisse, pallia de œnanthio fudisse, et elephantorum quatuor quadrigas in Vaticano agitasse, dirutis sepulcris quæ obsistebant : junxisse etiam camelos quaternos ad currus in Circo, privato spectaculo. Serpentes per Marsicæ gentis sacerdotes collegisse fertur, eosque subito ante lucem, ut solet populus ad ludos celebres convenire, effudisse, multosque afflictos morsu et fuga. Usus est aurea omni tunica, usus et purpura, usus et de gemmis Persica, quum gravari se diceret onere voluptatis. Habuit et in calceamentis gemmas, et quidem sculptas; quod risum omnibus movit : quasi possent sculpturæ nobilium artificum videri in gemmis quæ pedibus adhærebant. Voluit uti et diademate gemmato, quo pulchrior fieret, et magis ad feminarum vultum aptus : quo et usus est domi. Fertur et promisisse phœnicem convivis [19], vel pro ea libras auri mille, ut in prætorio eam dimitteret. Marinæ aquæ colymbos exhibuit, in mediterraneis locis maxime, eosdem et singulis amicis natantibus dimisit, et iterum piscibus implevit. Montem nivium in viridario domus æstate fecit, advectis nivibus. Ad mare piscem nunquam comedit : in longissimis a mari locis omnia marina semper exhibuit; murænarum lactibus et luporum in locis mediterraneis rusticos pavit.

XXIII. On rapporte qu'il donna des naumachies sur des lacs creusés de main d'homme qu'il avait remplis de vin, et que les manteaux des combattants étaient parfumés d'essence d'œnanthe; qu'il conduisit au Vatican des chars attelés de quatre éléphants, après avoir fait détruire les tombeaux qui gênaient son passage; que dans le Cirque, pour son spectacle particulier, il fit atteler aux chars quatre chameaux de front. On rapporte qu'il fit rassembler des serpents par des prêtres de la nation des Marses, et qu'avant le jour, au moment où le peuple a coutume de se réunir pour célébrer les jeux, les ayant lâchés tout à coup, un grand nombre de personnes furent victimes de la morsure de ces reptiles et du désordre inséparable de la fuite. Il avait une tunique toute tissue d'or, une de pourpre, et un manteau de Perse si chargé de pierreries, qu'il fléchissait, disait-il, sous le poids du plaisir. Il adapta des pierres précieuses à ses chaussures, et même des pierres gravées; ce qui fit rire tout le monde : comme si l'on pouvait voir le travail d'artistes célèbres sur des pierres placées à ses pieds. Il voulut aussi se servir d'un diadème garni de pierres précieuses, afin d'être plus beau et pour que sa tête ressemblât davantage à celles des femmes : il le porta jusque dans l'intérieur de son palais. On dit qu'un jour il promit à ses convives un phénix, ou en échange mille livres d'or, si celui auquel il serait échu le lâchait dans le prétoire. Il fit creuser assez loin dans les terres, des bassins où il amena l'eau de la mer, et les distribua aux meilleurs nageurs de ses amis, puis enfin, y introduisit du poisson. Il fit charrier des neiges dans son verger, pour en avoir une montagne dans l'été. Jamais près de la mer il ne mangea de poisson; mais dans lieux qui en étaient le plus éloignés, il voulut que tout vînt de la mer; et dans l'intérieur des terres il nourrissait ses gens de laitances de lamproies et de loups marins.

XXIV. Pisces semper quasi in marina aqua cum colore suo coctos conditura veneta comedit. Momentarias de rosato, et rosis piscinas exhibuit : et bibit cum omnibus suis, caldaria de narda exhibens. Idem in lucernis balsamum exhibuit. Idem mulieres nunquam iteravit, præter uxorem. Lupanaria domi amicis, clientibus et servis exhibuit. Idem nunquam minus centum sestertium cœnavit, hoc est argenti libris triginta. Aliquando autem tribus millibus sestertium cœnavit, omnibus supputatis, quæ impendit. Cœnas vero et Vitellii et Apicii vicit. Pisces ex vivariis suis bubus traxit. Per macellum transiens mendicitatem publicam flevit. Parasitos ad rotam aquariam ligabat, et cum vertigine sub aquas mittebat, rursusque in summum revolvebat : eosque Ixionios amicos vocavit. Stravit et saxis Lacedæmoniis ac Porphyreticis plateas in palatio, quas Antoninianas vocavit : quæ saxa usque ad nostram memoriam manserunt, sed nuper eruta et exsecta sunt. Constituerat et columnam unam dare ingentem, ad quam ascenderetur intrinsecus, ita ut in summo Heliogabalum deum collocacaret; sed tantum saxum non invenit, quum id de Thebaide afferre cogitaret.

XXV. Ebrios amicos plerumque claudebat, et subito nocte leones, et leopardos, et ursos exarmatos immittebat, ita ut, expergefacti in cubiculo eodem, leones, ursos, pardos, cum luce, vel, quod est gravius, nocte invenirent, ex quo plerique exanimati sunt. Multis vilioribus amicis folles pro accubitis sternebat, eosque refla-

XXIV. Les poissons qu'il se faisait servir étaient toujours cuits à une sauce azurée comme l'eau de la mer, et conservaient la couleur qui leur était naturelle. Il eut pendant quelque temps des bains de vin rosat, avec des roses : il y but avec tous les siens et parfuma de nard les étuves. Il mit du baume [au lieu d'huile] dans les lampes. Jamais femme, excepté son épouse, ne reçut deux fois ses embrassements. Il établit dans sa maison des lupanars pour ses amis, ses créatures et ses serviteurs. À son souper il ne dépensa jamais moins de cent sesterces, c'est-à-dire trente livres d'argent. Quelquefois même, toute supputation faite, il y dépensa trois mille sesterces. Il surpassa en ce genre Vitellius et Apicius. Il employait des bœufs pour tirer les poissons de ses viviers : il lui arriva de pleurer un jour sur la misère publique en traversant le marché. Il s'amusait à attacher à la roue d'un moulin ses parasites ; et, par un mouvement de rotation, tantôt il les plongeait sous l'eau, tantôt il les faisait revenir au-dessus : il les appelait alors ses chers Ixions. Il pava de pierres de Lacédémone et de porphyre plusieurs cours du palais qu'il nommait Antoniniennes. Ces pierres restèrent jusqu'à ces derniers temps ; mais on vient de les retirer et de les tailler pour une autre destination. Il avait formé le projet d'ériger une immense colonne où l'on eût monté par un escalier intérieur, et sur laquelle il aurait placé son dieu Héliogabale; ne trouvant pas de pierre assez grande, il pensait à en faire venir une de la Thébaïde.

XXV. Quand ses amis étaient ivres, il lui arrivait souvent de les enfermer, et, dès que la nuit était arrivée, il introduisait dans leur chambre des lions, des léopards et des ours privés de leurs armes naturelles, de sorte qu'à leur réveil, le matin, ou même au milieu de la nuit, ce qui était plus terrible, ils trouvaient ces animaux auprès d'eux ; la frayeur en fit mourir plusieurs. A ses amis de plus basse condition, il faisait souvent mettre, au lieu

bat prandentibus illis, ita ut plerumque subito sub mensis invenirentur prandentes. Primus denique invenit sigma in terra sternere, non in lectulis, ut a pedibus utres per pueros ad reflandum spiritum solverentur. Mimicis adulteris ea, quæ solent simulato fieri, effici ad verum jussit. Meretrices a lenonibus cunctis redemit sæpe, et manumisit. Quum inter fabulas privatas sermo esset ortus quanti herniosi esse possent in urbe Roma, jussit omnes notari, eosque ad balneas suas exhibere, et cum iisdem lavit, nonnullis etiam honestis. Gladiatores ante convivium pugnantes et pyctas sibi frequenter exhibuit. Stravit sibi triclinium in summo lusorio. Et dum pranderet, noxios et venationes sibi exhibuit. Parasitis in secunda mensa sæpe ceream cœnam, sæpe ligneam, sæpe eburneam, aliquando fictilem, nonnunquam vel marmoream, vel lapideam exhibuit : ita ut omnia illis exhiberentur videnda de diversa materia, quæ ipse cœnabat, quum tantum biberent per singula fercula, et manus, quasi comedissent, lavarent.

XXVI. Primus Romanorum holoserica veste usus fertur, quum jam subserica in usu essent. Linteamen lotum nunquam attigit, mendicos dicens qui linteis lotis uterentur. Dalmaticatus in publico post cœnam sæpe visus est, Gurgitem Fabium et Scipionem se appellans, quod quum ea veste esset cum qua Fabius et Cornelius a

des coussins ordinaires, des espèces d'outres soufflées, et, pendant qu'ils mangeaient, il en faisait échapper l'air, de sorte que tout à coup ils se trouvaient sous la table. Le premier il imagina d'étendre les coussins à manger, non plus sur des lits, mais par terre, en demi-cercle, afin que les serviteurs pussent retirer l'air des outres par les pieds. Il fit infliger en réalité aux comédiens qui jouaient des rôles d'adultères, un supplice qui n'était ordinairement que simulé. Il racheta souvent à tous les maîtres de lupanars les femmes publiques qu'ils possédaient, et leur rendit la liberté. Parmi les futilités qui faisaient l'objet des conversations, on vint un jour à parler de ce qu'il y avait à Rome de gens affectés de hernies ; il en fit dresser la liste générale, et les fit venir au bain, où il se lava avec eux : dans le nombre il y avait des personnages honorables. Souvent, avant son repas, il se fit donner des spectacles de gladiateurs et d'athlètes. Dans le lieu le plus élevé de l'amphithéâtre, il se fit placer un lit de table, et pendant qu'il mangeait, il contemplait les chasses du Cirque ou le supplice des condamnés. Il fit quelquefois servir à ses parasites, au second service, des objets représentés en cire, d'autres fois en bois, souvent en ivoire, ou en terre cuite, ou même en marbre ou en pierre, en sorte que sous ces matières différentes on eût cru voir les mêmes mets qu'à lui : mais lui seul mangeait ; les autres se contentaient de boire à chaque plat, et se lavaient les mains comme s'ils eussent mangé.

XXVI. Le premier des Romains, il se servit de vêtements tout de soie : auparavant on n'employait que des étoffes mi-soie. Jamais il ne toucha de linge lavé, disant que c'était bon pour les mendiants. Il parut souvent en public, vêtu de la dalmatique, et se donnant les noms de Scipion et de Fabius Gurgès, parce qu'il portait le même vêtement sous lequel, pour la répression de leur

parentibus, ad corrigendos mores, adolescentes in publicum essent producti. Omnes de Circo, de theatro, de stadio, et omnibus locis, et balneis, meretrices collegit in ædes publicas, et apud eas concionem habuit quasi militarem, dicens eas commilitones : disputavitque de generibus schematum et voluptatum. Adhibuit in tali concione postea lenones exoletos undique collectos, et luxuriosissimos puerulos et juvenes. Et, quum ad meretrices muliebri ornatu processisset, papilla ejecta, exoletos habitu puerorum qui prostituuntur, post concionem pronuntiavit his, quasi militibus, ternos aureos donativum : petiitque ab his ut a diis peterent ut alios haberet ipsis commendandos. Jocabatur sane ita cum servis, ut eos juberet millena pondo sibi aranearum deferre, proposito præmio; collegisseque dicitur decem millia pondo aranearum, dicens et hinc intelligendum quam magna esset Roma. Mittebat parasitis per cellarios salaria annua, vasa cum ranis et scorpiis, et cum serpentibus, et hujusmodi monstris. Claudebat in ejuscemodi vasis infinitum muscarum, apes mansuetas eas appellans.

XXVII. Quadrigas Circensium in tricliniis et in porticibus sibi semper exhibuit pransitans et cœnitans, convivas senes agitare cogens, nonnullos honoratos jam imperatori; jubebat sibi et decem millia murium exhiberi, mille mustelas, mille sorices. Dulciarios et lactarios tales habuit, ut, quæcumque coqui de diversis edulibus exhibuissent, vel structores, vel pomarii, illi modo de

luxe, Fabius et Cornelius furent, étant jeunes, montrés par leurs pères aux yeux du peuple. Il ramassa au Cirque, au théâtre, au stade, dans les bains et partout, toutes les courtisanes, qu'il réunit dans un édifice public, et qu'il harangua comme s'il eût parlé à des soldats, les appelant braves camarades; son discours roulait sur la diversité des postures et des plaisirs. Ensuite il fit entrer dans cette assemblée de vieux entremetteurs recueillis de toutes parts, ainsi que les jeunes garçons et les jeunes hommes les plus voués à la débauche, et, s'étant avancé vers les courtisanes en habit de femme, le teton découvert, puis vers les hommes en posture de jeune garçon qui se prostitue, il leur annonça, comme à des soldats, qu'après l'assemblée il leur ferait une largesse de trois auréus, et les engagea à demander pour lui aux dieux des sujets dignes de leur être recommandés. Il plaisantait aussi avec ses serviteurs, au point de leur ordonner, moyennant récompense, de lui apporter mille livres de toiles d'araignées; et l'on raconte qu'il en recueillit ainsi dix mille livres, et qu'il disait que par là on pouvait juger de la grandeur de Rome. Il envoyait aux parasites, par ses officiers de bouche, et comme provision pour l'année, des vases remplis de grenouilles, de scorpions, de serpents et autres animaux hideux. Il enfermait aussi dans de pareils vases, des quantités infinies de mouches, qu'il appelait des abeilles privées.

XXVII. Il fit souvent circuler des quadriges du Cirque dans ses salles et ses galeries pendant qu'il dînait ou qu'il soupait, forçant à conduire les plus vieux des convives quelquefois honorés déjà des faveurs impériales. Il se faisait apporter dix mille rats, mille belettes, mille souris. Il avait à sa disposition des pâtissiers et des crémiers tels, que tout ce que les cuisiniers, les ordonnateurs ou les fruitiers pouvaient fournir, ils le faisaient

dulciis, modo de lactariis exhiberent. Exhibuit parasitis coenas et de vitreis, et nonnunquam tot picta mantilia in mensam mittebat, his edulibus picta, quæ apponerentur, quot missus esset habiturus; ita ut de acu aut de textili pictura exhiberentur. Nonnunquam tamen et tabulæ illis pictæ exhibebantur, ita ut quasi omnia illis exhiberentur, et tamen fame macerarentur. Miscuit gemmas pomis ac floribus; jecit et per fenestram cibos totidem, quot exhibuit amicis. Jusserat et canonem populi Romani unius anni meretricibus, lenonibus, exoletis intramuranis dari; extramuranis alio promisso : quum eo tempore juxta provisionem Severi et Trajani septem annorum canon frumentarius Romæ esset.

XXVIII. Canes quaternos ingentes junxit ad currum, et sic est vectatus intra domum regiam : idque privatus in agris suis fecit. Processit in publicum et quatuor cervis junctis ingentibus. Junxit sibi et leones, Matrem magnam se appellans. Junxit et tigres, Liberum sese vocans, eodemque habitu agens, quo dii pinguntur, quos imitabatur. Ægyptios dracunculos Romæ habuit, quos illi agathodæmonas vocant. Habuit et hippopotamos, et crocodilum, et rhinocerotem, et omnia Ægyptia, quæ per naturam sui exhiberi poterant. Struthocamelos exhibuit in coenis aliquoties, dicens præceptum judæis ut ederent [20]. Illud sane mirum videtur, quod dicitur ab eo factum, ut de croco sigma staverit, quum summos viros rogasset ad prandium, pro eorum digni-

également soit en pâtisserie, soit en laitage. Il servit à ses parasites des repas de verre, et quelquefois mettait sur la table des nappes peintes, représentant les mets qui devaient paraître, et dans la même quantité que devait en contenir le service; ces peintures étaient faites en broderie, ou en point de tapisserie; d'autres fois c'étaient des tableaux peints qui leur représentaient le dîner entier, et devant tout cela ils étaient tourmentés par la faim. Il mêla des pierres précieuses aux fruits et aux fleurs; il jeta par la fenêtre autant de mets qu'il en avait fait servir à ses amis. Comme alors, grâce à l'économie de Trajan et à celle de Sévère, il y avait à Rome une provision de blé pour sept ans; sur cette réserve, qui appartenait au peuple romain, il fit donner la provision d'un an aux filles publiques, aux maîtres de lupanars et aux débauchés de la ville; il en promit autant à ceux des provinces.

XXVIII. Il attela quatre énormes chiens à un char, et se fit traîner ainsi jusqu'à son palais; n'étant que simple particulier, il en avait fait autant dans sa campagne. Il marcha aussi publiquement traîné par quatre énormes cerfs : il se fit un attelage de lions, et s'appelait alors la Mère des dieux. Il attela des tigres, et alors il était Bacchus, et à chaque changement, il prenait les costumes sous lesquels on représentait ces différentes divinités. Il eut à Rome de ces petits dragons que les Égyptiens appellent bons génies. Il eut aussi des hippopotames, un crocodile, un rhinocéros, enfin tous les animaux d'Égypte que leur nature lui permit d'entretenir. Il fit quelquefois servir à table des autruches, disant qu'il était commandé aux juifs d'en manger. On lui attribue un fait bien singulier : ayant invité à sa table des personnages éminents, il joncha de safran le lit demi-circulaire où il les fit coucher, disant que c'était la litière qui convenait à leur dignité. Il faisait de la nuit le jour, et du

tate dicens se fœnum exhibere. Trajecit et dierum actus noctibus, et nocturnos diebus, æstimans hoc inter instrumenta luxuriæ : ita ut sero de somno surgeret et salutari inciperet, mane autem dormire inceptaret. Amicis quotidie, nec quemquam facile indonatum relinquebat, nisi quem frugi, quasi perditum reperisset.

XXIX. Habuit gemmata vehicula et aurata, contemptis argentatis, et eboratis, et æratis. Junxit et quaternas mulieres pulcherrimas, et binas ad papillam[21], vel ternas et amplius, et sic vectatus est : sed plerumque nudus, quum illum nudæ traherent. Habuit et hanc consuetudinem, ut octo calvos rogaret ad cœnam, item octo luscos, et item octo podagrosos, octo surdos, octo nigros, octo longos, et octo pingues, quum capi non possent uno sigmate, ut de his omnibus risus citaret. Donavit et argentum omne convivis, quod habuit in convivio, et omnem apparatum poculorum, idque sæpius. Hydrogarum Romanorum ducum primus publice exhibuit, quum antea militaris mensa esset; quam postea statim Alexander reddidit. Proponebat præterea his quasi themata, ut jura nova dapibus condiendis invenirent : cujus placuisset commentum, ei dabat maximum præmium, ita ut sericam vestem donaret, quæ tunc et in raritate videbatur, et in honore. Si aliquis autem displicuisset, jubebat ut semper id comesset, quamdiu tamen melius invenisset. Semper sane aut inter flores edit, aut inter odores pretiosos. Amabat sibi pretia majora dici earum rerum quæ mensæ parabantur, orexin convivio hanc esse asserens.

jour la nuit : c'était, à son avis, une des conditions de la magnificence. De sorte que le soir il se levait, et recevait les salutations, et que le matin il pensait à se coucher. Il donnait tous les jours quelque chose à ses amis, et il lui était difficile de laisser aller qui que ce fût sans lui avoir fait quelque présent, si l'on en excepte les hommes de mœurs frugales, qui à ses yeux ne méritaient aucune considération.

XXIX. Ses voitures étaient enrichies d'or et de pierreries : il méprisait celles qui n'avaient que de l'argent, de l'ivoire ou du cuivre. Il attelait ensemble deux femmes des plus belles, quelquefois trois, d'autres fois quatre, ou même plus, le sein découvert, et se faisait voiturer ainsi : mais le plus souvent il était nu, lorsque des femmes nues le traînaient. Il avait encore pour habitude d'inviter à ses repas huit hommes chauves, huit louches, huit goutteux, huit sourds, huit noirs, huit au corps fluet et huit chargés d'embonpoint, et comme le demi-cercle ne pouvait pas les contenir, il excitait à rire aux dépens de tous. Il donna à ses convives toute l'argenterie qui avait servi à un repas, ainsi que toutes les coupes; et cela assez souvent. Le premier des empereurs romains il donna au peuple l'hydrogarum, qui jusque-là était réservé pour les soldats, et qu'Alexandre Sévère leur rendit aussitôt qu'il fut empereur. Il donnait comme problèmes à ses convives de nouvelles sauces à inventer, et celui dont l'idée lui convenait, recevait de lui un magnifique présent, par exemple, un habit de soie, ce qui alors était extrêmement rare et fort recherché. Il condamnait, au contraire, celui dont l'avis lui avait déplu, à manger toujours la préparation culinaire qu'il avait conseillée jusqu'à ce qu'il trouvât mieux. Jamais il ne s'assit que parmi les fleurs et les parfums. Il aimait qu'on élevât au-dessus de leur valeur le prix des choses qu'on préparait pour sa table, assurant que c'était un aiguillon pour l'appétit.

XXX. Pinxit se, ut cupediarium, ut seplasiarium, ut popinarium, ut tabernarium, ut lenonem; idque totum domi semper exercuit. Sexcentorum struthionum capita una cœna multis mensis exhibuit ad edenda cerebella. Exhibuit aliquando et tale convivium, ut haberet viginti et duo fercula ingentium epularum, sed per singula lavarent, et mulieribus uterentur et ipse et amici, cum jurejurando quod efficerent voluptatem. Celebravit item tale convivium, ut apud amicos singulos singuli missus appararentur, et quum alter maneret in Capitolio, alter in Palatio, alter super Aggerem, alter in Cœlio, alter trans Tiberim, et ut quisque mansisset, tamen per ordinem in eorum domibus singula fercula ederentur, ireturque ad omnium domos : sic unum convivium vix toto die finitum est, quum et lavarent per singula fercula, et mulieribus uterentur. Sybariticum missum semper exhibuit ex oleo et garo : quem quo anno Sybaritæ repererunt, perierunt. Dicitur et balneas fecisse multis locis, ac semel lavisse, atque statim destruxisse, ne ex usu balneas haberet. Hoc idem de domibus, de prætoriis, de zetis fecisse dicitur. Sed et hæc nonnulla fidem transeuntia, credo esse ficta ab iis qui in gratiam Alexandri Heliogabalum deformare voluerunt.

XXXI. Fertur et meretricem notissimam et pulcherrimam redemisse centum sestertium, eamque intactam, velut virginem coluisse. Huic eidem privato quum quidam diceret, « Non times pauper fieri? » dixisse dicitur,

XXX. Il se déguisa en pâtissier, en parfumeur, en traiteur, en marchand de vin, en entremetteur, et en fit les fonctions dans son palais. Il fit offrir aux divers services d'un seul repas, six cents têtes d'autruches pour en faire manger les cervelles. Il donna un jour un repas composé de vingt-deux services très-bien fournis, et entre chaque service on se lavait les mains, puis lui et ses amis prenaient des femmes et juraient d'arriver au plaisir. Une autre fois, chaque service ayant été porté dans les maisons d'autant d'amis, l'un au Capitole, l'autre au mont Palatin, un autre à la porte Viminale, un autre sur le mont Célius, un autre au delà du Tibre, on alla par ordre manger chaque service à la maison de chacun, de sorte que le jour entier suffit à peine à ce repas; car après chaque service on se lavait les mains, puis on passait aux femmes. Il eut toujours sur sa table le mets sybaritique, composé d'huile et de garum. L'année même que les Sybarites l'inventèrent, ils périrent. On raconte qu'il établit des bains en plusieurs endroits, s'en servit une fois, et les fit démolir aussitôt, pour n'avoir pas de bains attitrés. Il en fit autant, à ce qu'on dit, pour des maisons, des villas, des chambres à coucher. Mais beaucoup de tous ces récits, qui passent l'imagination, ont été, suivant moi, inventés par des gens qui, pour flatter Alexandre, cherchaient à abaisser Héliogabale.

XXXI. On rapporte qu'il racheta cent mille sesterces une courtisane très-connue et très-belle, qu'il la respecta comme une vierge et la laissa intacte. Dans le temps qu'il n'était que simple particulier, comme on lui disait : « Ne craignez-vous pas de devenir pauvre ? » il répon-

« Quid melius, quam ut ipse mihi heres sim et uxori meæ? » Habuerat præterea facultates, a multis dimissas gratia patris. Idem filios se nolle dicebat, ne quis ei frugi contingeret. Odores Indicos sine carbonibus ad vaporandas zetas jubebat incendi. Iter privatus nunquam minus sexaginta vehiculis fecit, avia sua Varia reclamante, quod omnia perditurus esset. Imperator vero etiam sexcenta vehicula dicitur duxisse, asserens, decem millibus camelorum Persarum regem iter facere, et Neronem quingentis carrucis iter iniisse. Causa vehiculorum erat lenonum, lenarum, meretricum, exoletorum, subactorum etiam bene vasatorum multitudo. In balneis semper cum mulieribus fuit, ita ut eas ipse psilothro curaret : ipse quoque barbam psilothro accurans : quodque pudendum dictu est, eodem, quo mulieres accurabantur, et eadem hora. Rasit et virilia subactoribus suis, novacula manu sua, qua postea barbam fecit. Scobe auri porticum stravit et argenti, dolens, quod non posset et electri [22] : idque frequenter, quacumque fecit iter pedibus usque ad equum vel carpentum, ut fit hodie de aurosa arena.

XXXII. Calciamentum nunquam iteravit, annulos etiam negatur iterasse. Pretiosas vestes sæpe conscidit, vel lanam cepit et appendit, atque ad æstimationem ponderis, pisces amicis exhibuit. Naves onustas mersit in portu, magnanimitatis hoc esse dicens. Onus ventris auro excepit : in myrrhinis et onychinis minxit. Idem dixisse fertur : « Si habuero heredem, dabo illi tutorem,

dit : « Que peut-il m'arriver de mieux, que d'hériter de moi-même et de ma femme? » Il avait en outre des biens qui lui avaient été légués en faveur de son père. Il disait qu'il ne voulait pas avoir de fils, de peur qu'il ne lui en advînt qui eussent des mœurs honnêtes. Pour parfumer ses chambres à coucher, il faisait brûler des aromates des Indes sans charbons. Étant homme privé, jamais il ne marcha sans un cortége de soixante chariots, malgré les remontrances de son aïeule Varia, qui lui disait qu'il dissiperait tout son bien. Mais une fois empereur, on dit qu'il se faisait accompagner de six cents voitures; et il rappelait à cette occasion que le roi de Perse ne s'était jamais mis en voyage qu'avec dix mille chameaux, et Néron qu'avec cinq cents chariots. Ce qui nécessitait tout ce train, c'était la multitude d'entremetteurs et d'entremetteuses, de courtisanes et de débauchés de toutes sortes dont il se faisait accompagner. Il allait toujours au bain avec des femmes : il leur appliquait alors un dépilatoire, et s'en frottait aussi lui-même la barbe; et, ce qu'on a honte de répéter, il se servait du même et en même temps. Il rasa également de sa propre main les parties viriles de ses gitons avec le même rasoir dont il se servait ensuite pour faire sa barbe. Il sema de poudre d'or et d'argent le portique de son palais, regrettant de ne pouvoir y joindre de l'électrum, et cela très-souvent, partout où il marchait pour aller prendre son cheval ou sa voiture, comme maintenant on fait avec de la poudre dorée.

XXXII. Jamais il ne mit deux fois la même chaussure, ni les mêmes bagues. Souvent il déchira des vêtements précieux, ou bien il en prenait la laine, la pesait, et d'après l'appréciation du poids, il envoyait du poisson à ses amis. Il fit couler à fond dans le port des navires chargés de marchandises, et se vanta d'avoir fait acte de grandeur d'âme. Il faisait ses excréments dans des coupes d'or et urinait dans des vases de myrrhe et d'onyx. On

qui illum hæc facere cogat, quæ ipse feci facturusque sum. » Habuit etiam istam consuetudinem, ut cœnas sibi exhiberet tales : una die nonnisi de fasianis tantum ederet, omnesque missus sola fasianorum carne strueret : item alia die de pullis, alia de pisce illo, et item illo, alia de porcis, alia de struthionibus, alia de oleribus, alia de porcis, alia de dulciis, alia de opere lactario. Sæpe amicos suos cum Æthiopibus aniculis inclusit nocturnis mansionibus, et usque ad lucem detinuit, quum pulcherrimas his diceret apparatas. Fecit hoc idem etiam de pueris : et tunc, utpote ante Philippum, licebat. Ridebat autem sic nonnunquam, ut publice in theatro solus audiretur ; ipse cantavit, saltavit, ad tibias dixit, tuba cecinit, pandurizavit, organo modulatus est. Fertur et una die ad omnes Circi, et theatri, et amphitheatri, et omnium Urbis locorum meretrices, tectus cuculione mulionico, ne agnosceretur, ingressus ; quum tamen omnibus meretricibus sine effectu libidinis aureos donaret, addens, « Nemo sciat, Antoninus hæc donat. »

XXXIII. Libidinum genera quædam invenit, ut spinthrias veterum malorum vinceret : et omnes apparatus Tiberii, et Caligulæ, et Neronis norat. Et prædictum eidem erat a sacerdotibus Syris, biothanatum se futurum. Paraverat igitur funes, blatta et serico et cocco intortos, quibus, si necesse esset, laqueo vitam finiret. Paraverat et gladios aureos, quibus se occideret, si aliqua vis urgeret. Paraverat et in cerauneis et hyacinthis et in smaragdis venena, quibus se interimeret, si

rapporte de lui le mot suivant : « Si jamais j'ai un héritier, je lui donnerai un tuteur qui le contraigne à faire ce que j'ai fait moi-même, et ce que je ferai. » Il eut aussi pour habitude de distribuer ainsi ses repas : un jour il ne mangeait que des faisans, et tout le service se composait de chair de faisan; un autre jour, que des poulets; un autre, que de tel poisson ; le lendemain, que de tel autre ; aujourd'hui, que du porc; demain, que des autruches; le jour d'après, que des légumes; ensuite, que des fruits; ensuite, que des pâtisseries; ensuite, que du laitage. Souvent il enferma des nuits entières jusqu'au jour, ses amis avec de vieilles Éthiopiennes, leur disant que c'étaient les femmes les plus belles. Il en fit autant pour les hommes, licence qui dura jusqu'au temps de Philippe l'Arabe. Il riait quelquefois si fort au théâtre, que l'on n'entendait plus que lui ; lui-même il chanta, il dansa, il joua de la flûte, il emboucha la trompette, il joua de la pandore, toucha de l'orgue. On dit qu'enveloppé d'une cape de muletier pour n'être pas reconnu, il visita en un même jour toutes les courtisanes du Cirque, du théâtre, de l'amphithéâtre, et de tous les autres lieux de la ville, et que, sans se livrer avec toutes à la débauche, il leur distribua des pièces d'or en leur disant : « C'est Antonin qui vous donne cela ; mais que personne ne le sache. »

XXXIII. Il inventa plusieurs genres de débauches, et surpassa de beaucoup la monstrueuse lubricité des anciens fléaux de la république : car les raffineries de Tibère, de Caligula, de Néron lui étaient parfaitement connues. Comme des prêtres syriens lui avaient prédit qu'il périrait de mort violente, il avait préparé en conséquence des lacets tissus de soie pourpre et écarlate pour s'en servir à s'étrangler, si la nécessité l'y contraignait. Il avait aussi disposé des glaives d'or pour se tuer en cas d'urgence. Il avait enfermé des poisons sous des pierres de foudre, des hyacinthes et des émeraudes, pour se

quid gravius immineret. Fecerat et altissimam turrim, substratis aureis gemmatisque ante tabulis, ex qua se præcipitaret, dicens, etiam mortem suam pretiosam esse debere, et ad speciem luxuriæ, ut diceretur nemo sic periisse. Sed nihil ista valuerunt : nam, ut diximus, et occisus est per scurras [23], et per plateas tractus sordidissime, per cloacas ductus, et in Tiberim submissus est. Hic finis Antoninorum nomini in republica fuit, scientibus cunctis, istum Antoninum tam vita falsum fuisse quam nomine.

XXXIV. Mirum fortasse cuipiam videatur, Constantine venerabilis, quod hæc clades, quam retuli, loco principum fuerit, et quidem prope triennio, ita ut nemo inventus fuerit, qui istum a gubernaculis Romanæ majestatis abduceret, quum Neroni, Vitellio, Caligulæ, ceterisque hujusmodi nunquam tyrannicida defuerit. Sed primum omnium ipse veniam peto, quod hæc, quæ apud diversos reperi, litteris tradidi; quum multa improba reticuerim, et quæ ne dici quidem sine maximo pudore possunt. Ea vero quæ dixi, prætextu verborum adhibito, quantum potui, texi. Deinde illud, quod Clementia Tua solet dicere, credidi esse reficiendum, « Imperatorem esse, fortunæ est; » nam et minus boni reges fuerunt, et pessimi. Agendum vero, quod Pietas Tua solet dicere, « Ut sint imperio digni, quos ad regendi necessitatem vis fatalis adduxerit. » Et quoniam hic ultimus Antoninorum fuit, neque postea hoc nomen in republica loco principum frequentatum est, etiam illud addendum est, ne quis error oriatur quum duos Gordianos narrare cœpero, patrem ac filium, qui se de

donner la mort s'il avait quelque malheur plus grand à redouter. Il avait fait construire aussi, pour se précipiter, une tour très-haute, au bas de laquelle le sol était couvert de plaques d'or et de pierreries, disant que sa fin même devait être magnifique, et mettant un certain luxe à ce qu'on dit de lui qu'il était le seul qui fût mort ainsi. Mais tout cela fut inutile : car, comme nous l'avons dit, il fut tué par ses gardes du corps, honteusement traîné par les places publiques, descendu dans les égouts, puis jeté dans le Tibre. Avec lui finit dans la république le nom des Antonins, quoique personne n'ignorât que, tant pour le nom que pour la conduite, ce n'était qu'un faux Antonin.

XXXIV. On s'étonnera peut-être, vénérable Constantin, que ce monstre, dont j'ai rapporté la vie, ait tenu rang parmi les empereurs, et que, pendant près de trois ans qu'il occupa le trône, il ne se soit trouvé personne qui lui arrachât les rênes de l'empire romain, tandis que Néron, Vitellius, Caligula et autres tyrans de cette espèce ont toujours fini par trouver des vengeurs de la liberté. Mais moi, le premier, j'ai à m'excuser d'avoir livré à la publicité des détails recueillis de côté et d'autre. J'ai omis bien des faits ; mais ce sont de hideuses actions, des choses qu'on ne peut répéter sans rougir ; ceux que j'ai relatés, je les ai palliés, autant que j'ai pu, sous le voile d'expressions adoucies. Ensuite j'ai pensé que ce mot que Votre Bonté se plaît tant à redire, que « c'est le hasard qui fait les empereurs, » devait être rappelé ici : car il y a eu des princes médiocres, et d'autres très-mauvais. Mais il faut, comme le dit aussi ordinairement Votre Piété, « que ceux que la force du destin amène à la nécessité de conduire les autres, soient dignes du commandement. » Et puisque c'est ici le dernier des Antonins, et que ce nom a cessé dès lors d'être regardé comme l'apanage des empereurs, je dois ajouter, pour prévenir toute erreur, quand je raconterai la vie des deux Gordien,

Antoninorum genere dici volebant, non nomen in illis primum fuit, sed praenomen; deinde, ut plerisque in libris invenio, Antonii dicti sunt, non Antonini.

XXXV. Haec sunt de Heliogabalo, cujus vitam me invitum et reluctantem, ex Graecis Latinisque collectam, scribere ac tibi offerre voluisti, quum jam aliorum ante tulerimus. Scribere autem ordiar, qui post sequentur [24]: quorum Alexander optimus, et cum vera dicendus assertione, et annorum tredecim princeps : semestres alii, et vix annui et bimi. Aurelianus praecipuus : et horum omnium decus, auctor tui generis Claudius : de quo vereor ad Clementiam Tuam scribens vera dicere, ne malevolis adulatus videar esse : sed absolvar contra livorem improborum, quum et apud alios clarum esse perspexerim. His jungendi sunt Diocletianus, aurei parens seculi, et Maximianus, ut vulgo dicitur, ferrei, ceterique ad Pietatem Tuam. Te vero, Auguste venerabilis, multis paginis, iisdemque disertioribus, illi prosequentur, quibus id felicior natura detulerit. His addendi sunt Licinius, Severus Alexander [25], atque Maxentius, quorum omnium jus in ditionem tuam devenit; sed ita ut nihil corum virtuti derogetur. Non enim ego id faciam, quod plerique scriptores solent, ut de his detraham, qui victi sunt : quum intelligam gloriae tuae accedere, si omnia de illis, quae bona in se habuerunt, vera praedicaro.

père et fils, qui se disaient de la famille des Antonins, que cette appellation ne fut pas pour eux un nom véritable, mais un prénom; et même je trouve que la plupart des auteurs les appellent Antoine et non pas Antonin.

XXXV. Voilà tout ce que j'avais à dire d'Héliogabale. C'est bien malgré moi, et en me faisant violence à moi-même, que je me suis chargé d'écrire et de vous présenter sa vie, dont j'ai puisé les matériaux dans les auteurs grecs et latins; mais vous l'avez voulu, parce que déjà je vous en avais dédié d'autres. Maintenant je vais entreprendre celles des empereurs qui lui ont succédé : parmi lesquels Alexandre, qu'on peut à juste titre appeler le très-bon, et qui régna treize ans; les autres n'ont occupé le trône que six mois, un an, deux ans au plus. J'aurai surtout à parler d'Aurélien, et de celui dont la gloire éclipse toutes les autres, de Claude, l'auteur de votre race. Mais je crains que, tout en me tenant dans les bornes de la vérité dans ce que j'écrirai de lui à Votre Clémence, je ne passe pour un flatteur aux yeux des malveillants. Après tout, je me croirai à l'abri de la jalousie des méchants, puisque je le trouve loué par d'autres historiens. J'aurai également à offrir à Votre Piété la vie de Dioclétien, le père du siècle d'or, celle de Maximien, père de celui qu'on appelle vulgairement le siècle de fer, et celles des suivants. Pour vous, vénérable empereur, je laisserai à d'autres plus favorisés de la nature la tâche de vous louer dans des pages plus nombreuses et plus éloquentes. Mais j'aurai à ajouter l'histoire de Licinius, de Sévère Alexandre, et de Maxence, dont vous avez réuni dans votre personne les droits et la puissance, sans pourtant rien ôter de leur mérite. Car je ne ferai pas comme la plupart des écrivains; je ne chercherai pas à rabaisser les vaincus, persuadé qu'il sera plus dans l'intérêt de votre gloire que je proclame les qualités qui les ont distingués.

[A. U. 975-988]

ALEXANDRI SEVERI VITA

AD CONSTANTINUM AUG.

I. Interfecto Vario Heliogabalo (sic enim maluimus dicere, quam Antoninum : quia et nihil Antoninorum pestis illa ostendit, et hoc nomen ex annalibus, senatus auctoritate, erasum est) ad remedium generis humani Aurelius Alexander, urbe Arcena genitus, Varii filius, Variæ nepos, et consobrinus ipsius Heliogabali, accepit imperium; quum ante Cæsar a senatu esset appellatus, mortuo scilicet Macrino : Augustumque nomen idem recepit, addito eo, ut et Patris patriæ nomen, et jus proconsulare, et tribunitiam potestatem, et jus quintæ relationis, deferente senatu, uno die assumeret. Et ne præceps ista honorum continuatio videatur, exponam causas, quibus id et senatus coactus est facere, et ille perpeti : non enim aut gravitati senatus congruebat omnia simul deferre, aut bono principi raptum ire tot simul dignitates. Milites jam insueverant sibi imperatores et tumultuario judicio facere, et item facile mutare, afferentes nonnunquam ad defensionem, se idcirco fecisse, quod nescissent senatum principem appellasse :

(De J.-C. 222-235)

VIE D'ALEXANDRE SÉVÈRE

ADRESSÉE A CONSTANTIN AUGUSTE.

I. Après le meurtre de Varius Héliogabale (j'aime mieux l'appeler ainsi qu'Antonin ; car ce fléau de la république n'avait rien des Antonins, et d'ailleurs un sénatus-consulte fit enlever ce nom des annales de l'empire); après le meurtre d'Héliogabale, pour réparer les maux du genre humain, Aurelius Alexandre, natif de la ville d'Arka, fils de Varius, neveu de Varia et cousin de ce même Héliogabale, reçut la pourpre impériale. Déjà, à la mort de Macrin, le sénat lui avait conféré le titre de César. Il reçut alors le nom d'Auguste. Il lui fut accordé, en outre, par décret du sénat, de prendre le titre de Père de la patrie, avec les attributions proconsulaires, la puissance tribunitienne, et le droit de présenter cinq fois une même proposition. Et pour qu'on ne regarde pas comme précipitée une telle accumulation d'honneurs, je vais exposer les causes qui engagèrent le sénat à les lui décerner, et lui à les accepter : car il ne convenait pas à la dignité du sénat de les déférer tous en une seule fois, ni à un bon prince de ravir d'un seul coup tant de dignités. Or, les soldats avaient coutume de se créer tumultuairement des empereurs, de les changer avec la même facilité, apportant souvent pour excuse qu'ils avaient agi ainsi parce qu'ils ignoraient

nam et Pescennium Nigrum, et Clodium Albinum, et Avidium Cassium, et antea Lucium Vindicem, et Lucium Antonium, et ipsum Severum, quum senatus jam Julianum dixisset principem, imperatores fecerant : atque ista res bella civilia severat, quibus necesse fuit militem, contra hostem paratum, parricidialiter perire.

II. Hac igitur causa festinatum est, ut omnia simul Alexander, quasi vetus jam imperator[1], acciperet. Huc accessit nimia et senatus et populi inclinatio post illam cladem, quae non solum Antoninorum nomen decoloravit, sed etiam Romanum dehonestavit imperium. Certatim denique omnia decreta sunt et nominum genera et potestatum. Primus denique omnium cuncta insignia et honorificentiae genera simul recepit, suffragante sibimet Caesaris nomine, quod jam ante aliquot annos meruerat : et magis suffragante vita et moribus, quum illi magnum conciliasset favorem, quod cum Heliogabalus occidere conatus est, nec potuit, et militibus repugnantibus, et senatu refragante. Atque haec parva, nisi quod dignum se exhibuit, quem senatus servaret, quem salvum milites cuperent, quem omnium bonorum sententia principem diceret.

III. Alexander igitur, cui Mammaea mater fuit (nam et ita dicitur a plerisque), a prima pueritia artibus bonis imbutus, tam civilibus, quam militaribus, ne unum quidem diem sponte sua transire passus est, quo se non et ad litteras, et ad militiam exerceret. Nam in prima pueritia litteratores habuit Valerium Cordum, et Titum

que le sénat eût proclamé un prince. C'est ainsi qu'ils avaient fait empereurs Pescennius Niger, Clodius Albinus, Avidius Cassius, et précédemment Lucius Vindex et Lucius Antoine, et Sévère lui-même, tandis que le sénat avait investi Julianus du titre de prince. De là des guerres, où le soldat, combattant contre un ennemi bien supérieur en forces, périssait nécessairement par un parricide.

II. On se hâta d'accumuler sur Alexandre toutes les dignités à la fois, comme sur un empereur élu depuis longtemps. Ajoutons à cela qu'après ce monstre qui non-seulement ternit la gloire du nom des Antonins, mais encore déshonora l'empire romain, le sénat et le peuple étaient portés d'une inclination toute particulière pour Alexandre. C'est donc à l'envi que lui furent décernés tous ces titres et prérogatives. Le premier il reçut en même temps et les insignes de la puissance, et tous les genres d'honneurs que lui conciliait le nom de César, qu'il avait mérité quelques années auparavant, et que lui conciliaient plus encore sa vie et ses mœurs, qui l'avaient mis en grande faveur, et les efforts d'Héliogabale pour le faire périr, efforts que rendirent impuissants le refus des soldats et la résistance du sénat. Mais ce qui le rendit bien autrement recommandable, c'est de s'être montré digne de la protection du sénat, des vœux de l'armée, et de l'assentiment de tous les gens de bien.

III. Alexandre donc, qui eut pour mère Mammée (c'est ainsi qu'on la trouve nommée dans plusieurs historiens), élevé dès sa plus tendre enfance dans l'étude des arts civils et militaires, ne passa pas un seul jour volontairement sans s'exercer à la pratique des belles-lettres et à la science des armes. Il eut pour maîtres de littérature Valerius Cordus, Titus Veturius, et Aurelius Philippus,

Veturium, et Aurelium Philippum, libertum patris, qui vitam ejus postea in litteras misit. Grammaticum in patria Græcum Nebonem, rhetorem Serapionem, philosophum Stilionem : Romæ grammaticos, Scaurinum, Scaurini filium, doctorem celeberrimum : rhetores, Julium Frontinum, et Bæbium Macrinum, et Julium Granianum, cujus hodieque orationes declamatæ feruntur. Sed in Latinis non multum profecit, ut ex ejusdem orationibus apparet quas in senatu habuit, vel in concionibus quas apud milites vel apud populum : nec valde amavit Latinam facundiam, sed amavit litteratos homines, vehementer eos etiam reformidans, ne quid de se asperum scriberent. Denique eos dignos adesse jubebat : singula quæque, quæ publice privatimque agebat, se ipso docente, volebat addiscere, si forte ipsi non affuissent, eaque petebat, ut, si vera essent, in litteras mitterent.

IV. Dominum se appellari vetuit. Epistolas ad se quasi ad privatum scribi jussit, servato tantum nomine imperatoris. Gemmas de calceamentis et vestibus tulit, quibus usus fuerat Heliogabalus; veste, ut et pingitur, alba usus est, nec aurata; pænulis togisque communibus. Cum amicis tam familiariter vixit, ut communis esset ei sæpe consessus, iret et ad convivia eorum; aliquos autem haberet quotidianos etiam non vocatos; salutaretur vero quasi unus de senatoribus, patente velo, admissionalibus remotis, aut solis iis, qui ministri ad fores fuerant : quum antea salutare principem non

affranchi de son père, qui depuis écrivit l'histoire de sa vie; pour maître de grammaire dans sa patrie, le Grec Nébon; pour rhéteur, Sérapion; pour maître de philosophie, Stilion : à Rome il eut pour grammairien le célèbre docteur Scaurinus, fils de Scaurinus; pour rhéteurs Jules Frontin, Bébius Macrin, et Julius Granianus, dont les discours sont encore déclamés de nos jours. Mais il ne profita pas beaucoup dans les lettres latines, comme on peut s'en convaincre d'après ses allocutions au sénat, et ses harangues aux soldats ou au peuple : et en effet, il n'aima guère la faconde latine; mais il affectionna les gens de lettres, et craignait surtout qu'ils n'écrivissent sur lui quelque chose de mordant. Enfin il daignait les admettre auprès de lui, et voulait qu'ils sussent tout ce qu'il faisait, soit en public, soit en particulier, les en instruisant lui-même s'ils n'en avaient pas été témoins, et demandait ensuite à voir leurs écrits, afin qu'ils ne reçussent la publicité qu'après qu'il eût vérifié l'exactitude des faits.

IV. Il défendit qu'on l'appelât seigneur. Il ordonna qu'on lui écrivît comme à un simple particulier, ne se réservant que le titre d'empereur. Il ne voulut de pierres précieuses ni sur ses chaussures, ni sur ses vêtements, comme l'avait fait Héliogabale; il porta habituellement des vêtements blancs, sans broderies d'or, comme ceux sous lesquels on le représente; manteau et toge comme le reste des citoyens. Il vécut avec ses amis dans une telle familiarité, que souvent il s'asseyait sur un même siége avec eux, qu'il allait partager leurs repas, et qu'il en avait toujours quelques-uns autour de lui qui n'avaient pas besoin d'invitation pour y être admis. On le saluait sans plus de cérémonial que s'il eût été simple sénateur : son palais était ouvert à tous; point d'huissiers intro-

liceret, quod eos videre non poterat. Et erat corporis venustate decorus, ut hodieque in picturis et in statuis videmus. Fuit et staturæ militaris [2]: robur militis, valetudo ejus qui vim sui corporis sciret, ac semper curaret. Erat præterea cunctis hominibus amabilis : et ab aliis pius appellabatur, ab omnibus certe sanctus, et utilis reipublicæ. Huic sors in templo Prænestinæ talis exstitit, quum illi Heliogabalus insidiaretur :

. . . . Si qua fata aspera rumpas,
Tu Marcellus eris.

v. Alexandri nomen accepit, quod in templo dicato, apud Arcenam urbem, Alexandro Magno, natus esset, quum casu illuc, die festo Alexandri, pater cum uxore patriæ solemnitatis implendæ causa venisset; cui rei argumentum est, quod eadem die natalem habet hic Mammææ Alexander, qua ille Magnus excessit e vita. Delatum sibi Antonini nomen a senatu recusavit, quum hic magis affinitate Caracalli jungeretur, quam ille subditivus. Siquidem, ut Marius Maximus dixit in Vita Severi, nobilem Orientis mulierem Severus, cujus hanc genituram esse compererat, ut uxor imperatoris esset, adhuc privatus et non magni satis loci, duxit uxorem : ex qua affinitate hic Alexander fuit, cui vere per matrem suam consobrinus Varius Heliogabalus fuit. Recusavit et Magni nomen, quod ei, quasi Alexandro, est oblatum senatus judicio.

ducteurs, seulement quelques serviteurs à la porte : tandis qu'auparavant il n'était pas permis de saluer le prince, pas même de le voir. Il était d'une beauté remarquable, comme on en peut juger encore aujourd'hui par ses portraits et ses statues. Il avait la taille militaire, la vigueur d'un soldat, et la santé d'un homme qui connaît sa force et qui sait l'entretenir. Il était affable envers tout le monde : quelques-uns l'appelaient le pieux Alexandre; mais tous reconnaissaient en lui un homme divin, le sauveur de la république. Dans le même temps qu'Héliogabale lui tendait des piéges, voici la réponse qu'il obtint du sort dans le temple de Préneste :

> Si tu peux du destin vaincre un jour le courroux,
> Tu seras Marcellus.
> (*Enéide*, liv. VI, trad. de Delille.)

V. Le nom d'Alexandre lui fut donné, parce qu'il naquit dans un temple consacré à Alexandre le Grand, auprès de la ville d'Arka, où par hasard, le jour de la fête d'Alexandre, son père et sa mère s'étaient rendus pour en célébrer la solennité. Il s'ensuit que le jour où Alexandre Mammée entra dans la vie est justement le même où Alexandre le Grand en sortit. Le nom d'Antonin lui avait été déféré par le sénat; il le refusa, quoiqu'il fût plus proche parent de Caracallus que cet autre Antonin supposé. Car, comme le dit Marius Maximus dans sa Vie de Sévère, ce prince, n'étant encore que simple particulier, et d'assez basse naissance, épousa une femme noble d'Orient, dont l'oracle lui avait annoncé que la fille serait un jour femme d'empereur. Tel est le titre d'Alexandre à la parenté des Antonins, et ainsi Varius Héliogabale était réellement son cousin par sa mère. Il refusa aussi le nom de Grand, qu'un décret du sénat lui avait offert comme à un autre Alexandre.

VI. Interest retexere orationem, qua nomen Antonini et Magni, delatum sibi a senatu, recusavit : quam priusquam referam, addam acclamationes senatus, quibus id decretum est.

Ex actis Urbis ante diem pridie nonas martias. Quum senatus frequens in curiam, hoc est in ædem Concordiæ, templumque inauguratum, convenisset, rogatusque esset Aurelius Alexander Cæsar Augustus, ut concineret, ac primo recusasset, quod sciret de honoribus suis agendum, deinde postea venisset, acclamatum : « Auguste innocens, dii te servent! Alexander imperator, dii te servent! Dii te nobis dederunt, dii conservent! Dii te ex manibus impuri eripuerunt, dii perpetuent! Impurum tyrannum et tu perpessus es; impurum et obscenum et tu vivere doluisti. Dii illum eradicaverunt; dii te servent! Infamis imperator rite damnatus. Felices nos imperio tuo, felicem rempublicam! Infamis unco tractus est, ad exemplum timoris. Luxuriosus imperator jure punitus est. Contaminator honorum jure punitus est. Dii immortales Alexandro vitam! judicia deorum hinc apparent. »

VII. Et quum egisset gratias Alexander, acclamatum est : « Antonine Alexander, dii te servent! Antonine Aureli, dii te servent! Antonine Pie, dii te servent! Antonini nomen suscipias rogamus. Præsta bonis imperatoribus, ut Antoninus dicaris. Nomen Antoninorum tu purifica. Quod ille infamavit, tu purifica. Redde in

VI. Il n'est pas hors de propos d'insérer ici le discours par lequel il refusa les noms d'Antonin et de Grand, à lui déférés par le sénat; mais auparavant je rapporterai les acclamations du sénat, et les termes du décret qu'il rendit à cette occasion.

Extrait des actes publics de la ville de Rome, le jour d'avant les nones de mars. Le sénat étant réuni en assemblée nombreuse à la cour, c'est-à-dire dans la chapelle de la Concorde, après l'inauguration du temple, Aurelius Alexandre César Auguste fut prié de venir prendre part aux délibérations. Le prince s'en excusa d'abord, sachant bien qu'il s'agissait d'honneurs qu'on devait lui décerner; mais quand plus tard il s'y rendit, on s'écria : « Auguste innocent, que les dieux te conservent! Alexandre empereur, que les dieux te conservent! Les dieux t'ont donné à nous, que les dieux te conservent! Les dieux t'ont arraché des mains de l'impur, que les dieux te conservent à jamais! Toi aussi tu as souffert du tyran impudique; toi aussi tu as eu la douleur de voir vivre un tyran impur et immonde. Les dieux l'ont exterminé; que les dieux te conservent! L'infâme empereur a subi le châtiment qu'il méritait. Félicité pour nous sous ton empire, félicité pour la république! L'infâme a été traîné au croc; que son exemple soit la terreur des méchants. L'empereur dissolu a subi une juste punition. Celui qui avilissait les honneurs a été justement puni. Que les dieux immortels accordent une longue vie à Alexandre! c'est ici qu'apparaissent les jugements des dieux. »

VII. Après des actions de grâces rendues par Alexandre, on reprit ainsi les acclamations : « Antonin Alexandre, que les dieux te conservent! Antonin Aurelius, que les dieux te conservent! Antonin Pieux, que les dieux te conservent! Reçois, nous t'en conjurons, le nom d'Antonin. En faveur des bons empereurs, laisse-toi appeler Antonin. Purifie le nom des Antonins. Purifie ce nom, que

integrum nomen Antoninorum. Sanguis Antoninorum se cognoscat. Injuriam Marci tu vindica. Injuriam Veri tu vindica. Injuriam Bassiani tu vindica. Pejor Commodo solus Heliogabalus; nec imperator, nec Antoninus, nec civis, nec senator, nec nobilis, nec Romanus. In te salus, in te vita, ut vivere delectet! Antoninorum Alexandro vitam, ut vivere delectet, et Antoninus vocetur, Antoninorum templa Antoninus dedicet! Parthos et Persas Antoninus vincat! Sacrum nomen sacratus accipiat! Sacrum nomen castus accipiat! Antonini nomen, Antoninorum nomen, dii conservent! In te omnia, per te omnia, Antonine, habemus. »

VIII. Et post acclamationes Aurelius Alexander Cæsar Augustus : « Gratias vobis, patres conscripti, non nunc primum, sed et de Cæsareo nomine, et de vita servata, et Augusti nomine addito, et de pontificatu maximo, et de tribunitia potestate et proconsulari imperio : quæ omnia novo exemplo uno die in me contulistis. » Et quum diceret, acclamatum : « Hæc suscepisti, Antonini nomen tu suscipe : mereatur senatus, mereantur Antonini. Antonine Auguste, dii te servent! Dii te Antoninum conservent! Monetæ nomen Antonini reddatur! Templa Antoninorum Antoninus consecret! » Aurelius Alexander Augustus : « Ne quæso, patres conscripti, ne me ad hanc certaminis necessitatem vocetis, ut ego cogar tanto nomini satisfacere; quum etiam hoc ipsum nomen, licet peregrinum, tamen gravare videatur : hæc enim nomina insignia onerosa sunt. Quis enim

cet autre a avili. Réhabilite le nom des Antonins. Que le sang des Antonins se reconnaisse. Venge l'injure faite à Marc. Venge l'injure faite à Verus. Venge l'injure faite à Bassianus. Il n'y a eu pire que Commode, sinon le seul Héliogabale. Il ne fut ni empereur, ni Antonin, ni citoyen, ni sénateur, ni noble, ni Romain. En toi le salut, en toi la vie, le plaisir de vivre ! Vive l'Alexandre des Antonins, afin que nous sentions le plaisir de vivre; et qu'il soit appelé Antonin; qu'un Antonin fasse la dédicace des temples destinés aux Antonins ! Qu'Antonin subjugue les Parthes et les Perses ! Objet sacré de notre vénération, qu'il reçoive un nom sacré ! Chaste, qu'il reçoive un nom sacré ! Que les dieux conservent le nom d'Antonin, le nom des Antonins ! En toi nous avons tout, Antonin; par toi nous possédons tout. »

VIII. Et après ces acclamations, Aurelius Alexandre César Auguste prit la parole : « Je vous rends grâces, pères conscrits, non pas aujourd'hui pour la première fois, mais pour le nom de César, pour la vie que vous m'avez sauvée, pour le titre d'Auguste que vous m'avez décerné ainsi que le souverain pontificat, la puissance tribunitienne, et l'autorité proconsulaire; honneurs que, par un exemple nouveau, vous avez tous accumulés sur ma tête en un même jour. » Pendant qu'il parlait encore, on s'écria : « Tu as accepté tout cela, accepte aujourd'hui le nom d'Antonin. Accorde cette grâce au sénat, accorde-la aux Antonins. Antonin Auguste, que les dieux te conservent ! Que les dieux conservent en toi un Antonin ! Qu'il soit de nouveau frappé monnaie au nom d'Antonin ! Qu'un Antonin consacre les temples des Antonins ! » Aurelius Alexandre reprit : « Pères conscrits, ne m'imposez pas, je vous prie, le devoir si difficile de satisfaire à l'éclat d'un si grand nom; tout étranger qu'il m'est, il serait pour moi une charge : car ces grands noms sont de pesants fardeaux. Qui donnerait à un muet le nom de Cicéron ? à

Ciceronem diceret mutum? quis indoctum Varronem? quis impium Metellum? Et (ut hoc dii avertant!) quis non æquantem nomina, ferat digerentem in clarissima specie dignitatum? » Item acclamata quæ supra.

IX. Item imperator dixit : « Antoninorum nomen, vel jam numen[3] potius, quale fuerit, meminit vestra clementia : si pietatem, quid Pio sanctius? si doctrinam, quid Marco prudentius? si innocentiam, quid Vero simplicius? si fortitudinem, quid Bassiano fortius? Nam nunc Commodi meminisse nolo, qui hoc ipso deterior fuit, quod cum illis moribus Antonini nomen obtinuit. Diadumenus autem nec tempus habuit, nec ætatem, et arte hoc patris nomen incurrit. » Item acclamatum, ut supra. Item imperator dixit : « Nuper certe, patres conscripti, meministis, quum ille omnium non solum bipedum, sed etiam quadrupedum spurcissimus[4], Antonini nomen præferret, et in turpitudine atque luxuria Nerones, Vitellios, et Commodos vinceret, qui gemitus omnium fuerint, quum per populi et honestorum coronas una vox esset, hunc non rite Antoninum dici, et per hanc pestem tantum violari nomen. » Et quum diceret, acclamatum est : « Dii mala prohibeant! hæc te imperante non timemus : de his, te duce, securi sumus. Vicisti vitia, vicisti crimina, vicisti dedecora. Antonini nomen ornavisti; certi sumus, bene præsumimus, nos te et a pueritia probavimus, et nunc probamus. » Item imperator : « Neque ego, patres conscripti, idcirco timeo istud venerabile omnibus nomen accipere,

un ignorant celui de Varron? à un impie celui de Metellus? Et, ce qu'aux dieux ne plaise! qui pourrait supporter un homme qui ne soutiendrait pas la gloire d'un nom qu'il porterait insolemment au milieu des plus grands honneurs? » On réitéra les mêmes acclamations.

IX. L'empereur continua : « Votre clémence doit se rappeler ce qu'a été le nom des Antonins, nom révéré à l'égal de celui d'un dieu. S'agit-il de piété, qui fut plus saint qu'Antonin le Pieux? de science, qui plus prudent que Marc-Aurèle? d'innocence, qui plus simple que Verus? de courage, qui plus brave que Bassianus? Je ne parlerai pas de Commode, qui fut d'autant plus détestable qu'il voulut porter ce nom d'Antonin en dépit de ses mœurs. Quant à Diadumène, il n'eut ni le temps ni l'âge suffisants, et s'il obtint ce nom, ce fut par l'adresse de son père. » Ici encore les mêmes acclamations. L'empereur reprit : « Et quand, tout récemment, le plus immonde, je ne dis pas des animaux à deux pieds, mais des quadrupèdes, s'était arrogé le nom d'Antonin, et surpassait en turpitude et en débauche les Néron, les Vitellius, les Commode, vous vous rappelez, pères conscrits, quels furent les gémissements de tous les citoyens, et que, dans toutes les réunions du peuple, dans toutes les conversations des honnêtes gens, une voix unanime s'élevait pour déclarer que ce nom n'était pas le sien, et que ce fléau ne le portait que par une indigne profanation. » Il parlait encore, quand on s'écria : « Les dieux nous gardent de malheurs! Sous ton empire, nous ne craignons plus rien : toi à notre tête, nous sommes à l'abri. Tu as vaincu les vices, tu as vaincu les crimes, tu as vaincu les opprobres. Tu as relevé l'éclat du nom d'Antonin. Nous en sommes certains, nos présomptions sont justes : dès ton enfance nous avons bien auguré de toi ; aujourd'hui nous en augurons de même. » L'empereur répondit : « Si je refuse d'accepter ce nom, pères conscrits, ce n'est pas

quod verear ne in hæc vitia delabatur vita, aut quod nominis pudeat : sed primum displicet alienæ familiæ nomen resumere ; deinde quod gravari me credo. »

X. Et quum hæc diceret, acclamatum est ut supra. Item dixit : « Si enim Antonini nomen accipio, possum et Trajani, possum et Titi, possum et Vespasiani. » Et quum diceret, acclamatum est : « Quomodo Augustus, sic et Antoninus. » Tunc imperator : « Video, patres conscripti, quid vos moveat ad hoc nobis addendum. Augustus primus, primus est auctor imperii, et in ejus nomen omnes, velut quadam adoptione, aut jure hereditario, succedimus : Antonini ipsi Augusti dicti sunt. Antoninus idem **Pius** Marcum et item Verum jure adoptionis vocavit; Commodo autem hereditarium fuit : susceptum Diadumeno, affectatum in Bassiano, ridiculum in Aurelio. » Et quum diceret, acclamatum est : « Alexander Auguste, dii te servent! Verecundiæ tuæ, prudentiæ tuæ, innocentiæ tuæ, castitati tuæ! Hinc intelligimus, qualis futurus sis : hinc probamus. Tu facies ut senatus bene principes eligat; tu facies optimum esse judicium senatus. Alexander Auguste, dii te servent! Templa Antoninorum Alexander Augustus dedicet! Cæsar noster, Augustus noster, imperator noster, dii te servent! Vincas, valeas, multis annis imperes! »

XI. Alexander imperator dixit : « Intelligo, patres conscripti, me obtinuisse quod volui, et id acceptum refero, plurimas gratias et agens et habens; enisurus ut et hoc nomen, quod in imperium detulimus, tale

que je craigne de jamais le traîner dans la fange des vices, ou d'avoir à en rougir; mais d'abord je répugne à prendre le nom d'une famille étrangère, et puis je me croirais accablé par les obligations qu'il m'imposerait.

X. Tandis qu'il parlait ainsi, on s'écria comme ci-dessus. Puis il reprit : « Car si j'accepte le nom d'Antonin, pourquoi pas aussi celui de Trajan, celui de Titus, celui de Vespasien? » Il parlait encore qu'on s'écria : « Le nom d'Antonin a la même valeur à nos yeux que celui d'Auguste. » Alors l'empereur : « Je vois, pères conscrits, ce qui vous porte à nous donner ce titre. Auguste, le premier de ce nom, est le premier auteur de cet empire, et nous tous tant que nous sommes, nous avons hérité de ce nom ou par adoption ou par droit héréditaire. Les Antonins, eux aussi, furent appelés Auguste. Antonin le Pieux transmit son nom par droit d'adoption à Marcus et à Verus; Commode le reçut par droit de naissance; il fut supposé pour Diadumène, affecté par Bassianus, ridicule chez Aurelius. » A ces mots on s'écria : « Alexandre Auguste, que les dieux te conservent! Honneur à ta modestie, à ta prudence, à ton innocence, à ta chasteté! Nous jugeons par là de ce que tu dois être un jour. Nous augurons bien de toi. Par toi, le sénat aura élu de bons princes; par toi, le jugement du sénat aura été le meilleur possible. Alexandre Auguste, que les dieux te conservent! Qu'Alexandre Auguste fasse la dédicace des temples des Antonins! Notre César, notre Auguste, notre empereur, que les dieux te conservent! A toi la victoire! à toi la santé! puissent se prolonger les années de ton règne! »

XI. L'empereur Alexandre reprit : « Je vois, pères conscrits, que j'ai obtenu ce que je désirais; je le porte en compte parmi les faveurs que j'ai reçues de vous, et je vous en rends mille actions de grâces. Je ferai tous mes efforts pour que ce nom, que nous avons apporté à l'em-

sit, ut et ab aliis desideretur, et bonis, vestræ pietatis judiciis, offeratur. » Post hæc acclamatum est : « Magne Alexander, dii te servent! Si Antonini nomen repudiasti, Magni prænomen suscipe. Magne Alexander, dii te servent! » Et quum sæpius dicerent, Alexander Augustus ait : « Facilius fuit, patres conscripti, ut Antoninorum nomen acciperem : aliquid enim vel affinitati deferrem, vel consortio nominis imperialis. Magni vero nomen cur accipitur? Quid enim jam magnum feci? quum id Alexander post magna gesta, Pompeius vero post magnos triumphos, acceperit. Quiescite igitur, venerandi patres ; et vos ipsi magnifici unum me de vobis esse censete potius, quam Magni nomen ingerite. »

XII. Post hæc acclamatum est : « Aureli Alexander Auguste, dii te servent! » et reliqua ex more. Dimisso senatu, quum et alia multa eo die essent acta, quasi triumphans domum se recepit. Multo clarior visus est alienis nominibus non receptis, quam si recepisset; atque ex eo constantiæ ac plenæ gravitatis famam obtinuit : siquidem uni adolescenti senatus totus persuadere non potuit. Sed quamvis senatu rogante non potuerit persuaderi, ut vel Antonini vel Magni nomina susciperet, tamen ob ingentem vigorem animi et mirandam singularemque constantiam contra militum insolentiam, Severi nomen a militibus eidem inditum est : quod illi ingentem in præsentia reverentiam, magnam apud posteros gloriam peperit; quum eo accessisset, ut de animi virtute nomen acceperit : siquidem solus inventus sit

pire, devienne un objet d'ambition pour les autres, et soit offert aux bons princes par les décrets de votre piété. » Alors on s'écria : « Grand Alexandre, que les dieux te conservent ! Si tu as refusé le nom d'Antonin, reçois du moins le surnom de Grand. Alexandre le Grand, que les dieux te conservent ! » Et comme cette acclamation se répétait souvent, Alexandre Auguste répondit : « J'accepterais plus volontiers encore, pères conscrits, le nom des Antonins : ce serait du moins une espèce de déférence pour la parenté, ou pour la participation au nom impérial. Mais le surnom de Grand, comment l'accepterais-je ? Qu'ai-je fait de grand ? quand Alexandre ne le reçut qu'après bien des actions d'éclat, et Pompée qu'après de grands triomphes. Cessez donc vos instances, vénérables pères ; et vous qui faites de si grandes choses, regardez-moi comme l'un d'entre vous, plutôt que de m'imposer le nom de Grand. »

XII. Là-dessus, on s'écria : « Aurelius Alexandre Auguste, que les dieux te conservent ! » et le reste comme de coutume. Alors, ayant levé la séance du sénat, après bien d'autres choses réglées dès ce même jour, il retourna comme en triomphe au palais. Il lui fut beaucoup plus glorieux d'avoir refusé des noms étrangers, que s'il les avait acceptés ; et il s'acquit la réputation de constance et de force d'âme : car, tout jeune qu'il était, il sut résister seul au sénat tout entier. Mais, quoique les instances du sénat n'eussent pu lui persuader de prendre les noms d'Antonin et de Grand, cependant, à cause de l'extrême inflexibilité de son âme et de sa fermeté étonnante et toute particulière contre l'insolence des soldats, l'armée elle-même lui donna le nom de Sévère, qui lui concilia beaucoup de respect de son vivant, et une grande gloire dans la postérité, puisque ce surnom qu'il reçut, il le dut à l'énergie de son âme : en effet, on ne trouve que lui qui ait licencié des légions rebelles,

qui tumultuantes legiones exauctoraverit [5], ut suo loco ostendetur ; in milites autem gravissime animadverterit, qui forte incurrerunt aliquid quod videretur injustum ; ut et ipsum locis suis declarabimus.

XIII. Omina imperii hæc habuit : primum, quod ea die natus est, qua defunctus vita Magnus Alexander dicitur ; deinde, quod in templo ejus mater enixa est ; tertio, quod ipsius nomen accepit ; tum præterea, quod ovum purpurei coloris, eadem die natum, qua ille natus est, palumbinum, anicula quædam matri ejus obtulit : ex quo quidem haruspices dixerunt, imperatorem quidem illum, sed non diu futurum, et cito ad imperium perventurum. Tum præterea, quod tabula Trajani imperatoris, quæ geniali lecto patris imminebat, dum mater eum in templo pareret, in lectum ejus decidit. His accessit, quod nutrix ei Olympias data est, quo nomine mater Alexandri appellata est. Nutritor Philippus provenit casu unus ex rusticis, quod nomen patri Alexandri Magni fuit. Fertur die prima natalis ejus toto die apud Arcam Cæsaream stella primæ magnitudinis visa, et sol circa domum patris ejus fulgido ambitu coronatus. Quum ejus natalem haruspices commendarent, dixerunt eum summam rerum tenturum, idcirco quod hostiæ de ea villa quæ esset Severi imperatoris adductæ essent, et quas in illius honorem coloni parassent. Nata in domo laurus juxta persici arborem, intra unum annum persici arborem vicit : unde etiam conjectores dixerunt Persas ab eo esse vincendos.

comme on le verra en son lieu, et qui ait puni avec la dernière sévérité les soldats qui s'étaient rendu coupables de quelque injustice, comme nous le développerons quand il sera temps.

XIII. Voici quels furent les présages de son avénement à l'empire. D'abord il naquit le même jour où mourut, dit-on, Alexandre le Grand; ensuite sa mère le mit au monde dans le temple dédié à ce prince; en troisième lieu, il reçut le même nom; en outre, une vieille femme vint apporter à sa mère un œuf couleur de pourpre pondu par un pigeon le jour même où il naquit : d'où les aruspices conclurent que cet enfant serait empereur, qu'il parviendrait jeune à l'empire, mais ne le conserverait pas longtemps. En outre, pendant que sa mère accouchait dans le temple, un tableau représentant l'empereur Trajan, et qui était suspendu dans sa maison au-dessus du lit conjugal, tomba sur le lit. Ajoutez à cela que la nourrice qui lui fut donnée s'appelait Olympias, comme la mère d'Alexandre le Grand, et que, par un autre effet du hasard, le paysan qui fut son père nourricier s'appelait Philippe, comme le père d'Alexandre. On rapporte que le jour de sa naissance, pendant toute la journée, on vit une étoile de première grandeur auprès de Césarée, et le soleil, dans le voisinage de la maison de son père, parut entouré d'une auréole brillante. Quand les aruspices firent les sacrifices d'inauguration le jour de sa naissance, ils déclarèrent qu'il arriverait au souverain pouvoir, parce que les victimes avaient été amenées d'une villa qui avait appartenu à Sévère, et que les fermiers les avaient élevées en l'honneur de cet empereur. Un laurier poussa dans la maison auprès d'un pêcher[1], et, dans l'espace d'un an, surpassa le pêcher en grandeur : on conjectura de là qu'il serait un jour vainqueur des Perses.

(1) *Persicus.*

XIV. Mater ejus, pridie quam pareret, somniavit se purpureum dracunculum parere. Pater eadem nocte in somniis vidit alis se Romanæ Victoriæ, quæ in senatu, ad cœlum vehi. Ipse, quum vatem consuleret de futuris, hos accepisse dicitur versus adhuc parvulus; et primis quidem sortibus :

> Te manet imperium cœli terræque marisque;

intellectum est, quod inter divos etiam referretur.

> Te manet imperium, quod tenet imperium;

ex quo intellectum est, Romani illum imperii principem futurum; nam ubi est imperium, nisi apud Romanos, quod tenet imperium? Et hæc quidem de Græcis versibus sunt prodita. Ipse autem, quum, parentis hortatu, animum a philosophia et musica ad alias artes traduceret, Virgilii sortibus hujusmodi illustratus est :

> Excudent alii spirantia mollius æra,
> Credo equidem, vivos ducent de marmore vultus,
> Orabunt causas melius, cœlique meatus
> Describent radio, et surgentia sidera ducent :
> Tu regere imperio populos, Romane, memento :
> Hæ tibi erunt artes, pacique imponere morem,
> Parcere subjectis et debellare superbos.

Fuerunt multa alia signa, quibus principem humani generis esse constaret. Nimius ardor oculorum, et diutius intuentibus gravis [6]; et divinatio mentis frequentissima; rerum memoria singularis, quam nemo nisi Acholius ferebat adjutam. Et quum puer ad imperium

XIV. Sa mère, la veille du jour où elle le mit au monde, songea qu'elle accouchait d'un petit serpent couleur de pourpre. Dans la même nuit, son père se vit, dans un songe, transporter au ciel sur les ailes d'une Victoire romaine qui était dans le sénat. Lui-même, encore enfant, consultant l'oracle sur ses destinées futures, reçut les deux vers suivants pour réponse : par le premier,

« A toi est réservé l'empire du ciel, et de la terre de la mer, »

on comprit qu'il serait mis au rang des dieux.

« Tu es appelé à commander à l'empire qui commande; »

On comprit par là qu'il deviendrait le chef de l'empire romain; car où trouver, si ce n'est chez les Romains, un empire qui commande? C'est la traduction latine de deux vers grecs. Alexandre lui-même, pressé par son père de laisser un peu la philosophie et la musique pour d'autres arts, reçut ce présage flatteur, en consultant le sort par les vers de Virgile :

> D'autres avec plus d'art (cédons-leur cette gloire)
> Coloreront la toile, ou, d'une habile main,
> Feront vivre le marbre et respirer l'airain,
> De discours plus flatteurs charmeront les oreilles,
> Décriront mieux du ciel les pompeuses merveilles :
> Toi, Romain, souviens-toi de régir l'univers ;
> Donne aux vaincus la paix, aux rebelles des fers ;
> Fais chérir de tes lois la sagesse profonde.
> Voilà les arts de Rome et des maîtres du monde.
> (*Énéide*, liv. vi, trad. de DELILLE.)

On rapporte beaucoup d'autres pronostics qui annonçaient en lui le prince du genre humain. Le feu de ses yeux était si ardent, qu'on ne pouvait le supporter pour peu qu'on le fixât. Il prédisait assez fréquemment ce qui devait arriver. Il avait une mémoire étonnante, qu'Acholius seul prétend avoir été secondée par des moyens arti-

pervenisset, fecit cuncta cum matre, ut et illa videretur pariter imperare, mulier sancta, sed avara, et auri atque argenti cupida.

XV. Ubi ergo Augustus agere cœpit imperium, primum removit judices omnes a republica, et a ministeriis, atque muneribus, quos impurus ille Heliogabalus ex genere hominum turpissimo provexerat : deinde senatum et equestrem ordinem purgavit. Ipsas deinde tribus, et eos qui militaribus nituntur prærogativis, purgavit, et palatium suum comitatumque omnem, abjectis ex aulico ministerio cunctis obscenis et infamibus : nec quemquam passus est esse in palatinis, nisi necessarium hominem. Jurejurando deinde se constrinxit, ne quem adscriptum, id est vacantium, haberet, ne annonis rempublicam gravaret; dicens malum pupillum esse imperatorem, qui ex visceribus provincialium homines non necessarios, nec reipublicæ utiles pasceret. Fures judicare jussit in civitatibus ullis nunquam videri : et si essent visi, jussit deportari per rectores provinciarum. Annonam militum diligenter inspexit. Tribunos, qui per stellaturas militibus aliquid tulissent, capitali pœna affecit. Negotia et causas prius a scriniorum principibus, et doctissimis jurisperitis et sibi fidelibus, quorum primus tunc Ulpianus fuit, tractari ordinarique, atque ita referri ad se præcepit.

XVI. Leges de jure populi et fisci moderatas et infinitas sanxit : neque ullam constitutionem sacravit sine

ficiels. Comme il était encore fort jeune quand il parvint à l'empire, il associa sa mère à toutes ses actions, tellement qu'on eût dit qu'elle régnait aussi : c'était une femme de mœurs pures, mais avare, et avide d'or et d'argent.

XV. Dès qu'il commença à tenir lui-même les rênes du gouvernement, il révoqua tous les juges, et écarta des offices et des charges publiques tous ces hommes que l'impur Héliogabale avait tirés des classes les plus abjectes. Il purgea ensuite le sénat et l'ordre des chevaliers, puis les tribus elles-mêmes; et soumit à un examen rigoureux ceux qui s'appuyaient sur des prérogatives militaires. Il passa en revue son palais et toute sa suite, rejetant de sa cour tous les offices infâmes et obscènes, et ne souffrit personne d'inutile parmi ses gens. Il fit ensuite serment de n'admettre aucune suppléance, pour ne pas augmenter les charges de l'État : disant qu'un empereur usait mal des ressources que lui confiait le sénat, quand il nourrissait du produit des provinces des hommes qui n'étaient ni nécessaires ni utiles à la république. Il défendit qu'aucun concussionnaire, dans quelque ville que ce fût, restât investi de la judicature. S'il s'en trouvait, les gouverneurs des provinces avaient ordre de les chasser. Il examina scrupuleusement les fournitures militaires, et punit de la peine capitale les tribuns qui par friponnerie avaient frustré les soldats de ce qui leur était dû. Il faisait examiner les causes et les procès par les officiers de la chancellerie, et par les jurisconsultes les plus savants et les plus dévoués, à la tête desquels était alors Ulpien; puis se faisait rendre compte de toutes les affaires.

XVI. Il porta un nombre infini de lois très-sages sur les droits respectifs du peuple et du fisc, mais jamais

viginti jurisperitis, et doctissimis ac sapientibus viris, iisdemque disertissimis, non minus quinquaginta : ut non minus in consilio essent sententiæ, quam senatus-consultum conficerent : et id quidem ita, ut iretur per sententias singulorum, ac scriberetur quid quisque dixisset, dato tamen spatio ad disquirendum cogitandumque, priusquam dicerent, ne incogitati dicere cogerentur de rebus ingentibus. Fuit præterea illi consuetudo, ut si de jure, aut de negotiis tractaret, solos doctos et disertos adhiberet; si vero de re militari, milites veteres et senes, ac bene meritos, et locorum peritos, ac bellorum, et castrorum, et omnes litteratos; et maxime eos qui historiam norant : requirens quid in talibus causis, quales in disceptatione versabantur, veteres imperatores vel Romani, vel exterarum gentium fecissent.

XVII. Referebat Encolpius, quo ille familiarissimo usus est, illum, si unquam furem judicem vidisset, paratum habuisse digitum, ut illi oculum erueret : tantum odium eum tenebat eorum de quibus apud se probatum quod fures fuissent. Addit Septimius, qui vitam ejus non mediocriter exsequutus est, tanti stomachi fuisse Alexandrum in eos judices qui furtorum fama laborassent, etiamsi damnati non essent, ut, si eos casu aliquo videret, commotione animi, stomachi choleram evomeret, toto vultu inardescente, ita ut nihil posset loqui. Nam quum quidam Septimius Arabinus, famosus crimine furtorum, et sub Heliogabalo jam liberatus, inter

n'arrêta aucune disposition sans se faire assister de vingt sénateurs jurisconsultes, et d'au moins cinquante des plus doctes, des plus irréprochables, et en même temps des plus diserts, pour compléter le nombre voulu pour la rédaction d'un sénatus-consulte. Or voici comme on procédait. Tous donnaient leur avis l'un après l'autre, et on écrivait ce que chacun avait dit; mais, avant de parler, on avait tout le temps d'étudier l'affaire et d'y réfléchir, afin de ne pas aborder légèrement des choses importantes. Telle était encore son habitude : quand il avait à traiter des affaires de droit ou de commerce, il n'appelait au conseil que les savants et les éloquents; s'agissait-il de l'art militaire, il convoquait les vieux guerriers les plus en renom pour leurs faits d'armes, ceux qui avaient le plus d'expérience des lieux, des combats et des camps, enfin tous les savants, et surtout ceux qui connaissaient l'histoire, recherchant ce qu'avaient fait, dans des circonstances pareilles à celles qui faisaient l'objet de la discussion, les anciens empereurs romains ou les chefs des nations étrangères.

XVII. Encolpius, qui fut son ami intime, racontait de lui que si jamais il rencontrait un juge prévaricateur, il avait le doigt toujours prêt pour lui arracher un œil: tant était grande la haine qu'il professait pour ceux contre lesquels il avait des preuves de concussion. Septimius, l'un des meilleurs historiens de sa vie, ajoute que la colère d'Alexandre contre ces juges mal famés et qui pourtant n'avaient pas été condamnés, était telle, que si par hasard il les voyait, il s'en trouvait bouleversé au point de vomir la bile, que tout son visage s'enflammait, et qu'il restait sans voix. Car un certain Septimius Arabinus, accusé de concussion par la rumeur publique et mis en liberté sous Héliogabale, étant venu parmi les sénateurs saluer le prince, il s'écria : « O puissances célestes, Jupiter, dieux immortels! quoi, non-

senatores principem salutatum venisset, exclamavit : « O numina, o Jupiter, o dii immortales, Arabinus non solum vivit, verum etiam in senatum venit? fortassis etiam de me sperat? tam fatuum, tam stultum esse me judicat? »

XVIII. Salutabatur autem nomine, hoc est « Ave, Alexander. » Si quis caput flexisset, aut blandius aliquid dixisset, uti adulator vel abjiciebatur, si loci ejus qualitas pateretur, vel ridebatur ingenti cachinno, si ejus dignitas graviori subjacere non posset injuriæ. Salutatus consessum obtulit omnibus senatoribus : atque adeo nisi honestos et bonæ famæ homines ad salutationem non admisit : jussitque, quemadmodum in Eleusiniis sacris dicitur, ut nemo ingrediatur, nisi qui se innocentem novit; per præconem edici, « ut nemo salutaret principem, qui se furem esse nosset, ne, aliquando detectus, capitali supplicio subderetur. » Ipse adorari se vetuit, quum jam cœpisset Heliogabalus adorari regum more Persarum. Erat præterea hæc illius sententia, « Solos fures de paupertate conqueri, dum volunt scelera vitæ suæ tegere. » Idem addebat sententiam de furibus notam, et Græce quidem, quæ Latine hoc significat : « Qui multa rapuerit, pauca suffragatoribus dederit, salvus erit. » Quæ Græce talis est :

Ὁ πολλὰ κλέψας, ὀλίγα δοὺς, ἐκφεύξεται.

XIX. Præfectum prætorii sibi ex senatus auctoritate constituit. Præfectum Urbis a senatu accepit; alterum præfectum prætorii fecit, qui, ne fieret, etiam fugerat,

seulement Arabinus vit encore, mais il ose se présenter au sénat : il attend peut-être quelque chose de moi? Il faut qu'il me croie bien fou, bien insensé ! »

XVIII. On le saluait simplement par son nom, en ces termes : « Bonjour, Alexandre. » S'il arrivait à quelqu'un de baisser la tête, ou de dire quelque flatterie, il le chassait de sa présence comme adulateur, quand sa qualité le permettait, ou il l'accueillait d'un immense éclat de rire, si sa dignité le mettait au-dessus d'un affront plus grave. Il invitait à s'asseoir tous les sénateurs qui venaient le saluer, et n'admettait à cet honneur que les hommes honorables et d'une réputation intacte ; et, à l'instar des mystères d'Éleusis, où l'on prévient que personne ne doit entrer s'il ne se reconnaît exempt de faute, il fit publier par un héraut que personne ne vînt saluer le prince s'il se connaissait coupable de concussion, de peur que, s'il était découvert, il ne fût mis à mort. Il défendit qu'on l'adorât, usage qu'avait commencé à introduire Héliogabale, à l'imitation des Perses. Telle était sa manière de penser, « que les voleurs seuls se plaignent de la pauvreté, pour couvrir les crimes dont ils sont coupables. » Il ajoutait un proverbe grec connu sur les voleurs, et dont voici le sens : « Voler beaucoup, donner peu, voilà le moyen de se tirer d'affaire. » Le voici en grec :

Ὁ πολλὰ κλέψας, ὀλίγα δοὺς, ἐκφεύξεται.

XIX. Il établit pour lui un préfet du prétoire avec l'agrément du sénat ; il prit le préfet de la ville dans le sein même du sénat. Il fit un autre préfet du prétoire

dicens « Invitos, non ambientes in rempublicam collocandos. » Senatorem nunquam sine omnium senatorum, qui aderant, consilio fecit, ita ut per sententias omnium crearetur, testimonia dicerent summi viri ; ac si fefellissent vel testes, vel ii qui sententias dicebant, postea in ultimum rejicerentur locum civium, condemnatione adhibita, quasi falsi rei approbati, sine ullius indulgentiæ proposito. Idem senatores nonnisi ad summorum in palatio virorum suffragium fecit, dicens « magnum virum esse oportere, qui faceret senatorem. » Idem libertinos nunquam in equestrem locum redegit, asserens, « seminarium senatorum equestrem locum esse. »

XX. Moderationis tantæ fuit, ut nemo unquam ab ejus latere submoveretur, ut omnibus se blandum affabilemque præberet, ut amicos non solum primi ac secundi loci, sed etiam inferiores, ægrotantes viseret, ut sibi ab omnibus libere, quæ sentiebant, dici cuperet, et quum dictum esset, audiret, et quum audisset, ita, ut res poscebat, emendaret atque corrigeret ; si minus bene factum esset aliquid, etiam ipse convinceret, idque sine fastu et sine amaritudine animi ; consessum omnibus semper offerret, præter eos quos furtorum densior fama perstrinxerat, de absentibus semper requirens. Denique quum ei objiceret nimiam civilitatem et Mammæa mater, et uxor Memmia, Sulpicii consularis viri filia, Catuli neptis, et sæpe dicerent : « Molliorem tibi potestatem et contemptibiliorem imperii fecisti ; » ille respondit :

qui avait pris la fuite pour ne pas être nommé, disant :
« Il faut donner les charges de la république non à ceux
qui les briguent, mais à ceux qui les évitent. » Jamais il
ne créa un sénateur, sans prendre l'avis de tous les sénateurs présents, de sorte que c'était du consentement
de tous qu'il était élu, et que les personnages les plus
éminents donnaient leur témoignage. Si les témoins ou
ceux qui émettaient leurs avis, le trompaient, ils étaient
rejetés dans la dernière classe du peuple par un jugement qui les condamnait comme faussaires, sans qu'ils
pussent compter sur la moindre indulgence. Jamais il
ne présenta un sujet qui n'eût réuni les suffrages des
grands dignitaires du palais, disant « qu'il fallait être
un grand homme pour faire un sénateur. » Jamais il
n'admit les fils d'affranchis dans l'ordre équestre, assurant que « cet ordre est une pépinière de sénateurs. »

XX. Il avait tant de douceur, que jamais personne
n'était repoussé d'auprès de lui ; il se montrait à tous
si doux et si affable, qu'il allait voir chez eux, quand ils
étaient malades, non-seulement ses amis du premier et
du second rang, mais même ceux d'un rang inférieur ;
il cherchait à savoir ce qu'ils ressentaient : le lui disait-on, il l'écoutait, et après l'avoir entendu, il faisait ce
qu'il pouvait, suivant la circonstance, pour adoucir
le mal et y porter remède. Si quelque chose se trouvait mal fait, il le disait de manière à ce qu'on en convînt, mais sans hauteur ni aigreur. Il offrait des siéges
à tout le monde, excepté à ceux qui passaient pour
concussionnaires ; et demandait toujours des nouvelles
des absents. Enfin, comme Mammée sa mère, et Memmia sa femme, fille du consulaire Sulpicius, et nièce de
Catulus, lui reprochaient sa trop grande popularité,
et lui répétaient souvent qu'il rabaissait et faisait méconnaître la puissance impériale : « Oui, dit-il ; mais pour
la rendre plus sûre et plus stable. » Jamais il ne passa

« Sed securiorem atque diuturniorem. » Dies denique nunquam transiit, quin aliquid mansuetum, civile, pium faceret; sed ita, ut ærarium non everteret.

XXI. Condemnationes et raras esse jussit, et, quæ factæ fuerant, non indulsit. Vectigalia civitatibus ad proprias fabricas deputavit. Fœnus publicum trientarium exercuit, ita ut pauperibus plerisque sine usuris pecunias dederit ad agros emendos, reddendas de fructibus. Præfectis prætorio suis senatoriam addidit dignitatem, ut viri clarissimi et essent et dicerentur : quod antea vel raro fuerat, vel omnino non fuerat, eousque, ut si quis imperatorum successorem præfecto prætorii dare vellet, laticlaviam eidem per libertum submitteret, ut in multorum vita Marius Maximus dixit. Alexander autem idcirco senatores esse voluit præfectos prætorii, ne quis non senator de Romano senatore judicaret. Milites suos sic ubique scivit, ut in cubiculo haberet breves, et numerum, et tempora militantium, semperque, quum solus esset, et rationes eorum, et numerum, et dignitates, et stipendia recenseret, ut esset ad omnia instructissimus. Denique quum inter militares aliquid ageretur, multorum dicebat et nomina. De promovendis etiam sibi annotabat, et perlegebat cuncta pittacia, et sic faciebat, diebus etiam pariter annotatis, et quis, et qualis esset, et quo insinuante promotus. Commeatum populi Romani sic adjuvit, ut, quum frumenta Heliogabalus evertisset, vicem de propria pecunia loco suo reponeret.

un jour sans le marquer par quelque acte de douceur, de civilité, de bonté ; mais sans ruiner le trésor public.

XXI. Il voulut que les condamnations fussent rares ; mais celles qui étaient prononcées, il les fit exécuter rigoureusement. Il affecta le produit des impôts à la construction des édifices des villes qui les fournissaient. Il plaça les deniers publics à quatre pour cent, de sorte qu'il donnait à la plupart des pauvres citoyens de quoi acheter des champs, et cela sans intérêts, n'exigeant le payement qu'en productions de la terre. Il revêtit ses préfets du prétoire de la dignité sénatoriale, de sorte qu'ils avaient le titre de clarissimes, et qu'ils l'étaient en effet ; ce qui avant lui n'avait eu lieu que rarement, ou même jamais ; au point que, si un empereur voulait donner un successeur à un préfet du prétoire, il envoyait par un affranchi le laticlave à celui qu'il voulait nommer, comme le rapporte Marius Maximus dans la vie de plusieurs empereurs. Or, il voulut que ses préfets du prétoire fussent sénateurs, afin qu'il ne pût arriver qu'un sénateur fût jugé par un citoyen qui ne l'était pas. Il connaissait tous les endroits où se trouvaient ses soldats ; il avait dans son cabinet des listes indiquant leur nombre, leurs années de service ; et toutes les fois qu'il était seul, il revoyait leurs états de situation, leur nombre, leurs grades, leurs campagnes, pour se tenir au courant de tout. Survenait-il quelque différend entre les soldats, il lui arrivait souvent de les appeler par leur nom. Il prenait note aussi de ceux qui devaient monter en grade ; il lisait attentivement tous les rapports, et marquait les jours où tels et tels avaient été promus, qui ils étaient, et qui avait sollicité pour eux. Il eut tant à cœur de ramener l'abondance des vivres, qu'il remplit de ses propres deniers les greniers du peuple romain, épuisés par Héliogabale.

XXII. Negotiatoribus, ut Romam volentes concurrerent, maximam immunitatem dedit. Oleum, quod Severus populo dederat, quodque Heliogabalus imminuerat, turpissimis hominibus praefecturam annonae tribuendo, integrum restituit. Jus conferendi rationes, quod impurus ille sustulerat, hic omnibus reddidit. Mechanica opera Romae plurima instituit. Judaeis privilegia reservavit. Christianos esse passus est. Pontificibus tantum detulit, et quindecimviris atque auguribus, ut quasdam causas sacrorum, a se finitas, iterari, et aliter distingui pateretur. Praesides provinciarum, quos vere, non factionibus, laudari comperit, et in itineribus secum semper in vehiculo habuit, et muneribus adjuvit, dicens, et fures a republica pellendos ac pauperandos, et integros esse redimendos atque ditandos. Quum vilitatem populus Romanus ab eo peteret, interrogavit per curionem, quam speciem caram putarent; illi continuo exclamaverunt : « Carnem bubulam, atque porcinam. » Tunc ille non quidem vilitatem proposuit, sed jussit ne quis suminatam occideret, ne quis lactantem, ne quis vaccam, ne quis damalionem : tantumque intra biennium, vel prope annum, porcinae carnis fuit et bubulae, ut, quum fuisset octominutalis libra, ad duos unumque utriusque carnis libra redigeretur.

XXIII. Causas militum contra tribunos sic audivit, ut, si aliquem reperisset tribunorum in crimine, pro facti qualitate sine indulgentiae proposito puniret. De omnibus hominibus per fideles homines suos semper

XXII. Pour que les négociants concourussent volontairement à approvisionner Rome, il leur accorda la plus grande immunité. Il rétablit dans leur entier les distributions d'huile que Sévère faisait au peuple, et qu'Héliogabale avait réduites à bien peu de chose, en confiant la charge de préfet des vivres aux hommes les plus corrompus. Il restitua à tous le droit de rendre des comptes, que ce prince impur avait aboli. Il établit à Rome beaucoup de travaux mécaniques. Il garantit aux juifs leurs priviléges ; il toléra les chrétiens. Il eut une si grande déférence pour les pontifes, les quindécemvirs et les augures, qu'il les autorisa à revoir après lui certaines causes relatives au culte, et à prononcer un jugement contraire au sien. Dans ses voyages, il faisait toujours monter en voiture avec lui, et comblait de présents, les gouverneurs de provinces qu'il savait devoir leur réputation à leur mérite, et non aux cabales, disant que si les prévaricateurs devaient être chassés de la république et privés de leurs biens, il fallait accueillir les hommes intègres et les enrichir. Le peuple romain ayant réclamé une diminution dans le prix des subsistances, il fit demander par un curion quelle était la denrée qu'on trouvait trop chère. Tous s'écrièrent à l'instant que c'était « la viande de bœuf et celle de porc. » Alexandre alors n'en restreignit pas le prix ; mais il défendit de tuer aucune truie pleine ou allaitant, ni aucune vache, ni aucun veau ; et l'espace de deux ans, ou même seulement d'un peu plus d'une année, suffit pour que les viandes de bœuf et de porc, qui se payaient à raison de huit *minutum* la livre, fussent réduites à deux, et même à un.

XXIII. Il écoutait les plaintes des soldats contre leurs tribuns, et s'il trouvait quelqu'un en défaut, il le punissait sans pitié, suivant la gravité du fait. Il avait toujours à ses ordres des hommes affidés pour prendre toutes les informations, et il avait soin que ces hommes ne

quæsivit : et per eos, quos nemo nosset hoc agere ; quum diceret, « omnes præda corrumpi posse. » Servos suos semper cum servili veste habuit, libertos cum ingenuorum. Eunuchos de ministerio suo abjecit, et uxori ut servos servire jussit ; et quum Heliogabalus mancipium eunuchorum fuisset, ad certum numerum eos redegit, nec quidquam in palatio curare voluit, nisi balneas feminarum : quum plerosque eunuchos rationibus et procurationibus præposuisset Heliogabalus, hic illis et veteres sustulit dignitates. Idem tertium genus hominum eunuchos esse dicebat, nec videndum, nec in usu habendum a viris, sed vix a feminis nobilibus. Qui de eo fumum vendiderat, et a quodam militari centum aureos acceperat, in crucem tolli jussit per eam viam qua esset servis suis ad suburbana imperatoria iter frequentissimum.

XXIV. Provincias prætorias, præsidiales plurimas fecit : proconsulares ex senatus voluntate ordinavit. Balnea mixta Romæ exhiberi prohibuit : quod quidem jam ante prohibitum, Heliogabalus fieri permiserat. Lenonum vectigal, et meretricum, et exoletorum, in sacrum ærarium inferri vetuit, sed sumptibus publicis ad instaurationem theatri, Circi, amphitheatri, et stadii, deputavit. Habuit in animo, ut exoletos vetaret, quod postea Philippus fecit : sed veritus est ne, prohibens, publicum dedecus in privatas cupiditates converteret, quum homines illicita magis poscant, prohibitaque furore persequantur. Braccariorum, linteonum, vitreariorum, pellionum, plaustrariorum, argentariorum, aurificum, et ceterarum

fussent pas connus; « car, disait-il, il n'est personne que l'argent ne puisse corrompre. » Il eut soin que ses esclaves portassent toujours l'habit de leur condition ; ses affranchis, celui des gens libres. Il rejeta de son service les eunuques, et les donna à sa femme pour la servir comme esclaves. Tandis qu'Héliogabale se laissait maîtriser par ses eunuques, il en réduisit le nombre, et ne leur donna dans le palais d'autres charges que de soigner le bain des femmes : ainsi, loin de leur confier, comme le faisait Héliogabale, la plupart des fonctions et des intendances, lui leur retirait même leurs anciennes dignités. Il disait que les eunuques sont une troisième espèce d'hommes, que les hommes ne doivent ni employer ni même voir, et bons tout au plus pour le service des femmes nobles. Un homme avait fait trafic de sa protection et avait reçu cent auréus d'un soldat; il le fit mettre en croix sur le chemin même par où ses esclaves passaient fréquemment pour se rendre à la maison de plaisance de l'empereur.

XXIV. Il créa des provinces prétoriennes et plusieurs présidiales : il en érigea quelques-unes en proconsulaires avec l'agrément du sénat. Il prohiba, à Rome, les bains mixtes : cette défense existait autrefois; mais Héliogabale l'avait levée. Il défendit qu'on versât dans le trésor public le produit de l'impôt sur les entremetteurs, sur les filles publiques, les prostitués : il le fit servir aux dépenses publiques pour la restauration du théâtre, du Cirque, de l'amphithéâtre, du stade. Il avait l'intention d'empêcher les débauches entre hommes, ce que Philippe fit depuis; mais il craignit qu'en entravant ces turpitudes publiques, elles ne se changeassent en débauches particulières, puisqu'il est vrai que les hommes recherchent plus avidement ce qui leur est défendu, et que les obstacles augmentent la fureur de leurs passions. Il établit un impôt fort sage sur les tailleurs, les tisse-

artium, vectigal pulcherrimum instituit: ex coque jussit thermas, et quas ipse fundaverat, et superiores, populi usibus exhiberi: silvas etiam thermis publicis deputavit. Addidit et oleum luminibus thermarum, quum antea non ante auroram paterent, et ante solis occasum clauderentur.

XXV. Hujus imperium incruentum quidam litteris tradiderunt: quod contra est; nam et Severus est appellatus a militibus ob austeritatem, et in animadversionibus asperior in quibusdam fuit. Opera veterum principum instauravit: ipse nova multa constituit: in his thermas nominis sui, juxta eas quæ Neronianæ fuerunt, aqua inducta, quæ Alexandrina nunc dicitur. Nemus thermis suis, de privatis ædibus suis, quas emerat, dirutis ædificiis, fecit. Occani solium primus inter principes appellavit, quum Trajanus id non fecisset, sed diebus solia deputasset. Antonini Caracalli thermas additis sortionibus perfecit, et ornavit. Alexandrinum opus marmoris, de duobus marmoribus, hoc est Porphyretico et Lacedæmonio, primus instituit, palatio exornato hoc genere marmorandi. Statuas colosseas in Urbe multas locavit, artificibus undique conquisitis. Alexandri habitu nummos plurimos figuravit; et quidem electreos aliquantos, sed plurimos tamen aureos. A mulieribus famosis matrem et uxorem suam salutari veluit. Conciones in Urbe multas habuit more veterum tribunorum et consulum.

rands, les verriers, les foureurs, les carrossiers, les banquiers, les orfévres, et les autres corps d'états; et les revenus en furent affectés à l'entretien des bains qu'il avait fondés et de ceux qui existaient avant lui, et qu'il fit ouvrir au peuple : les forêts furent également destinées à l'entretien des bains publics. Il y ajouta de l'huile pour le luminaire de ces établissements, qui auparavant n'étaient pas ouverts avant le jour, et se fermaient au coucher du soleil.

XXV. Quelques auteurs ont prétendu que son règne n'avait pas été ensanglanté : c'est une erreur; car le nom de Sévère lui fut donné par les soldats, à cause de son austérité et de l'âpreté qui signala quelquefois sa haine. Il acheva les travaux commencés par les anciens empereurs. Lui-même il fit élever beaucoup de nouveaux édifices, parmi lesquels nous citerons les thermes de son nom, établis près de ceux de Néron, et où il fit venir l'eau qu'on appelle aujourd'hui fontaine Alexandrine. Il planta un bois autour des bains particuliers, sur le terrain de bâtiments qu'il avait achetés et qu'il fit démolir. Il inventa ce qu'il appelait la cuve-océan, tandis que Trajan n'avait fait faire que des cuves ordinaires, qu'il livrait au public à certains jours. Il acheva et embellit les thermes d'Antonin Caracallus, en y ajoutant des inscriptions tirées des oracles. Il inventa et appliqua à l'ornement de son palais, cette combinaison des deux marbres de Porphyre et de Lacédémone, qu'on appela le travail alexandrin. Il érigea dans Rome grand nombre de statues colossales, et pour cela fit partout rechercher des artistes. Il fit frapper une grande quantité de pièces de monnaie, où il était représenté vêtu comme Alexandre; il y en avait en *electrum*, mais la majeure partie était en or. Il défendit aux femmes décriées de venir saluer son épouse et sa mère. Il harangua souvent le peuple dans la ville, à la manière des tribuns et des consuls de l'ancienne république.

XXVI. Congiarium populo ter dedit, donativum militibus ter; carnem populo addidit. Usuras fœneratorum contraxit ad trientes pensiones, etiam pauperibus consulens. Senatores si fœnerarentur, usuras accipere primo vetuit, nisi aliquid muneris causa acciperent: postea tamen jussit in semisses acciperent donum, munus tamen sustulit. Statuas summorum virorum in foro Trajani collocavit undique translatas. Paulum et Ulpianum in magno honore habuit: quos præfectos ab Heliogabalo alii dicunt factos, alii ab ipso : nam et consiliarius Alexandri et magister scrinii Ulpianus fuisse perhibetur; qui tamen ambo assessores Papiniani fuisse dicuntur. Basilicam Alexandrinam instituerat inter campum Martium et septa Agrippiana, in latum pedum centum, in longum pedum mille, ita ut tota columnis penderet: quam efficere non potuit, morte præventus. Isium et Serapium decenter ornavit, additis signis, et deliacis, et omnibus mysticis. In matrem Mammæam unice pius fuit, ita ut Romæ in Palatio faceret diætas nominis Mammæœ, quas imperitum vulgus hodie *ad Mammam* vocant. Et in Baiano palatium cum stagno, quod Mammææ nomine hodieque censetur. Fecit et alia in Baiano opera magnifica in honorem affinium suorum, et stagna stupenda, admisso mari. Pontes, quos Trajanus fecerat, instauravit pæne in omnibus locis : aliquos etiam novos fecit : sed instauratis nomen Trajani reservavit.

XXVII. In animo habuit omnibus officiis genus ve-

XXVI. Il donna trois fois le congiaire au peuple, trois fois il fit des largesses aux soldats; mais au congiaire il ajouta une distribution de viande. Par égard pour les pauvres, il abaissa le taux de l'intérêt à quatre pour cent par an. Aux sénateurs qui prêtaient de l'argent, il défendit d'abord d'en tirer aucun intérêt, leur permettant seulement d'accepter quelque chose en présent : dans la suite, il leur accorda un intérêt de six pour cent, mais le présent fut défendu. Il fit venir de tous côtés et réunit sur la place de Trajan les statues des grands hommes. Il combla d'honneurs Paulus et Ulpien, que les uns disent avoir été créés préfets par Héliogabale, les autres par lui-même : Ulpien, en effet, est cité comme conseiller d'Alexandre et son premier archiviste; tous deux cependant avaient, dit-on, assisté Papinien dans l'exercice de ses fonctions. Il avait intention d'élever, entre le Champ de Mars et le clos d'Agrippa, une basilique alexandrine, qui aurait eu mille pieds de long sur cent de large, toute supportée par des colonnes. La mort l'empêcha de mettre ce projet à exécution. Il orna convenablement le temple d'Isis et Sérapis, et l'enrichit de statues, de vases de Délos et de tout ce qui est nécessaire à la célébration des mystères. Il eut une vénération toute particulière pour Mammée, sa mère, au point que, dans l'intérieur de son palais, il eut des chambres à la Mammée, que le vulgaire ignorant appelle *à la Mamelle*. Sur le territoire de Baïes, il fit construire un palais avec un étang ; ce palais est connu aujourd'hui encore sous le nom de palais Mammée. Il y éleva beaucoup d'autres monuments en l'honneur de ses proches, et fit creuser des étangs d'une grandeur surprenante, où il introduisit l'eau de la mer. Il fit restaurer les ponts que Trajan avait fait construire, et en ajouta quelques nouveaux ; mais aux anciens il conserva le nom de Trajan.

XXVII. Il avait intention de donner à chaque office,

stium proprium dare, et omnibus dignitatibus, ut a vestitu dignoscerentur: et omnibus servis, ut in populo possent agnosci, ne quis seditiosus esset, simul ne servi ingenuis miscerentur. Sed hoc Ulpiano Pauloque displicuit, dicentibus plurimum rixarum fore si faciles essent homines ad injurias. Tum satis esse constituit ut equites Romani a senatoribus clavi qualitate discernerentur. Pœnulis intra Urbem frigoris causa ut senes uterentur permisit, quum id vestimenti genus semper itinerarium aut pluviæ fuisset. Matronas tamen intra Urbem pænulis uti vetuit, in itinere permisit. Facundiæ fuit Græcæ magis quam Latinæ, nec versu invenustus, et ad musicam pronus, matheseos peritus: et ita quidem, ut ex ejus jussu mathematici publice proposuerint Romæ, ac sint professi, ut docerent. Haruspicinæ quoque peritissimus fuit. Ὀρνεοσκόπος magnus, ut et Vascones Hispanorum, et Pannoniorum augures vicerit. Geometriam fecit; pinxit mire, cantavit nobiliter; sed nunquam alio conscio, nisi pueris suis testibus. Vitas principum bonorum versibus scripsit. Lyra, tibia, organo cecinit: tuba etiam, quod quidem imperator nunquam ostendit. Palæstes primus fuit, in armis magnus, adeo ut multa bella et gloriose gesserit.

XXVIII. Consulatum ter iniit tantum ordinarium, ac primo nundino sibi alios semper suffecit. Severissimus judex contra fures, appellans eosdem quotidianorum scelerum reos, et damnans acerrime, ac solos hostes, ini-

à chaque dignité un costume qui servît à les faire distinguer, ainsi qu'un vêtement particulier à tous les esclaves, pour que le peuple les reconnût plus facilement, en cas de sédition, et pour éviter qu'on les confondît avec les hommes libres. Mais ce projet déplut à Paul et à Ulpien, qui dirent qu'au contraire ce serait multiplier les rixes en facilitant le moyen d'injurier certains individus. Il fut, pour lors, arrêté qu'il suffisait que les chevaliers romains fussent distingués des sénateurs par la qualité de la bande de pourpre qui couvrait leur tunique. Il permit aux vieillards l'usage de la pénule dans l'intérieur de la ville, pour se préserver du froid, tandis que jusqu'alors ce genre de vêtement ne se portait qu'en voyage ou en temps de pluie. Il défendit aux dames romaines l'usage de la pénule en ville, et le leur permit en voyage. Il parlait avec plus de facilité la langue grecque que la langue latine, faisait assez bien les vers, aimait la musique, connaissait parfaitement l'astrologie, tellement que, par son ordre, des astrologues ouvrirent des cours à Rome et professèrent cette science. Il était fort habile aussi dans l'art des aruspices, et le vol des oiseaux lui était si familier, qu'il l'emportait sur les Basques et les augures pannoniens. Il s'occupa de géométrie; il peignait admirablement; il chantait avec grâce, mais jamais il ne voulut avoir d'autres témoins que sa famille. Il écrivit en vers la vie des bons princes. Il savait jouer de la lyre, de la flûte, de l'orgue hydraulique. Il savait aussi sonner de la trompette; mais depuis qu'il fut empereur, il ne toucha jamais cet instrument. Il fut le premier lutteur de son temps, et consommé dans l'art militaire. Aussi, toutes les guerres qu'il eut à soutenir, il les termina avec gloire.

XXVIII. Il fut revêtu trois fois du consulat ordinaire, et chaque fois, à la première assemblée du peuple, il se fit subroger en sa charge. Il jugea très-sévèrement les voleurs, leur attribuant tous les crimes qui se com-

micosque reipublicæ vocans. Eum notarium, qui falsum causæ brevem in consilio imperatorio retulisset, incisis digitorum nervis, ita ut nunquam posset scribere, deportavit. Quum quidam ex honoratis, vitæ sordidæ et aliquando furtorum reus, per ambitionem nimiam ad militiam aspirasset, idcirco quod per reges amicos ambierat, admissus, statim in furto, præsentibus patronis, detectus est, jussusque a regibus audiri, damnatus est, re probata. Et quum quæreretur a regibus quid apud eos paterentur fures, illi responderunt : « Crucem; » ad eorum responsum, in crucem sublatus est; ita et patronis auctoribus damnatus ambitor est, et Alexandri, quam præcipue tuebatur, servata clementia est. Statuas colosseas, vel pedestres nudas, vel equestres, divis imperatoribus in foro divi Nervæ, quod Transitorium dicitur, locavit, omnibus cum titulis, et columnis æreis, quæ gestorum ordinem continerent, exemplo Augusti, qui summorum virorum statuas in foro suo e marmore collocavit, additis gestis. Volebat videri originem de Romanorum gente trahere, quia eum pudebat Syrum dici : maxime quod, quodam tempore festo, ut solent, Antiochenses, Ægyptii, Alexandrini, lacessiverant eum conviciolis, Syrum archisynagogum eum vocantes, et archierea.

XXIX. Antequam de bellis ejus, et expeditionibus, et victoriis loquar, de vita quotidiana et domestica pauca disseram. Usus vivendi eidem hic fuit : primum ut, si facultas esset, id est si non cum uxore cubuisset, matu-

mettaient journellement, et les condamna avec la dernière rigueur, les appelant les ennemis les plus funestes de la république. Un secrétaire ayant remis au conseil un faux rapport dans un procès, il lui fit couper les tendons des doigts, pour lui ôter tout moyen de jamais écrire, et l'exila. Un homme élevé en dignité, qui avait mené autrefois une vie de débauche et s'était même rendu coupable de larcins, fort de la protection que lui avaient accordée quelques rois, ses amis, avait obtenu accès auprès du prince. Son infidélité ayant été découverte en présence même de ses protecteurs, l'empereur ordonna qu'il fût entendu dans sa défense par ces rois; le fait ayant été prouvé, il fut condamné. Alors ces rois, interrogés quel était chez eux le supplice qu'on infligeait aux voleurs, répondirent : « La croix. » Sur cette réponse, cet homme fut mis en croix, et ainsi l'ambitieux fut condamné par ses protecteurs mêmes, sans que la clémence, à laquelle Alexandre tenait tant, en souffrît la moindre atteinte. Il dressa, en l'honneur des empereurs, sur le forum de Nerva qu'on appelle le Passage, des statues colossales, tant pédestres et nues, qu'équestres, avec tous leurs titres, et des colonnes d'airain sur lesquelles étaient gravés leurs faits et gestes; à l'exemple d'Auguste, qui plaça sur son forum les statues de marbre des grands hommes, avec l'exposé de leurs hauts faits. Il voulait qu'on le crût d'origine romaine; car il rougissait d'être appelé Syrien, depuis surtout qu'un certain jour de fête, ceux d'Antioche, d'Égypte et d'Alexandrie l'avaient, suivant leur habitude, piqué au vif par leurs sarcasmes, l'appelant chef de synagogue syrien et grand prêtre.

XXIX. Avant de parler de ses guerres, de ses expéditions et de ses victoires, je dirai quelques mots de sa vie journalière et domestique. Or, voici quelle était sa manière de vivre : d'abord, toutes les fois qu'il le pou-

tinis horis in larario suo, in quo et divos principes sed optimos, electos, et animas sanctiores, in queis et Apollonium, et, quantum scriptor suorum temporum dicit, Christum, Abraham, et Orpheum?, et hujusmodi ceteros habebat, ac majorum effigies, rem divinam faciebat. Si id non poterat, pro loci qualitate vel vectabatur, vel piscabatur, vel deambulabat, vel venabatur. Dehinc, si hora permitteret, actibus publicis post multam horam operam dabat, idcirco quod et res bellicæ, et res civiles, ut superius dictum est, per amicos tractabantur, sed sanctos et fideles, et nunquam venales : et tractatæ firmabantur [8], nisi quid novi ipsi etiam placeret. Sane si necessitas cogeret, ante lucem actibus operam dabat, et in longam horam producebat, neque unquam tædiavit, aut morosus, aut iratus resedit, fronte semper pari, et lætus ad omnia : erat enim ingentis prudentiæ, et cui nemo posset imponere, et quem si aliquis urbane tentare voluit, intellectus tulit pœnas.

XXX. Post actus publicos, seu bellicos, seu civiles, lectioni Græcæ operam majorem dabat, de Republica libros Platonis legens. Latina quum legeret, non alia magis legebat, quam de Officiis Ciceronis et de Republica : nonnunquam et oratores, et poetas, in queis Serenum Sammonicum, quem ipse noverat et dilexerat, et Horatium. Legit et Vitam Alexandri, quem præcipue imitatus est : etsi in eo condemnabat ebrietatem, et

vait, c'est-à-dire quand il n'avait pas couché dans l'appartement de sa femme, dès le matin, il passait dans son oratoire, où il avait rassemblé les images des empereurs, mais des meilleurs, et celles des personnages les plus vertueux, et entre autres Apollonius, et, suivant le dire d'un écrivain du temps, le Christ, Abraham, Orphée et autres semblables, aussi bien que celles de ses ancêtres; là il accomplissait les actes de la religion. S'il ne le pouvait, suivant la nature des lieux où il se trouvait, ou il allait en voiture, ou il pêchait, ou il se promenait à pied, ou il chassait. Ensuite, si le temps le lui permettait, il s'occupait pendant plusieurs heures des actes publics; car, pour les affaires militaires et civiles, elles étaient entre les mains des amis du prince, mais d'amis d'une fidélité éprouvée, et purs de toute vénalité : une fois ces affaires réglées, le prince donnait son approbation, à moins qu'il ne lui plût d'y modifier quelque chose. S'il y avait nécessité, dès avant le jour, il s'occupait des actes publics, et y passait de longues heures, sans que jamais il témoignât ni ennui, ni mauvaise humeur, ni colère, conservant un visage toujours égal et toujours souriant. Car il était d'une extrême prudence; personne ne pouvait lui en imposer, et celui qui cherchait à le tenter sous des paroles doucereuses, était aussitôt compris et puni.

XXX. Après les actes publics et les affaires civiles et militaires, il se mettait à la lecture des auteurs grecs, de la *République* de Platon, par exemple. Si c'étaient les auteurs latins, il lisait de préférence les traités *des Devoirs* et *de la République* de Cicéron; quelquefois des orateurs et des poëtes, entre autres Serenus Sammonicus, qu'il avait connu personnellement et qui lui avait été cher, et Horace. Il lut aussi la Vie d'Alexandre le Grand, qu'il s'attacha surtout à imiter : cependant il réprouvait en lui son amour pour le vin et sa cruauté envers ses amis, quoi-

crudelitatem in amicos; quamvis utrumque defendatur a bonis scriptoribus, quibus saepius ille credebat. Post lectionem, operam palaestrae, aut sphaeristerio, aut cursui, aut luctaminibus mollioribus, dabat, atque inde unctus lavabatur, ita ut caldariis vel nunquam vel raro, piscina semper uteretur, in eaque una hora prope maneret, biberet etiam frigidam Claudiam jejunus, ad unum prope sextarium. Egressus balneas multum lactis et panis sumebat, ova, deinde mulsum; atque his refectus aliquando prandium inibat, aliquando cibum usque ad coenam differebat, prandit tamen saepius. Ususque est Hadriani tetrapharmaco 9 frequenter, de quo in libris suis Marius Maximus loquitur, quum Hadriani disserit Vitam.

XXXI. Post meridianas horas, subscriptioni et lectioni epistolarum semper dedit operam, ita ut ab epistolis, et libellis, et a memoria, semper assisterent: nonnunquam etiam, si stare per valetudinem non possent, sederent, relegentibus cuncta librariis, et iis qui scrinium gerebant, ita ut Alexander sua manu adderet, si quid esset addendum: sed ex ejus sententia qui disertior habebatur. Post epistolas, omnes amicos simul admisit, cum omnibus pariter est loquutus : neque unquam solum quemquam, nisi praefectum suum, vidit, et quidem Ulpianum, ex assessore semper suo, causa justitiae singularis. Quum autem alterum adhibuit, et Ulpianum rogari jussit. Virgilium autem Platonem poetarum vocabat, ejusque imaginem cum Ciceronis simulacro, in secundo

que l'un et l'autre défaut soient désavoués par de bons auteurs, auxquels il se plaisait à ajouter foi. Après la lecture, il s'exerçait à la lutte, ou à la paume, ou à la course, ou à quelque jeu moins fatigant. Et ensuite, se faisant frotter d'huile, il se lavait, mais jamais ne se servait de bains chauds : il se plongeait dans le réservoir, y restait environ une heure, et buvait, à jeun, près d'un setier de l'eau fraîche de la fontaine Claudia. Sorti du bain, il prenait beaucoup de pain et de lait, des œufs et du vin miellé : ainsi restauré, quelquefois il déjeunait, quelquefois il ne mangeait qu'au dîner; mais plus souvent il déjeunait. Il usa fréquemment du tétrapharmaque d'Adrien, dont parle Marius Maximus dans la Vie de cet empereur.

XXXI. Après midi, il passait à la signature et à la lecture des lettres, où étaient toujours présents les secrétaires impériaux, les maîtres des requêtes, et les archivistes : quelquefois même, si, par des raisons de santé, ils ne pouvaient se tenir debout, ils s'asseyaient, pendant que les greffiers et les gardes-notes lisaient : de sorte que, s'il y avait lieu d'ajouter quelque chose, Alexandre, toujours d'après l'avis de celui qui passait pour le plus instruit, l'ajoutait de sa propre main. Après les dépêches, il rassemblait ses amis, et s'entretenait familièrement avec eux : jamais il ne resta seul avec qui que ce fût, si ce n'est avec Ulpien, son préfet, par l'habitude qu'il avait de l'associer à tous ses travaux, à cause de sa grande justice. Quand il faisait venir l'autre préfet, il fallait qu'Ulpien vînt aussi. Il appelait Virgile le Platon des poëtes, et son image était placée, avec celles de Cicéron, d'Achille et autres grands hommes, dans son second oratoire. Mais pour Alexandre le Grand, il le conserva

lararío habuit, ubi et Achillis et magnorum virorum. Alexandrum vero Magnum inter divos et optimos in larario majore consecravit.

XXXII. Injuriam nulli unquam amicorum comitumve fecit, nec magistris quidem, aut principibus officiorum. Præfectis autem semper detulit, asserens eum qui mereatur injuriam pati, ab imperatore damnandum esse, non dimittendum. Si unquam alicui præsentium successorem dedit, semper illud addidit : « Gratias tibi agit respublica : » eumque muneratus est, ita ut privatus pro loco suo posset honeste vivere : his quidem muneribus, agris, bobus, equis, frumento, ferro, impendiis ad faciendam domum, marmoribus ad ornandum, et operis quas ratio fabricæ requirebat. Aurum et argentum raro cuiquam, nisi militi divisit, « nefas esse dicens, ut dispensator publicus in delectationes suas et suorum converteret id quod provinciales dedissent. » Aurum negotiatorium et coronarium Romæ remisit.

XXXIII. Fecit Romæ curatores Urbis quatuordecim, sed ex consularibus : quos audire negotia urbana cum præfecto Urbis jussit, ita ut omnes, aut magna pars adesset, quum acta fierent. Corpora omnium constituit, vinariorum, lupinariorum, caligariorum, et omnino omnium artium : hisque ex sese defensores dedit, et jussit quid ad quos judices pertineret. Scenicis nunquam aurum, nunquam argentum, vix pecuniam donavit : pretiosas vestes, quas Heliogabalus dederat, etiam sustulit. Milites, quos Ostensionales vocant, non pretiosis,

parmi les dieux et les bons empereurs, dans son oratoire principal.

XXXII. Jamais il ne fit d'affront à aucun de ses amis et de ses compagnons, ni même aux maîtres ou aux princes des offices. Il s'en rapporta toujours au jugement de ses préfets, assurant que celui qui mérite un affront, doit recevoir du prince sa condamnation et non son congé. Si quelquefois il donnait un successeur à un des officiers présents, il lui disait : « La république vous remercie; » puis lui faisait quelques dons, de sorte que, rendu à la vie privée, il pouvait vivre honorablement suivant son rang : or, ces dons consistaient en terres, bœufs, chevaux, froment, fer, matériaux de construction d'une maison, marbres pour l'orner, et main-d'œuvre suivant la nature du travail. Rarement il distribua de l'or et de l'argent, si ce n'est aux soldats, disant que « c'était un crime au dispensateur des deniers publics, de détourner pour ses plaisirs et pour les plaisirs des siens l'argent fourni par les provinces. » Il fit remise à la ville de Rome de la contribution levée sur les marchands, et du droit de couronne d'or.

XXXIII. Il établit pour Rome quatorze curateurs pris parmi les consulaires, et qu'il chargea d'entendre conjointement avec le préfet de la ville toutes les affaires urbaines : ils devaient ainsi être tous présents, ou du moins en majorité, lorsqu'on rédigeait les actes. Il constitua en corps d'états les marchands de vin, les marchands de graines, les cordonniers, et en général tous les artisans; il leur donna à chacun des patrons pris parmi eux, et détermina quels seraient leurs juges, et les causes dont connaîtraient ces juges. Jamais il ne donna ni or ni argent aux comédiens, à peine quelque menue monnaie : il leur ôta même les habits précieux dont Héliogabale les avait gratifiés. Il habilla ce qu'on appelle la

sed speciosis clarisque vestibus ornabat ; nec multum in signa, aut ad apparatum regium, auri et serici deputabat, dicens « imperium in virtute esse, non in decore. » Chlamydes hirtas Severi, et tunicas ascmas, vel macrocheras, ex purpura non magna, ad usum revocavit suum.

XXXIV. In convivio aurum nesciit : pocula mediocria, sed nitida semper habuit. Ducentarum librarum argenti pondus ministerium ejus nunquam transiit. Nanos, et nanas, et moriones, et vocales exoletos, et omnia acroamata, et pantomimos, populo donavit : qui autem usui non erant, singulis civitatibus deputavit alendos singulos, ne gravarentur specie mendicorum. Eunuchos, quos Heliogabalus et in consiliis turpibus habebat, et promovebat, donavit amicis, addito elogio, ut, si non rediissent ad bonos mores, eosdem liceret occidi sine auctoritate judicii. Mulieres infames, quarum infinitum numerum deprehenderat, publicari jussit, exoletis omnibus deportatis, aliquibus etiam naufragio mersis, cum quibus illa clades consuetudinem habuerat funestissimam. Auratam vestem ministrorum vel in publico convivio nullus habuit. Quum inter suos convivaretur, aut Ulpianum, aut doctos homines adhibebat, ut haberet fabulas litteratas, quibus se recreari dicebat et pasci. Habebat, quum privatim convivaretur, et librum in mensa, et legebat, sed Græca magis. Latinos autem

milice de parade, non de vêtements précieux, mais d'habits de belle apparence et d'étoffe éclatante. Pour les étendards et tout ce qui concerne la pompe impériale, il n'employait ni beaucoup d'or ni beaucoup de soie, disant que la grandeur d'un souverain résidait dans la vertu, et non dans un appareil brillant. Il reprit pour son usage les chlamydes grossières de Sévère, et les habits à longues manches bordés seulement d'une bande étroite de pourpre, ou les tuniques ordinaires sans pourpre.

XXXIV. A table il ne connaissait pas l'usage de l'or : il buvait dans des coupes de valeur médiocre, mais toujours brillantes de netteté. Son argenterie de table n'excéda jamais le poids de deux cents livres. Il abandonna au peuple les nains et les naines, les bouffons, les vieux chanteurs, les joueurs d'instruments et les pantomimes. Ceux qui n'étaient plus bons à rien, il les répartit dans les villes pour être nourris par elles, et afin qu'ils ne donnassent pas le spectacle hideux de la mendicité. Il distribua à ses amis les eunuques qu'Héliogabale avait admis à ses conseils de débauche et élevés même aux dignités, en leur recommandant de les tuer, sans forme de procès, s'ils ne revenaient à des mœurs plus honnêtes. Il fit vendre grand nombre de femmes prostituées, qu'il avait fait arrêter, et exila ou fit noyer ces habitués d'Héliogabale, avec lesquels ce monstre exerçait ses brutales passions. Même dans les repas publics, aucun des officiers du palais ne portait d'habit doré. Quand il mangeait en famille, il faisait venir Ulpien, ou quelques savants hommes, avec lesquels il tenait une conversation littéraire qui, disait-il, récréait son esprit et le nourrissait en même temps. Quand il mangeait seul, il avait un livre sur sa table, et il lisait : le plus volontiers c'étaient des auteurs grecs ; cependant il lisait quelquefois aussi des poëtes latins. La même simplicité distinguait ses

poetas lectitabat. Publico convivio ea simplicitate egit, qua privato; nisi quod numerus accubantium crescebat, et multitudo convivarum, qua ille offendebatur dicens, se in theatro et Circo manducare.

XXXV. Oratores et poetas, non sibi panegyricos dicentes (quod, exemplo Nigri Pescennii, stultum dicebat), sed aut orationes recitantes, aut facta veterum, quos ante retuli, libenter audivit: libentius tamen, si quis ei recitavit Alexandri Magni laudes, aut meliorum retro principum, aut magnorum urbis Romæ virorum. Ad Athenæum, audiendorum et Græcorum et Latinorum rhetorum vel poetarum causa, frequenter processit. Audivit autem etiam forenses oratores causas recitantes, quas vel apud ipsum, vel apud præfectos Urbis egerant. Agoni præsedit, et maxime Herculeo, in honorem Magni Alexandri. Solus post meridiem, vel matutinis horis idcirco nunquam aliquos videbat, quod ementitos de se multa cognoverat: speciatim Vetronium Turinum: quem quum familiarem habuisset, ille omnia vel fingendo sic vendiderat, ut Alexandri, quasi stulti hominis, et quem ille in potestate haberet, et cui multa persuaderet, infamaret imperium: sicque omnibus persuaserat, quod ad nutum suum omnia faceret.

XXXVI. Denique hac illum arte deprehendit, ut quemdam immitteret, qui a se quiddam publice peteret, ab illo autem occulte quasi præsidium postularet, ut pro eo Alexandro secreto suggereret. Quod quum factum esset, et Turinus suffragium promisisset, dixisset-

banquets publics et ses repas privés : seulement quand il voyait s'accroître le nombre des assistants et la multitude des convives, il s'en offensait, disant qu'il mangeait au théâtre et dans le Cirque.

XXXV. Il entendait volontiers les orateurs et les poëtes, non pas ceux qui lui débitaient des panégyriques (ce qu'il traitait de sottise, à l'exemple de Pescennius Niger), mais ceux qui lui récitaient les discours et les hauts faits des anciens héros que j'ai nommés plus haut. Plus volontiers encore il entendait les louanges d'Alexandre le Grand, ou des bons princes qui l'avaient précédé, ou des grands hommes qui avaient illustré Rome. Il se rendit fréquemment à l'Athénée, pour entendre les rhéteurs ou les poëtes grecs et latins. Il se faisait réciter les discours qu'avaient prononcés les orateurs plaidant ou au forum, ou au palais même, ou chez le préfet de la ville. Il présidait les jeux, et surtout les jeux Herculiens, en l'honneur d'Alexandre le Grand. Jamais dans ses entrevues du matin ou de l'après-midi il ne reçut qui que ce fût seul près de lui, parce qu'il avait découvert qu'on avait débité des faussetés sur son compte ; et surtout un certain Vetronius Turinus, qui, admis à sa familiarité, avait cherché à l'avilir, se vantant faussement de disposer de ses faveurs, représentant Alexandre comme un homme sans moyens, qu'il tenait sous sa dépendance et tournait comme il voulait. Aussi avait-il persuadé à bien des gens que l'empereur ne faisait rien que d'après sa volonté.

XXXVI. Enfin, pour le prendre en défaut, il usa de la ruse suivante : il se fit faire publiquement une demande par quelqu'un ; par la même personne il fit demander secrètement à Turinus son appui, afin qu'il parlât pour elle à Alexandre en particulier. Cela fait, et Turinus ayant promis sa protection, et ayant même annoncé que

que se quædam imperatori dixisse, quum nihil dixisset, sed in eo pendere, ut adhuc impetraret, eventum vendens: quumque iterum jussisset Alexander interpellari, et Turinus, quasi aliud agens, nutibus annuisset, neque tamen interim quidquam dixisset, impetratum autem esset quod petebatur, Turinusque, ab illo qui meruerat, fumi venditor, ingentia præmia percepisset; accusari eum Alexander jussit, probansque per testes omnibus, et quibus præsentibus quid accepisset, et quibus audientibus quid promisisset, in foro Transitorio ad stipitem illum ligari præcepit, et, fumo apposito, quem ex stipulis atque humidis lignis fieri jusserat, necavit, præcone dicente: « Fumo punitur, qui vendidit fumum. » Ac ne una tantum causa videretur crudelior fuisse, quæsivit diligentissime, antequam eum damnaret: et invenit Turinum sæpe et in causis ab utraque parte accepisse, quum eventus venderet, et ab omnibus qui aut præposituras aut provincias acceperant.

XXXVII. Spectacula frequentavit cum summa donandi parcimonia, dicens, et venatores, et scenicos, et aurigas sic alendos, quasi servos nostros, aut venatores, aut muliones, aut voluptarios. Convivium neque opimum, neque nimis parcum, sed nitoris summi fuit: ita tamen, ut pura mantilia mitterentur, sæpius cocco clavata, aurata vero nunquam: quum hæc Heliogabalus jam recepisset, et ante, ut quidam prædicant, Hadria-

déjà il avait dit quelques mots à l'empereur, quoiqu'il n'en fût rien, et que la réussite ne dépendait plus que d'une nouvelle instance, qu'il mit à un certain prix, Alexandre se fit renouveler la demande, et Turinus, feignant d'être occupé d'autre chose, fit entendre par ses gestes qu'il avait parlé, quoiqu'il n'eût rien dit. La grâce fut accordée, et Turinus, vendeur de fumée, reçut une belle récompense de celui qui en était l'objet. Alors Alexandre le fit mettre en accusation, le convainquit d'avoir reçu des présents, par le témoignage de ceux devant qui il les avait reçus ou qui avaient entendu ses promesses; et, le faisant lier à un poteau dans la place du Passage, il le fit périr par la fumée qu'exhalaient de la paille mouillée et des bois humides qu'il fit amonceler sous lui, pendant qu'un héraut criait : « Est puni par la fumée, celui qui a vendu de la fumée. » Et pour ne pas être taxé de cruauté pour avoir agi ainsi par ce seul motif, il fit faire sur la conduite de cet homme une enquête sévère avant de le condamner, et il découvrit que Turinus, dans les débats judiciaires, avait souvent reçu des deux parties, mettant à une condition d'argent l'heureuse issue des affaires; et que tous ceux qui avaient été nommés à des intendances ou à des gouvernements de provinces, l'avaient également payé comme l'auteur de leur réussite.

XXXVII. Il mettait beaucoup de réserve dans les largesses qu'il faisait aux spectacles, quand il s'y rendait : il disait que les acteurs, les chasseurs et les cochers de théâtre devaient être traités comme nos esclaves; nos chasseurs, nos muletiers, comme gens uniquement destinés à nos plaisirs. Sa table n'était ni surchargée de mets, ni trop frugale; mais tout y était d'une extrême propreté : on n'y faisait usage que de serviettes tout unies, ou plus souvent bordées d'écarlate, mais jamais d'or : usage adopté par Héliogabale, et avant lui, suivant certains auteurs, par

nus habuisset. Usus convivii diurnus hic fuit : vini ad totum diem sextarii triginta, panis mundi pondo triginta, panis sequentis ad donandum pondo quinquaginta : nam semper de manu sua ministris convivii et panem, et partes aut olerum, aut carnis, aut leguminum dabat, senili prorsus maturitate patremfamilias agens. Erant decreta et carnis diversæ pondo triginta, erant et gallinacei duo. Adhibebatur et anser diebus festis : kalendis autem januariis, et hilariis Matris deum, et ludis Apollinaribus, et Jovis epulo, et Saturnalibus, et hujusmodi festis diebus, fasianus : ita ut aliquando et duo ponerentur, additis gallinaceis duobus. Leporem quotidie habuit, venationem frequentem : sed eam cum amicis dividebat, et his maxime quos sciebat per se non habere ; nec divitibus quidquam talium munerum misit, sed ab his semper accepit. Habuit quotidie milii sine pipere sextarios quatuor, cum pipere duo : et, ne sit longum omnia inserere quæ Gargilius Martialis, ejus temporis scriptor, singulatim persequutus est, omnia et ad modum et rationem illi sunt præbita. Pomis vehementer indulsit, ita ut secunda mensa illius sæpius ponerentur : unde etiam jocus exstitit, « Non secundam mensam Alexandrum habere, sed secundum. » Ipse cibo plurimo reficiebatur ; vino neque parce neque copiose, affatim tamen. Frigida semper pura usus, æstate vino cum rosa condito : quod quidem solum ex diverso genere Heliogabali tenuerat.

XXXVIII. Et quoniam de lepusculis facta est mentio, quod ille leporem quotidie haberet, jocus poeticus emer-

Adrien. Tel était chaque jour le service de sa table : trente setiers de vin pour toute la journée, trente livres de pain blanc, cinquante de seconde qualité pour être distribué : car il donnait lui-même, de sa propre main, aux officiers de sa table, le pain et les portions de légumes, de viande ou de graines, comme eût fait le père de famille le plus mûri par l'âge. La règle était trente livres de viandes diverses, et deux poules. On ajoutait une oie les jours de fête ; un faisan aux calendes de janvier, aux fêtes de la Mère des dieux, le jour des jeux Apollinaires, au banquet sacré de Jupiter, pendant les Saturnales, et autres fêtes semblables ; quelquefois on en servait deux, avec deux poules. Tous les jours il avait un lièvre, et quantité de gibier : mais il le partageait avec ses amis, et surtout avec ceux qu'il savait ne pouvoir en acheter. Quant aux riches, il ne leur envoya jamais de tels présents ; c'était toujours lui qui en recevait d'eux. Il avait tous les jours quatre setiers de millet sans poivre et deux avec du poivre. Enfin, pour ne pas rapporter ici tous les détails qu'a recueillis Gargilius Martial, écrivain du temps, tout chez lui se faisait avec poids et mesure. Il aimait tellement les fruits, qu'il se faisait souvent donner plusieurs services de dessert : d'où ce jeu de mots que l'on fit alors : « Ce n'est pas un second service qu'il faut à Alexandre, c'est une seconde fois le même. » Il mangeait beaucoup, buvait du vin, ni trop ni trop peu, mais suffisamment. Toujours il usait d'eau fraîche, surtout dans l'été, mais elle était parfumée à la rose : c'était le seul raffinement de sensualité qu'il eût conservé d'Héliogabale.

XXXVIII. Mais puisque nous sommes venus à parler des lièvres, comme il s'en faisait servir un tous les jours,

sit, idcirco quod multi septem diebus pulchros esse dicunt eos qui leporem comederint, ut Martialis etiam epigramma significat, quod contra quamdam Gelliam scripsit hujusmodi :

> Si quando leporem mittis mihi, Gellia, mandas :
> Formosus septem, Marce, diebus eris.
> Si non derides, si verum, lux mea, mandas,
> Edisti nunquam, Gellia, tu leporem.

Sed hos versus Martialis, in eam quæ deformis esset, composuit : poeta vero temporum Alexandri hæc in eum dixit :

> Pulchrum quod vides esse nostrum regem,
> Quem Syrum sua detulit propago,
> Venatus facit, et lepus comesus,
> Ex quo continuum capit leporem [10].

Hos versus quum ad eum quidam ex amicis detulisset, respondisse ille dicitur Græcis versibus, in hanc sententiam :

> Pulchrum quod putas esse vestrum regem,
> Vulgari, miserande, de fabella :
> Si verum putas esse, non irascor.
> Tantum tu comedas velim lepusculos,
> Ut fias, animi malis repulsis,
> Pulcher, ne invideas livore mentis.

XXXIX. Quum amicos militares habuisset, ut usum Trajani, quem ille post secundam mensam, potandi usque ad quinque pocula instituerat, reservaret, unum tantum poculum amicis exhibebat, in honorem Alexandri Magni : id autem brevius, nisi si quis, quod licebat, majus habere postulasset. Usus Veneris in eo moderatus fuit, exoletorum ita expers, ut, quemadmodum supra

ce fut une occasion à un poëte de faire allusion à un dicton qui attribuait au lièvre [1] la faculté de procurer la beauté [2] pendant sept jours à ceux qui en mangeaient, ainsi que l'a consigné Martial dans une épigramme contre une certaine Gellia, ainsi conçue :

« Quand par hasard, Gellia, tu m'envoies un lièvre, tu me dis : Marcus, tu seras beau pendant sept jours. Si ce n'est point une dérision, si la vérité sort de ta bouche, ô lumière de ma vie, je suis sûr, Gellia, que jamais tu n'as mangé de lièvre [3]. »

Ces vers de Martial s'adressaient à une femme sans beauté ; mais voici le sens de ceux qu'un poëte contemporain d'Alexandre écrivit contre ce monarque :

Si notre roi, que l'Assur a vu naître,
A nos yeux étonnés offre des traits si beaux,
C'est qu'il a le secret, à force de levrauts,
D'entretenir l'éclat dont brille tout son être.

Ces vers ayant été montrés à Alexandre par un de ses amis, il fit, dit-on, en vers grecs, la réponse dont voici le sens :

Publie à qui voudra l'entendre
Ce conte absurde et sans raison,
Que l'éclat de votre Alexandre
Est le fruit de sa venaison :
Je ne m'en fâche point, misérable poëte.
Mais, à ton tour aussi, mange quelque gibier
Qui, tarissant le fiel de ton âme inquiète,
Du don de la beauté puisse te gratifier.

XXXIX. Pour se conformer à l'usage établi par Trajan, de vider après le dessert jusqu'à cinq coupes, toutes les fois qu'il avait des militaires à sa table, il leur en faisait servir une en l'honneur d'Alexandre le Grand ; encore était-elle petite, à moins que quelqu'un n'en demandât une plus grande, ce dont il laissait la liberté. Il était très-modéré sur les plaisirs de l'amour, et avait tant

---

(1) *Lepus.* — (2) *Lepor.* — (3) Liv. V, épigr. 29, trad. de M. N.-A. Dubois.

diximus, legem de his auferendis ferre voluerit. Horrea in omnibus regionibus publica fecit, ad quæ conferrent bona ii qui privatas custodias non haberent. Balnea omnibus regionibus addidit, quæ forte non habebant; nam hodieque multa dicuntur Alexandri. Fecit et domos pulcherrimas, easdemque amicis suis, maxime integris viris, donavit. Vectigalia publica in id contraxit, ut, qui decem aureos sub Heliogabalo præstiterant, tertiam partem aurei præstarent, hoc est tricesimam partem. Tuncque primum semisses aureorum formati sunt; tunc etiam, quum ad tertiam aurei partem vectigal decidisset, tremisses; dicente Alexandro, etiam quartarios futuros, quod minus non posset: quos quidem jam formatos in moneta detinuit, exspectans ut, si vectigal contrahere potuisset, et eosdem ederet: sed quum non potuisset per publicas necessitates, conflari eos jussit, et tremisses tantum solidosque formari. Formas binarias, ternarias, et quaternarias, et denarias etiam, atque amplius, usque ad bilibres quoque et centenarias, quas Heliogabalus invenerat, resolvi præcepit, neque in usu cujusquam versari, atque ex eo his materiæ nomen inditum est, quum diceret plus largiendi hanc esse imperatori causam, si, quum multos solidos minores dare possit, dans decem vel amplius una forma, triginta et quinquaginta et centum dare cogeretur.

XL. Vestes sericas ipse raras habuit: holosericas nunquam induit, subsericam nunquam donavit. Divitiis

d'éloignement pour ceux qui outrageaient la nature, que, comme nous l'avons dit ci-dessus, il voulut porter une loi contre ce genre de débauche. Il établit dans chaque quartier des greniers publics en faveur de ceux qui n'avaient pas d'emplacement chez eux pour conserver leurs récoltes. Il fit faire des bains pour les quartiers qui en étaient privés ; et beaucoup de ces bains portent encore aujourd'hui le nom d'Alexandre. Il fit construire de très-belles maisons, qu'il donna à ses amis, particulièrement à ceux dont il reconnut l'intégrité. Il abaissa tellement le taux des contributions, que ceux qui sous Héliogabale avaient payé dix auréus, n'en payaient plus que le tiers d'un, c'est-à-dire la trentième partie de l'ancien impôt. Alors, pour la première fois, on vit des demi-auréus, et même des tiers d'auréus, quand il eut baissé l'impôt à ce taux. Il devait même mettre en circulation des quarts d'auréus, qui eussent été les moindres pièces, parce que l'impôt ne pouvait descendre plus bas. Ils étaient même déjà frappés ; et il les conservait à la monnaie, attendant pour leur émission que l'impôt pût être abaissé ; mais, les nécessités publiques ayant empêché cette dernière diminution, il fit remettre à la fonte ces quarts d'auréus, et ne fit faire que des tiers d'auréus et des auréus entiers. Il fit également détruire les doubles, les triples, les quadruples auréus, et même les pièces de dix et au delà, jusqu'à deux livres et même celles de cent livres, qu'Héliogabale avait imaginées, avec défense qu'on en fît usage comme monnaie ; aussi depuis ce temps on ne les considéra plus que comme simple matière. Il disait que la valeur de toutes ces pièces forçait le prince à des libéralités plus fortes qu'il ne voulait, et qu'au lieu de plusieurs monnaies de moindre valeur, en donnant dix et plus en une seule, il se trouve donner des sommes de trente, de cinquante et de cent auréus.

XL. Il portait peu de soie dans ses habits ; jamais il n'en mit qui fussent tout de soie, jamais il n'en donna

nullius invidit; pauperes juvit; honoratos, quos pauperes vere, non per luxuriam aut simulationem vidit, semper multis commodis auxit, agris, servis, animalibus, gregibus, ferramentis rusticis. In thesauris vestem nunquam nisi annum esse passus est, eamque statim expendi jussit. Omnem vestem quam donavit, ipse perspexit; omne aurum, omne argentum, idque frequenter, appendit. Donavit et ocreas, et braccas, et calceamenta inter vestimenta militaria. Purpuræ clarissimæ non ad usum suum, sed ad matronarum, si quæ aut possent aut vellent, certe ad vendendum, gravissimus exactor fuit : ita ut Alexandrina purpura hodieque dicatur, quæ vulgo Probiana dicitur, idcirco quod Aurelius Probus baphiis præpositus, id genus muricis reperisset. Usus est ipse chlamyde coccinea sæpe. In urbe tamen semper togatus fuit, et in Italiæ urbibus. Prætextam et pictam togam nunquam nisi consul accepit : et eam quidem, quam de Jovis templo sumptam alii quoque accipiebant, aut prætores, aut consules. Accepit prætextam etiam quum sacra faceret, sed loco pontificis maximi, non imperatoris. Boni linteaminis appetitor fuit, et quidem puri, dicens, « Si linea idcirco sunt, ut nihil asperum habeant, quid opus est purpura? » In linea autem aurum mitti, etiam dementiam judicabat, quum asperitati adderetur rigor. Fasciis semper usus est. Braccas albas habuit, non coccineas, ut prius solebant.

XLI. Gemmarum quod fuit, vendidit, et aurum in

où il y en eût. Il n'enviait à personne ses richesses ; il soulageait les pauvres ; quand il voyait les gens qui avaient exercé des magistratures vivre dans une pauvreté réelle, sans qu'il y eût chez eux inconduite ou faute, il les aidait en plusieurs manières, en terres, en esclaves, en animaux, en troupeaux, en instruments de labour. Il ne laissait jamais dans sa garde-robe un vêtement sans en faire faire l'estimation dans l'année. Il examinait lui-même tous ceux qu'il donnait ; et vérifiait fréquemment le poids de tout l'or et de tout l'argent. Avec le vêtement militaire il donnait des bottines, des braies et des souliers. Il se montrait de la plus grande exigence sur l'éclat de la pourpre, non qu'il la réservât à son usage, mais à celui des dames romaines qui voulaient ou pouvaient s'en servir, ou en définitive pour la vendre. C'est cette pourpre qu'on appelle encore aujourd'hui Alexandrine, et qui est vulgairement connue sous le nom de Probienne, d'Aurelius Probus, chef des teintures, qui avait découvert ce genre de murex. Pour lui, il revêtait souvent une chlamyde d'écarlate. Mais à Rome, et dans toutes les villes de l'Italie, il porta toujours la toge. Il ne prit la prétexte ou la robe brodée que quand il fut consul, et c'était celle que prenaient au temple de Jupiter les autres préteurs et consuls. Il prenait aussi la prétexte quand il faisait des sacrifices, mais c'était en qualité de souverain pontife, et non comme empereur. Il était fort curieux du beau linge, et le voulait sans aucun ornement étranger : « Si la beauté du linge, disait-il, consiste à ne point offrir d'aspérités, qu'est-il besoin d'y ajouter de la pourpre ? » Il regardait comme une folie d'introduire de l'or dans le linge, puisqu'on lui ôtait par là sa finesse et son moelleux. Il se chaussa toujours avec des bandes de laine, et porta des braies blanches, au lieu des braies d'écarlate que mettaient ses prédécesseurs.

XLI. Tout ce qu'il trouva de pierreries, il le vendit

ærarium contulit, dicens gemmas viris usui non esse: matronas autem regias contentas esse debere uno reticulo, atque inauribus, et baccato monili, et corona, cum qua sacrificium facerent, et unico pallio auro sparso, et cyclade, quæ sex uncias auri plus non haberet. Prorsus censuram suis temporibus de propriis moribus gessit. Imitati sunt cum magni viri, et uxorem ejus matronæ pernobiles. Aulicum ministerium in id contraxit, ut essent tot homines in singulis officiis, quot necessitas postularet: ita ut annonas, non dignitatem, acciperent fullones, et vestitores, et pictores, et pincernæ, omnes castrenses ministri, quemadmodum pestis illa instituerat; sed annonas singulas, vix binas. Et unum argentum in ministerio plus ducentis libris non haberet, nec plures ministros, argentum et ministros ante quando poscebat, accipiebat ab amicis: quod hodieque fit, si præstatur a præfectis absente imperatore. Voluptates scenicas in convivio nunquam habuit, sed summa illa oblectatio fuit, ut catuli cum porcellis luderent, aut perdices inter se pugnarent, aut aves parvulæ sursum et deorsum volitarent. Habuit sane in palatio unum genus voluptatis, quo maxime delectatus est, et quo sollicitudines publicas sublevaret; nam aviaria instituerat pavonum, fasianorum, gallinaceorum, anatum, perdicum etiam: hisque vehementer oblectabatur, maxime palumborum, quos habuisse ad viginti millia dicitur: et ne eorum pastus gravaret annonam, servos habuit vectigales, qui eos ex ovis, ac pullicenis, ac pipionibus alerent.

et fit transporter l'or au trésor public, disant que l'usage des pierreries ne convenait pas à des hommes, et que, quant aux dames de la cour, elles devaient se contenter d'une coiffe à réseau, de pendants d'oreilles, d'un collier de perles, d'une couronne pour les sacrifices, d'un seul manteau pailleté d'or, et d'une robe traînante qui ne portât pas plus de six onces d'or. Les mœurs publiques de son époque subirent l'influence de ses mœurs particulières : les grands l'imitèrent, comme les femmes nobles prirent modèle sur son épouse. Il restreignit tellement le personnel de sa maison, que dans chaque office il n'y avait que le nombre d'hommes srictement nécessaires. Ainsi, les foulons, les tailleurs, les panetiers, les échansons, et tous les officiers du château étaient payés en rations de blé, et ne recevaient pas des titres, comme du temps de ce misérable. Chacun recevait sa ration; bien peu la recevaient double. Et comme il n'avait que deux cents livres pesant d'argenterie, et un domestique peu nombreux, quand il invitait ses amis, ceux-ci lui envoyaient avant le repas de l'argenterie et des gens de service : ce qui se pratique encore aujourd'hui quand les préfets traitent en l'absence de l'empereur. Jamais il n'admit à ses festins les divertissements du théâtre : son plus grand plaisir était de faire battre de jeunes chiens avec de jeunes cochons, ou des perdrix entre elles, ou de voir voltiger çà et là des petits oiseaux. Il avait encore dans son palais un moyen de distraction qui l'amusait beaucoup, et le délassait des soucis du gouvernement. C'étaient des volières de paons, de faisans, de poules, de canards, de perdrix : il y prenait beaucoup de plaisir ; il aimait surtout les pigeons, dont il eut, dit-on, jusqu'à vingt mille. Et afin que la nourriture de tous ces oiseaux ne fût pas une charge pour l'État, il avait des esclaves de louage, qui les nourrissaient du produit des œufs des jeunes poulets et des pigeonneaux.

XLII. Thermis et suis et veterum frequenter cum populo usus est, et aestate maxime, balneari veste ad palatium revertens; hoc solum imperatorium habens, quod lacernam coccineam accipiebat. Cursorem nunquam nisi servum suum, dicens ingenuum currere, nisi in sacro certamine, non debere : coquos, piscatores, fullones, et balneatores, nonnisi servos suos habuit : ita ut, si quis deesset, emeret. Medicus sub eo unus palatinus salarium accepit : ceteri omnes, qui usque ad sex fuerunt, annonas binas aut ternas accipiebant, ita ut mundas singulas consequerentur, alias aliter. Judices quum promoveret, exemplo veterum, ut et Cicero docet [12], et argento et necessariis instruebat, ita ut praesides provinciarum acciperent argenti pondo vicena, phialas senas, mulos binos, equos binos, vestes forenses binas, domesticas singulas, balneares singulas, aureos centenos, coquos singulos, muliones singulos; et, si uxores non haberent, singulas concubinas, quod sine his esse non possent : reddituri, deposita administratione, mulas, mulos, equos, muliones, et coquos : cetera sibi habituri, si bene egissent; in quadruplum reddituri, si male; praeter condemnationem, aut peculatus, aut repetundarum.

XLIII. Leges innumeras sanxit. Carrucas Romae et rhedas senatoribus omnibus ut argentatas haberent, permisit : interesse Romanae dignitatis putans, ut his tantae urbis senatores vectarentur. Consules quoscumque vel ordinarios vel suffectos creavit, ex senatus sententia

XLII. Il se trouvait souvent avec le peuple aux bains, tant à ceux qu'il avait fait construire qu'aux anciens, et surtout dans l'été, et s'en retournait au palais en habit de baigneur, n'ayant pour toute distinction qu'un surtout d'écarlate. Il ne voulait jamais pour coureur qu'un de ses esclaves, disant que ce métier était indigne d'un homme libre : de même pour ses cuisiniers, ses pêcheurs, ses foulons, ses étuvistes, ce furent toujours des esclaves; et s'il lui en manquait un, il l'achetait. Il n'y eut sous son règne qu'un seul médecin du palais qui fût aux appointements; les autres, au nombre de six, recevaient chacun deux ou trois pains, dont un de première qualité. Lorsqu'il faisait des promotions de juges, suivant une coutume des anciens, rapportée par Cicéron, il leur fournissait de l'argenterie et toutes les choses nécessaires. Ainsi les présidents des provinces recevaient vingt livres pesant d'argenterie, six coupes évasées, deux mulets, deux chevaux, deux costumes de juge, un vêtement de ville, un habit de bain, cent auréus, un cuisinier, un muletier; s'ils n'étaient pas mariés, comme ils ne pouvaient se passer de femme, il leur donnait une concubine. Ils devaient restituer, en sortant de charge, les mules, les mulets, les chevaux, les muletiers et les cuisiniers. Le reste était pour eux, s'ils avaient bien géré; sinon, ils rendaient le quadruple, outre l'amende, en cas de malversation ou de péculat.

XLIII. Le nombre des lois qu'il établit est considérable. Il permit à tous les sénateurs d'avoir dans Rome des voitures et des carrosses enrichis d'ornements en argent. Il pensait qu'il était de la dignité romaine que les sénateurs d'une si grande ville n'allassent point à pied. Tous les consuls qu'il créa, soit ordinaires, soit subrogés, il les

nominavit, sumptum eorum contrahens : et nundina vetera ex ordine instituit, vel dies, vel tempora. Quæstores candidatos ex sua pecunia jussit munera populo dare, sed ut post quæsturam præturas acciperent, et inde provincias regerent : arcarios vero instituit, qui de arca fisci ederent munera, eademque parciora. Habuit in animo ut munera per totum annum dispergeret, ut per triginta dies munus populo daretur ; sed cur id non fecerit, in occulto habetur. Capitolium septimo die, quum in Urbe esset, ascendit ; templa frequentavit. Christo templum facere voluit, cumque inter deos recipere, quod et Hadrianus cogitasse fertur, qui templa in omnibus civitatibus sine simulacris jusserat fieri : quæ hodie idcirco, quia non habent numina, dicuntur Hadriani, quæ ille ad hoc parasse dicebatur : sed prohibitus est ab iis qui, consulentes sacra, repererant omnes christianos futuros, si id optato evenisset, et templa reliqua deserenda.

XLIV. In jocis Alexander dulcissimus fuit, in fabulis amabilis, in conviviis comis, ita ut quisque posceret quod vellet. Ad aurum colligendum attentus, ad servandum cautus, ad inveniendum sollicitus, sed sine cujusquam excidio. Syrum se dici noluit, sed a majoribus Romanum. Et stemma generis depinxerat, quo ostendebatur genus ejus a Metellis descendere. Rhetoribus, grammaticis, medicis, haruspicibus, mathematicis, me-

nomma d'après l'avis du sénat, et réduisit leurs dépenses ; il rétablit l'ordre ancien pour les jours et la durée des marchés. Il voulut que les candidats à la questure donnassent à leurs frais des spectacles au peuple ; mais aussi de la questure ils passaient à la préture, et de la préture au gouvernement des provinces. Il institua des trésoriers chargés de tirer de la caisse du fisc les frais des divertissements publics dans certaines limites d'économie. Il avait eu l'intention de répartir les fêtes dans tout le cours de l'année de manière à ce que le peuple eût trente jours de spectacles ; on n'a jamais su ce qui l'avait empêché de mettre ce projet à exécution. Quand il résidait à Rome, il montait au Capitole tous les sept jours, et fréquentait les temples. Il voulait élever un temple au Christ et l'admettre parmi les dieux, idée qu'on attribue aussi à l'empereur Adrien, qui avait ordonné que l'on construisît dans toutes les villes des temples sans simulacres. Ces temples, qui restent sans divinités, sont encore aujourd'hui, et pour cette raison, appelés Adriens, et l'on dit que c'était à ce culte qu'il les destinait. Mais Alexandre fut empêché par les aruspices, qui, consultant les entrailles des victimes, y trouvèrent que tout le peuple romain se ferait chrétien, et abandonnerait les temples des dieux, si le désir du prince était satisfait.

XLIV. Alexandre était fort agréable dans la plaisanterie, très-aimable dans la conversation, et d'une affabilité telle à sa table, que chacun pouvait demander ce qu'il voulait. Il était attentif à amasser de l'or, soigneux pour le conserver, étudiant tous les moyens d'en trouver, mais sans faire tort à qui que ce fût. Il ne voulait pas qu'on l'appelât Syrien, mais Romain d'origine. Il s'était fait faire une généalogie d'après laquelle il descendait des Metellus. Il établit des professeurs de rhétorique, de grammaire, de médecine, de science des aruspices,

chanicis, architectis salaria instituit, et auditoria decrevit; et discipulos cum annonis pauperum filios, modo ingenuos, dari jussit. Etiam in provinciis oratoribus forensibus multum detulit, plerisque etiam annonas dedit [13], quos constitisset gratis agere. Leges in annos firmavit, easque etiam ipse diligentissime servavit. Theatralia spectacula sæpe obiit. Theatrum Marcelli reficere voluit. Multis civitatibus, quæ post terræ motus deformes erant, ad instaurationem operum, et publicorum et privatorum, pecuniam ex vectigalibus dedit. In templis sane nunquam, præter quatuor aut quinque argenti libras, auri ne guttulam quidem aut bracteolam posuit, susurrans versum Persii :

. . . . . In sacro quid facit aurum?

XLV. Expeditiones bellicas habuit, de quibus ordine suo edisseram. Primum tamen ejus consuetudinem dicam de rebus vel tacendis vel prodendis. Tacebantur secreta bellorum : itinerum autem dies publice proponebantur, ita ut edictum penderet ante menses duos, in quo scriptum esset : « Illa die, illa hora ab Urbe sum exiturus, et, si dii voluerint, in prima mansione mansurus; » deinde per ordinem mansiones, deinde stativæ, deinde ubi annona esset accipienda : et id quidem eo usque, quamdiu ad fines barbaricos veniretur; jam enim inde tacebatur, et omnes ambulabant ita, ne dispositionem Romanam barbari scirent. Certum est autem eum nunquam id, quod proposuerat, fefellisse, quum diceret

de mathématiques, de mécanique, d'architecture, aux leçons desquels les pauvres de condition libre pouvaient envoyer leurs enfants moyennant une rétribution en nature. Même dans les provinces il traita les orateurs du barreau avec beaucoup de déférence, et accorda des vivres à plusieurs d'entre eux dont le désintéressement était notoire. Il confirma les lois qui fixent l'âge d'admission aux magistratures, et les observa lui-même très-scrupuleusement. Il assistait souvent aux spectacles des théâtres, et voulut réparer celui de Marcellus. A différentes villes bouleversées par des tremblements de terre, il envoya, sur le produit des impôts, de quoi reconstruire leurs édifices tant publics que particuliers. Pour l'ornement des temples, il y employa tout au plus quatre ou cinq livres d'argent; mais de l'or, il n'y en mit pas la plus légère parcelle, pas la plus mince feuille, murmurant en lui-même ce vers de Perse :

De quelle utilité l'or est-il dans un temple?

XLV. Il eut à soutenir des guerres dont je parlerai dans leur ordre. Je dirai d'abord qu'il s'était fait une loi sur ce qu'il devait taire ou divulguer. Or, le secret des guerres était inviolable pour lui. On annonçait publiquement les jours de départ, et deux mois à l'avance, on affichait l'édit conçu en ces termes : « Tel jour, à telle heure, je sortirai de Rome, et, s'il plaît aux dieux, je coucherai à la première station. » L'édit donnait ensuite l'ordre des stations ou étapes, puis des garnisons, puis des lieux où on devait prendre des vivres, jusqu'aux frontières du pays ennemi. A partir de là, silence complet : on marchait, et les barbares n'avaient aucun moyen de connaître les intentions de Rome. Aussi, jamais il ne fut trompé dans ses calculs, et il disait qu'il ne voulait pas mettre les gens de sa cour à même de faire trafic de ses projets, comme du temps d'Héliogabale, où

nolle ab aulicis suas vendi dispositiones : quod factum fuerat sub Heliogabalo, quum ab eunuchis omnia venderentur ; quod genus hominum idcirco secreta omnia in aula nosse cupiunt, ut soli aliquid scire videantur, et habeant unde vel gratiam vel pecuniam requirant. Et quia de publicandis dispositionibus mentio contigit : ubi aliquos voluisset vel rectores provinciis dare, vel præpositos facere, vel procuratores, id est rationales ordinare, nomina eorum proponebat, hortans populum ut, si quis quid haberet criminis, probaret manifestis rebus; si non probasset, subiret pœnam capitis : dicebatque « grave esse, quum id christiani et judæi facerent in prædicandis sacerdotibus qui ordinandi sunt, non fieri in provinciarum rectoribus, quibus et fortunæ hominum committerentur et capita. »

XLVI. Assessoribus salaria instituit : quamvis sæpe dixerit « eos esse promovendos, qui per se rempublicam gerere possent, non per assessores; » addens « militares habere suas administrationes, habere litteratos : et ideo unumquemque hoc agere debere, quod nosset. » Thesauros repertos iis qui repererant donavit : et si multi essent, addidit his eos quos in suis habebat officiis. Cogitabat secum, et descriptum habebat, cui quid præstitisset : et si quos sciret vel nihil petiisse, vel non multum, unde sumptus suos augerent, vocabat eos, et dicebat : « Quid est cur nihil petis? an me tibi vis fieri debitorem? pete, ne privatus de me queraris. » Dabat autem hæc in beneficiis, quæ famam ejus non læderent :

les eunuques faisaient argent de tout. Cette race d'hommes ont leur but en cherchant ainsi à pénétrer tous les secrets du palais, c'est de paraître savoir quelque chose à eux seuls, d'y parvenir souvent, et d'obtenir en échange des faveurs ou de l'argent. Et puisque nous sommes venus à parler de publications, toutes les fois qu'il voulait donner des gouvernements à des provinces, nommer des intendants ou des inspecteurs, c'est-à-dire des administrateurs comptables, il faisait afficher leurs noms, avec avis, si l'on avait connaissance de quelque chose à leur imputer, de venir en faire la déposition, appuyée sur des preuves manifestes, et que celui qui accuserait sans preuves, subirait la peine capitale. Il disait qu'il était « inouï qu'on ne fit pas pour les gouvernements de provinces, à qui sont confiées la fortune et la vie des hommes, ce que faisaient les chrétiens et les juifs, en publiant les noms de ceux qui voulaient se faire ordonner prêtres. »

XLVI. Il assigna des traitements aux suppléants, quoiqu'il eût dit bien souvent « qu'on ne devait élever aux charges de l'État que ceux qui pouvaient les gérer par eux-mêmes, sans avoir besoin de suppléants : » il ajoutait « que les militaires avaient leurs fonctions, les lettrés les leurs; qu'ainsi chacun devait faire ce qu'il savait faire. » Les trésors trouvés, il les abandonnait à ceux qui les avaient découverts; s'ils étaient considérables, il y faisait participer quelques-uns des officiers de sa maison. Il repassait en lui-même les noms de ceux à qui il avait fait des présents, et en avait la note écrite. S'il avait connaissance que quelques-uns n'eussent rien demandé, ou n'eussent demandé que peu pour les dépenses de leur maison, il les faisait venir et leur disait : « Pourquoi ne demandez-vous rien ? voulez-vous donc que je sois votre débiteur? Demandez, et qu'il ne soit pas dit qu'un particulier ait à se plaindre de moi. » Il avait soin de ne donner que ce qui ne pou-

bona punitorum, sed nunquam cum auro, argento, vel gemmis : nam id omne in ærarium reponebat; dabat præposituras locorum civilium, non militum; dabat eas administrationes, quæ ad procurationes pertinerent. Rationales cito mutabat, ita ut nemo nisi annum compleret; eosque, si boni essent, oderat, « malum necessarium » vocans. Præsides vero, proconsules et legatos, nunquam fecit ad beneficium, sed ad judicium vel suum vel senatus.

XLVII. Milites expeditionis tempore sic disposuit, ut in mansionibus annonas acciperent, nec portarent cibaria decem et septem, ut solent, dierum, nisi in barbarico : quamvis et illic mulis eosdem atque camelis adjuverit, dicens « milites se magis servare, quam se ipsum, quod salus publica in his esset. » Ægrotantes ipse visitavit per tentoria milites, etiam ultimos, et carpentis vexit, et omnibus necessariis adjuvit. Et si forte gravius laborassent, per civitates et agros patribusfamilias hominibus, et sanctioribus matronis eos distribuebat; reddens impendia quæ fecissent, sive convaluissent illi, seu perissent.

XLVIII. Quum quidam Ovinius Camillus, senator antiquæ familiæ delicatissimus, rebellare voluisset, tyrannidem affectans, eique nuntiatum esset, ac statim probatum; ad palatium eum rogavit, eique gratias egit quod curam reipublicæ, cæ recusantibus bonis imponeretur, sponte reciperet : deinde ad senatum processit, et timentem, ac tantæ conscientiæ tabe confectum, par-

vait pas intéresser son honneur : il distribuait les biens des condamnés; mais il ne donnait ni l'or, ni l'argent, ni les pierreries : tout cela était porté au trésor ; il donnait des inspections civiles, jamais de militaires ; il donnait des intendances, des régies. Il changeait souvent les agents du fisc, et ne les laissait pas plus d'une année en exercice, haïssant même les meilleurs, et les appelant « un mal nécessaire. » Quant aux gouverneurs de provinces, aux proconsuls, aux lieutenants, leur nomination n'était point une faveur, mais le fruit de son jugement et des délibérations du sénat.

XLVII. En temps de guerre, il disposait les soldats de manière à ce qu'ils reçussent leurs vivres dans les stations, et qu'ils ne fussent pas obligés comme autrefois de porter la provision de dix-sept jours, si ce n'était en pays ennemi : et là encore, il les soulageait au moyen de mulets et de chameaux, disant qu'il devait avoir plus de soin des soldats que de lui-même, puisque le salut public dépendait d'eux. Il allait visiter les soldats malades jusque dans leurs tentes, fussent-ils des derniers rangs de l'armée; il les faisait transporter en chariots, et leur fournissait toutes les choses nécessaires. S'il y en avait de plus gravement affectés, il les plaçait dans les villes et les campagnes chez des pères de famille, et sous la garde d'honnêtes femmes, remboursant les dépenses qu'ils avaient pu faire, soit qu'ils se rétablissent, soit qu'ils mourussent.

XLVIII. Un sénateur d'ancienne famille, Ovinius Camillus, homme habitué à la mollesse, voulut se révolter et tenta de s'emparer du trône. Cette nouvelle étant arrivée aux oreilles de l'empereur, avec les preuves du fait, il le manda au palais, et lui rendit grâce de ce qu'il se chargeait volontairement du soin de la république, fardeau que tous les gens de bien refusent, quand on le leur impose. Il alla ensuite au sénat, et cet homme, que

ticipem imperii appellavit, in palatium recepit, convivio adhibuit, ornamentis imperialibus, et melioribus quam ipse utebatur, affecit. Et quum expeditio barbarica esset nuntiata, vel ipsum, si vellet, ire, vel ut secum proficisceretur, hortatus est; et quum ipse pedes iter faceret, illum invitavit ad laborem : quem, post quinque millia cunctantem, equo sedere jussit ; quumque post duas mansiones equo etiam fatigatus esset, carpento imposuit; hoc quoque, seu timore, seu vere respuentem, abdicantem quin etiam imperium, et mori paratum, dimisit : commendatumque militibus, a quibus Alexander unice amabatur, tutum ad villas suas ire præcepit, in quibus diu vixit; sed post jussu imperatoris[14] occisus est, quod ille militaris esset, et a militibus amatus. Scio vulgum hanc rem, quam contexui, Trajani putare : sed neque in Vita ejus id Marius Maximus ita exposuit, neque Fabius Marcellinus, neque Aurelius Verus, neque Statius Valens, qui omnem ejus vitam in litteras miserunt. Contra autem et Septimius, et Acholius, et Encolpius, vitæ scriptores, ceterique, de hoc talia prædicaverunt : quod ideo addidi, ne quis vulgi magis famam sequeretur, quam historiam, quæ rumore utique vulgi verior reperitur.

XLIX. Honores juris gladii nunquam vendi passus est, dicens : « Necesse est ut qui emit, vendat. Ego non patiar mercatores potestatum : quos si patiar, damnare non possim. Erubesco enim punire illum hominem qui emit et vendit. » Pontificatus, et quindecimviratus, et auguratus, codicillares fecit, ita ut in senatu allegeren-

consumaient intérieurement la crainte et la conscience d'un si grand forfait, il l'associa à l'empire, l'introduisit au palais, l'admit à sa table, et le couvrit d'ornements impériaux, plus brillants que ceux qu'il portait lui-même. Ayant fait annoncer une expédition chez les barbares, il l'engagea à y aller lui-même, s'il voulait, ou à partir avec lui; et, comme il faisait route à pied, il l'engagea à partager ses fatigues : après cinq milles de marche, le voyant rester en arrière, il le fit monter à cheval; au bout de deux étapes, le voyant fatigué du cheval, il le fit monter en voiture. Mais alors, soit crainte, soit qu'il en eût réellement assez, cet homme s'y refusa; Alexandre alors le renvoya chez lui à moitié mort, et abdiquant l'empire. Il le confia à des soldats dont il connaissait le dévouement inviolable, et le fit conduire en sûreté dans ses terres, où il vécut longtemps. Cependant plus tard, des soldats, sur l'ordre de l'empereur, qu'ils aimaient beaucoup, en raison de son esprit martial, le mirent à mort. Je sais que le vulgaire attribue ce fait à Trajan; mais ni Marius Maximus, ni Fabius Marcellinus, ni Aurelius Verus, ni Statius Valens, qui ont écrit toute la Vie de Trajan, n'y ont mentionné rien de semblable. Tandis que Septimius, Acholius, Encolpius, et les autres historiens de la Vie d'Alexandre, y ont admis ce fait. Je l'ai également rapporté, pour montrer que souvent on a tort de s'en tenir au dire du vulgaire plutôt qu'à l'histoire, qui se fonde sur des documents plus certains que des bruits populaires.

XLIX. Jamais il ne permit qu'on vendît les charges emportant droit de glaive : « Car, disait-il, il faut que celui qui achète vende à son tour. Je ne souffrirai jamais les trafiquants de magistratures. Si je les souffrais, je ne pourrais plus les condamner; car j'aurais honte de punir un homme pour avoir vendu ce qu'il aurait acheté. » Il voulut que les pontifes, les quindécimvirs

tur. Dexippus [15] dixit uxorem eum cujusdam Martiani filiam duxisse, eumdemque ab eo Cæsarem nuncupatum. Verum quum vellet insidiis occidere Alexandrum Martianus, detecta factione, et ipsum interemptum, et uxorem abjectam. Idem dicit fuisse patruum Antoninum Heliogabalum Alexandri, non uxoris sororis ejusdem filium. Quum christiani quemdam locum, qui publicus fuerat, occupassent, contra popinarii dicerent sibi cum deberi, rescripsit « melius esse ut quomodocumque illic Deus colatur, quam popinariis dedatur. »

L. Quum igitur tantus ac talis imperator domi ac foris esset, iniit Parthicam expeditionem : quam tanta disciplina, tanta reverentia sui egit, ut non milites, sed senatores transire dicerentur. Quacumque iter legiones faciebant, tribuni accincti, centuriones verecundi, milites amabiles erant : ipsum vero ob hæc tot et tanta bona provinciales ut deum suspiciebant. Jam vero ipsi milites juvenem imperatorem sic amabant, ut fratrem, ut filium, ut parentem : vestiti honeste, calciati etiam ad decorem, armati nobiliter, equis etiam instructi, et ephippiis ac frenis decentibus : prorsus, ut Romanam rempublicam intelligeret, quicumque Alexandri vidisset exercitum. Elaborabat denique ut dignus illo nomine videretur, immo ut Macedonem illum vinceret : dicebatque inter Romanum Alexandrum et Macedonem multum interesse debere. Fecerat denique sibi argyroaspidas et chrysoaspidas [16] : fecerat et phalangem triginta millium hominum, quos phalangarios vocari jusserat,

et les augures fussent créés par lettres patentes, et prissent rang au sénat. Dexippe prétend qu'il avait épousé la fille d'un certain Martianus, auquel il avait donné le titre de César ; mais qu'ayant découvert que ce Martianus avait conspiré contre sa vie, il le fit mourir lui-même et répudia sa fille. Le même prétend aussi qu'Antonin Héliogabale était son oncle paternel, et non le fils d'une sœur de sa mère. Les chrétiens s'étant établis dans un lieu qui avait été public, et les cabaretiers réclamant ce lieu comme leur étant dû, il décida « qu'il valait mieux que la divinité y fût honorée, n'importe de quelle manière, que de le donner aux cabaretiers. »

L. Tel était ce vertueux empereur, aussi grand pendant la paix que pendant la guerre, quand il partit pour l'expédition des Parthes : il établit parmi ses troupes une discipline si sévère, il se fit tellement respecter, qu'on eût dit le passage d'un sénat plutôt que celui d'une armée. Partout où traversaient les légions, les tribuns se montraient réservés, les centurions modestes, les soldats aimables ; Alexandre lui-même, pour tant et de si grands bienfaits, était regardé comme un dieu par les habitants des provinces. Les soldats eux-mêmes aimaient ce jeune empereur à l'égal d'un frère, d'un fils, d'un père. Ils étaient vêtus proprement, chaussés avec une certaine élégance, pourvus d'armes brillantes, de chevaux même, de selles et de mors bien façonnés ; il suffisait de voir l'armée d'Alexandre pour concevoir une haute idée de la république romaine. Enfin il mettait tous ses soins à paraître digne du nom d'Alexandre, et même à surpasser le roi des Macédoniens. Il disait qu'un Alexandre romain devait laisser loin derrière lui un Alexandre de Macédoine. Il s'était fait une garde d'argyraspides et une de chrysaspides ; il avait créé aussi une phalange de trente mille hommes qu'il appela phalangiaires, et qui l'aida beaucoup dans la guerre qu'il

et cum quibus multum fecit in Perside : quæ quidem erat ex sex legionibus similium armorum, stipendiorum vero post Persicum bellum majorum.

LI. Dona regia in templis posuit : gemmas sibi oblatas vendidit, muliebre esse existimans gemmas possidere, quæ neque militi dari possint neque a viro haberi. Quum quidam legatus uniones duos uxori ejus per ipsum obtulisset magni ponderis et inusitatæ mensuræ, vendi eos jussit : qui quum pretium non invenirent, ne exemplum malum a regina nasceretur, si eo uteretur, quod emi non posset, inauribus Veneris eos dicavit. Ulpianum pro tutore habuit, primum repugnante matre, deinde gratias agente, quem sæpe a militum ira objectu purpuræ summæ defendit : atque ideo summus imperator fuit, quod ejus consiliis præcipue rempublicam rexit. In procinctu atque in expeditionibus apertis papilionibus prandit atque cœnavit, quum militarem cibum, cunctis videntibus atque gaudentibus, sumeret; circumiret prope tota tentoria, a signis abesse neminem pateretur. Si quis de via in alicujus possessionem deflexisset, pro qualitate loci, aut fustibus subjiciebatur in conspectu ejus, aut virgis, aut condemnationi; aut, si hæc omnia transiret dignitas hominis, gravissimis contumeliis, quum diceret : « Visne hoc in agro tuo fieri, quod alteri facis? » Clamabatque sæpius, quod a quibusdam, sive judæis, sive christianis audierat, et tenebat; idque per præconem, quum aliquem emendaret, dici jubebat, « Quod tibi fieri non vis, alteri ne

porta chez les Perses : elle était formée de six légions de mêmes armes ; mais une paye plus haute lui fut accordée après l'expédition de Perse.

LI. Il fit hommage aux temples de présents dignes d'un roi ; il vendit des pierres précieuses qui lui avaient été offertes, pensant qu'il ne convenait qu'à des femmes de posséder des pierreries, qu'un homme ne peut porter, et qu'on ne peut offrir à des soldats. Un lieutenant lui ayant fait don, pour son épouse, de deux perles d'un grand poids et d'une grosseur extraordinaire, il les mit en vente : ne trouvant pas d'acquéreur pour un objet si rare, afin d'éviter qu'un mauvais exemple ne fût donné par l'impératrice, si elle les gardait pour son usage, il les consacra à Vénus comme pendants d'oreilles. Il eut beaucoup de déférence pour les conseils d'Ulpien, malgré sa mère, qui lui fut contraire d'abord, mais lui témoigna depuis sa satisfaction. Il le défendit même plus d'une fois de la colère des soldats, en jetant sur lui la pourpre impériale. Si en effet il fut grand empereur, c'est qu'il se laissa guider par Ulpien dans le gouvernement de la république. En campagne et dans les expéditions, il déjeunait et dînait dans des pavillons découverts, où, sous les yeux de tous, et au milieu de la joie générale, il prenait la même nourriture que le soldat. Il parcourait autant que possible toutes les tentes, et ne souffrait pas que personne quittât les drapeaux. Si quelqu'un s'écartait de la route pour faire du dégât sur les possessions voisines, il lui faisait infliger sous ses yeux ou la peine du bâton, ou celle des verges, ou la dégradation, suivant la nature de la propriété endommagée ; ou si le coupable, par sa dignité, se trouvait au-dessus de toutes ces peines, il le réprimandait vertement, et lui disait : « Seriez-vous aise qu'on fît sur vos terres ce que vous faites sur celles des autres ? » Très-souvent il répétait à haute voix ces pa-

feceris : » quam sententiam usque adeo dilexit, ut et in palatio et in publicis operibus præscribi juberet.

LII. Idem quum quamdam aniculam affectam injuriis a milite audisset, exauctoratum cum militia, servum ei dedit, quod artifex carpentarius esset, ut eam pasceret : et quum dolerent hoc milites factum, persuasit omnibus ut modeste ferrent, et eos terruit. Ἀναίματον imperium ejus, quum fuerit durus et tetricus, idcircò vocatum est, quod senatorem nullum occiderit, ut Herodianus Græcus scriptor refert in libris temporum suorum. Severitatis autem tantæ fuit in milites, ut sæpe legiones integras exauctoraverit, ex militibus Quirites appellans [17]; nec exercitum unquam timuerit, idcirco quod in vitam suam dici nihil posset, quod unquam tribuni vel duces de stipendiis militum quidquam accepissent : dicens : « Miles non timet, nisi vestitus, armatus, calceatus, et satur, et habens aliquid in zonula : » idcirco quod mendicitas militaris ad omnem desperationem vocaret armatum. Apparitores denique nullos esse passus est : tribunis aut ducibus, nisi milites anteire voluit; jusssitque, ut ante tribunum quatuor milites ambularent; ante ducem, sex; ante legatum, decem; hique ad domos suas reciperentur.

LIII. Et ut severitas ejus agnosci posset, unam concionem militarem indendam putavi, quæ illius in rem mi-

roles qu'il avait entendues et retenues des juifs ou des chrétiens, et qu'il faisait proclamer par un héraut toutes les fois qu'il punissait quelqu'un : « Ne faites pas aux autres ce que vous ne voudriez pas qui vous soit fait. » Il aimait tellement cette sentence, qu'il la fit inscrire dans son palais et sur les édifices publics.

LII. Ayant appris qu'un soldat avait injurié une vieille femme, il le raya des rôles de l'armée, et le donna comme esclave à cette femme, pour qu'il la nourrît de son état de charpentier. Les autres soldats témoignant là-dessus du mécontentement, il leur persuada à tous de supporter avec calme cette punition qu'il avait infligée, et les soumit par la crainte. Quelque dur et rigide qu'il ait été, son règne fut qualifié de non sanglant, parce qu'il ne fit mourir aucun sénateur, comme le rapporte l'écrivain grec Herodianus dans l'histoire de son époque. Mais il fut d'une telle sévérité envers les soldats, que souvent il licencia des légions entières, traitant les soldats de citoyens : et jamais l'armée ne l'intimida, parce qu'on ne pouvait pas lui reprocher que jamais les tribuns ni les généraux eussent rien détourné de la paye des soldats. « Le soldat, disait-il, ne reste soumis qu'autant qu'il est vêtu, armé, chaussé, bien nourri, et qu'il a quelque argent dans sa ceinture. » Vient-il à éprouver la misère et le besoin, réduit au désespoir, il se sert des armes qu'il porte. Alexandre abolit l'usage des appariteurs : les tribuns et les généraux durent prendre des soldats pour marcher devant eux. Ainsi il décida que le tribun marcherait précédé de quatre soldats, le général de six, le lieutenant de dix, qui rentreraient ensuite dans leurs habitations.

LIII. Pour donner un exemple de sa sévérité, j'ai cru devoir insérer ici une harangue militaire qui nous mon-

litarem mores ostenderet. Nam quum Antiochiam venisset, ac milites lavacris muliebribus et deliciis vacarent, eique nuntiatum esset, omnes eos comprehendi jussit, et in vincula conjici : quod ubi compertum est, mota seditio est a legione cujus socii erant in vincula conjecti. Tum ille tribunal ascendit, vinctisque omnibus ad tribunal adductis, circumstantibus etiam militibus, et quidem armatis, ita cœpit : « Commilitones, si tamen ista vobis, quæ a vestris facta sunt, displicent, disciplina majorum rempublicam tenet : quæ si dilabatur, et nomen Romanum et imperium amittemus. Neque enim sub nobis ista facienda sunt, quæ sub impura illa bestia nuper facta sunt. Milites Romani, vestri socii, mei contubernales et commilitones, amant, potant, lavant, Græcorum more etiam quidam se instituunt : hoc ego diutius feram ? et non eos capitali dedam supplicio ? » Tumultus post hoc ortus est. Atque iterum : « Quin continetis vocem, in bello contra hostem, non contra imperatorem vestrum necessariam ? certe campidoctores vestri hanc vos docuerunt contra Sarmatas, et Germanos, ac Persas emittere; non contra eum qui acceptam a provincialibus annonam, qui vestem, qui stipendia vobis attribuit. Continete igitur vocem truculentam, campo ac bellis necessariam, ne vos hodie omnes, uno ore atque una voce, Quirites dimittam : et incertum, an Quirites; non enim digni estis qui vel Romanæ plebis sitis, si jus Romanum non agnoscitis. »

LIV. Et quum vehementius fremerent, ac ferro quoque

trera sa manière d'agir à l'égard du soldat. Étant venu à Antioche, et ayant eu connaissance que ses soldats se baignaient comme les femmes et se livraient au libertinage, il les fit saisir tous et jeter dans les fers. A cette nouvelle, une sédition s'éleva dans la légion dont faisaient partie les prisonniers. Alors il monta sur son tribunal, et là, entouré de gardes armés, il se fit amener les coupables chargés de chaînes, et s'exprima ainsi : « Compagnons d'armes, si la conduite de vos camarades excite votre indignation, la discipline de nos ancêtres est là pour soutenir la république : si cette discipline se perdait, nous perdrions du même coup l'empire et le nom romain. Car ne croyez pas qu'on fera sous notre règne ce qui s'est pratiqué naguère sous cet être impur indigne du nom d'homme. Des soldats romains, vos camarades, qui ont partagé ma tente et mes fatigues, se livrent à l'amour, boivent, se baignent, vivent à la manière des Grecs : c'est un abus que je ne souffrirai pas plus longtemps ; je vais les livrer au dernier supplice. » Ici cris et tumulte; Alexandre reprend : « Contenez donc ces clameurs; c'est en guerre contre l'ennemi, qu'il faut les faire entendre, et non contre votre empereur : sans doute vos instructeurs vous ont appris à émettre de tels cris contre les Sarmates, les Germains et les Perses, et non contre celui qui vous donne les vivres prélevés sur les provinces, et de qui vous recevez vos vêtements et la paye. Encore une fois, contenez ces cris farouches; réservez-les pour les guerres et les champs de bataille, si vous ne voulez pas qu'aujourd'hui même d'un seul mot de ma bouche je vous renvoie comme de simples citoyens romains : que dis-je citoyens? vous ne seriez pas même dignes de ce nom; tout au plus feriez-vous partie de la populace de Rome, si vous méconnaissez les droits de la république romaine. »

LIV. Comme le murmure augmentait, et que les sol-

minarentur, « Deponite, inquit, dextras, contra hostem erigendas, si fortes estis : me enim ista non terrent. Si enim unum hominem occideritis, non nobis deerit respublica, non senatus, non populus Romanus, qui me de vobis vindicet. » Quum nihilominus post ista fremerent, exclamavit : « Quirites, discedite, atque arma deponite. » Mirando exemplo depositis armis, depositis etiam sagulis militaribus, omnes non ad castra, sed ad diversoria varia recesserunt. Tuncque primum intellectum est quantum ejus severitas posset. Denique etiam signa stipatores, et ii qui imperatorem circumdederant, in castra retulerunt : arma collecta populus ad palatium tulit : eam tamen legionem, quam exauctoravit, rogatus, post dies triginta, priusquam ad expeditionem Persicam proficisceretur, loco suo restituit, eaque pugnante maxime vicit : quum tamen tribunos ejus capitali affecerit supplicio, quod per negligentiam illorum milites apud Daphnen luxuriati essent, vel per conniventiam seditionem fecissent exercitus.

LV. Magno igitur apparatu inde in Persas profectus, Artaxerxen regem potentissimum vicit[19]; quum ipse Alexander cornua adiret, milites admoneret, sub ictu teli versaretur, manu plurimum faceret, singulos quoque milites ad laudem verbis adduceret. Fuso denique fugatoque tanto rege, qui cum septingentis elephantis, falcatisque mille et octingentis curribus ad bellum venerat, equitum multis millibus, statim Antiochiam rediit, et de præda quam Persis diripuit, suum ditavit exer-

dats menaçaient même de leurs armes : « Abaissez donc ces bras, dit-il, pour ne les lever que sur les ennemis, si vous avez du courage. Toutes ces démonstrations ne m'épouvantent pas ; et en vous rendant coupables du meurtre d'un homme, vous ne sauriez échapper à la république, au sénat et au peuple romain, qui me vengeraient de vous. » Comme le tumulte et les murmures n'en continuaient pas moins, il s'écria : « Citoyens, retirez-vous, et déposez les armes. » Chose inouïe ! on les vit déposer à l'instant leurs armes, se dépouiller de leurs casaques militaires, et se retirer non plus au camp, mais en différentes hôtelleries. On comprit alors tout ce que pouvait la sévérité d'Alexandre. Les gardes et les soldats qui s'étaient groupés autour de lui reportèrent les drapeaux dans le camp, et le peuple recueillit les armes et les porta au palais. Cependant, cédant après trente jours aux prières qui lui furent faites, cette même légion qu'il licencia alors, l'empereur la rétablit avant de se mettre en route pour l'expédition de Perse, et il lui dut en grande partie sa victoire. Les tribuns seuls furent punis de mort, parce qu'il attribuait à leur négligence le dérangement des soldats près de Daphné, et à leur coupable indulgence le soulèvement de l'armée.

LV. Parti de là en grand appareil pour la Perse, Alexandre vainquit le puissant roi Artaxerxe : il fallait le voir se porter aux ailes de son armée, encourager ses troupes, s'exposer aux traits de l'ennemi, payer lui-même de sa personne, et par sa parole inspirer l'amour de la gloire à chaque soldat en particulier. Enfin, après avoir défait et mis en fuite un si grand roi, qui s'était présenté au combat avec sept cents éléphants, dix-huit cents chars armés de faux, plusieurs milliers de chevaux, il s'en retourna à Antioche et enrichit son armée du butin enlevé sur les Perses. Il avait autorisé les tribuns,

citum : quum et tribunos ea quæ per vicos diripuerant, et duces, et ipsos milites habere jussisset. Tumque primum Persæ servi apud Romanos fuerunt : quos quidem, quia indigne ferunt Persarum reges, quempiam suorum alicui servire, acceptis pretiis reddidit; pretiumque vel iis qui manu ceperant servos dedit, vel in ærarium contulit.

LVI. Post hoc Romam venit, triumphoque pulcherrimo acto, apud senatum primum hæc verba habuit :

EX ACTIS SENATUS DIE SEPTIMO KALENDAS OCTOBRES.

« Persas, patres conscripti, vicimus; longa eloquentia opus non est : tantum scire debetis quæ illorum arma fuerint, qui apparatus. Jam primum elephanti septingenti, iidemque turriti cum sagittariis et onere sagittarum; ex his trecentos cepimus, ducenti interfecti jacent, decem et octo perduximus. Falcati currus mille, et adducere interfectorum animalium currus ducentos potuimus : sed id, quia et fingi poterat, facere supersedimus. Centum et viginti millia equitum fudimus; cataphractarios, quos illi clibanarios vocant, decem millia in bello interemimus : eorum armis nostros armavimus. Multos Persarum cepimus, eosdemque vendidimus. Terras interamnanas, Mesopotamiæ scilicet, neglectas ab impura illa bellua, recepimus. Artaxerxen, potentissimum regem tam re quam nomine, fusum fugavimus, ita ut eum terra Persarum fugientem videret, et qua ducta fuerant quondam signa nostrorum, ea rex ipse signis effugerit relictis. Hæc sunt, patres conscripti,

les généraux, et les soldats eux-mêmes, à garder pour eux ce qu'ils avaient pris dans les bourgs. Alors, pour la première fois, on vit des Perses esclaves des Romains. Mais comme les rois perses regardent comme indigne d'eux qu'aucun de leurs sujets reste dans l'esclavage, Alexandre les rendit moyennant rançon, et le prix qu'il en retira, ou il le donna à ceux qui avaient fait les prisonniers, ou il le versa dans le trésor public.

LVI. Ensuite il vint à Rome, où, après un triomphe des plus magnifiques, il se rendit au sénat et prononça le discours suivant :

EXTRAIT DES ACTES DU SÉNAT, DU 25 SEPTEMBRE.

« Pères conscrits, nous avons vaincu les Perses. Il n'est pas besoin de longs discours : sachez seulement quelles étaient leurs armes, quel était leur appareil de guerre. D'abord sept cents éléphants, chargés de tours avec leurs archers et un arsenal de flèches. Nous en avons pris trois cents; deux cents sont restés sur la place : nous en avons amené dix-huit. Mille chars armés de faux : nous eussions pu en amener deux cents, dont les animaux ont été tués; mais, comme ici l'on eût pu craindre la fraude, nous n'avons pas cru devoir le faire. Nous avons mis en fuite cent vingt mille cavaliers; nous avons tué dix mille cuirassiers, qu'ils appellent clibanaires. Nous avons distribué leurs armes à nos soldats. Nous avons fait grand nombre de prisonniers que nous avons vendus. Nous sommes rentrés en possession des terres interfluviennes, ou Mésopotamie, qu'avait laissé enlever ce monstre impur. Enfin nous avons défait et mis en fuite Artaxerxe, ce roi si puissant et de nom et d'effet : la Perse l'a vu quitter son territoire en fugitif, et les pays que traversèrent jadis nos étendards, il les a parcourus lui-même après avoir abandonné les siens. Voilà, pères conscrits, ce que nous avons fait. L'éloquence est

gesta. Eloquentia opus non est : milites divites redeunt : laborem in victoria nemo sentit. Vestrum est supplicationem decernere, ne diis videamur ingrati. »

ACCLAMATIO SENATUS.

« Alexander Augusto, dii te servent! Persice maxime, dii te servent! Vere Parthicus, vere Persicus. Trophæa tua et nos videmus, victorias et nos videmus. Juveni imperatori, patri patriæ, pontifici maximo : per te victoriam de Germanis speramus : per te victoriam undique præsumimus; ille vincit, qui milites regit; dives senatus, dives miles, dives populus Romanus. »

LVII. Dimisso senatu, Capitolium ascendit, atque inde, re divina facta et tunicis Persicis in templo locatis, concionem hujusmodi habuit : « Quirites, vicimus Persas; milites divites reduximus; vobis congiarium pollicemur, cras ludos Circenses Persicos dabimus. »

Hæc nos et in annalibus, et apud multos reperimus. Sed quidam dicunt a servo suo eum proditum non vicisse regem, sed, ne vinceretur, fugisse; quod contra multorum opinionem dici non dubium est iis qui plurimos legerint : nam et amisisse illum exercitum dicunt fame, frigore, ac morbo, ut Herodianus auctor est, contra multorum opinionem.

Post hoc cum ingenti gloria, et comitante senatu,

ici superflue : nos soldats reviennent riches ; au sein de la victoire, personne n'a souffert des travaux de la guerre. C'est à vous maintenant qu'il appartient de décréter des prières publiques, pour que nous ne paraissions pas ingrats envers les dieux. »

ACCLAMATION DU SÉNAT.

« Alexandre Auguste, que les dieux te conservent ! Grand Persique, que les dieux conservent tes jours ! Tu es vraiment Parthique, vraiment Persique. Nous aussi, nous voyons tes trophées, nous sommes témoins de tes victoires : honneur au jeune empereur, au père de la patrie, au grand pontife ! Nous comptons sur toi pour vaincre les Germains ; par toi nous espérons la victoire en tous lieux : la victoire est bien due à celui qui sait conduire les soldats ; il enrichit le sénat, il enrichit l'armée, il enrichit le peuple romain. »

LVII. Après la séance du sénat, il monta au Capitole, où, ayant fait un sacrifice aux dieux, et placé dans le temple les tuniques prises sur les Perses, il parla ainsi : « Citoyens, nous avons vaincu les Perses ; nous avons ramené nos soldats chargés de richesses ; nous vous promettons le congiaire. Demain, vous aurez les jeux Persiques. »

Ce que nous venons de rapporter, nous l'avons recueilli dans les annales, et extrait d'un grand nombre d'historiens. Quelques-uns cependant prétendent que, trahi par un de ses esclaves, Alexandre n'a pas vaincu le grand roi, et que, pour n'être pas vaincu lui-même, il prit la fuite. Pour peu qu'on ait lu l'histoire, on doit voir, à n'en pas douter, que ce récit est en opposition avec le sentiment du plus grand nombre. Car c'est l'historien Herodianus, qui, contre l'opinion la plus accréditée, a le premier écrit que l'armée d'Alexandre avait péri de faim, de froid et de maladie.

Ensuite, brillant d'une immense auréole de gloire,

equestri ordine, atque omni populo, circumfusisque undique mulieribus et infantibus, maxime militum conjugibus, pedes palatium conscendit, quum retro currus triumphalis a quatuor elephantis traheretur. Levabatur manibus hominum Alexander, vixque illi per horas quatuor ambulare permissum est, undique omnibus clamantibus : « Salva Roma, quia salvus est Alexander. » Alia die, actis Circensibus, et item ludis scenicis, deinceps congiarium populo Romano dedit. Puellas et pueros, quemadmodum Antoninus Faustinianas instituerat, Mammæanas et Mammæanos instituit.

LVIII. Actæ sunt res feliciter et in Mauritania Tingitana per Furium Celsum, et in Illyrico per Varium Macrinum affinem ejus, et in Armenia per Junium Palmatum; atque ex omnibus locis ei tabellæ laureatæ sunt delatæ, quibus in senatu et apud populum lectis, omnibus nominibus est adornatus. His vero qui rempublicam bene gesserant, consularia ornamenta decreta sunt, additis etiam sacerdotiis et agrorum possessionibus iis qui erant pauperes et ævo jam graves. Captivos diversarum nationum amicis donavit, si ætas puerilis aut juvenilis permisit. Si qui tamen regii aut nobiliores fuerunt, eos militiæ, non tamen magnæ, deputavit. Sola quæ de hostibus capta sunt, limitaneis ducibus et militibus donavit, ita ut eorum ita essent, si heredes illorum militarent, nec unquam ad privatos pertinerent[20] : dicens attentius eos militaturos, si etiam

accompagné du sénat, de l'ordre des chevaliers et de tout le peuple, où se voyaient pêle-mêle les femmes et les enfants, mais surtout les femmes des soldats, il monta à pied à son palais, suivi du char triomphal traîné par quatre éléphants. Élevé sur les bras de la multitude, à peine pendant quatre heures lui fut-il permis de toucher la terre; et de tous côtés l'on n'entendait que ce cri : « Rome est sauvée, nous avons encore notre Alexandre. » Le lendemain eurent lieu les jeux du Cirque et les représentations du théâtre; puis il donna le congiaire au peuple de Rome. Enfin, à l'exemple d'Antonin, qui avait institué des Faustiniennes, il enrôla, lui, de jeunes filles et de jeunes garçons, et institua ainsi non-seulement des Mamméennes, mais encore des Mamméens.

LVIII. Il fut également heureux par ses lieutenants, Furius Celsus dans la Mauritanie Tingitane, Varius Macrin, son parent, dans l'Illyrie, et Junius Palmatus en Arménie : de toutes parts on lui apportait des lettres ornées de laurier, et après leur lecture au sénat et devant le peuple, il fut décoré des noms les plus glorieux. On décerna les ornements consulaires à ceux qui avaient bien géré les affaires de la république; on y ajouta des sacerdoces et des possessions de terres pour ceux qui étaient pauvres et déjà avancés en âge. Il donna à ses amis des captifs de diverses nations, qui par leur enfance ou leur jeunesse promettaient quelque avantage. Si pourtant dans le nombre il s'en trouvait de famille noble ou même de sang royal, il leur donnait un rang dans l'armée, mais un rang peu élevé. Il donna à ceux des généraux et des soldats qui habitaient les frontières les terres prises sur l'ennemi ; de manière qu'elles devaient leur appartenir en propre, si leurs héritiers servaient dans l'armée, et ne jamais tomber entre les mains de simples particuliers. Il disait qu'ils veilleraient plus attentive-

sua rura defenderent. Addidit sane his et animalia et servos, ut possent colere quod acceperant; ne, per inopiam hominum, vel per senectutem possidentium, desererentur rura vicina barbariæ, quod turpissimum ille ducebat.

LIX. Post hæc, quum ingenti amore apud populum et senatum viveret, et sperantibus victoriam cunctis, et invitis eum dimittentibus, ad Germanicum bellum profectus est, deducentibus cunctis per centum et quinquaginta millia. Erat autem gravissimum reipublicæ, atque ipsi, quod Germanorum vastationibus Gallia diripiebatur; pudoremque augebat, quod, victis jam Parthis, ea natio imminebat reipublicæ cervicibus, quæ semper etiam minusculis imperatoribus subjecta videbatur. Magnis igitur itineribus, lætis militibus, contendit. Sed quum ibi quoque seditiosas legiones comperisset, abjici eas præcepit. Verum Gallicanæ mentes, ut sese habent, duræ ac retrogradæ [21], et sæpe imperatoribus graves, severitatem hominis nimiam, et longe majorem post Heliogabalum, non tulerunt. Denique agentem eum cum paucis in Britannia, ut alii volunt, in Gallia, in vico cui Sicila nomen est [22], non ex omnium sententia, sed latrocinantium modo, quidam milites, et hi præcipue qui Heliogabali præmiis effloruerant, quum severum principem pati non possent, occiderunt. Multi dicunt a Maximino immissos tirones, qui ei ad exercendum dati fuerant, cum occidisse : multi aliter : a

ment à la défense de champs qui seraient les leurs. Et afin qu'ils pussent cultiver ce qu'ils avaient reçu, et pour éviter que le besoin ou la vieillesse fissent abandonner des terres si voisines des barbares, ce qu'il eût regardé comme une chose honteuse, il y ajouta les esclaves et les animaux nécessaires.

LIX. Après avoir ainsi tout disposé, Alexandre, aimé jusqu'à l'adoration du peuple et du sénat, partit pour la guerre de Germanie; tous espéraient qu'il remporterait la victoire, et tous pourtant le laissaient partir à regret : aussi Rome entière l'accompagna l'espace de cent cinquante milles. Ce qui blessait la république et l'empereur lui-même, c'était que la Gaule fût en proie aux dévastations des Germains; ils rougissaient surtout de voir les Parthes, cette nation qui toujours était restée soumise aux empereurs, même les plus faibles, les Parthes, tout vaincus qu'ils étaient, menacer encore l'empire romain. Il marcha donc à grandes journées, et les soldats ne pouvaient contenir leur joie. Arrivé dans la Gaule, il trouva des légions séditieuses, qu'il ordonna de licencier. Mais les Gaulois, ces esprits toujours intraitables, et qui causèrent souvent de graves soucis aux empereurs, regrettant le passé, ne purent supporter dans Alexandre une sévérité que leur faisait paraître d'autant plus excessive la lâche condescendance d'Héliogabale. Il se trouvait donc avec un petit nombre des siens, dans un bourg des Gaules, d'autres disent de Bretagne, appelé Sicila, quand il fut assassiné, non par suite d'une conspiration générale, mais dans un guet-apens de quelques soldats, de ceux qu'autrefois Héliogabale avait gratifiés de ses libéralités, et pour qui la sévérité était chose intolérable dans un prince. Beaucoup d'auteurs disent qu'il fut tué par des recrues envoyées par Maximin, à qui elles avaient été confiées pour les exercer au métier des armes. D'autres pensent différemment. Le fait est qu'il

militibus tamen constat, quum injuriose quasi in puerum eumdem, et matrem ejus avaram et cupidam[23], multa dixissent.

LX. Imperavit annis tredecim, diebus novem. Vixit annis viginti novem, mensibus tribus, diebus septem. Egit omnia ex consilio matris, cum qua occisus est. Omina mortis hæc fuerunt. Quum natalem diem commendaret, hostia cruenta effugit, et, ut se civiliter gerebat, ac permixtus populo erat, albam ejus vestem, cum qua constiterat, cruentavit. Laurus in palatio cujusdam civitatis a qua proficiscebatur ad bellum, ingens et antiqua, tota subito decidit. Arbores fici tres, quæ ficus eas ferrent quibus Alexandrinarum nomen est, subito ante illius tentorium deciderunt, quum tentoria imperatoria his annexa essent. Mulier dryas[24] eunti exclamavit Gallico sermone : « Vadas, nec victoriam speres, nec te militi tuo credas. » Tribunal ascendit ut concionaretur, et faustum aliquid diceret : ita cœpit : « Occiso imperatore Heliogabalo. » Hoc tamen omini fuit, quod, iturus ad bellum, milites alloqui minus fausta oratione cœptaverat. Sed hæc omnia vehementissime contempsit : profectusque ad bellum, in loco supra dicto ita occisus est.

LXI. Pranderat forte publico, ut solebat, convivio, id est apertis papilionibus, cibo militari accepto (neque enim aliud a discutientibus militibus in tentoriis est repertum), et quum quiesceret post convivium, hora diei fere septima, unus ex Germanis, qui scurrarum

fut tué par des soldats qui l'outragèrent lui, comme un enfant, et sa mère comme une femme avare et cupide.

LX. Alexandre régna treize ans neuf jours. Il vécut vingt-neuf ans trois mois sept jours. Il agit toujours d'après l'avis de sa mère, et fut tué avec elle. Voici les présages de sa mort. Comme il célébrait par un sacrifice le jour de sa naissance, la victime blessée s'enfuit, et comme il n'assistait qu'en simple citoyen et mêlé parmi le peuple, elle ensanglanta la robe blanche dont il était vêtu. Un laurier énorme et antique, qui était dans le palais d'une ville d'où il partait pour aller à la guerre, tomba subitement tout entier. Trois figuiers, de ceux qui produisent les figues dites alexandrines, et après lesquels on avait fixé les tentes impériales, tombèrent subitement en avant de la sienne. Pendant qu'il était en marche, une dryade lui cria en langage gaulois : « Va, n'attends pas la victoire, méfie-toi de tes soldats. » Monté sur son tribunal pour haranguer les troupes, au lieu de dire des paroles de bon augure, il commença par celles-ci : « Le massacre de l'empereur Héliogabale. » On regarda comme un présage que, sur le point de partir pour la guerre, il eût employé des termes funestes dans une allocution aux soldats. Mais il méprisa souverainement toutes ces observations ; il partit, et, arrivé à l'endroit que nous avons dit, il périt de la manière suivante.

LXI. Il avait déjeuné ce jour-là en public, c'est-à-dire sous pavillons découverts, comme de coutume ; après s'être nourri des mêmes aliments que les soldats (car les soldats qui visitèrent la tente ne trouvèrent rien autre chose), il prenait quelque repos, vers la septième heure du jour, quand un des Germains, qui faisait l'office de bouffon, entra ; tout le monde dormait. Alexandre seul,

officium sustinebat, ingressus, dormientibus cunctis, solo tantum imperatore intervigilante visus est : cui Alexander, « Quid est, inquit, contubernalis? Num aliquid de hostibus nuntias? » At ille metu perterritus, et sperans non posse evadere, quod in tentorium principis irruisset, ad contubernales suos venit, eosque ad durum principem interimendum exhortatus est : qui subito plures armatique ingressi, inermes et obsistentes contruncaverunt, ipsumque pluribus ictibus confoderunt. Aliqui dicunt omnino nihil dictum, sed tantum a militibus clamatum : « Exi, recede ; » atque ita obtruncatum juvenem optimum²⁵.... Sed omnis apparatus militaris qui postea est ductus in Germaniam a Maximino, Alexandri fuit, et potissimus quidem per Armenios, et Osdroenos, et Parthos, et omnis generis hominum.

LXII. Contempsisse Alexandrum mortem, quum ferocitas mentis, qua militem semper attrivit, tum etiam illa declarant. Thrasybulus mathematicus illi amicissimus fuit : qui quum ei dixisset necessitatem esse ut gladio barbarico periret, primo laetatus est quod sibi mortem bellicam et imperatoriam crederet imminere : deinde disputavit, ostenditque optimos quosque violenta morte consumptos; quum diceret ipsum Alexandrum, cujus nomen teneret, Pompeium, Caesarem, Demosthenem, Tullium, et ceteros insignes viros, non quieta morte oppetisse; tantumque animi habuit, ut putaret se diis comparandum, si in bello periret : sed res eum fefellit. Nam et gladio barbarico, et scurrae barbari

à moitié endormi, le voyant : « Que veux-tu, camarade ? lui dit-il ; apportes-tu des nouvelles de l'ennemi ? » Ce malheureux, frappé de terreur, et croyant sa perte certaine pour être entré brusquement dans la tente du prince, alla trouver ses camarades, et les exhorta à se défaire d'un prince trop rigide. Ceux-ci aussitôt entrent tout armés, et, supérieurs en nombre, égorgent les gardes qui faisaient résistance quoique sans armes, et frappent l'empereur lui-même de plusieurs coups. Quelques auteurs prétendent que rien absolument n'avait été dit ; que seulement les soldats avaient crié : « Sors, retire-toi ; » et qu'ainsi avait été assassiné cet excellent jeune homme... Mais toutes les forces militaires que Maximin conduisit depuis en Germanie, et qui se composaient principalement d'Arméniens, d'Osdroènes, de Parthes, et de toutes sortes de nations, c'est Alexandre qui les avait réunies.

LXII. Le mépris d'Alexandre pour la mort est bien prouvé par la rigueur avec laquelle il traita toujours le soldat ; mais voici ce qui le rend encore plus évident : l'astrologue Thrasybule, qui vivait dans son intimité, lui ayant dit qu'il ne pouvait éviter de périr par le fer des barbares, il s'en réjouit tout d'abord, pensant que la mort qui l'attendait serait digne d'un guerrier et d'un empereur. Ensuite il expliqua et démontra que les plus grands hommes avaient péri de mort violente : il cita Alexandre lui-même, dont il portait le nom, Pompée, César, Démosthène, Cicéron, et autres personnages célèbres, dont la fin fut tragique. Il avait un tel orgueil qu'il se croyait comparable aux dieux, s'il lui arrivait de périr en combattant ; mais l'événement ne répondit pas à ses espérances. C'est bien, il est vrai, un glaive barbare qui trancha ses jours, c'est bien la main d'un bouffon

manu, verum non in bello, sed belli tempore, periit.

LXIII. Mortem ejus milites, et qui exauctorati ab eo quondam fuerant, gravissime tulerunt, atque auctores cædis trucidarunt. Populus vero Romanus, senatusque omnis cum provincialibus cunctis, neque tristius unquam neque asperius acceperunt; simul quod successoris asperitas atque rusticitas Maximini, utpote hominis militaris, cui cum filio post eum imperium delatum est, graviorem fati necessitatem videbatur ostendere. Senatus eum in deos retulit. Cenotaphium in Gallia, Romæ sepulcrum amplissimum meruit. Dati sunt et sodales, qui Alexandrini appellati sunt : addita et festivitas matris nomine, atque ipsius, quæ hodieque Romæ religiosissime celebratur, natali ejus die. Causa occidendi ejus ab aliis hæc fuisse perhibetur, quod mater ejus, relicto bello Germanico, Orientem ad jactantiam sui vellet redire, atque ob hoc esset iratus exercitus. Sed hæc ab amatoribus Maximini ficta sunt, qui videri noluerunt imperatorem optimum ab amico suo interfectum, contra jura humana atque divina.

LXIV. Hactenus imperium populi Romani eum principem habuit, qui diutius imperaret; post eum certatim irruentibus, et aliis semestribus, aliis annuis, plerisque per biennium, ad summum per triennium imperantibus, usque ad eos principes qui latius imperium tetenderunt, Aurelianum dico, et deinceps; de quibus, si vita suppeditaverit, ea quæ comperta fuerint publicabimus.

barbare qui le frappa ; on était en guerre, mais ce n'est pas à la guerre même qu'il périt.

LXIII. La mort d'Alexandre causa de vifs regrets aux soldats, à ceux même qui naguère avaient éprouvé les effets de sa sévérité : ils massacrèrent les auteurs de ce meurtre. Le peuple de Rome, le sénat tout entier et toutes les provinces ne reçurent jamais nouvelle avec plus de tristesse et d'amertume ; d'autant plus que l'âpreté et la rudesse de Maximin, homme élevé dans les camps, et qui conjointement avec son fils avait obtenu l'empire après Alexandre, semblaient leur annoncer des destins plus cruels. Le sénat mit Alexandre au nombre des dieux. Un cénotaphe lui fut élevé dans la Gaule, et un tombeau magnifique dans Rome. On lui donna des prêtres qui furent appelés Alexandrins : on établit aussi, en son nom et en celui de sa mère, une fête qui, encore aujourd'hui, se célèbre très-religieusement à Rome le jour anniversaire de sa naissance. Certains auteurs ont donné pour cause du meurtre de ce prince, que, sa mère abandonnant la guerre de Germanie pour aller étaler son luxe en Orient, l'armée en conçut un vif dépit. Mais c'est une invention des partisans de Maximin, qui ne voulurent pas que le meilleur des princes parût avoir été assassiné par son ami, contre tous les droits divins et humains.

LXIV. Jusqu'ici l'empire romain avait été gouverné par des princes qui conservaient assez longtemps la puissance ; mais de ceux qui, après Alexandre, usurpèrent le pouvoir à l'envi, les uns régnèrent six mois, les autres un an, la plupart deux ans, trois ans au plus, jusqu'à ces princes qui étendirent plus loin leur puissance, je veux dire Aurélien et ses successeurs, dont nous écrirons l'histoire telle que nous pourrons la recueillir, s'il nous est donné de vivre assez pour cela. On a reproché

Reprehensa sunt in Alexandro hæc, quod Syrus esse nolebat, quod aurum amabat, quod suspiciosissimus erat, quod vectigalia multa inveniebat, quod se magnum Alexandrum videri volebat, quod nimis severus in milites erat, quod curas privatas agebat : quæ omnia in republica instituerat. Scio sane plerosque negare, hunc a senatu Cæsarem appellatum esse, sed a militibus : qui verum prorsus ignorant; dicere præterea, non hunc fuisse consobrinum Heliogabali : qui, ut nos sequantur, historicos ejus temporis legant, et maxime Acholium, qui et itinera hujus principis scripsit.

LXV. Soles quærere, Constantine maxime, quid sit, quod hominem Syrum et alienigenam, talem principem fecerit, quum tot Romani generis, tot aliarum provinciarum reperiantur improbi, impuri, crudeles, abjecti, injusti, libidinosi. Jam primum possum de bonorum virorum respondere sententia, potuisse natura, quæ ubique una mater est, bonum principem nasci : deinde timore, quod pessimus esset occisus, hunc optimum factum. Sed quia verum est suggerendum, clementiæ ac pietati tuæ lecta reserabo. Notum est illud pietati tuæ, quod in Mario Maximo legisti, « Meliorem esse rempublicam et prope tutiorem, in qua princeps malus est, ea, in qua sunt amici principis mali : siquidem unus malus potest a plurimis bonis corrigi; multi autem mali non possunt ab uno, quamvis bono, ulla ratione superari. » Et id quidem ab Homulo ipsi Trajano dictum est, quum ille diceret, Domitianum pessimum fuisse,

à Alexandre de ne pas vouloir qu'on rappelât son origine syrienne, d'aimer l'or, d'être très-soupçonneux, d'avoir créé une multitude d'impôts, de vouloir passer pour le véritable grand Alexandre, d'être trop sévère à l'égard des soldats, de se mêler des affaires des particuliers : toutes innovations introduites par lui dans la république. La plupart des auteurs ont écrit que ce fut des soldats et non du sénat qu'il reçut le titre de César : mais ils sont mal informés; ils nient aussi qu'il ait été cousin d'Héliogabale : mais tous ces écrivains se rangeraient à notre avis, s'ils lisaient les historiens du temps, et surtout Acholius, qui a décrit les campagnes de ce prince.

LXV. Vous me demandez souvent, grand Constantin, ce qui a pu d'un homme étranger, d'un Syrien, faire un si bon prince, quand on en compte tant d'autres nés à Rome même ou sortis des provinces de l'empire, qui furent vicieux, impudiques, cruels, abjects, injustes, esclaves de toutes les passions. D'abord, pour ce qui regarde les bons, je puis vous dire ce que j'en pense : c'est que la nature, notre mère, toujours la même en tous lieux, a pu faire naître celui-ci vertueux; puis, que la crainte qu'inspirait l'exemple du mauvais prince qui venait d'être mis à mort, a pu mettre le comble à sa bonté naturelle. Mais puisqu'il faut que je vous déclare la vérité, je ferai part à Votre Clémence et à Votre Piété de ce que j'ai recueilli dans mes lectures. Vous savez, pour l'avoir lu dans Marius Maximus, « qu'un État est meilleur et plus sûr, quand le prince est mauvais, que lorsque ce sont les amis du prince qui sont méchants : car on peut espérer voir un méchant unique appelé à de meilleurs principes par les bons en grand nombre; mais si c'est le nombre des méchants qui l'emporte, quel moyen reste-t-il à un homme isolé, quelque bon

amicos autem bonos habuisse; atque adeo illum magis odio fuisse, qui rempublicam pejoris vitæ hominibus commendaverat, quia melius est unum malum pati, quam multos.

LXVI. Et ut ad rem redeam, Alexander quidem et ipse optimus fuit; nam hoc nemo vult, nisi bonus : et optimæ matris consiliis usus est; ac tamen amicos sanctos et venerabiles habuit, non malitiosos, non furaces, non factiosos, non callidos, non ad malum consentientes, non bonorum inimicos, non libidinosos, non crudeles, non circumventores sui, non irrisores, non qui illum quasi fatuum circumducerent; sed sanctos, venerabiles, continentes, religiosos, amantes principis sui, et qui de illo nec ipsi riderent, nec risui esse vellent, qui nihil venderent, nihil mentirentur, nihil fingerent, nunquam deciperent existimationem principis sui, sed amarent. Huc accedit, quod eunuchos nec in consiliis nec in ministeriis habuit, qui soli principes perdunt, dum eos more gentium aut regum Persarum volunt vivere : qui a populo et amicis principem submovent : qui internuntii sunt, aliud, quam respondetur, sæpe referentes, claudentes principem suum, et agentes ante omnia, ne quid sciat; qui quum empti sint, et pravi fuerint, quid tandem possunt boni sapere? Erat denique ejus ipsius sententia : « Ego de præfectorum, et consulum, et se-

qu'il puisse être, pour leur résister? » Et c'est la pensée d'Homulus quand il disait à Trajan lui-même que Domitien fut bien mauvais, mais que du moins il eut des amis vertueux; et que d'autant plus grande fut la haine qu'on voua à ceux qui avaient confié les intérêts de la république aux hommes les plus corrompus de mœurs : car on supporte plus volontiers un seul méchant que plusieurs.

LXVI. Mais, pour en revenir à notre sujet, Alexandre fut par lui-même un prince excellent; car, chose que n'eût pas faite un méchant homme, il suivit les conseils d'une excellente mère, et pourtant il avait autour de lui des amis purs et respectables, étrangers aux vices, aux concussions, à l'esprit de parti, à la ruse, incapables de s'associer à des projets injustes, amis des gens de bien; ce n'étaient pas des débauchés, des hommes sanguinaires; ils ne cherchaient pas à le circonvenir; ils ne tournaient pas ses bonnes actions en ridicule, ils ne l'eussent pas mené comme un insensé : mais c'étaient des personnages saints, vénérables, réservés, religieux, attachés sincèrement à leur prince, qui ne se seraient pas permis de rire à ses dépens, comme ils ne voulaient pas eux-mêmes servir de risée; incapables de vénalité, de mensonge, de feinte; qui jamais n'avaient abusé de l'estime de leur maître : en un mot qui l'aimaient. Ajoutez à cela que jamais à ses conseils ni à aucun emploi il n'admit les eunuques, cette race d'hommes qui, à eux seuls, perdent les princes, en voulant les faire vivre à la manière des peuples et des rois de la Perse; qui détachent insensiblement un prince de l'affection de son peuple et de ses amis : qui, chargés de recevoir ou de porter des réponses, les rendent infidèlement; et, séquestrant le prince, arrangent tout de manière à ce qu'il ignore ce qui se passe. Sa maxime favorite était celle-ci : « Je ne souffrirai pas que des esclaves achetés à prix d'argent

natorum capitibus, mancipia ære empta judicare non patiar. »

LXVII. Scio, imperator Constantine, quo periculo ista dicantur apud imperatorem qui talibus serviit; sed salva republica, posteaquam intellexisti quid mali clades istæ habeant, et quemadmodum principes circumveniant, et tu eos eo loci habes, ut nec chlamyde uti jusseris, sed necessitatibus domesticis delegaris. Jam illud insigne, quod solum intra palatium, præter præfectum, et Ulpianum quidem, neminem vidit : nec dedit alicui facultatem vel fumorum vendendorum de se, vel sibi de aliis male loquendi, maxime occiso Turino, qui illum quasi fatuum et vecordem sæpe vendiderat. His accessit, quod amicos et parentes Alexander si malos reperit, aut punivit, aut, si vetus vel amicitia, vel necessitudo non sivit puniri, dimisit a se, dicens : « His carior est mihi tota respublica. »

LXVIII. Et ut scias qui viri in ejus consilio fuerint : Fabius Sabinus, Sabini insignis viri filius, Cato temporis sui; Domitius Ulpianus, juris peritissimus; Ælius Gordianus, Gordiani imperatoris pater, et ipse revera vir insignis; Julius Paulus, juris peritissimus ; Claudius Venatus, orator amplissimus; Pomponius, legum peritissimus; Alphenus, Aphricanus, Florentinus, Martianus, Callistratus, Hermogenes, Venuleius, Triphonius, Metianus, Celsus, Proculus, Modestinus; hi omnes juris professores discipuli fuere splendidissimi Papiniani, et

puissent décider de la vie des préfets, des consuls, des sénateurs. »

LXVII. Je sais, grand Constantin, ce qu'on risque à dire de telles choses à un empereur qui s'est livré à ces sortes de gens; mais heureusement la république n'a rien à craindre, puisque vous avez compris tout le mal qu'on pouvait attendre de pareils fléaux, et comment ils se rendent maîtres des princes, et que vous les méprisez au point de ne pas permettre qu'ils portent la chlamyde, et de ne les employer qu'aux plus bas services de votre maison. Ce qui fait le plus d'honneur à Alexandre, c'est que jamais il n'admit personne seul avec lui dans son palais, excepté le préfet de Rome, et c'était Ulpien; et qu'il ne laissa personne faire trafic de ses faveurs, ou lui parler mal des autres : témoin la mort de Turinus, qui l'avait plusieurs fois vendu comme sot et insensé. Bien plus, si parmi ses parents ou ses amis Alexandre trouvait des gens de mauvaises mœurs, il les punissait; à moins qu'une amitié ou une liaison trop ancienne ne permît pas tant de sévérité; alors il les éloignait en disant : « L'amour de la république entière me dédommagera bien de leur amitié. »

LXVIII. Et afin que vous sachiez quels furent les hommes qu'il admit à son conseil, c'étaient Fabius Sabinus, fils de l'illustre Sabinus, et qui fut le Caton de son siècle; Domitius Ulpianus, savant jurisconsulte; Élius Gordianus, père de l'empereur Gordien, et lui-même personnage très-distingué; Julius Paulus, savant jurisconsulte; Claudius Venatus, orateur très-distingué; Pomponius, savant jurisconsulte; Alphenus, Aphricanus, Florentinus, Marlianus, Callistrate, Hermogène, Venuleius, Triphonius, Metianus, Celse, Proculus, Modestinus, tous professeurs de droit, et disciples du célèbre Papinien ; tels furent les amis et les compagnons de l'empereur Alexandre, comme l'ont écrit Acholius et Marius Maximus. Je citerai encore

Alexandri imperatoris familiares et socii, ut scribit Acholius et Marius Maximus; Catilius Severus, cognatus ejus, vir omnium doctissimus; Ælius Serenianus, omnium vir sanctissimus; Quintilius Marcellus, quo meliorem ne historiæ quidem continent. His tot atque aliis talibus viris, quid mali potuit cogitari vel fieri, quum ad bonum consentirent? Et eos quidem malorum cohors depulerat, qui circumvenerant Alexandrum primis diebus : sed prudentia juvenis, his malis occisis atque depulsis, amicitia ista sancta convaluit. Hi sunt qui bonum principem suum [26] fecerunt : et item amici mali, qui Romanos pessimos etiam posteris tradiderunt, suis vitiis laborantes.

Catilius Severus, son parent, homme du plus profond savoir; Élius Serenianus; des mœurs les plus austères; Quintilius Marcellus, au-dessus duquel l'histoire ne met personne pour la vertu. Avec tant et de tels personnages, que pouvait-il se faire, que pouvait-il se penser de mauvais, puisque toutes leurs pensées se concentraient vers le bien? La tourbe des méchants qui entouraient Alexandre dans les premiers jours de son règne avait voulu éloigner ces gens de bien; mais, par la prudence du jeune prince, la pure amitié qui l'unissait à eux grandit et se fortifia : les méchants furent mis à mort ou exilés. Voilà les hommes qui ont fait de leur empereur un bon prince; comme les amis pervers ont infecté de leurs vices d'autres empereurs romains de naissance, et les ont livrés au mépris de la postérité.

NOTES

SUR ÉLIUS LAMPRIDE.

VIE DE COMMODE ANTONIN.
(An. de J.-C. 180 — 192.)

1. — *Patre patruoque consulibus.* Sous le troisième consulat de Marcus Aurelius Antoninus, et le second de L. Élius Aurelius Verus. Ces deux Césars étaient frères parce qu'ils avaient été adoptés ensemble par Antonin le Pieux, ce qui motive la qualité de *patruus*, donnée à Lucius Verus relativement à Commode.

2. — *Avus maternus.* Antonin le Pieux (Titus Aurelius Fulvius Boionius Antoninus Pius), un des meilleurs empereurs romains, fils adoptif et successeur d'Adrien.

3. — *Marcus et suis præceptis et etiam magnorum*, etc. Hérodien nous donne les mêmes détails sur les soins que prit Marc-Aurèle de donner pour maîtres à son fils Commode les hommes les plus recommandables de son temps. Κόμμοδον, dit-il, ὁ πατὴρ, μετὰ τῆς ἄλλης ἐπιμελείας, ἀνεθρέψατο πάντοθεν τοὺς ἐν τοῖς ἔθνεσιν ἐπὶ λόγοις δοκιμωτάτους, ἐπὶ συντάξεσιν οὐκ εὐκαταφρονήτους καλῶν, ὅπως συνόντες ἀεὶ, παιδεύοιεν αὐτῷ τὸν υἱόν. Ainsi il alla chercher jusque hors des limites de l'empire romain, ἐν τοῖς ἔθνεσιν, des hommes qui pussent reproduire en la personne de son fils la science et les qualités morales dont ils brillaient eux-mêmes. L'histoire est là pour rendre témoignage du profit qu'il tira de tant de sollicitude. Et pourtant Dion Cassius dit, en parlant de ce même Commode : Πανοῦργος μὲν οὐκ ἔφυ, ἀλλ' εἴ καί τις ἄλλος ἀνθρώπων ἄκακος. Ce n'est donc pas le naturel qui l'emporta chez lui, s'il est vrai qu'il naquit exempt de méchanceté ; mais des courtisans dépravés, comme le dit plus loin Lampride, détruisirent les germes de vertus que son père et ses maîtres avaient fait naître dans son cœur, et Marc-Aurèle mourut avec la douleur de laisser à la république un maître dont les penchants ne lui présageaient que des maux. Je ne puis me défendre de rapporter ici quelques mots de la touchante allocution du prince mourant recommandant son jeune fils à ses amis et à ceux qui étaient auprès de lui : « Vous tous qui m'entourez, disait-il, servez-lui de pères : c'est vous qui l'avez élevé, qui l'avez instruit lorsqu'il entrait dans sa première jeunesse; maintenant que je ne vais plus être auprès de lui, ne l'abandonnez pas sur la mer orageuse de la vie, de peur que, privé de conseils, sans expérience et sans guide, il ne s'écarte des voies de la vertu : Γένεθε αὐτῷ ὑμεῖς ἀνθ' ἑνὸς ἐμοῦ πατέρες πολλοὶ, περιέποντές τε, καὶ τὰ ἄριστα συμβουλεύοντες. » (HEROD., lib. I.) Marc Aurèle ferma les yeux, et la république eut un monstre pour empereur.

4. — *Cum fratre suo Severo.* Saumaise, Casaubon et Gruter s'accordent à penser que Severus est ici pour Verus, ce troisième fils de Faustine, qui mourut, suivant Capitolin, à l'âge de sept ans, et dont le nom entier était Sextus Verus.

5. — *Subactore suo Antero.* Les scoliastes s'accordent pour proposer ici *Saoterus* ou *Sauterus*, au lieu de *Anterus.* Ils s'appuient de l'autorité de Dion. Mais ne serait-il pas permis de considérer Anterus comme une qualification analogue aux goûts dépravés de l'empereur et au rôle qu'il jouait dans l'appareil même de son prétendu triomphe? On sait que la mythologie grecque, suivant laquelle Ἔρως (Ἔρως) signifie *Cupidon*, la volupté, reconnaît sous le nom d'Antéros, Ἀντέρως, un autre fils de Vénus Postica, qui est l'amour antiphysique.

6. — *Romanus Hercules.* Aux surnoms de *Pius* et de *Felix*, qu'une flatterie dérisoire ne rougit pas de donner à l'empereur Commode, lui-même, dans l'excès de son orgueil, en ajoutait bien d'autres, parmi lesquels on ne peut voir sans étonnement ceux de Père de la patrie, de Pacificateur du monde, d'Invincible. On trouve dans Dion (*Vie de Commode*, ch. xv) la longue énumération des vains titres qu'il s'arrogeait.

7. — *Bellonæ servientes vere exsecare.* — Voir au sujet des prêtres de Bellone, une note de M. Legay (TREBELLIUS POLLION, *Vie de Claude*, note 9), dans le tome 1er des *Écrivains de l'Histoire Auguste.*

8. — *Sacra Mithriaca.* Mithra ou le feu générateur des êtres, était une divinité des Perses. Son culte, importé en Italie du temps de la guerre des pirates, l'an de Rome 687, s'accompagnait de tout ce qui pouvait inspirer la terreur. On lui immolait des hommes, des femmes, des enfants. Mais les mystères de Mithra avaient cessé d'être sanglants depuis qu'une loi de l'empereur Adrien eut aboli l'usage des sacrifices humains.

9. — *Monopedios et luscinios.* Il est impossible de conserver dans le français ce jeu de mots assez barbare. Des hommes que Commode avait privés d'une jambe, il les comparait à des tables à un pied, et le mot *luscus* (borgne), qui a de l'analogie, sans toutefois aucun rapport étymologique avec *luscinius* (rossignol), lui donna l'idée d'appeler *rossignols* ceux qu'il avait privés d'un œil.

10. — *Genere leguminum.... raro vacavit.* J'ai adopté cette leçon proposée par Saumaise, au lieu de *genera.... vocavit* des éditions imprimées; et je l'ai introduite dans le texte avec d'autant moins de scrupule, que, tout en fournissant un sens plus naturel et fort plausible, elle ne s'éloigne guère pour la forme matérielle de ce qu'on peut conjecturer des manuscrits. Casaubon et Gruter, que ce passage a arrêtés comme étant obscur, ont émis des conjectures inadmissibles, suivant moi, en ce qu'ils proposent de trop grandes modifications. Voici comment voudrait lire Casaubon : *Genera leguminum* CUNCTA SUUM *ad convivium propter luxuriæ continuationem non raro* VOCAVIT. Et Gruter : *Genera leguminum coctorum ad convivium propter luxuriæ continuationem* REVOCAVIT. La leçon de Saumaise est beaucoup plus simple, puisque, par le changement de deux voyelles dont les formes ont pu être douteuses dans les manuscrits, elle s'explique de la manière la plus rationnelle. J'avoue, pour ma part, que j'eusse été fort embarrassé de traduire la phrase en conservant *genera.... vocavit.*

11. — *Ex amore concubinæ suæ Marciæ.* Cette Marcia, suivant Dion Cassius, était fille de ce Quadratus qui fut mis à mort dans la conspiration dont il est parlé au chapitre IV. Peut-être eut-elle son plan de conduite arrêté en cherchant à attirer sur elle les regards du prince pour l'immoler plus sûrement plus tard à sa vengeance. Le fait est qu'elle devint la favorite de l'empereur, ἐκλεκτὸς πρόκειτος, et Dion rapporte qu'elle eut assez d'empire sur lui pour l'empêcher de persécuter les chrétiens. Voici les expressions de l'historien grec : ἱστορεῖται αὕτη πολλά τε ὑπὲρ τῶν χριστιανῶν σπουδάσαι, καὶ πολλὰ αὐτοὺς εὐεργετηκέναι, ἅτε καὶ παρὰ τῷ Κομμόδῳ πᾶν δυναμένη.

12. — *Bellum desertorum.* Un si grand nombre de ces *déserteurs* infestèrent les Gaules, que Sévère, successeur de Commode, envoya Pescennius Niger, qui fut depuis préfet de Lyon, et enfin empereur, pour arrêter leurs brigandages. Maternus était l'auteur de la défection, et fut mis à mort par Commode, comme aspirant à la pourpre impériale. *Voir* dans Hérodien les détails de cette conspiration.

13. — *Incendiariæ aves.* — Voir, sur ces oiseaux de mauvais augure, ce que dit Pline le Naturaliste, liv. x, ch. 13, et les notes qui accompagnent cet endroit, tant dans l'édition de Lemaire que dans celle de la collection Panckoucke. Du reste, on n'y trouve rien de déterminé quant à l'espèce d'oiseaux à qui cette fâcheuse épithète avait été dévolue.

14. — *Per portam Libitinensem.* On appelait porte Libitine, à Rome, celle par laquelle on portait les morts hors de la ville, ou bien encore une porte de l'amphithéâtre par laquelle on retirait les gladiateurs tués aux jeux. Il est probable qu'il est question ici de cette dernière. *Libitine* est une qualification de Proserpine présidant aux funérailles, et y soumettant les mortels suivant son caprice, *ad libitum.*

15. — *Denarios septingenos vicenos quinos.* Casaubon évalue cette somme exorbitante à environ 705 louis d'or de notre monnaie, *hodiernæ pecuniæ æstimatione valent,* ὡς ἔγγιστα, *aureis septingenis quinis,* et il fait observer qu'elle paraît être encore au-dessous de la vérité : car, dit-il, si, comme il est relaté par les actes publics, Commode a combattu 735 fois, *septingenties* TRICIES *quinquies,* comment se fait-il qu'ici le nombre des deniers donnés, en en comptant un pour chaque fois, ne soit que de 725, *septingenos* VICENOS *quinos?* Il propose en conséquence *tricenos,* au lieu de *vicenos,* ce qui n'est pas dénué de fondement; car Commode a sans doute voulu égaler le nombre des deniers qu'il donnait, au nombre de couronnes qu'il avait reçues au théâtre.

16. — *Caput dempsit, quod Neronis esset.* Il est certain que Commode enleva la tête du colosse pour y mettre la sienne; mais la tête était celle du soleil, et non celle de Néron : c'est Adrien qui en avait fait la dédicace. On trouve dans la *Vie d'Adrien* par Spartien, qu'en effet autrefois cette tête représentait l'image de Néron, mais que depuis elle avait été consacrée par Adrien au Soleil : *Hoc simulacrum post Neronis vultum, cui antea dicatum fuerat, Soli consecrasset (Hadrianus).* Dion se contente de dire qu'il enleva la tête du colosse et la remplaça par la sienne : Τοῦ κολοσσοῦ τὴν κεφαλὴν ἀποτεμών (*Vie de Commode,* ch. XXII). Mais Hérodien dit positivement que cette tête était alors celle du Soleil : Τοῦ μεγίστου ἀγάλματος κολοσσαίου, ὅπερ οἴδουσι Ῥωμαῖοι, εἰκόνα φέρον Ἡλίου, τὴν κεφαλὴν ἀποτεμών, ἱδρύσατο ἑαυτοῦ. On voit en outre, par ce passage d'Hérodien, que cette statue était un objet de vénération pour les Romains, ce qui n'eût pas été si elle eût encore représenté Néron.

17. — *Acclamationes senatus.* Julius Capitolinus est le premier des historiens qui donne les formules de ces acclamations, qui passèrent successivement du théâtre au forum et du forum au sénat. Les Grecs les appellent ἐπιβοήματα, d'après les Latins. On y trouve souvent les mêmes formules répétées cinq, dix, vingt et jusqu'à quarante et soixante fois, comme on peut voir dans la *Vie de Claude* par Trebellius Pollion, ch. iv. On trouve des exemples de ces acclamations jusque dans les conciles et les synodes. Elles étaient tantôt en bonne, tantôt en mauvaise part. Ces dernières portaient le nom d'anathèmes. Saint Jean Chrysostome s'éleva fortement contre cette coutume, qui, en effet, ne dépassa pas son époque.

18. — *Rogamus, auguste.* Le sénat s'adresse ici à Pertinax, salué empereur aussitôt après le meurtre de Commode, auquel, du reste, Julius Capitolinus (*Vie de Pertinax*, ch. iv) insinue qu'il ne resta pas étranger. On a pu voir dans la *Vie de Commode* par Lampride, ch. xvii, que Pertinax ne se rendit pas aux vœux du sénat, qui demandait que le corps de son prédécesseur restât sans sépulture, et qu'il le fit transporter au tombeau d'Adrien. Peut-être voulut-il, en agissant ainsi, écarter tout soupçon de s'être rendu complice de sa mort.

19. — *Speratum ad leonem.* Qui est ce Spérat? se demandent ici tous les scoliastes. Comme un peu plus haut on voit *delatores ad leonem*, on a pensé que peut-être c'était un de ces délateurs; mais il est plus probable que Commode, dans son délire, s'était donné à lui-même ce surnom comme gladiateur. Saumaise semble se complaire à substituer à ce nom le mot *desperatum*, le rapportant toujours à Commode; et il ajoute qu'il ne se repent pas de sa conjecture : *Legebam aliquando* DESPERATUM *ad leonem, cujus me nondum conjecturæ pœnitet.* Sans doute il entendait par là que Commode se jetait en désespéré dans le tourbillon des désordres.

VIE D'ANTONIN DIADUMÈNE.
(An de J. C. 217.)

1. — *Antonini Diadumeni.* On verra, ch. iv, d'où vient ce nom de *Diadumène*. Hérodien et Dion l'appellent *Diadumenianus* (Διαδουμενιανός). Lampride dit que son premier surnom fut *Diadematus* (le Couronné), à cause de l'accident qui accompagna sa naissance, et que l'appellation *Diadematus* fut changée en celle de *Diadumenus*, du nom de son aïeul maternel. Sans doute cet aïeul devait ce nom à pareille circonstance. Ces deux mots ne se refusent certainement point à reconnaître la même origine. Je trouve dans une note de Casaubon, explicative de l'usage superstitieux que l'on faisait de la membrane chorion, une citation grecque où elle porte le nom de ἔνδυμα. On n'en fait plus aujourd'hui un amulette; mais le proverbe, *Il est né coiffé*, survit encore pour exprimer un bonheur constant et quelquefois inespéré.

2. — *Acclamatum*. — *Voir* sur ces acclamations, notre note 17 sur la *Vie de Commode*.

3. — *Et cum patre occisum*. Voici le texte d'Hérodien : Τέλει τοιούτῳ ὁ Μακρῖνος ἐχρήσατο, συναναιρεθέντος αὐτῷ καὶ τοῦ παιδὸς ὃν ἦν ποιήσας Καίσαρα, Διαδουμενιανὸν καλούμενον. C'est le seul endroit où Hérodien parle du fils de Macrin.

4. — *Pantagathi*. Pline ne parle d'aucun oiseau de ce nom. Il est probable, et c'est la pensée de Gruter (*Thes. crit.*, t. VI, p. 932), qu'il est question ici de toute espèce d'oiseaux de bon augure : πάντες ἀγαθοί.

5. — *Genitura*. J'ai cru devoir m'écarter de la valeur ordinaire qu'a cette expression dans la haute latinité, et la rendre par *manière de naître, circonstances accompagnant la naissance*. La construction de la phrase m'a amené à adopter ce sens. Car *ejus* se rapporte à *ille*. *Ille* représente Diadumène : or, pour traduire *genitura* par *géniture, enfant*, il faudrait qu'il fût question du père dans le premier membre de la phrase.

6. — *Rumor de vi geniturae illius*. Déjà on croyait Macrin incapable d'avoir des enfants. On se rappelle sans doute que ses premiers mots au sénat furent que son âge avancé ne lui promettait pas une vie bien longue comme empereur. Or, Diadumène étant fort jeune quand il fut déclaré César, il s'ensuit que Macrin était déjà avancé en âge lors de la naissance de son fils.

7. — *Et quidem ferus*. L'usage d'avoir des lions apprivoisés se perpétue encore aujourd'hui en Amérique. Il n'est pas rare de voir à Mexico, par exemple, de ces terribles animaux, amenés à l'état de domesticité, et à une douceur pareille à celle du chien, dans l'intérieur des boutiques et des appartements, où ils se promènent entièrement libres, à la grande surprise, pour ne pas dire l'effroi, des visiteurs européens.

8. — *Cujus vitam junxissem patris gestis*. C'est à cause du nom

d'Antonin, c'est parce qu'à la faveur de ce nom si révéré il figure dans la grande famille, que Lampride a jugé à propos d'écrire séparément la vie du jeune empereur.

9. — *Qui esset secundus imperii*. Macrin avait été préfet du prétoire, sous l'empereur Antonin Bassianus. Or, la puissance attachée à cette charge le plaçait si près du trône, qu'il ne lui manquait que la pourpre et le titre impérial. C'était, a dit énergiquement Eunape, l'empire moins la pourpre : Βασιλεία ἀπόρφυρος. Les préfets du prétoire n'étaient cependant pas toujours tirés de l'ordre des sénateurs. C'est Alexandre Sévère qui y joignit cette qualité, afin, dit Lampride, qu'il ne pût pas arriver que des sénateurs eussent pour juge un homme qui ne fût pas de leur ordre : *ne quis non senator de Romano senatore judicaret*.

10. — *Interfectus est cum patre, non suo nomine*. Cette phrase ne s'accorde guère avec ce que dit Lampride plus bas. Il est possible que d'abord on ait eu l'intention d'épargner la vie de Diaduménien ; mais s'il mourut, c'est bien eu égard à ses faits personnels, et c'est la lettre tant soit peu hautaine et cruelle qu'il avait adressée à son père, et que l'on reproduisit au moment du meurtre de Macrin, qui détermina les soldats à se défaire d'un jeune homme qui promettait si bien pour l'avenir.

VIE D'ANTONIN HÉLIOGABALE.
(An de J.-C. 218.)

1. — *Heliogabalus*. L'an de J.-C. 217, Varius, étant âgé de treize ans, fut relégué avec toute sa famille, par l'empereur Macrin, dans la ville d'Émèse en Syrie. Là, par les soins de son aïeule l'ambitieuse Julie Mésa, la même que Lampride, je ne sais pour quelle cause, appelle Varia, il fut fait grand prêtre d'Héliogabale. Reste à savoir maintenant ce que signifie ce mot Héliogabale. L'histoire nous apprend que la ville d'Émèse reconnaissait pour divinité principale le Soleil (ἥλιος), auquel elle rendait un culte solennel dans un temple construit en son honneur. Cependant, malgré le rapprochement fort naturel du mot *hélios* (ἥλιος), *soleil*, avec le mot Héliogabale, ce n'est pas dans la langue grecque qu'il faut en chercher l'origine, sous peine de forger inutilement un mot hybride, c'est-à-dire une monstruosité. D'abord les manuscrits, les médailles antiques, et les premières éditions où se trouvent ce nom, portent non pas *Heliogabalus*, mais *Helagabalus* ;

et les auteurs grecs *Eleogabalos*. Renonçons donc à aucune étymologie grecque, et puisque les choses se passent en Syrie, recherchons dans les langues sémitiques l'origine de cette appellation. Peut-être, après tout, arriverons-nous au même résultat; seulement nous aurons suivi la marche la plus naturelle. « Les habitants d'Émèse adoraient le soleil, dit Hérodien, sous le nom d'*Éléogabale*. Ἱερῶντο θεῷ ἡλίῳ τοῦτον γὰρ ἐπιχώριοι σέβουσι, τῇ Φοινίκων φωνῇ Ἐλαιογάβαλον καλοῦντες. » Or, quant à la première partie du mot, nous la trouvons dans l'hébreu *El*, ou plus ordinairement sous la forme plurielle *Elohim*; nous la trouvons dans le syriaque *Eil* ou *Elah*; nous la retrouvons encore dans le fameux *Allah* des Arabes. Reste la seconde partie *gabalus*. Sous quelle forme cette divinité était-elle adorée? C'est encore Hérodien qui va nous donner cette dernière réponse : « Ceux d'Émèse, dit-il, adoraient le soleil sous la forme d'une roche immense, en forme de cône, qu'ils prétendaient être tombée du ciel. Λίθος ἐστὶ μέγισθος κάτωθεν περιφερὴς, λήγων εἰς ὀξύτητα, κωνοειδὲς δὲ αὐτῷ σχῆμα, κ. τ. λ. » Or, l'hébreu nous donne *ghibel*, qui signifie en même temps *montagne* et *pierre*. La langue syrienne ne nous fournit aucun analogue. Mais on retrouve en arabe *gibel*, *montagne*; d'où il suit que le mot *Helagabal*, Dieu-montagne, ou Dieu-pierre, est un mot entièrement hébreu ou phénicien, conservé dans l'ancien idiome des contrées syriennes. Après cette excursion linguistique, reconnaissons que, le dieu principal des Syriens étant réellement le Soleil, le nom grec du Soleil, *Hélios*, se trouvant analogue à celui de Dieu (*El*) dans les langues orientales, a bien pu être substitué au mot primitif, d'où est venu le latin *Heliogabalus*, puis le français *Héliogabale*.

2. — *Ædes Orci*. Sextus Rufus et Publius Victor, dans leur nomenclature des quartiers de Rome, placent dans la région XI (*Circus Maximus*) une chapelle de Dis ou Pluton, *Ædes Ditis patris*, qui est sans doute le monument dont parle ici Lampride.

3. — *Semiamiræ matri deditus fuit*. Dans Eutrope, le nom de la mère d'Héliogabale est *Semia Syra*. Peut-être que dans *Semiamira*, la dernière partie, *mira*, est qualificative, et signifierait alors *fille de prince*, *princesse* : la princesse Semia. Ce dernier nom se retrouve seul dans le *Soémis* (Σοαιμίς) de Dion Cassius, d'Hérodien, de Zonaras et de Xiphilin.

4. — *Quamvis virgo maxima falsam monstraverat*. Ce *quamvis* ne m'ayant pas paru donner un sens fort clair, j'ai adopté dans ma traduction le changement proposé par Saumaise, qui y sub-

stitue *quoniam*; mais je n'ai pas cru devoir l'introduire dans le texte, n'y étant autorisé par aucun manuscrit, ni par aucune édition.

5. — *Genitalia sibi devinxit.* On lit dans Pline, *Hist. Nat.*, liv. xi, ch. 119 : *Citra perniciem amputantibus Matris deum Gallis*, « les Galles de la Mère des dieux se mutilent sans que l'amputation leur soit funeste. » Il paraîtrait, par ce passage de Lampride, qu'en effet Héliogabale aurait sur lui-même exécuté l'éviration, et nous trouvons la chose dite encore plus clairement dans Aurelius Victor : *abcissis genitalibus, Matri se magnæ sacravit:* « se retranchant les parties génitales, il se consacra à la Mère des dieux. »

6. — *Salambonem.* Hesychius dit que Salambo est la Vénus des Babyloniens. Cette assertion est vraie sous certains rapports, mais ne peut être admise sans réserves. Il est vrai que Vénus, en tant que pleurant Adonis, a reçu le nom de Salambo; mais ce n'est pas des Syriens qu'elle a reçu ce surnom; ce sont les Grecs qui le lui ont donné. Le véritable nom de la Vénus des Syriens et des Assyriens est *Astaroth*, d'où *Astarté*. Mais les gémissements et les contorsions qui caractérisaient les fêtes d'Adonis ont fait donner à Vénus le nom de *Salambo*, à cause du deuil et de l'agitation extrême qu'elle manifesta autrefois, quand la mort lui enleva son Adonis. Σάλα signifie trouble, agitation; d'où σαλαγεῖν, troubler, et σαλαΐζειν, se lamenter, se frapper la poitrine dans un accès de douleur. Le *Grand Étymologicon* donne le dérivé σαλάμβη avec même signification que σάλα.

7. — *Lapides qui Divi dicuntur.* Saumaise propose *vivi* au lieu de *divi*. Mais ces pierres, en admettant qu'elles fussent considérées comme vivantes et du nombre de celles que les Grecs appelaient *empsyques* (ἔμψυχοι), étaient en même temps l'objet d'un culte, sinon comme étant des dieux, au moins comme participant à leur nature. Les peuples de l'Orient, qui avaient la même croyance, appelaient ces pierres *bœtyles* ou *abadir*.

8. — *Camelos, et asinos, et cervos.* De tout temps l'esclavage a assez avili l'espèce humaine, pour que les malheureux qui y étaient soumis ne comptassent plus parmi les hommes, mais bien parmi les choses, *res familiaris*, de pair avec les animaux domestiques; mais comme ici, par le changement d'une seule lettre, je pouvais éviter un exemple de plus de cette dégradation, j'ai adopté avec empressement la leçon du manuscrit palatin, qui donne *cervos* au lieu de *servos*.

9. — *Quod Antoninus pulcherrime profligaverat.* Il y a fort peu à gagner pour le sens dans le choix entre *quod* se rapportant à *bellum*, et *quos* se rapportant à *Marcomanni*. Cependant, comme les manuscrits et les éditions me laissaient pleine liberté, j'ai longtemps balancé si, contrairement à l'avis de Gruter et de Saumaise, je ne préférerais pas *quos*, en donnant à *profligaverat* la signification de *mettre en déroute, défaire*; mais, sur l'autorité de Tite-Live, qui a employé ce verbe dans le sens de *terminer*, et notamment avec *bellum*, je me suis décidé pour *quod*.

10. — *Concide, magire.* Je ne sais ce que fait ici *magirus*, mot grec qui signifie cuisinier ; mais ces deux mots réunis qui, à la lettre, ne peuvent se traduire que par *Découpe, cuisinier*, paraissent avoir été l'exclamation usitée que prononçait le *pronubus*, au moment où les époux montaient sur l'autel de Vénus. *Voir* du reste, à ce sujet, une note fort curieuse de M. de Molines sur ce passage, t. II, p. 117, édition de Berlin, 1783.

11. — *Vere liberam vindemiam.* Il y a ici un jeu de mots, fondé sur l'un des noms usités de Bacchus, qui s'appelait *Liber*, ou *Liber pater*.

12. — *Ad hortos Spei veteris.* Les jardins de l'ancienne Espérance. C'étaient probablement des jardins qui étaient sur l'emplacement d'un ancien temple dédié à cette divinité ; il y en eut beaucoup dans Rome, et Tarquin Collatin, si l'on en croit Tite-Live et Cicéron, en avait fait construire un dans le marché aux légumes. Onuphrius, dans une description de la ville de Rome, donne à la V° région (région Exquiline) le nom de *Spes vetus*.

13. — *Solus omnium principum tractus est.* Je ne puis m'empêcher de relever ici une erreur historique de notre auteur ; car Tacite nous dit formellement, en parlant de Vitellius (*Hist.* liv. III, ch. 86) : *Vitellium, infestis mucronibus coactum, modo erigere os et offerre contumeliis.... postremo ad Gemonias.... propulere :* « Vitellius était forcé par les épées dont on le menaçait, tantôt de lever la tête et de l'offrir aux insultes.... enfin on le traîna aux Gémonies.... ensuite, percé de coups, il tombe, et la populace l'outrage mort avec la même lâcheté qu'elle l'avait honoré vivant. » (*Trad. de C. L. F.* Panckoucke.) Et Suétone, *Vitellius*, ch. XVII : « Tandem apud Gemonias minutissimis ictibus excarnificatus atque confectus est, et inde unco tractus in Tiberim. » Enfin la seule différence entre les deux empereurs, c'est que Vitellius ne fut pas *in cloacam missus*.

14. — *Omnem apparatum imperatorium publice vendiderat.*

Voir la description détaillée et les suites de cette vente que fit Marc Antonin, ainsi que les motifs honorables qui y déterminèrent cet excellent prince, dans Capitolinus, *Vie de Marc Antonin*, ch. XVII, *Hist. Aug.*, t. III, p. 69.

15. — *Calcanea camelorum*. Les goûts d'Héliogabale devaient se ressentir des lieux où il avait reçu la naissance et la première éducation. Or, les peuples de l'Orient sont les seuls qui se soient plu jamais à manger du chameau; et Hérodien nous apprend que, dans le chameau, la partie regardée comme la plus délicate est le talon.

16. — *Dote tali*. Ici *dote* doit se traduire comme s'il y avait *antidoto*. Le manuscrit palatin, qu'a suivi en cet endroit l'édition de Leyde, 1671, 2 vol., offre une grande différence. Voici comment la phrase y est conçue... : *linguas pavonum et lusciniarum; quod qui ederet, ab epilepsia tutus diceretur;* c'est-à-dire, mets qui font regarder ceux qui les mangent comme à l'abri de l'épilepsie. Dans le fond, la différence est fort peu de chose; car entre l'épilepsie et la peste, le choix serait fort embarrassant. Notre édition est ici conforme au manuscrit de la Bibliothèque du Roi.

17. — *Leones et leopardos exarmatos*. D'après cette expression *exarmatos*, il semblerait que ces lions et ces léopards étaient non-seulement apprivoisés, mais privés des moyens de nuire. Peut-être qu'on leur avait limé les dents et les ongles de façon à leur en rendre l'emploi moins dangereux, si par hasard leur naturel féroce reparaissait; c'est ainsi que, par l'avulsion des crochets à venin, les montreurs de bêtes offrent sans danger aux yeux de la multitude les serpents les plus redoutables. Mais quant aux lions, aux tigres et aux léopards, voir notre note 7 sur Antonin Diadumène.

18. — *Centum folles æris*. Ce mot *follès*, que j'ai rendu par *pièce*, rappelle le *felous* des Arabes, qui signifie toute espèce de pièce de monnaie. Ainsi, pour demander à quelqu'un s'il a de l'argent sur lui, on lui dira *Hendak* FELOUS, as-tu de la monnaie? Ce mot *felous* correspond au *siql* des Hébreux; tous deux ont la même signification, et la racine de l'un comme celle de l'autre veut dire *peser*. J'ai traduit en ce sens.

19. — *Promisisse phœnicem convivis*. C'était bien assez, c'était même beaucoup trop, d'annoncer à ses convives de leur montrer un phénix, sans leur en promettre un à chacun. Le pluriel *eas*, qui suit, marque seulement qu'il fit cette annonce plusieurs fois, et qu'à chaque fois il mettait la même condition.

20. — *Præceptum judæis ut ederent.* Il y a ici erreur ou malice d'Héliogabale. D'abord tous les commandements faits aux juifs relativement aux animaux à manger étaient prohibitifs : tels et tels animaux étaient défendus, nuls n'étaient ordonnés. Ensuite, le chameau leur étant expressément prohibé, peut-être par extension l'oiseau-chameau, *struthiocamelus*, a-t-il participé à la défense; mais rien n'autorise le *præceptum ut ederent.*

21. — *Binas ad papillam.* Au lieu de *ad papillam*, que j'ai traduit par *le sein découvert*, le manuscrit palatin donne *ad pampillum*, qui ne devient traduisible que moyennant l'aspiration du second *p* et le changement de l'*i* en *y*. *Panphyllum* signifie chariot léger. Cette leçon est excellente, et en quelque façon plus conforme à la grammaire que *ad papillam.*

22. — *Quod non posset et electri.* — Voyez sur l'électre et sa composition, PLINE, *Hist. Nat.*, liv. XXXIII, ch. 4. Il peut être naturel ou factice. Dans l'un comme dans l'autre cas, il tient le milieu entre l'or et l'argent, comme participant des deux métaux, et ne peut pas à juste titre porter lui-même le nom de métal. Homère cite l'électre (*Odyssée*, liv. VI, v. 73) dans la description du palais de Ménélas.

23. — *Occisus est per scurras.* Ceci ne s'accorde guère avec ce que Lampride dit plus haut, ch. XVI et XVII ; cependant il est fort possible qu'aux soldats révoltés se soit jointe cette vile race de bouffons, toujours prête au coup de main dans toutes les révolutions, et qui ne reste attachée à ses maîtres qu'autant qu'elle en espère de l'argent ou des faveurs.

24. — *Qui post sequentur.* Il faut que d'autres vies d'empereur écrites par Lampride aient été perdues, ou qu'il se soit arrêté à celle d'Alexandre Sévère. Le fait est qu'après celle d'Héliogabale, c'est la seule qui nous reste de lui. La même observation peut avoir lieu relativement aux empereurs antérieurs à ceux dont nous avons l'histoire écrite par lui; car en plus d'un endroit il semble faire entendre qu'il en a donné plusieurs autres : à moins que ce qu'on attribue à d'autres auteurs ne lui appartienne réellement.

25. — *Severus Alexander.* Il ne peut être ici question de Sévère, successeur de Didius Julianus; encore moins d'Alexandre Sévère, dont la Vie suit. Ce ne peut donc être que ce Sévère collègue de Constance à l'empire, et créé César par l'empereur Galère, dont le nom entier était Marcus Aurelius Severus. Ains

c'est par erreur que quelque copiste, ayant sous les yeux l'Alexandre Sévère qui va suivre, aura ajouté au texte le mot *Alexander*.

VIE D'ALEXANDRE SÉVÈRE.
(An. de J.-C. 222 — 235.)

1. — *Quasi vetus jam imperator.* Au lieu de *vetus*, plusieurs manuscrits et éditions, notamment celle de Deux-Ponts, porte *verus*. J'ai adopté avec Saumaise la leçon du manuscrit palatin, comme offrant un sens raisonnable. En effet, Alexandre Sévère était déjà un véritable empereur, reconnu par le sénat et par l'armée, quand il reçut les différentes dignités dont parle Lampride : il n'y aurait rien de bien étonnant, s'il ne se fût agi pour les obtenir que d'être *verus imperator*. Mais nous voyons par l'histoire que tous ces honneurs ne furent pas d'ordinaire accumulés sur la tête des empereurs en une seule fois et comme du même coup, mais qu'à mesure qu'ils avançaient en âge, le sénat, pour leur témoigner sa reconnaissance ou même par flatterie, leur rendait de nouveaux honneurs en leur conférant de nouveaux titres. Ainsi il est bien acquis que c'est *vetus* qu'il faut adopter, et non *verus*; cependant il ne faut pas prendre ce mot dans toute la rigueur de son acception, et dire *un vieil empereur*, mais un empereur déjà ancien sur le trône, qui y a déjà passé plusieurs années. Les différents règnes de ces temps furent d'ailleurs si courts, qu'il fallait sans doute peu d'années pour constituer alors un long règne aux yeux des Romains.

2. — *Fuit et staturæ militaris.* La taille exigée pour le service militaire était, suivant les uns, de six pieds, *sex pedes habui* (Symphosius, *in Ænigm.*); suivant d'autres, de cinq pieds et demi, πέντε πόδας καὶ ἥμισυ (Dositheus, *in Sent. Hadr.*), et pour la vérification de cette taille il existait un instrument de mesurage assez semblable à celui dont nous nous servons pour la même fin, et que Végèce (liv. 1, ch. 5) appelle *incomma*, mot qu'Isidore explique par *mensura militum*. Il vient de ἐγκόπτω, *inciser*, parce qu'il portait sur une partie de sa longueur des marques faites par *incision*.

3. — *Antoninorum nomen, vel jam numen.* La vénération, l'espèce de culte dont a été l'objet le nom d'Antonin depuis Marc-Aurèle jusqu'à Héliogabale, nous est témoignée par tous les historiens tant grecs que latins. On a vu dans la *Vie de Diadumène* dans quel deuil se trouvait plongée la république à la mort de Bassien, parce qu'il n'existait plus d'Antonin, et comment elle accueillit la fraude de Macrin, qui s'empressa d'imposer à son fils un nom si vénérable, si nécessaire à l'existence de l'empire, *quod cum eo Romanum esset imperium periturum*, dont enfin le pouvoir presque magique imposait aux légions et au peuple. Malheureusement tous ceux qui l'ont porté ne s'en sont pas rendus ou conservés dignes.

4. — *Quadrupedum spurcissimus.* Ces expressions, et d'autres à peu près aussi choisies, nous scandaliseraient fort aujourd'hui dans la bouche de nos princes. Les mœurs d'alors n'étaient pas si difficiles, et d'ailleurs la haine générale qu'avaient laissée après eux les derniers maîtres de Rome, aggravée encore par ce qu'on regardait comme un sacrilége, d'avoir souillé par tant d'infamies et de cruautés le nom révéré d'Antonin, semble excuser ce que nous prendrions aujourd'hui pour une grave infraction aux convenances.

5. — *Solus.... qui tumultuantes legiones exauctoraverit.* J'allais me récrier ici, et rappeler le *Quirites appellans* de Tacite en parlant de la sévérité de Jules César à l'égard des légions ; mais Saumaise trouve moyen d'expliquer le *solus* de Lampride. César, dit-il, n'était pas encore dictateur perpétuel ni *imperator* dans l'acception que prit ce mot dans la suite. Il n'avait donc pas le pouvoir réuni en sa personne, comme l'ont eu depuis les maîtres de Rome. Il s'ensuit alors que si, depuis Jules César, aucun souverain n'avait usé de cette rigueur, Alexandre Sévère était réellement le seul empereur alors qui eût eu ce courage. Quant à l'expression de *Quirites*, c'est, pour établir un rapport avec nos mœurs actuelles, comme si un général d'armée, s'adressant à ses troupes, les appelait *Messieurs* au lieu des mots consacrés, *soldats*, ou *braves compagnons d'armes*. Or, on sait à quel point l'orgueil militaire se trouverait choqué.

6. — *Diutius intuentibus gravis.* Suétone, *Auguste*, ch. LXXIX, parle de l'espèce de fascination que ce prince se plaisait à exercer par le feu de ses yeux sur ceux qui voulaient le regarder en face : *Gaudebat*, dit-il, *si quis sibi acrius contuenti, quasi ad fulgorem solis, vultum submitteret.*

7. — *Apollonium, Christum, Abraham, et Orpheum.* Ceci rappelle cette Marcelline, dame romaine dont parle saint Augustin, et qui rendait un culte simultané à Jésus, à saint Paul, à Homère et à Pythagore, dont elle avait les images dans un lieu retiré, consacré à ses dévotions. Plus tard Alexandre joignit aux objets de

son culte le roi de Macédoine. L'Apollonius dont il est question ici est ce philosophe de Tyane, célèbre par ses prestiges et les miracles que la crédulité des peuples lui prêta. Sa vie, remplie d'anecdotes extraordinaires, a été écrite par Philostrate.

8. — *Et tractatæ firmabantur.* Voilà bien ce que nous appellerions la sanction royale. On soumettait à Alexandre, comme autant de projets, le résultat des délibérations des hommes instruits auxquels il avait abandonné la discussion, et lui se réservait d'y apposer simplement sa signature, ou d'y faire les modifications qu'il jugerait nécessaires.

9. — *Usus est Hadriani tetrapharmaco.* Les anciens appelaient tétrapharmaque un mets composé de plusieurs ingrédients. Alexandre en avait inventé un dont nous ne connaissons pas la composition.

10. — *Ex quo continuum capit leporem.* L'équivoque latine joue sur la ressemblance des mots *lepus* et *lepor*. Il est impossible de la rendre en français.

11. — *Multos solidos minores.* — *Solidus* est en latin toute pièce de monnaie qui à elle seule, *solus*, en représente plusieurs autres. Ainsi, dans notre système français, notre pièce de cinq francs, est *solidus*, par rapport à cinq pièces de 1 franc; le franc est *solidus* relativement à cent centimes. Le napoléon ou pièce de vingt francs, est *solidus* relativement à quatre pièces de 5 francs, ou à vingt pièces de 1 franc, etc.

12. — *Ut et Cicero docet.* On lit en effet, *in Verr. de Signis*, IV, presque au commencement : « Neminem, qui cum potestate aut legatione in provinciam esset profectus, tam amentem fore putarunt [majores nostri], ut emeret argentum; dabatur enim de publico : ut vestes; præbebatur enim legibus, etc. » C'est probablement ce passage que Lampride a eu en vue.

13. — *Annonas dedit.* Il est connu de tout le monde que les émoluments des fonctionnaires publics représentent les denrées en nature qui étaient affectées primitivement aux différents emplois. Or, ici il ne faut pas s'attacher exclusivement au sens indiqué par les dictionnaires, qui assignent au pluriel d'*annona* la signification de *pain* : la chose serait par trop ridicule; ce sens ne peut être aussi tranché que dans les auteurs de la haute latinité. La véritable valeur de ce mot, ici, est *pension*, *rétribution*, *solde*.

14. — *Jussu imperatoris occisus est.* Tout porte à croire que l'empereur dont il est question ici n'est plus Alexandre. Ses

mœurs en général, la manière dont il avait traité cet homme, les égards mêmes dont il l'avait entouré, sont autant de motifs de penser qu'il ne se serait pas abaissé à une telle lâcheté. Il lui avait d'ailleurs assez prouvé combien peu il le craignait. Il faut donc attribuer ce fait à son farouche successeur Maximin, qui fit périr dans les tourments tant de milliers de victimes de ses soupçons. Quant à ce qui suit, *quod ille militaris esset et a militibus amatus*, il est difficile de l'expliquer d'une manière plausible. Saumaise, à qui ce passage paraît tout à fait inintelligible, le suppose profondément altéré par les copistes, et propose de rétablir ainsi la phrase : *Sed post, injussu imperatoris, a militibus occisus est*. En admettant cette leçon, le meurtre d'Ovinius aurait eu lieu sous le règne d'Alexandre, mais à son insu, contre son gré, *injussu*, et par un zèle indiscret des soldats.

15. — *Dexippus dicit*. Dexippe, général athénien, rhéteur et historien, cité par Pollion et Julius Capitolinus, avait écrit une Histoire des empereurs, qui comprenait depuis Alexandre Sévère jusqu'au commencement du règne d'Aurélien, successeur de Claude. Suidas prétend qu'il s'appelait Erennius Dexippus. Comme écrivain, Capitolinus dit de lui que, bien que brièvement, il racontait tout avec fidélité. Comme général, c'est lui, au dire de Trebellius Pollion, qui, à la tête des armées athéniennes, vainquit et dispersa les Goths, qui, après avoir porté leurs ravages à Cyzique et dans l'Asie, avaient dévasté l'Achaïe entière.

16. *Argyroaspidas et Chrysoaspidas*. Quinte-Curce parle d'une légion macédonienne qui portait des boucliers d'argent. Nous avons vu plus d'une fois combien il tenait à se montrer l'égal du roi de Macédoine. Ici il enchérit sur le luxe de son rival, en se créant une garde à boucliers d'or.

17. — *Quirites appellans*. — *Voir* notre note 5 ci dessus.

18. — *Campidoctores*. Quoique jusqu'ici toutes les éditions aient porté *campiductores*, je n'ai pas cru devoir conserver ce mot, et, me fondant sur un manuscrit cité par Casaubon, et qui donne en cet endroit *campi certe doctores vestri*, j'ai adopté la leçon *campidoctores*, instructeurs, dont les fonctions étaient d'apprendre aux nouveaux soldats le maniement des armes et la connaissance des termes militaires; ce que les Grecs appelaient ὁπλοδιδάσκαλοι. Le mot *campidoctor* se lit dans Végèce, dans Ammien Marcellin, et sur d'anciennes inscriptions.

19. — *Artaxerxen regem potentissimum vicit*. L'histoire de cette guerre est tout différemment racontée par Hérodien, au

livre vi, qui donne d'assez grands détails sur l'usurpation d'Artaxerxès par le meurtre d'Artaban, le premier des grands rois ; sur l'insolence d'Artaxerxès, sur les craintes du peuple romain au départ d'Alexandre pour cette expédition, sur la maladie de ce prince, sur les fléaux qui vinrent accabler son armée, sur les défections, les trahisons, qui ruinèrent les projets de l'empereur romain. Lequel croire? Hérodien est appelé par Henri Estienne, historien αὐτόπτης et αὐτήκοος, ce qui équivaut à témoin oculaire; mais notre Lampride aussi n'est-il pas digne de foi, lui dont un biographe a dit qu'il était moins occupé de soigner son style et d'embellir ses récits, que de rapporter fidèlement les faits qu'il avait recueillis? Eutrope, dans son *Abrégé de l'Histoire romaine*, a inséré le fait tel à peu près que l'écrit Lampride. On y lit (liv. viii, ch. 14) : « Arelius Alexander...., suscepto adversus Persus bello, Xerxem, eorum regem, gloriosissime vicit. » Il ne faut pas faire attention à la différence du nom attribué au roi des Perses, car les historiens ont souvent confondu ces deux noms. M. Bouillet, dans son excellent *Dictionnaire universel d'histoire et de géographie*, a adopté la version de Lampride; suivant lui, le roi de Perse vaincu est Artaxerxe ou Ardéchir Babézan, fondateur de la dynastie des Sassanides.

20. — *Nec unquam ad privatos pertinerent.* C'est ainsi que, dans les Gaules, les *marchiones* ou *marchisi* étaient préposés à la garde des frontières ou *marches*, dont ils prenaient le nom, et qu'ils étaient tenus de protéger contre les incursions étrangères.

21. — *Gallicanæ mentes.... duræ ac retrogradæ.* Au lieu de ce mot *retrogradæ*, que donnent l'édition de Deux-Ponts et celle de Leyde, et que j'ai traduit par *regrettant le passé*, les anciens manuscrits donnent *retorridæ*, qui signifie *difficile à conduire*, ou d'un *caractère intraitable*, par allusion à ces substances qui, passées au feu, ne ploient plus, mais se cassent. Le manuscrit de la Bibliothèque du Roi, et l'un des deux manuscrits Dupuy, portent *retrorsæ*, qui se rapproche beaucoup du sens de *retrogradæ*. Gruter, Casaubon et Saumaise pensent unanimement que le mot primitif de notre auteur a dû être *retorridæ*, et pourtant maintiennent *retrogradæ* dans le texte. J'ai suivi leur exemple.

22. — *In vico cui Sicila nomen est.* Aurelius Victor place ce bourg en Bretagne, et lui donne le nom de *Sicilia*, qui, du reste, se lit ainsi, en cet endroit, dans les manuscrits palatins. Eutrope met tout simplement *in Gallia*. On place ce bourg dans le voisinage de Mayenne.

23. — *Matrem ejus avaram et cupidam.* Aurelius Victor dit, au sujet de l'avarice de Mammée, que ce qui restait à la fin d'un repas elle le faisait rapporter le lendemain. C'est tant soit peu bourgeois; mais il n'y avait pas là de quoi soulever l'armée contre elle. Il faut croire que son avidité pour les richesses ne s'est pas arrêtée à la *micrologie* de Casaubon, et qu'elle commit quelques injustices pour grossir son trésor; Alexandre lui-même n'était pas exempt d'avarice, si l'on en croit Zozime, qui dit (*Hist.*, liv. 1) qu'Alexandre recueillait de tous côtés des richesses qu'il déposait dans la main de sa mère : Φιλαργυρίας αὐτῷ νόσον ἐνσκῆψαι, καὶ χρημάτων ἐγκεῖσθαι συλλογῇ, ταῦτά τε παρὰ τῇ μητρὶ θησαυρίζειν. Remarquons le choix de l'expression νόσον : c'était chez lui *une maladie.*

24. — *Mulier Dryas.* Il n'est pas question ici de ces nymphes de la mythologie, dont l'existence était inséparable du chêne (δρῦς) auquel elles étaient attachées. Les Dryades dont Lampride fait mention, sont des devineresses qui devaient probablement leur nom à un ancien mot breton, *drus,* qui signifiait *un démon, un esprit.* Il y en avait beaucoup dans les Gaules, où elles jouissaient d'une grande considération. C'est une de ces prophétesses que l'empereur Aurélien consulta pour savoir si l'empire resterait longtemps à sa postérité. C'est encore une Dryade qui enflamma l'ambition de Dioclétien, en lui annonçant qu'il serait empereur quand il aurait tué un Aper.

25. — *Exi, recede.* A qui ces deux mots étaient-ils adressés? Il est probable qu'ils l'étaient à l'empereur lui-même, par quelques soldats instruits du complot, mais intimidés par les autres, et qui n'eurent pas le courage de défendre leur maître plus ouvertement, et surtout plus activement qu'en criant : « Sors, retire-toi. » Peut-être aussi, après le crime commis, les soldats qui en étaient les fauteurs et les témoins jusque-là muets, ont-ils crié au misérable instrument de leur fureur de s'éloigner au plus tôt. — *Obtruncatum juvenem optimum.* Entre cette phrase et la suivante il y a évidemment une lacune. Car la particule *sed* donne à présumer qu'il y avait là quelques observations sur cette guerre qu'Alexandre entreprit, dont il fit tous les frais, et que d'autres terminèrent plus ou moins honorablement.

26. — *Qui bonum principem suum fecerunt.* Au lieu de *suum,* Saumaise propose *Syrum,* qui établit une antithèse fort ingénieuse, et amenée bien naturellement par ce qui précède. Notre auteur disait au ch. LXV : « Vous me demandez souvent, grand Constantin, ce qui a pu d'un homme étranger, d'un Syrien, faire un si bon prince, etc. » Ici, après la longue énumération des personnages illustres dont le prince s'était entouré, il finit par dire (je traduis ici en adoptant *Syrum*) : « Voilà les hommes qui d'un Syrien ont fait un bon prince, tandis que des amis pervers ont infecté de leurs vices tant d'autres empereurs romains de naissance, et les ont livrés au mépris de la postérité. » Mais comme ce n'est qu'une conjecture, qui ne s'autorise d'aucun manuscrit, tout en rendant hommage à sa justesse et même à sa probabilité, je n'ai pas cru devoir l'introduire dans le texte.

FLAVIUS VOPISCUS.

NOTICE
SUR FLAVIUS VOPISCUS.

Cet historien, qui passe généralement pour le plus habile des six écrivains de l'*Histoire Auguste*, vivait à la fin du IIIe siècle, et dans les premières années du IVe; mais on ne sait d'ailleurs, d'une manière précise et formelle, ni la date de sa naissance, ni la date de sa mort. Il paraît que son aïeul et son père auraient vécu dans l'intimité de Dioclétien, avant son élévation à l'empire. C'est du moins ce que l'auteur donne clairement à entendre dans un assez grand nombre de passages, et notamment dans cette explication toute confidentielle sur le meurtre d'Aper : « Diocletianum avus meus sibi dixisse dicebat, nullam aliam fuisse sibi causam occidendi manu sua Aprum, nisi ut impleret Druidis dictum, et suum firmaret imperium ; non enim tam crudelem se innotescere cuperet, primis maxime diebus imperii, nisi illum necessitas ad hanc atrocitatem occisionis attraheret. »

Vopiscus, qui appartenait à une famille distinguée de la Sicile, quitta Syracuse, son pays natal, pour aller s'établir à Rome, où le fixa, dès sa jeunesse, un goût prononcé pour les lettres. Rien ne dit qu'il profita des avantages de sa naissance et des puissantes amitiés de sa famille, pour aspirer aux emplois publics ; mais il est démontré que, comme homme et comme écrivain, il jouissait d'une grande considération.

Cédant, s'il faut l'en croire, aux vives instances d'un personnage éminent, Julius Tiberianus, préfet de Rome, Vopiscus écrivit d'abord la vie de l'empereur Aurélien, puis celle de l'empereur Tacite, dont le règne fut si court, puis encore celle de Florien, frère du précédent, dont la fin fut si tragique. Plus tard il composa une Vie de Probus, qu'il annonce déjà dans celle de Florien, « ne voulant pas mourir, dit-il, sans avoir payé un juste tribut à la mémoire de ce grand homme : *ne, fatali necessitate absumptus, Probo indicto, deperirem*[1]. »

En effet, Probus mérite une mention toute particulière dans l'histoire si dramatique de cette époque tourmentée. Né à Sirmium, d'une famille obscure, bien qu'on ait voulu l'illustrer après coup, il avait passé par tous les grades, avant d'arriver au rang suprême. Longtemps il refusa l'empire ; et, revêtu malgré lui de la pourpre impériale : « Vous ne savez pas ce que vous faites, disait-il aux légions ; vous vous donnez un maître qui ne saura point vous flatter. » Et il tint parole. Dans un temps où les soldats étaient seuls souverains, soldat parvenu, on ne le vit jamais fléchir, ni leur faire grâce de la moindre faute. Sévère pour lui-même, il avait droit de l'être pour tout le monde. En Gaule, en Illyrie, à Rome, en Asie, en Afrique, partout, il donna l'exemple des vertus qu'il exigeait des autres. Mais le plus grand mérite de Probus, ce n'est pas la gloire militaire : il y avait autre chose, il y avait plus et mieux qu'un guerrier dans l'homme qui disait : « Bientôt nous n'aurons plus besoin de soldats, *brevi milites necessarios non habebimus.* » Parole remarquable, mais imprudente, et qui le perdit.

A peine il reste aujourd'hui quelques vagues souvenirs de tous ces empereurs, créatures et victimes du despotisme militaire. Il semble que la fortune ne les éleva si haut, de ses mains capricieuses, que pour jeter sur l'obscurité de leur naissance et de leur règne le funeste éclat d'une mort tragique. Mais un grand nombre de villes bâties et peuplées, d'immenses travaux accomplis par la main des soldats, la vigne plantée dans presque toute l'Europe par ses légions victorieuses, enfin ce sentiment profond des arts et de la paix, et surtout, ce noble dédain de la guerre qu'il a cependant si bien faite : tout cela montre qu'il y eut dans Probus un génie extraordinaire. En parcourant cette longue période, qui commence avec Pertinax, en l'année 193, jusqu'à l'époque où Constantin rétablit l'unité impériale, on trouverait difficilement un nom plus respectable que celui de Probus. Étonnée de cette série non interrompue de victoires remportées par les légions, Rome put encore une fois se croire la reine du monde. A l'exemple d'Aurélien, Probus sut maintenir

---

[1] La *Vie* de Probus est dédiée à Celse, ami intime de l'auteur, et que la conformité du nom a fait confondre quelquefois, mais à tort, avec le fameux médecin.

le respect de la discipline militaire, sans dépasser, comme lui, à l'exception d'une seule fois, les bornes de la justice et de l'humanité. Administrateur et guerrier, ce qui s'est rarement vu dans les empereurs de la décadence, il habitue les soldats à vaincre pendant la guerre, à travailler pendant la paix. Vainqueur des Germains, des Franks, des Lygiens, des Burgondes et des Wandales, il incorpore seize mille otages qu'il disperse avec soin dans les légions romaines, disant qu'un secours emprunté aux barbares devait se sentir, et non se voir. Il transporte ses nombreux prisonniers en Bretagne, et là, leur donnant des terres à cultiver, il les lie en même temps à la cause de l'empire. Partout, sur son passage, il rétablit l'ordre et la sécurité; à Rome, il extermine des gladiateurs, qui avaient commencé le pillage de la ville; en Illyrie, il refoule bien loin les Sarmates et les Gètes, dont les hordes farouches envahissaient les frontières; en Asie, il purge les monts Isauriens des brigands qui les infestaient; et il va jusqu'au fond de l'Égypte dompter la féroce tribu des Blemmyes. Enfin, il est permis de croire que, si Probus avait eu devant lui les dix-huit ans de règne de Septime Sévère, ou même seulement les treize années d'Alexandre, il aurait su mener à bonne fin des réformes efficaces et fondamentales. Ce danger menaçant des barbares, qui se pressaient chaque jour plus nombreux sur les frontières de l'empire, avait été conjuré par des victoires décisives : il fallait maintenant relever un gouvernement sans force morale, réformer des mœurs déplorables; il fallait surtout, par des mesures énergiques, réveiller l'esprit national, secouer cette indifférence mortelle pour tout ce qui tenait à la chose publique. Eh bien, il est hors de doute que Probus aurait employé les loisirs d'une paix glorieuse à la répression du désordre intérieur, cause première de la décadence. Il n'aurait pas réussi; car, pour cela, il eût fallu changer le monde : et quel homme aurait pu le faire? mais, secondée par le temps, son administration vigoureuse devait certainement ajourner à une date plus lointaine encore le moment fatal d'une catastrophe inévitable.

Malheureusement il ne régna que six ans, de 276 à 282 : assiégé par ses troupes dans une tour, du haut de laquelle il inspectait leurs travaux, il expia ce mot imprudent qui avait effrayé les légions. Mais la justice, sinon l'affection du soldat, éclata, dès le lendemain, par un hommage mérité que lui rendit l'armée tout entière. Elle lui éleva un tombeau magnifique, et grava sur le marbre cette inscription que l'histoire a conservée :

HIC PROBUS IMPERATOR,
ET VERE PROBUS,
SITUS EST,
VICTOR OMNIUM GENTIUM BARBARARUM,
VICTOR ETIAM TYRANNORUM.

Hommage impuissant et tardif, sans doute, mais que Probus seul, de tant d'empereurs égorgés par leurs troupes, a reçu de la justice même de ses meurtriers.

Nous devons encore à Vopiscus l'histoire du règne éphémère des quatre tyrans Firmus, Saturnin, Proculus et Bonose, et quelques lignes sur les trois empereurs Carus, Numérien et Carin. Par conséquent, ses écrits embrassent une période de quatorze années, entre 270 et 284 ; et rien n'indique, ni chez l'auteur lui-même, ni dans aucun écrivain postérieur ou contemporain, qu'il ait jamais écrit ou publié d'autres documents.

Dans la *Vie de Carin* (ch. XVIII), Vopiscus fait un grand éloge des quatre princes qui régnèrent ensemble, c'est-à-dire Dioclétien, Maximien, Galère et Constance-Chlore : « Ces quatre maîtres du monde furent courageux, sages, bienveillants et généreux. » Il dit que la biographie de chacun d'eux a été publiée séparément par Claudius Eusthenius, secrétaire de Dioclétien, et il ajoute : « Je mentionne ce fait, pour m'excuser à l'avance de ne pas entreprendre un travail aussi difficile : car on est toujours exposé à la critique, surtout lorsqu'on écrit l'histoire de princes vivants. » Il est clair, d'après ce passage, qu'il a survécu à Constance-Chlore, le père du grand Constantin. Pourtant, dans la *Vie d'Aurélien*, il dit quelque part (ch. XLIV) : « Aujourd'hui, que Constance est empereur, *et est quidem jam Constantius imperator*. » Mais cela peut s'expliquer de deux manières : soit en admettant que la *Biographie d'Aurélien* est son premier ouvrage, et que celle de Carin ne fut publiée qu'après la mort de Constance ; soit en supposant que, dans le texte, *Constantius* doive être remplacé par *Constantinus*; à moins encore que *Constantius* ne voulût désigner ici le fils de Constantin. Je préfère la première de ces hypothèses. Et la preuve que la *Vie d'Aurélien* parut bien avant toutes les autres, je la trouverais dans ces lignes de la *Vie de Probus* (ch. 1), où il dit : « On ne m'avait demandé, il y a bien longtemps, qu'une *Vie d'Aurélien*, et je l'ai faite du mieux qu'il m'a été possible. Mais il ne sera pas dit qu'ayant composé déjà celles de Tacite et de Florien, je ne m'élèverais pas jusqu'aux exploits de Probus. Non : que les dieux m'en laissent le temps, et j'espère bien poursuivre l'histoire des empereurs jusqu'à Maximien et Dioclétien. »

Ce n'est pas le lieu de discuter ici, avec Vopiscus lui-même, cette déclaration au moins inutile, et dont on voudrait ne pas sourire, à savoir, « qu'il n'a pas prétendu imiter Salluste, Tite-Live et Tacite. » On ne s'en aperçoit que trop, hélas! mais, sans compter le mérite d'une érudition supérieure à son époque, il faut reconnaître à Vopiscus le talent de raconter avec plus d'ordre que les autres écrivains de l'*Histoire Auguste*. Il voulait aussi composer la Vie d'Apollonius de Thyane, ce fourbe dont les païens opposaient les sortiléges aux miracles avérés du Christ; et même, dans la *Vie d'Aurélien* (ch. xxiv), il appelle cet imposteur « un sage, dont le crédit et la renommée ont traversé les âges, un philosophe des anciens temps, le véritable ami des dieux, et qui mériterait en quelque sorte les honneurs divins...; » puis, après quelques détails sur cet Apollonius, il ajoute : « A-t-on jamais vu parmi les hommes un personnage plus auguste, plus respectable, plus divin ? Il a rendu la vie aux morts : ses actions, ses paroles sont au-dessus de l'humanité. Pour les connaître, on n'a qu'à consulter les livres grecs, où sa vie est racontée. » Enfin, un peu plus loin, il s'écrie : « Ah! si les dieux m'en laissent le temps, et que ce soit toujours la volonté de mon protecteur, moi aussi j'essayerai de retracer les actions immortelles d'un si grand homme : non qu'une vie pareille ait besoin du secours de ma faible éloquence, mais pour que des faits si dignes de l'admiration des hommes soient célébrés par tout l'univers

On peut juger, par ces paroles, de la singulière réputation que l'auteur aurait faite à tant d'effrontés mensonges, dont la *Vie d'Apollonius* est remplie; et l'on doit avouer qu'une telle admiration pour un tel personnage n'est pas très-rassurante chez un historien. Mais, il faut le dire aussi, Vopiscus a toutes les faiblesses de son époque; il en partage les erreurs, les préjugés, et jusqu'aux superstitions les plus ridicules. Aurait-il, en effet, conservé, dans une histoire écrite de cet Apollonius, un ton aussi enthousiaste ? Il est raisonnable d'en douter. *Major e longinquo reverentia*, dit Tacite; et, vraisemblablement, l'étude et la réflexion auraient affaibli cette admiration exagérée, cette con-

llance par trop naïve, que nous avons peine à concevoir. Du reste, si Vopiscus est exact et consciencieux, il est absolument dépourvu de ce sens critique, si désirable et si nécessaire même, qu'on pourrait dire avec Bacon que, « sans lui, l'histoire est comme une statue de Polyphème privé de son œil unique. »

En résumé, il ne mérite ni tout le bien, ni tout le mal qu'on en a voulu dire. Comme écrivain, il est à peu près nul : cela est incontestable; comme historien[1], il vaut la peine qu'on l'étudie sérieusement : car, sans lui, on ne saurait guère que les noms de plusieurs empereurs. Or, en histoire, rien de positif n'est à dédaigner; et quelques lignes mal écrites sur un fait inédit qui menaçait de rester ignoré, sont préférables mille fois aux récits les plus éloquents d'un fait bien connu.

Le texte que nous donnons ici est, à quelques variantes près, conforme à l'édition de Deux-Ponts. Il existe de l'ouvrage que nous publions aujourd'hui trois traductions françaises : celle de Marolles, celle de Moulines, et celle que vient de donner M. Baudement, qui nous est tout à fait inconnue. Notre version nouvelle, malgré le temps que nous y avons consacré, présentera sans doute des imperfections; mais, si nous avons quelquefois erré, nous trouverons notre excuse dans les doctes commentaires de Casaubon, de Saumaise et de Gruter. On ne saurait, ce nous semble, se fier à des guides plus sûrs et dont la perspicacité soit plus généralement appréciée.

E. TAILLEFERT.

---

[1] Nous ne pouvons mieux faire que de renvoyer le lecteur au savant mémoire de M. J. Vict. Le Clerc, intitulé : *Des Journaux chez les Romains*. Dans ce livre remarquable, et qui fait autorité en ces matières, on trouvera une appréciation aussi judicieuse qu'originale de la valeur historique de Vopiscus.

FLAVIUS VOPISCUS.

[A. U. 1023—1028]

AURELIANI VITA.

1. Hilaribus[1], quibus omnia festa et fieri debere scimus, et dici, impletis solemnibus, vehiculo suo me et judiciali carpento præfectus Urbis, vir illustris, ac præfata reverentia nominandus, Junius Tiberianus accepit. Ibi, quum animus, a causis atque a negotiis publicis solutus ac liber, vacaret, sermonem multum a palatio usque ad hortos Valerianos instituit, et in ipso præcipue de vita principum. Quumque ad templum Solis venissemus, ab Aureliano principe consecratum[2], quod ipse nonnihilum ex ejus origine sanguinem duceret, quæsivit a me quis vitam ejus in litteras retulisset. Cui ego quum respondissem, neminem a me Latinorum, Græcorum aliquos lectitatos, dolorem gemitus sui vir sanctus per hæc verba profudit : « Ergo Thersitem, Sinonem, ceteraque illa prodigia vetustatis, et nos bene scimus, et posteri frequentabunt. Divum Aurelianum, clarissimum principem, severissimum imperatorem, per quem totus Romano nomini orbis est restitutus, posteri nescient! Deus avertat hanc amentiam? et tamen, si bene

FLAVIUS VOPISCUS.

[De J.-C. 270 — 275]

VIE D'AURÉLIEN.

1. On célébrait les fêtes de Cybèle, qui sont pour tout le monde, on le sait, un temps de réjouissances et de liberté. Junius Tiberianus, préfet de la ville, personnage éminent, et qu'il ne faut citer qu'avec respect, m'avait fait monter dans son char de magistrat, dans sa propre litière. Or, comme il avait quelque loisir, délivré qu'il était des soucis du forum et des affaires publiques, il se mit à causer avec moi, depuis le palais jusqu'aux jardins Valériens; et la conversation roula particulièrement sur la biographie des empereurs. Nous arrivâmes ainsi devant le temple du Soleil, consacré par Aurélien. Junius, qui descendait de ce prince, quoiqu'à un degré assez éloigné, me demanda qui avait écrit sa vie. « Je ne l'ai jamais lue en latin, lui répondis-je, mais je l'ai quelquefois lue en grec. » Alors cet homme vénérable exhala en ces termes son affliction : « Ainsi, les Thersite, les Sinon, et tant d'autres personnages, hontes de l'antiquité, nous les connaissons parfaitement, et la postérité les connaîtra comme nous; mais le divin Aurélien, si grand comme empereur, si ferme comme général, lui qui a fait rentrer l'univers tout entier sous la puissance romaine, nos descendants ne le connaîtront pas! Nous préservent les dieux d'une telle faute!

novi, Ephemeridas illius viri scriptas habemus, etiam bella, charactere historico digesta, quæ velim accipias, et per ordinem scribas, additis quæ ad vitam pertinent. Quæ omnia ex libris linteis[3], in quibus ipse quotidiana sua scribi præceperat, pro tua sedulitate condisces. Curabo autem ut tibi ex Ulpia bibliotheca et libri lintei proferantur. Tu velim Aurelianum ita, ut est, quatenus potes, in litteras mittas. » Parui ipse quidem præceptis : accepi libros Græcos, et omnia mihi necessaria in manum sumpsi : ex quibus et quæ digna erant memoratu in unum libellum contuli. Tu velim meum munus boni consulas : et si hoc contentus non fueris, lectites Græcos, linteos etiam libros requiras, quos Ulpia tibi bibliotheca, quum volueris, ministrabit.

II. Et quoniam sermo nobis de Trebellio Pollione[4], qui, a duobus Philippis usque ad divum Claudium et ejus fratrem Quintillum, imperatores tam claros, quam obscuros, memoriæ prodidit, in eodem vehiculo fuit : asserente Tiberiano quod Pollio multa incuriose, multa breviter prodidisset; me contra dicente, neminem scriptorum, quantum ad historiam pertinet, non aliquid esse mentitum, prodente quin etiam, in quo Livius, in quo Sallustius, in quo Cornelius Tacitus, in quo denique Trogus manifestis testibus convincerentur : pedibus in sententiam transitum faciens, ac manum porrigens jucundam præterea, « Scribe, inquit, ut libet : securus, quod velis, dicas, habiturus mendaciorum comites quos historicæ eloquentiæ mirantur auctores. »

Pourtant, si je ne me trompe, nous avons les Éphémérides écrites de ce grand homme, et même la relation authentique de ses guerres : vous devriez les prendre et les mettre en ordre, en y ajoutant des détails sur sa vie. Vous les trouverez dans les annales officielles, où il faisait, jour par jour, consigner tous ses actes, et que vous étudieriez avec conscience. Je mettrais aussi à votre disposition les annales de la bibliothèque Ulpienne. Faites-moi donc le plaisir, puisque cela vous est si facile, de composer une Vie d'Aurélien. » J'ai dû obéir. Je me suis entouré des livres grecs et de tous les documents qui m'étaient nécessaires ; j'en ai pris ce qui m'a paru digne de mémoire : c'est l'ouvrage que je vous envoie. Veuillez agréer ce faible présent ; et s'il ne vous paraît pas complet, lisez les originaux grecs, et même les manuscrits officiels de la bibliothèque Ulpienne : elle vous sera toujours ouverte.

II. Dans cette même conversation, on parla de Trébellius Pollion, qui a publié la vie des empereurs tant obscurs que célèbres, depuis les deux Philippes jusqu'à Claude et à son frère Quintillus. Et, comme Tiberianus avançait que Pollion était souvent négligé, souvent incomplet, je répondis à cela, qu'en fait d'historiens, il n'y en avait pas un seul dont l'exactitude fût parfaite en tous points ; et je citai bien des passages de Tite-Live, de Salluste, de Cornelius Tacite, et de Trogue Pompée, où l'erreur est manifeste. Il finit par se rendre à mon avis, et, me tendant la main gracieusement : « Eh bien, me dit-il, faites comme vous l'entendrez, écrivez comme il vous plaira ; on peut mentir à son aise en compagnie de ces grands hommes, les maîtres admirés de l'éloquence historique. »

III. Ac ne multa et frivola prooemiis odiosis intexam, divus Aurelianus, ortus, ut plures loquuntur, Sirmii[5], familia obscuriore, ut nonnulli, Dacia ripensi[6]. Ego autem legisse memini auctorem, qui eum Moesia genitum praedicaret. Et evenit quidem, ut de eorum virorum genitali solo nesciatur, qui, humiliori loco nati, plerumque solum genitale confingunt, ut dent posteritati de locorum splendore fulgorem; nec tamen magnorum principum virtutibus summa sciendi est, ubi quisque sit genitus, sed qualis in republica fuerit. An Platonem magis commendat, quod Atheniensis fuerit, quam quod unicum sapientiae munus illuxerit? An eo minores inveniuntur Aristoteles Stagirita, Eleatesque Zenon, aut Anacharsis Scytha, quod in minimis nati sunt viculis, quum illos ad coelum omnis philosophiae virtus extulerit?

IV. Atque ut ad ordinem redeam, Aurelianus, modicis ortus parentibus, a prima aetate ingenio vivacissimus, viribus clarus, nullum unquam diem praetermisit, quamvis festum, quamvis vacantem, quo non se pilo et sagittis ceterisque armorum exerceret officiis. Matrem quidem ejus Callicrates Tyrius, Graecorum longe doctissimus scriptor, sacerdotem templi Solis, in eo vico, in quo habitabant parentes, fuisse dicit: habuisse quin etiam nonnihilum divinationis, adeo ut aliquando marito suo jurgans ingesserit, quum ejus et stultitiam increparet et vilitatem : « En imperatoris patrem! » ex quo constat illam mulierem scisse fatalia. Idem dicit, auspicia imperii Aure-

III. J'aborde mon sujet sans préambule inutile et fatigant pour le lecteur. Aurélien naquit à Sirmium, d'une famille inconnue : c'est l'opinion la plus commune. Quelques-uns le font naître sur les côtes de la Dacie; un auteur que j'ai lu, le prétend originaire de Mésie. Ainsi l'on ignore quelquefois la patrie de ces hommes extraordinaires : nés dans l'obscurité, ils aiment à se donner eux-mêmes une patrie, afin d'ajouter à leur illustration l'éclat des lieux qui sont supposés les avoir vus naître. Pourtant, ce qui importe à la gloire des grands princes, ce n'est pas le pays où ils ont pris naissance, mais ce qu'ils ont fait pour la république. Platon est-il plus fameux, pour être né Athénien, que pour avoir été le plus brillant flambeau de la sagesse? Et Aristote de Stagire, Zénon d'Élée, Anacharsis le Scythe, en sont-ils moins grands, pour être nés dans les moindres bourgades, quand, grâce à la philosophie, ils se sont élevés jusqu'au ciel?

IV. Mais revenons à notre sujet. Aurélien, né de parents obscurs, montra dès l'enfance un caractère extrêmement vif. Doué d'une force remarquable, il se livrait tous les jours, même les jours de fête et de repos, aux différents exercices militaires : il lançait le javelot et tirait de l'arc. Callicrate de Tyr, le plus savant de tous les historiens grecs, assure que la mère d'Aurélien était prêtresse du Soleil dans le village où habitait sa famille; il paraît même qu'elle entendait assez la divination, s'il est vrai qu'un jour, reprochant à son mari son incapacité et sa bassesse, elle se serait écriée : « Voilà pourtant le père d'un empereur! » ce qui prouverait que cette femme était dans le secret des destins. D'autres présages auraient, selon Callicrate, annoncé la haute fortune d'Aurélien : d'abord, le bassin où on le baignait dans son

liano hæc fuisse : primum pueri ejus pelvem serpentem plerumque cinxisse, neque unquam occidi potuisse; postremo ipsam matrem, quæ hoc viderat, serpentem quasi familiarem occidere noluisse. His accedit, quod ex palliolo purpureo, quod Soli sui temporis imperator obtulerat, sacerdos mulier crepundia filio fecisse perhibetur. Addit etiam illud, quod vinctum fasciola Aurelianum aquila innoxie de cunis levaverit, et in aram posuerit quæ juxta sacellum forte sine ignibus erat. Idem auctor est, vitulum matri ejus natum miræ magnitudinis, candidum, sed purpurantibus maculis, ita ut haberet in latere uno avem, in alio coronam.

v. Multa superflua in eodem legisse memini : quippe qui asseverat etiam rosas in ejusdem mulieris chorte, nato Aureliano, exisse purpureas, odoris rosei, floris aurei. Fuerunt et postea multa omina jam militanti, futuri, ut res monstravit, imperii : nam ingrediente eo Antiochiam in vehiculo, quod præ vulnere tunc equo sedere non posset, ita pallium purpureum, quod in honorem ejus expansum fuerat, decidit, ut humeros ejus tegeret. Et quum in equum transire vellet, quia invidiosum tunc erat vehiculis in civitate uti, equus est ei imperatoris applicitus, cui per festinationem insedit; sed ubi comperit, semet ad suum transtulit. Data est ei præterea, quum legatus ad Persas isset, patera, qualis solet imperatoribus dari a rege Persarum, in qua insculptus erat Sol, eo habitu

enfance, fut entouré presque entièrement par un serpent que l'on ne put jamais tuer. Ce que voyant, la mère avait défendu qu'on y touchât : c'était, dit-elle, un génie familier. Autre circonstance : l'empereur d'alors ayant offert au Soleil un petit manteau de pourpre, la prêtresse, dit-on, en fit un hochet pour son fils. Chose plus surprenante encore : un aigle enleva de son berceau l'enfant enveloppé de ses langes, et le porta, sans lui faire de mal, près du temple sur un autel, où par bonheur il n'y avait point de feu allumé. Enfin, il raconte que dans son étable il était né un veau d'une grandeur prodigieuse, blanc, mais marqué de taches pourprées, figurant d'un côté un oiseau, et de l'autre une couronne.

V. Ces détails ne sont pas les seuls que je me rappelle avoir lus dans le même historien : il dit, par exemple, qu'après la naissance d'Aurélien, il poussa dans la cour de sa mère un rosier rouge, ayant le parfum de la rose et des pétales d'or. Plus tard, pendant ses campagnes, Aurélien lui-même eut plusieurs présages de l'empire qui l'attendait, ainsi que l'événement l'a fait voir. Comme il entrait dans Antioche, porté sur un char, à cause d'une blessure qui l'empêchait de monter à cheval, un manteau de pourpre, tendu pour lui faire honneur, se détacha et vint justement lui tomber sur les épaules. Il voulut pourtant monter à cheval, parce qu'on n'aimait pas alors à voir faire usage de chars dans les villes; et, dans sa précipitation, il sauta sur le cheval de l'empereur, qui se trouva là par hasard; puis, s'apercevant de sa méprise, il monta sur le sien. Quand il se rendit en ambassade chez les Perses, on lui offrit une coupe, comme les rois de Perse en donnent ordinairement aux empereurs : elle représentait le Soleil avec les attributs

quo colebatur in eo templo, in quo mater ejus fuerat sacerdos. Donatus eidem etiam elephantus præcipuus, quem ille imperatori obtulit : solusque omnium privatus, Aurelianus elephanti dominus fuit.

VI. Sed ut hæc et talia omittamus, fuit decorus, et gratia viriliter speciosus : statura procerior, nervis validissimis, vini et cibi paulo cupidior, libidinis raræ, severitatis immensæ, disciplinæ singularis, gladii exserendi cupidus. Nam quum essent in exercitu duo Aureliani tribuni, hic, et alius qui cum Valeriano captus est, huic signum exercitus apposuerat, *Manu ad ferrum;* ut si forte quæreretur, quis Aurelianus aliquid vel fecisset, vel gessisset, suggereretur, « Aurelianus Manu ad ferrum, » atque cognosceretur. Privati hujus multa exstant egregia facinora; nam erumpentes Sarmatas in Illyrico, cum trecentis præsidiariis solus attrivit. Refert Theoclius, Cæsarianorum temporum scriptor, Aurelianum manu sua, bello Sarmatico, uno die, quadraginta et octo interfecisse, plurimis autem et diversis diebus ultra nongentos quinquaginta ; adeo ut etiam ballistea pueri et saltatiunculas in Aurelianum tales componerent, quibus diebus festis militariter saltitarent :

> Mille, mille, mille, mille, mille, mille decollavimus.
> Unus homo mille, mille, mille, mille, decollavimus.
> Mille, mille, mille vivat, qui mille, mille occidit.
> Tantum vini habet nemo, quantum fudit sanguinis.

Hæc video esse perfrivola; sed quia suprascriptus auc-

mêmes sous lesquels on l'adorait dans le temple où sa mère était prêtresse. Il reçut en même temps un éléphant superbe qu'il offrit à l'empereur, et fut ainsi le seul particulier qui eut possédé un de ces animaux.

VI. Passons à d'autres détails. Aurélien était un homme de bonne mine; il avait un air mâle et imposant, une taille élevée, une constitution puissante. Il recherchait un peu trop les jouissances de la table; mais, presque étranger à d'autres plaisirs, il était extrêmement sévère, surtout grand observateur de la discipline, et sabreur par tempérament. Il y avait dans l'armée deux tribuns du même nom : lui, et un autre qui dans la suite fut fait prisonnier avec Valérien. Celui qui nous occupe, avait reçu des soldats le surnom de *Bonne lame;* aussi, quand on demandait lequel de ces deux officiers avait fait telle ou telle chose, si l'on répondait : « C'est Aurélien la bonne lame, » tout le monde comprenait. On rapporte de lui, avant qu'il fût empereur, des exploits remarquables. En Illyrie, avec trois cents garnisaires seulement, il dissipa une invasion de Sarmates. Theoclius, auteur d'annales impériales, rapporte que, dans la guerre contre les Sarmates, il en tua quarante-huit en un jour, et qu'en plusieurs fois, dans un certain espace de temps, il en tua plus de neuf cent cinquante. C'est au point que, les jours de fête, on entendait les enfants chanter, en dansant des pas militaires, ce refrain bien connu :

« Mille, mille, mille, nous en avons tué mille.
Mille, mille, mille, un seul en a tué mille.
Mille ans, qu'il vive mille ans, celui qui en a tué mille !
Personne n'a autant de vin, qu'il a versé de sang. »

Ce sont là de frivoles détails, je le sais; mais, comme

tor ita eadem, ut sunt, Latine suis scriptis inseruit, tacenda esse non credidi.

VII. Idem, apud Maguntiacum, tribunus legionis sextæ Gallicanæ, Francos[7] irruentes, quum vagarentur per totam Galliam, sic afflixit, ut trecentos ex his captos, septingentis interemptis, sub corona vendiderit[8]. Unde iterum de eo facta est cantilena :

> Mille Francos, mille Sarmatas semel et semel occidimus :
> Mille, mille, mille, mille, mille Persas quærimus.

Hic autem, ut supradiximus, militibus ita timori fuit, ut sub eo, posteaquam semel cum ingenti severitate castrensia peccata correxit, nemo peccaverit. Solus denique omnium, militem qui adulterium cum hospitis uxore commiserat, ita punivit, ut duarum arborum capita inflecteret, ad pedes militis deligaret, easdemque subito dimitteret, ut scissus ille utrinque penderet : quæ res ingentem timorem omnibus fecit. Hujus epistola militaris est ad vicarium suum, data hujusmodi :

« Si vis tribunus esse, imo, si vis vivere, manus militum contine. Nemo pullum alienum rapiat, ovem nemo contigat; uvam nullus auferat, segetem nemo deterat; oleum, sal, lignum, nemo exigat : annona sua contentus sit. De præda hostis, non de lacrymis provincialium, habeat. Arma tersa sint, ferramenta samiata, calceamenta fortia. Vestis nova vestem veterem excludat. Stipendium in balteo, non in popina habeat. Torquem brachialem et annulum apponat : equum sagmarium

l'auteur déjà cité nous a transmis ces paroles telles que je les donne en latin, je n'ai pas cru devoir les supprimer.

VII. Il était tribun de la sixième légion Gallicane, près de Mayence, lorsque les Franks passèrent le Rhin, et se répandirent par toute la Gaule. Il les tailla en pièces, leur tua sept cents hommes, et fit trois cents prisonniers qu'il vendit comme esclaves. Ce nouvel exploit donna lieu à ce nouveau refrain :

« Nous avons tué mille guerriers franks, et mille Sarmates : Il nous faut mille, mille, mille, il nous faut mille Perses. »

Nous avons déjà dit l'effroi qu'il inspirait au soldat; aussi n'eut-il jamais qu'un exemple à faire, et la même faute ne se représenta plus. On sait la punition étrange d'un soldat, convaincu d'adultère avec la femme de son hôte : aux sommets de deux arbres, violemment rapprochés, on lia les jambes du coupable, et les deux arbres, en reprenant leur position naturelle, emportèrent chacun une moitié de son cadavre palpitant : exécution terrible, et qui glaça l'armée tout entière. Voici quelques lignes de sa main, adressées à un lieutenant :

« Si tu veux rester tribun, non, si tu veux vivre, empêche la maraude. Qu'on ne s'avise de voler ni un poulet, ni un mouton; qu'on ne touche pas au raisin; qu'on respecte les moissons; qu'on n'obtienne de force ni l'huile, ni le sel, ni le bois : qu'on se contente de la ration. C'est du butin fait sur l'ennemi, et non des larmes des provinces, que le soldat doit vivre. Il faut des armes en bon état, des ustensiles bien entretenus, des chaussures solides, et des habillements neufs pour remplacer les vieux. Que le soldat garde sa paye dans son ceinturon, au lieu de la perdre au cabaret;

suum defricet, capetum animalis non vendat, mulum centuriatum comiter curet. Alter alteri quasi servus obsequatur; a medicis gratis curentur; haruspicibus nihil dent; in hospitiis caste se agant : qui litem fecerit, vapulet. »

VIII. Inveni nuper in Ulpia bibliotheca inter linteos libros epistolam divi Valeriani, de Aureliano principe scriptam, quam ad verbum, ut decebat, inserui.

« Valerianus Augustus Antonino Gallo consuli. — Culpas me familiaribus litteris, quod Postumio filium meum Gallienum, magis quam Aureliano, commiserim : quum utique et severiori et puer credendus fuerit et exercitus : nec tu id diutius judicabis, si bene scieris quantæ sit Aurelianus severitatis : nimius est, multus est, gravis est, et ad nostra jam non facit tempora. Testor autem omnes deos, me etiam timuisse, ne quid etiam erga filium meum severius, si quid ille fecisset (ut est natura pronus ad ludicra) levius, cogitaret. »

Hæc epistola indicat quantæ fuerit severitatis, ut illum Valerianus etiam timuisse se dicat.

IX. Et ejusdem Valeriani alia est epistola, quæ laudes illius continet, quam ego ex scriniis præfecturæ urbanæ protuli : nam illi Romam venienti salaria sui ordinis sunt decreta. Exemplum epistolæ :

« Valerianus Augustus Cejonio Albino, præfecto urbis. — Vellemus quidem singulis quibusque devotissimis rei-

qu'il porte l'anneau et le bracelet ; qu'il panse lui-même son cheval ; qu'il ne vende pas le fourrage de sa monture ; qu'il ait surtout grand soin du mulet de la compagnie. J'entends que les soldats soient entre eux aussi complaisants que des esclaves ; que les médecins les traitent gratis ; qu'on ne donne rien aux aruspices ; je veux qu'on respecte les femmes : quiconque fera du désordre, sera battu de verges. »

VIII. J'ai retrouvé dernièrement, à la bibliothèque Ulpienne, dans les annales officielles, une lettre autographe de l'empereur Valérien, où il parle de notre héros. Je me garde bien d'en changer un seul mot : la voici.

« Valérien Auguste au consul Antoninus Gallus. — Vous me grondez dans une lettre confidentielle, d'avoir donné mon fils Gallien à Postumius, de préférence à Aurélien, pensant, dites-vous, que les enfants doivent, comme les armées, être toujours confiés au plus sévère. Vous cesserez de penser ainsi, quand vous saurez ce que c'est que la sévérité d'Aurélien : sévérité pressante, excessive, accablante, et peu faite pour le temps où nous sommes. J'en atteste les dieux : connaissant la frivolité naturelle de mon fils, j'ai eu peur qu'Aurélien ne le punît trop durement pour quelque légèreté qu'il aurait commise. »

On voit par cette lettre quelle était la sévérité d'Aurélien, puisque l'empereur lui-même avoue qu'il en a eu peur.

IX. Une autre lettre du même empereur contient l'éloge d'Aurélien ; en voici la copie : l'original est aux archives de la préfecture urbaine. Aurélien arrivait à Rome, et on lui avait décerné la haute paye de son grade.

« Valérien Auguste à Cejonius Albinus, préfet de la ville. — Nous voudrions bien donner aux serviteurs les

publicæ viris multo majora deferre compendia, quam eorum dignitas postulat; maxime ubi honorem vita commendat; debet enim quid, præter dignitatem, pretium esse meritorum? Sed facit rigor publicus, ut accipere de provinciarum oblationibus ultra ordinis sui gradum nemo plus possit. Aurelianum, fortissimum virum, ad inspicienda et ordinanda castra omnia destinavimus : cui tantum a nobis atque ab omni republica, communi totius exercitus confessione, debetur, ut digna illo vix aliqua. vel nimis magna sint munera. Quid enim in illo non clarum? quid non Corvinis et Scipionibus conferendum? Ille liberator Illyrici, ille Galliarum restitutor, ille dux magni totius exempli. Et tamen nihil præterea possum addere tanto viro, ad muneris gratiam, quam patitur sobria et bene gerenda respublica 9. Quare sinceritas tua, mi parens carissime, supradicto viro efficiet, quamdiu Romæ fuerit, panes militares mundos sedecim, panes militares castrenses quadraginta; vini mensalis sextarios quadraginta; porcellum dimidium; gallinaceos duos; porcinæ pondo triginta; bubulæ pondo quadraginta; olei sextarium unum, et item olei secundi sextarium unum; liquaminis sextarium unum; salis sextarium unum; herbarum, olerum, quantum satis est. Sane quoniam ei aliquid præcipue decernendum est, quamdiu Romæ fuerit, pabula extra ordinem decernes : ipsi autem, ad sumptus, aureos Antoninianos diurnos binos, argenteos Philippeos minutulos quinquagenos, æris denarios centum : reliqua per præfectos ærarii præbebuntur. »

plus zélés de l'État des récompenses plus considérables que celles qui sont affectées à leur rang, surtout quand leur vie honore la position qu'ils occupent : car il ne faut pas tenir compte seulement du grade, mais aussi des services. Malheureusement, une justice rigoureuse défend de prélever, sur les dons offerts par les provinces, au delà de ce qui est assigné à chaque grade. Quant au vaillant Aurélien, nous l'avons nommé inspecteur et directeur de tous les camps : c'est un homme à qui nous-même, et la république avec nous, de l'aveu unanime de l'armée tout entière, nous avons de telles obligations, qu'il n'est pas de récompenses au-dessus de son mérite : à peine en est-il qui soient dignes de lui. En effet, que manque-t-il à sa gloire? N'est-il pas l'égal des Corvinus et des Scipion, lui, le libérateur de l'Illyrie, le restaurateur des Gaules, lui, enfin, le modèle accompli du général? Et cependant je ne puis accorder à un si grand homme, pour reconnaître ses services, au delà de ce que permettent l'ordre général et l'administration régulière de l'État. Je m'en remets donc à votre dévouement, mon cher Albinus, pour faire offrir à ce héros, tout le temps de son séjour à Rome, seize pains militaires de première qualité, quarante pains de munition, quarante mesures de vin ordinaire, la moitié d'un cochon, deux poules, trente livres de charcuterie, quarante livres de bœuf, une mesure d'huile fine, une d'huile ordinaire, une de graisse, une de sel, et une quantité suffisante d'herbes et de légumes. De plus, comme il mérite certainement de faire exception, vous verrez à ce qu'on lui fournisse un supplément de fourrages. Pour sa personne et ses dépenses, il recevra de vous par jour deux antonins d'or, cinquante petits philippes d'argent, et cent deniers d'airain. Le reste lui sera compté par les employés du trésor. »

X. Frivola hæc fortassis cuipiam et nimis levia esse videantur[10]; sed curiositas nihil recusat. Habuit ergo multos ducatus, plurimos tribunatus, vicarias ducum et tribunorum, diversis temporibus, prope quadraginta; usque adeo, ut etiam Ulpii Criniti (qui se de Trajani genere referebat, et fortissimi revera viri, et Trajani simillimi, qui pictus est cum eodem Aureliano in templo Solis, quem Valerianus Cæsaris loco habere instituerat) vicem sumeret, exercitum duceret, limitem restitueret, prædam militibus daret, Thracias bobus, equis, mancipiis, captivis locupletaret, manubias in Palatio collocaret, quingentos servos, duo millia vaccarum, equas mille, ovium decem millia, caprarum quindecim millia, in privatam villam Valeriani congereret. Tunc enim Ulpius Crinitus, publice apud Byzantium sedenti Valeriano in thermis egit gratias, dicens, « magnum de se judicium habitum, quod eidem vicarium Aurelianum dedisset : » quare eum statuit arrogare.

XI. Interest epistolas nosse Aureliano scriptas, et ipsam arrogationem.

Epistola Valeriani ad Aurelianum. — « Si esset alius, Aureliane jucundissime, qui Ulpii Criniti vicem posset implere, tecum de ejus virtute tute ac sedulitate conferrem; hunc tecum requirere potuissem. Suscipe bellum a parte Nicopolis, ne nobis ægritudo Criniti obsit. Fac quidquid potes : multa non dico. In tua erit potestate militiæ magisterium; habes sagittarios [11]

X. On trouvera peut-être tous ces détails bien frivoles; mais, pour bien connaître l'histoire, il ne faut rien négliger. Il remplit donc plusieurs fois les fonctions de général et de tribun en chef, et près de quarante fois, à diverses époques, il les remplit par intérim. Une fois, entre autres, il suppléa ce fameux Ulpius Crinitus, qui faisait remonter son origine jusqu'à Trajan. C'était un vaillant homme, en effet, et bien digne d'être comparé à Trajan : c'est lui qu'on a représenté avec Aurélien dans le temple du Soleil, et que Valérien avait l'intention de faire César. A la tête de cette armée, Aurélien rétablit les frontières, fit faire un butin considérable aux soldats, enrichit la Thrace de bestiaux, de chevaux, d'esclaves, de captifs; puis il plaça dans le palais des Césars une partie des dépouilles, et entassa dans la villa particulière de Valérien cinq cents esclaves, deux mille vaches, mille juments, dix mille brebis, et quinze mille chèvres. C'est alors que Crinitus rendit de publiques actions de grâces à l'empereur, qui était en ce moment aux thermes près de Byzance, et qu'il lui dit : « C'est un grand témoignage de votre estime, que de m'avoir donné un lieutenant comme Aurélien. » Aussi l'empereur voulut-il qu'il fût désigné consul.

XI. On ne lira pas sans intérêt la lettre suivante écrite à Aurélien, et le récit de cette adoption.

Lettre de Valérien à Aurélien. — « Si un autre que vous, cher Aurélien, était capable de remplacer Ulpius, je me reposerais avec vous sur son zèle et sur ses talents. Vos conseils m'auraient aidé dans cette recherche. Chargez-vous donc de porter la guerre du côté de Nicopolis; et que l'État, grâce à vous, ne s'aperçoive pas de la maladie d'Ulpius. Je ne vous dis pas : Faites beaucoup; mais faites de votre mieux. L'armée entière est à vos ordres. Vous avez trois cents ar-

Ityreos trecentos, Armenios sexcentos, Arabas centum quinquaginta, Saracenos ducentos, Mesopotamios auxiliares quadringentos : habes legionem tertiam Felicem, et equites cataphractarios octingentos. Tecum erit Hartomundus, Haldegastes, Hildemundus, Carioviscus. Commeatus a præfectis necessarius in omnibus castris est constitutus. Tuum est, pro virtutibus tuis atque solertia, illic hiemalia et æstiva disponere, ubi tibi nihil deerit; quærere præterea, ubi carrago sit hostium, et vere scire quanti qualesque sint; ut non vinum aut annona consumatur, aut tela jaciantur, in quibus res bellica constituta est. Ego de te tantum, Deo favente, spero, quantum de Trajano, si viveret, posset sperare respublica. Neque enim minor est, in cujus locum fidemque te legi. Consulatum cum eodem Ulpio Crinito in annum sequentem, a die undecimo kalendarum juniarum, in locum Gallieni et Valeriani, sperare te convenit sumptu publico; levanda est enim paupertas eorum hominum, qui, diu reipublicæ viventes, pauperes sunt, et nullorum magis. » His quoque litteris indicatur quantus fuerit Aurelianus, et revera; neque quisquam aliquando ad summam rerum pervenit, qui non a prima ætate gradibus virtutis ascenderit.

XII. Litteræ de consulatu. « Valerianus Augustus Ælio Xifidio, præfecto ærarii. — Aureliano, cui consulatum detulimus ob paupertatem, qua ille magnus est, ceteris major, dabis, ad editionem circensium, aureos Antoninianos trecentos, argenteos Philippeos minutulos tria millia, in

chers ituréens, six cents Arméniens, cent cinquante Arabes, deux cents Sarrasins, et quatre cents auxiliaires de la Mésopotamie; vous avez la troisième légion, la légion Heureuse, et huit cents cavaliers portant cuirasse. Vous aurez avec vous, Hartomond, Haldegaste, Hildemond et Cariovisque. Les vivres nécessaires ont été expédiés à tous les camps par les préfets. C'est à vous de faire votre plan de campagne, d'après vos connaissances et votre habileté, et de prendre vos quartiers d'hiver dans un pays où rien ne vous manquera. Tâchez de découvrir le campement des ennemis, et de savoir au juste leur nombre et leur force. Veillez à ce que l'on ne consomme pas en pure perte le vin, le pain ni les traits : vous savez combien cela est précieux à la guerre. Je compte sur vous, avec l'aide de Dieu, comme on compterait sur Trajan lui-même, s'il vivait encore ; et le général à la place duquel je vous envoie, ne le cède pas à ce grand homme. Vous pouvez, vous et Ulpius, compter sur le consulat pour l'année prochaine, à la place de Gallien et de Valérien; le onzième jour des calendes de juin, vous entrerez en charge. L'État en payera tous les frais, car personne ne mérite mieux cette faveur que ceux qui, après l'avoir servi de longues années, sont restés pauvres. » On voit par cette lettre même ce que c'était qu'Aurélien, et ce fut un grand homme en effet : on n'arrive guère au rang suprême, sans avoir, dès sa jeunesse, passé par tous les degrés de la vertu.

XII. Lettre au sujet du consulat. « Valérien Auguste à Élius Xiphidius, préfet du trésor. — Nous avons nommé Aurélien consul. Mais, pour que sa pauvreté, qui l'honore, et le met au-dessus de tous, n'empêche pas les représentations du Cirque, vous lui compterez trois cents antonins d'or, trois mille petits philippes d'argent et

ære sestertium quinquagies; tunicas multicias viriles decem, lineas Ægyptias viginti, mantelia Cypria paria duo, tapetia Afra decem, stragula Maura decem; porcos centum, oves centum : convivium autem publicum edi jubebis senatoribus et equitibus Romanis; hostias majores duas, minores quatuor.' » Et quoniam etiam de arrogatione aliqua me dixeram positurum, quæ ad tantum princi em pertinerent, quæso ne odiosior verbosiorve ea i videar : quam fidei causa inserendam credidi ex libris Acholii, qui magister admissionum Valeriani principis fuit, libro *Actorum* ejus nono.

XIII. Quum consedisset Valerianus Augustus in thermis apud Byzantium, præsente exercitu, præsente etiam officio palatino, assidentibus Memmio Fusco, consule ordinario, Bæbio Macro, præfecto prætorii, Quinto Ancario, præside Orientis; assidentibus etiam a parte læva Avulvio Saturnino, Scythici limitis duce, Murentio ad Ægyptum destinato, Julio Tryphone, orientalis limitis duce, et Meceo Brundusino, præfecto annonæ Orientis, et Ulpio Crinito, duce Illyriciani limitis et Thracii, et Fulvio Bojo, duce Rhætici limitis, Valerianus Augustus dixit : « Gratias tibi agit, Aureliane, respublica, quod eam Gothorum potestate liberasti. Abundamus per te præda, abundamus gloria, et his omnibus, quibus Romana felicitas crescit. Cape igitur tibi pro rebus gestis tuis coronas [12] murales quatuor, coronas vallares quinque, coronas navales duas, coronas civicas duas, hastas puras [13] decem, vexilla bicolora quatuor, tu-

cinquante mille sesterces de cuivre. Vous lui donnerez dix tuniques viriles de différentes façons, vingt autres de lin d'Égypte, deux casaques de Chypre bien semblables, dix tapis d'Afrique, dix couvertures mauresques, cent porcs et cent brebis. De plus, vous payerez les frais du banquet donné aux sénateurs et aux chevaliers romains; vous ferez immoler deux grandes victimes, et quatre petites. » Comme j'ai dit que je parlerais de l'adoption, je prie le lecteur de ne pas s'impatienter de tous ces détails, lesquels, d'ailleurs, concernent un si grand prince. Pour plus d'exactitude, je les ai tirés des mémoires d'Acholius, ancien maître des cérémonies de l'empereur Valérien, au livre neuvième de ses *Actes*.

XIII. Valérien se trouvait alors aux thermes, près de Byzance. Là, en présence de l'armée et de tous les officiers du palais, ayant à sa droite Memmius Fuscus, consul légitime, Bébius Macer, préfet du prétoire, Quintus Ancarius, gouverneur de l'Orient; ayant à sa gauche Avulvius Saturninus, commandant de la frontière scythique, Murentius, désigné gouverneur d'Égypte, Julius Tryphon, commandant de la frontière d'Orient, Meceus de Brindes, préfet des vivres d'Orient, Ulpius Crinitus, commandant des frontières de Thrace et d'Illyrie, et Fulvius Bojus, commandant de la frontière rhétique, Valérien Auguste parla en ces termes : « L'empire vous remercie, Aurélien, de l'avoir délivré des Goths. C'est à vous que nous devons tant de butin, tant de gloire, et tous ces bienfaits qui ajoutent à la prospérité publique. Recevez donc, comme prix de vos exploits, quatre couronnes murales, cinq couronnes vallaires, deux couronnes navales, deux couronnes civiques, dix lances sans fer, quatre enseignes de deux couleurs, quatre tuniques rouges, deux manteaux proconsulaires, une toge prétexte, une tunique brodée de palmes, une toge bro-

nicas ducales russas quatuor, pallia proconsularia duo, togam prætextam, tunicam palmatam, togam pictam, subarmalem profundum, sellam eboratam. Nam te consulem hodie designo, scripturus ad senatum, ut tibi deputet scipionem, deputet etiam fasces : hæc enim imperator non solet dare, sed a senatu, quando fit consul, accipere. »

XIV. Post hæc Valeriani dicta, Aurelianus surrexit, atque ad manus accessit, agens gratias militaribus verbis, quæ propria et ipsa apponenda decrevi. Aurelianus dixit : « Et ego, domine Valeriane, imperator Auguste, ideo cuncta feci, ideo vulnera patienter excepi, ideo et equos et cantherios meos lassavi, ut mihi gratias ageret respublica, et conscientia mea. At tu plus fecisti. Ago ergo gratias bonitati tuæ, et accipio consulatum, quem das. Dii faciant, et deus certus Sol, ut et senatus de me sic judicet ! Agentibus igitur gratias omnibus circumstantibus, Ulpius Crinitus surrexit, atque hac oratione usus est : « Apud majores nostros, Valeriane Auguste, quod et familiæ meæ amicum ac proprium fuit, ab optimis quibusque in filiorum locum fortissimi viri semper electi sunt, ut vel senescentes familias, vel fœtus matrimoniis jam caducos, substitutæ fecunditas prolis ornaret. Hoc igitur, quod Cocceius Nerva in Trajano adoptando, quod Ulpius Trajanus in Hadriano, quod Hadrianus in Antonino, et ceteri deinceps proposita suggestione fecerunt, jam in arrogando Aureliano, quem mihi vicarium judicii tui

dée, une cotte d'armes ciselée, une chaise d'ivoire. Car je vous désigne consul aujourd'hui, et je vais écrire au sénat pour qu'il vous envoie la baguette et les faisceaux consulaires : en effet, ce n'est pas l'empereur qui les donne, mais il les reçoit lui-même du sénat, quand il est nommé consul. »

XIV. Après ces paroles de l'empereur, Aurélien s'approcha, et lui rendit grâces dans des termes tout à fait militaires, que j'ai cru devoir rapporter ici : « Et moi, dit-il, seigneur Valérien, empereur Auguste, si j'ai fait de mon mieux, si j'ai souffert patiemment les blessures, si j'ai fatigué mes chevaux et mes équipages, c'était pour mériter les remercîments de l'État et l'approbation de ma conscience ; mais vous avez fait plus encore. Je rends donc grâces à votre bonté, et je reçois le consulat que vous me donnez. Fassent les dieux, et le Soleil, qui est un dieu aussi, que le sénat me soit aussi favorable ! » Puis, au milieu des actions de grâces de tous les assistants, Ulpius Crinitus se leva et prononça ces paroles : « Chez nos aïeux, Valérien Auguste, il existait une coutume qui a été particulièrement chère à ma famille, celle d'adopter comme fils les hommes les plus vaillants, pour qu'une sève nouvelle régénérât par sa fécondité les familles vieillissantes, ou suppléât à la stérilité des mariages. Aussi, me rappelant l'adoption de Trajan par Nerva, celle d'Adrien par Trajan, celle d'Antonin par Adrien ; songeant à ceux de leurs successeurs qui ont fait comme eux, j'ai résolu de les imiter, en adoptant Aurélien, que votre jugement si respectable m'a donné pour lieutenant. Ordonnez donc que la loi ait son cours, et qu'Ulpius Crinitus, consulaire, ait pour héritier de ses pénates, de son nom, de ses biens, en un mot, de tous ses droits,

auctoritate fecisti, censui esse referendum. Jube igitur ut lege agatur, sitque Aurelianus heres sacrorum, nominis et bonorum totiusque juris, Ulpio Crinito jam consulari viro, ipse actutum, te judice, consularis. »

XV. Longum est cuncta pertexere. Nam et actæ sunt Crinito a Valeriano gratiæ, et adoptio, ut solebat, impleta. Memini me in quodam libro Græco legisse (quod tacendum esse non credidi), mandatum esse Crinito a Valeriano, ut Aurelianus adoptaretur, idcirco præcipue, quod pauper esset : sed hoc in medio relinquendum puto. Et quoniam superius epistolam posui, qua sumptus Aureliano ad consulatum delatus est, quare posuerim rem quasi frivolam, eloquendum putavi. Vidimus proxime consulatum Furii Placidi tanto ambitu in Circo editum, ut non præmia dari aurigis, sed patrimonia viderentur; quum darentur tunicæ [14] subsericæ, lineæ paragaudæ, darentur etiam equi, ingemiscentibus frugi hominibus. Factum est enim ut jam divitiarum sit, non hominum consulatus : quia utique si virtutibus defertur, editorem spoliare non debent. Perierunt casta illa tempora, et magis ambitione populari peritura sunt. Sed nos, ut solemus, hanc quoque rem in medio relinquimus.

XVI. His igitur tot ac talibus præjudiciis muneribusque fultus, Claudianis temporibus tantus enituit, ut, post eum Quintillo quoque fratre ejus interempto, solus teneret imperium, Aureolo interfecto, cum quo Gallienus fecerat pacem. Hoc loco tanta est diversitas histori-

Aurélien, qui, grâce à votre choix, sera bientôt consulaire lui-même. »

XV. Je n'ajouterai pas d'autres détails : Valérien remercia Crinitus, et les formalités de l'adoption s'accomplirent suivant l'usage. Je me rappelle avoir lu dans un livre grec une assertion que je ne crois pas devoir taire : c'est que Valérien aurait ordonné à Crinitus d'adopter Aurélien, à cause de sa pauvreté. Mais je ne discuterai pas cette question ; et, puisque j'ai rapporté plus haut une lettre qui faisait remise à Aurélien des frais de son consulat, je dois dire pourquoi j'ai fait mention d'un détail, en apparence si frivole. Nous avons vu naguère le consulat de Furius Placidus donner lieu dans le Cirque aux plus étranges folies ; il semble que les conducteurs de chars y aient gagné non des présents, mais un patrimoine ; car on leur donna des tuniques mi-soie, des franges précieuses, et même des chevaux, au grand scandale des gens modérés. Ainsi, le consulat est donné aux richesses et non plus à l'homme ; pourtant, dans le cas même où il est accordé au mérite, devrait-il donc ruiner ceux qui le reçoivent ? Que nous sommes loin de ces temps vertueux ! et la brigue populaire nous en éloigne chaque jour davantage. Quant à nous, selon notre habitude, nous éviterons encore de nous expliquer là-dessus.

XVI. De pareils antécédents et des services si glorieux avaient fait à Aurélien, dès le règne de Claude, une position tout exceptionnelle. Aussi, à la mort de ce prince, que suivit bientôt celle de son frère, Aurélien se trouva seul maître de l'empire, grâce à la fin tragique d'Aureolus, à qui Gallien avait jadis accordé la paix. Dans cet endroit, il y a, même chez les historiens grecs, une

corum, et quidem Græcorum, ut alii dicant, invito Claudio ab Aureliano Aureolum interfectum, alii mandante ac volente, alii ab imperatore jam Aureliano eumdem occisum, alii vero adhuc privato. Sed hæc quoque media relinquemus, ab ipsis petenda, per quos in litteras missa sunt. Illud tamen constat, omne contra Mœotidas bellum divum Claudium nulli magis quam Aureliano credidisse.

XVII. Exstat epistola, quam ego, ut soleo, fidei causa, imo ut alios annalium scriptores fecisse video, inserendam putavi.

« Flavius Claudius Valerio Aureliano suo salutem. — Expetit a te munus solitum nostra respublica. Aggredere : quid moraris? Tuo magisterio milites uti volo, tuo ductu tribunos. Gothi oppugnandi sunt : Gothi a Thraciis amovendi. Eorum enim plerique Hæmimontum Europamque vexant, qui te pugnante fugerunt. Omnes exercitus Thracicos, omnes Illyricianos, totumque limitem in tua potestate constituo : solitam, en, nobis ede virtutem. Tecum erit etiam frater Quintillus, quum occurrerit. Ego aliis rebus occupatus, summam belli illius virtutibus tuis credo. Misi sane equos decem, loricas duas, et cetera quibus munire ad bellum euntem necessitas cogit. »

Secundis igitur prœliis usus, auspiciis Claudianis, rempublicam in integrum reddidit : atque ipse statim, ut supra diximus, consensu omnium legionum factus est imperator.

grande diversité d'opinions. Les uns veulent qu'Auréolus ait été tué par Aurélien, malgré Claude; les autres prétendent que Claude en avait donné l'ordre formel; les uns disent qu'Aurélien était déjà empereur, quand il le fit périr; les autres placent cette mort avant son avénement. Mais nous nous abstiendrons encore de nous prononcer sur ce fait, en renvoyant le lecteur à ceux qui l'ont avancé. Ce qu'il y a de certain, c'est que l'empereur Claude avait remis à Aurélien exclusivement la conduite de la guerre contre les Méotides.

XVII. Voici encore une lettre que j'ai cru, selon mon habitude, devoir reproduire comme un excellent témoignage.

« Flavius Claudius à son cher Aurélien, salut. — L'État réclame encore une fois les services que vous lui rendez si bien. Mettez-vous à l'œuvre sans retard. Que les soldats vous suivent comme maître de la milice, et les tribuns comme général. Il s'agit d'attaquer les Goths, et de les éloigner de la Thrace; car voilà encore une fois l'Hémimont et l'Europe désolés par ces barbares, qui ont déjà fui devant vous. Je mets sous votre autorité toutes les armées de Thrace et d'Illyrie, et toute la frontière : montrez votre valeur accoutumée. Quintillus, mon frère, ira se joindre à vous. Occupé que je suis d'autres affaires, je confie à vos talents toute la conduite de cette guerre. Je vous ai envoyé dix chevaux, deux cuirasses et tout l'équipage nécessaire à un général qui entre en campagne. »

C'est ainsi que, sous les auspices de Claude, par une suite de combats heureux, il rétablit dans son intégrité le territoire de l'empire, et aussitôt après, comme nous l'avons dit plus haut, du consentement de toutes les légions, il fut élu empereur.

XVIII. Equites sane omnes ante imperium sub Claudio Aurelianus gubernavit, quum offensam magistri eorum incurrissent, quod temere, Claudio non jubente, pugnassent. Item Aurelianus contra Suevos et Sarmatas iisdem temporibus vehementissime dimicavit, ac florentissimam victoriam retulit. Accepta est sane clades sub Aureliano a Marcomannis per errorem : nam, dum is a fronte non curat occurrere, subito erumpentibus, dumque illos a dorso persequi parat, omnia circa Mediolanum graviter evastata sunt; postea tamen ipsi quoque Marcomanni superati sunt. In illo autem timore, quo Marcomanni cuncta vastabant, ingentes Romae seditiones motae sunt, paventibus cunctis ne eadem, quae sub Gallieno [15] fuerant, provenirent. Quare etiam libri Sibyllini, noti beneficiis publicis, inspecti sunt; inventumque, ut in certis locis sacrificia fierent, quae barbari transire non possent. Facta denique sunt ea, quae praecepta fuerant in diverso caerimoniarum genere : atque ita barbari restiterunt, quos omnes Aurelianus carptim vagantes occidit. Libet ipsius senatusconsulti formam exponere, quo libros inspici Clarissimorum [16] jussit auctoritas.

XIX. Die tertio idus januarias, Fulvius Sabinus, praetor urbanus, dixit : « Referimus ad vos, patres conscripti, pontificum suggestionem, et Aureliani principis litteras, quibus jubetur ut inspiciantur fatales libri, quibus spes belli terminandi sacrato deorum imperio con-

XVIII. Mais il est certain, qu'avant d'arriver à l'empire, Aurélien avait commandé toute la cavalerie, quand ses chefs eurent encouru la disgrâce de Claude, pour avoir combattu sans ses ordres. Dans le même temps, il fit la guerre avec le plus grand succès aux Suèves et aux Sarmates, et il remporta sur eux une victoire signalée. Cependant il fut lui-même battu par les Marcomans, grâce à une méprise funeste. En effet, ils attaquèrent à l'improviste, quand on ne croyait pas avoir à les repousser en avant; et comme on se préparait à les poursuivre, tous les environs de Milan furent dévastés; mais un peu plus tard, les Marcomans furent vaincus à leur tour. Dans le fort de la terreur que causaient leurs ravages, de violentes séditions éclatèrent à Rome; et tout le monde craignit de voir se renouveler les désastres qui avaient eu lieu sous Gallien. Alors on eut recours aux livres Sibyllins, qui ont rendu à Rome tant de services; et l'on y trouva l'ordre de faire des sacrifices dans certains lieux, que ne pourraient franchir les ennemis. On accomplit toutes les cérémonies qu'ils prescrivaient, et ainsi furent arrêtés ces barbares, qu'Aurélien battit ensuite séparément. Nous allons donner textuellement le sénatus-consulte, en vertu duquel les Clarissimes ordonnèrent l'inspection des livres sacrés.

XIX. Le troisième jour des ides de janvier, Fulvius Sabinus, préteur urbain, s'exprima ainsi : « Nous soumettons à vos lumières, pères conscrits, l'avis des pontifes, et la lettre de l'empereur, ordonnant l'inspection des livres Sibyllins, lesquels nous donnent l'espoir de terminer la guerre, conformément à la sainte volonté des

tinetur. Scitis enim ipsi, quotiescumque gravior aliquis exstitit motus, eos semper inspectos : neque prius mala publica esse finita, quam ex iis sacrificiorum processit auctoritas. » Tunc surrexit primæ sententiæ Ulpius Syllanus, atque ita loqrutus est : « Sero nimis, patres conscripti, de reipublicæ salute consulimus; sero ad fatalia jussa respicimus, more languentium, qui ad summos medicos, nisi in summa desperatione, non mittunt : proinde quasi peritioribus viris major facienda sit cura; quum omnibus morbis occurri sit melius. Meministis enim, patres conscripti, me in hoc ordine sæpe dixisse, jam tum quum primum nuntiatum est Marcomannos erupisse, consulenda Sibyllæ decreta, utendum Apollinis beneficiis, inserviendum deorum immortalium præceptis : recusasse vero quosdam, et cum ingenti calumnia recusasse, quum adulando dicerent tantam principis esse virtutem, ut opus non sit deos consuli : proinde quasi et ipse vir magnus non deos colat, non de diis immortalibus speret! Quid plura? audivimus litteras, quibus rogavit opem deorum, quæ nunquam cuiquam turpis est, ut vir fortissimus adjuvetur. Agite igitur, pontifices, qua puri, qua mundi, qua sancti, qua vestitu animisque sacris commodi, templum ascendite, subsellia laureata constituite, veteranis manibus libros evolvite, fata reipublicæ, quæ sunt æterna, perquirite. Patrimis matrimisque pueris carmen indicite : nos sumptum sacris, nos apparatum sacrificiis, nos aris ambarvalia [17] indicemus. »

dieux. Vous savez déjà que, dans toutes les guerres importantes, on les a consultés, et que le terme des calamités publiques est ordinairement dans les sacrifices qu'ils prescrivent. » Alors Ulpius Syllanus, qui opinait le premier, se levant : « Pères conscrits, dit-il, nous avons trop tardé à nous occuper du salut de l'État, trop tardé à consulter les arrêts du destin : semblables à ces malades qui n'envoient qu'en désespoir de cause chercher les grands médecins ; comme si les hommes habiles devaient être réservés pour les cures dangereuses, tandis qu'il est bien plus sûr de les appeler dans tous les cas. Vous vous souvenez sans doute, pères conscrits, que depuis longtemps déjà, quand on nous annonçait l'invasion des Marcomans, je vous ai conseillé d'ouvrir les livres Sibyllins, d'user des bienfaits d'Apollon, et d'obéir à l'ordre des dieux immortels; mais quelques-uns ont repoussé ce conseil, ils l'ont repoussé outrageusement, disant, pour flatter l'empereur, sans doute, qu'avec un si grand général on n'avait pas besoin de consulter les dieux : comme si ce grand prince n'était pas le premier à les honorer, à compter sur leur appui! Enfin, on vous a lu la lettre où il implore le secours des dieux, dont l'aide ne saurait avoir rien de déshonorant pour le guerrier le plus brave. Hâtez-vous donc, pontifes ; montez au temple avec la pureté, la sainteté, avec l'esprit et dans l'appareil qu'exigent de telles cérémonies. Alors que les banquettes auront été couvertes de lauriers, vos mains vieillies au service des dieux ouvriront les livres sacrés, et leur demanderont les destinées de l'État, dont la durée doit être éternelle. Aux jeunes enfants que la nature n'a privés ni d'un père ni d'une mère, apprenez les chants qu'ils doivent réciter. Nous, nous voterons les frais des cérémonies, l'appareil pour les sacrifices, et les victimes ordinaires. »

XX. Post hæc, interrogati plerique senatores sententias dixerunt, quas longum est innectere; deinde, aliis manus porrigentibus, aliis pedibus in sententias euntibus, plerisque verbo consentientibus, conditum est senatusconsultum. Itum est deinde ad templum, inspecti libri, proditi versus, lustrata urbs, cantata carmina, amburbium celebratum, ambarvalia promissa: atque ita solemnitas, quæ jubebatur, expleta. Est epistola Aureliani de libris Sibyllinis : hanc ipsam quoque indidi ad fidem rerum.

« Miror, vos, patres sancti, tamdiu de aperiendis Sibyllinis dubitasse libris; perinde quasi in christianorum ecclesia, non in templo deorum omnium tractaretis. Agite igitur, et castimonia pontificum, cærimoniisque solemnibus juvate principem, necessitate publica laborantem. Inspiciantur libri : quæ facienda fuerint, celebrentur; quemlibet sumptum, cujuslibet gentis captivos, quælibet animalia regia non abnuo, sed libens offero; neque enim indecorum est diis juvantibus vincere : sic apud majores nostros multa finita sunt bella, sic cœpta. Si quid est sumptuum, datis ad præfectum ærarii litteris decerni jussi; est præterea vestræ auctoritatis arca publica, quam magis refertam esse reperio, quam cupio. »

XXI. Quum autem Aurelianus vellet omnibus simul, facta exercitus sui constipatione, concurrere, tanta apud Placentiam clades [18] accepta est, ut Romanum pæne sol-

XX. Ensuite, on consulta la plupart des sénateurs, dont nous nous dispenserons de rapporter les avis : les uns étendant la main, les autres allant se ranger à côté de ceux dont ils partageaient le sentiment, la plupart enfin donnant de vive voix leur adhésion, le sénatus-consulte fut rédigé. Puis on se rendit au temple; les livres furent examinés, les vers publiés; l'eau lustrale purifia la ville, on chanta les hymnes pieux, on fit une procession solennelle autour des murs, on immola les victimes promises, et ainsi furent accomplies les solennités prescrites. Voici la lettre de l'empereur au sujet des livres Sibyllins : je la citerai tout entière, comme un témoignage irrécusable.

« Il me semble étonnant, sénateurs, que votre sainteté ait tardé si longtemps à ouvrir les livres Sibyllins : comme si vous délibériez dans une assemblée de chrétiens, et non dans le temple des dieux immortels! Hâtez-vous donc, et, par la purification des prêtres, par les cérémonies imposantes de la religion, assistez l'empereur, qui souffre de la position difficile où se trouve la république. Que l'on examine les livres sacrés; que l'on s'acquitte envers les dieux des devoirs qui auraient dû leur être déjà rendus. Toutes les dépenses, les captifs de toute nation, les victimes royales, loin de les refuser, je vous les offre avec empressement; car il ne peut y avoir de honte à vaincre avec l'aide des dieux. C'est ainsi que nos pères ont entrepris, ainsi qu'ils ont terminé tant de guerres. Quant aux dépenses, j'y ai pourvu en écrivant au préfet du trésor. D'ailleurs, vous avez à votre disposition la caisse de l'État, et je le trouve plus riche que je ne le désire. »

XXI. Aurélien, voulant livrer bataille, avait réuni tous les corps d'armée, lorsqu'il essuya près de Plaisance une défaite si désastreuse, que l'empire en fut ébranlé.

veretur imperium. Et causa quidem hujus periculi, perfidia et calliditas barbarici fuit motus : nam quum congredi aperto marte non possent, in silvas se densissimas contulerunt, atque ita nostros, vespera incumbente, turbarunt. Denique nisi divina ope, post inspectionem librorum sacrificiorumque curas, monstris quibusdam speciebusque divinis impliciti essent barbari, Romana victoria non fuisset. Finito prœlio Marcomannico, Aurelianus, ut erat natura ferocior, plenus irarum Romam petit, vindictæ cupidus, quam seditionum asperitas suggerebat. Incivilius denique usus imperio, vir alias optimus, seditionum auctoribus interemptis, cruentius ea, quæ mollius fuerant curanda, compescuit. Interfecti sunt enim nonnulli etiam nobiles senatores, quum his leve quiddam, et quod contemni a mitiore principe potuisset, vel unus, vel levis, vel vilis testis objiceret. Quid multa? magnum illud, et quod jam fuerat, et quod non frustra speratum est, infamiæ tristioris ictu contaminavit imperium; timeri cœpit princeps optimus, non amari : quum alii dicerent, perfodiendum talem principem, non optandum; alii, bonum quidem medicum, sed mala ratione curantem. His actis, quum videret posse fieri, ut aliquid tale iterum, quale sub Gallieno evenerat, proveniret, adhibito consilio senatus, muros urbis Romæ dilatavit; nec tamen pomœrio addidit eo tempore, sed postea. Pomœrio autem nemini principum licet addere, nisi ei qui agri barbarici aliqua parte Ro-

Ce qui le mit en si grand péril, ce furent les stratagèmes et la perfidie des barbares. Ne pouvant résister en plaine, ils se cachèrent dans d'épaisses forêts, d'où ils sortirent vers le soir, et jetèrent ainsi la confusion parmi nos troupes. Enfin, si, grâce à une puissance supérieure, après l'inspection des livres et l'accomplissement des sacrifices, les barbares n'eussent été enveloppés par les prodiges que les dieux firent apparaître, la victoire n'aurait pas été pour nous. La guerre des Marcomans terminée, Aurélien, assez cruel de sa nature, revint à Rome, le cœur plein de colère, et d'autant plus altéré de vengeance, que les troubles avaient été plus sérieux. Prince en tout le reste accompli, mais violent de caractère, il éteignit dans le sang une révolte qu'il pouvait calmer par des moyens plus doux. Les auteurs des troubles furent mis à mort : on immola même avec eux de nobles sénateurs, pour des motifs légers, dont un prince plus clément n'aurait pas tenu compte, et sur la déposition d'un seul témoin, ou de témoins peu dignes de foi, ou même d'un rang inférieur. Enfin, ce règne si glorieux, si longtemps désiré, et que l'on n'avait pas espéré en vain, fut souillé par là d'une tache ineffaçable. Cet empereur, si parfait du reste, inspira désormais non plus l'amour, mais la crainte. Les uns disaient qu'il eût mieux valu se défaire d'un pareil homme, que de le nommer empereur ; les autres, que c'était un médecin habile, mais qui opérait avec violence. Alors, craignant de voir se renouveler ce qui était arrivé sous Gallien, après avoir pris conseil du sénat, il recula les murs de Rome. Cependant ce n'est pas alors, mais plus tard seulement, qu'il ajouta au Pomérium : car les empereurs n'ont ce droit, que quand ils ont agrandi la république par des conquêtes sur les barbares. Les seuls qui l'aient fait, sont Auguste, Trajan et Néron, sous le règne duquel le Pont Polémonia-

manam rempublicam locupletaverit. Addidit autem Augustus; addidit Trajanus; addidit Nero, sub quo Pontus Polemoniacus [19] et Alpes Cottiæ Romano nomini tributæ.

XXII. Transactis igitur quæ ab septiones atque urbis statum et civilia pertinebant, contra Palmyrenos, id est contra Zenobiam, quæ filiorum nomine orientale tenebat imperium, iter flexit. Multa in itinere ac magna bellorum genera confecit; nam in Thraciis et in Illyrico [20] occurrentes barbaros vicit. Gothorum quin etiam ducem, Cannabam, sive Cannabaudem, cum quinque millibus hominum trans Danubium interemit. Atque inde per Byzantium in Bithyniam transitum fecit, eamque nullo certamine obtinuit. Multa ejus magna et præclara, tam facta quam dicta sunt; sed omnia libro innectere nec possumus, fastidii evitatione, nec volumus. Sed ad intelligendos mores atque virtutem pauca libanda sunt; nam quum Thyanam venisset, eamque occlusam reperisset, iratus dixisse fertur : « Canem in hoc oppido non relinquam. » Tunc et militibus acrius incumbentibus spe prædæ, et Heraclamone quodam, timore ne inter ceteros occideretur, patriam suam prodente, civitas capta est.

XXIII. Sed Aurelianus duo statim præcipua, quod unum severitatem ostenderet, alterum lenitatem, ex imperatoria mente monstravit. Nam et Heraclamonem, proditorem patriæ suæ, sapiens victor occidit; et quum mili-

que et les Alpes Cottiennes furent soumis à l'empire romain.

XXII. Après avoir réglé ce qui avait rapport aux fortifications et aux affaires intérieures de l'État, l'empereur tourna ses forces contre Palmyre, ou plutôt contre Zénobie, qui, sous le nom de ses fils, gouvernait l'Orient. Chemin faisant, il termina diverses expéditions importantes. Il vainquit en Thrace et dans l'Illyricum les barbares qu'il rencontra. Un chef des Goths, Cannabas, ou Cannabaudes, fut tué au delà du Danube avec cinq mille de ses guerriers. De là, il passa par Byzance dans la Bithynie, qui fut soumise sans combat. On rapporte de lui des paroles et des actions mémorables, et en grand nombre : nous ne pouvons et ne voudrions même pas les citer ici, dans la crainte d'ennuyer nos lecteurs; mais, pour bien comprendre et son caractère et sa vaillance, il faut en reproduire quelques-unes. Arrivé devant Thyane, et trouvant les portes fermées, on raconte qu'il dit dans sa colère : « Je n'y laisserai pas un chien. » Bientôt, grâce à l'ardeur des soldats excités par l'espoir du butin, grâce à la trahison d'un habitant, nommé Héraclamon, qui craignait d'être enveloppé dans le massacre général, la ville fut emportée.

XXIII. Aurélien prit aussitôt deux mesures importantes, dont l'une montre la sévérité de l'empereur, et l'autre, sa clémence. En sage vainqueur, il fit mettre à mort Héraclamon, comme traître à sa patrie; puis, comme ses soldats, comptant sur sa promesse « de ne pas

tes, juxta illud dictum quo canem se relicturum apud Thyanæos negarat, eversionem urbis exposcerent, respondit iis : « Canem, inquit, negavi in hac urbe me relicturum : canes omnes occidite. » Grande principis dictum, grandius militum votum : nam dictum principis, quo præda negabatur, civitas servabatur, totus exercitus ita quasi ditaretur, accepit. Epistola de Heraclamone :

« Aurelianus Augustus Mallio Chiloni. — Occidi passus sum, cujus quasi beneficio Thyanam recepi. Ego vero proditorem amare non potui, et libenter tuli quod eum milites occiderunt · neque enim mihi fidem servare potuisset, qui patriæ non pepercit. Solum denique ex omnibus qui oppugnabantur, campus accepit. Divitem hominem negare non possum, sed cujus bona ejus liberis reddidi, ne quis me causa pecuniæ locupletem hominem occidi passum esse criminaretur. »

XXIV. Capta autem civitas est miro modo; nam quum Heraclamon locum ostendisset, aggeris naturali specie tumentem, qua posset Aurelianus occultus ascendere, ille conscendit, atque elata purpurea chlamyde, intus civibus, foris militibus se ostendit; et ita civitas capta est, quasi totus in muris Aureliani fuisset exercitus. Taceri non debet res, quæ ad famam venerabilis viri pertinet. Fertur enim Aurelianum de Thyanæ civitatis eversione vera dixisse, vera cogitasse : verum [21] Apollonium Thyanæum, celeberrimæ famæ auctoritatisque sapientem, veterem philosophum, amicum verum deo-

laisser un chien dans Thyane, » réclamaient le sac de la ville : « Il est vrai, dit-il, j'ai juré que je n'y laisserais pas un chien : eh bien! tuez-les tous. » Noble parole d'Aurélien! Mais ce qu'il y a de plus beau encore, c'est le bon esprit des soldats : toute l'armée reçut cet arrêt, qui la privait d'un butin attendu, et sauvait une ville conquise, comme si on l'eût comblée de dépouilles. Voici la lettre au sujet d'Héraclamon :

« Aurélien Auguste à Mallius Chilon. — J'ai laissé tuer celui à qui je dois, pour ainsi dire, la prise de Thyane. C'est que jamais je n'ai pu souffrir un traître; aussi n'ai-je point empêché les soldats de le mettre à mort. Quelle fidélité, d'ailleurs, pouvais-je attendre d'un homme qui n'a pas épargné sa patrie? Du reste, il est le seul de tous les assiégés qui ait péri. Il était riche, j'en conviens; mais j'ai rendu tous ses biens à sa famille, afin qu'on ne pût m'accuser d'avoir fait périr un homme riche dans un but intéressé. »

XXIV. La manière dont la ville fut prise a quelque chose d'étrange. Héraclamon avait indiqué une espèce de terrasse naturelle, par où l'empereur devait, sans être aperçu, monter sur le rempart : il y monta donc; puis, agitant sa chlamyde de pourpre, il se fit voir en même temps de l'intérieur et du dehors, aux habitants de la ville et à ses soldats. Ainsi la ville fut prise, comme si l'armée tout entière eût été sur les murailles. Ici, je ne saurais passer sous silence un fait qui concerne un homme vénérable. On dit qu'Aurélien avait, en effet, conçu et exprimé l'intention de détruire Thyane; mais un citoyen de cette ville, Apollonius, un sage dont le crédit et la renommée ont traversé les âges, un philosophe des anciens temps, le véritable ami des dieux, et qui mérite-

rum, ipsum etiam pro numine frequentandum, recipienti se in tentorium, ea forma, qua videtur, subito adstitisse, atque hæc Latine, ut homo Pannonius [22] intelligeret, verba dixisse : « Aureliane, si vis vincere, nihil est quod de civium meorum nece cogites. Aureliane, si vis imperare, a cruore innocentium abstine. Aureliane, clementer te age, si vis vivere. » Norat vultum philosophi venerabilis Aurelianus, atque in multis ejus imaginem viderat templis; denique statim attonitus, et imaginem et statuas et templum eidem promisit, atque in meliorem rediit mentem. Hæc ego et a gravibus viris comperi, et in Ulpiæ bibliothecæ libris relegi, et pro majestate Apollonii magis credidi. Quid enim illo viro sanctius, venerabilius, diviniusque inter homines fuit? Ille mortuis reddidit vitam, ille multa ultra homines et fecit et dixit : quæ qui velit nosse, Græcos legat libros, qui de ejus vita conscripti sunt. Ipse autem, si vita suppetat, atque ipsius viri favori usquequaque placuerit, breviter saltem tanti viri facta in litteras mittam : non quo illius viri gesta munere mei sermonis indigeant, sed ut ea, quæ miranda sunt, omnium voce prædicentur.

XXV. Recepta Thyana, Antiochiam, proposita omnibus impunitate, brevi apud Daphnen [23] certamine obtinuit : atque inde præceptis, quantum probatur, venerabilis viri Apollonii parens, humanior atque clementior fuit. Pugnatum est post hæc de summa rerum contra Zenobiam et Zabam, ejus socium, apud Emessam magno

rait en quelque sorte les honneurs divins, lui apparut au moment où il se retirait dans sa tente, sous la forme où on le représente ordinairement, et, s'exprimant en latin, de manière à être compris d'un Pannonien : « Aurélien, dit-il, si tu veux être vainqueur, garde-toi de sévir contre mes concitoyens; Aurélien, si tu veux régner, épargne le sang innocent; Aurélien, sois clément, si tu veux vivre. » L'empereur connaissait le visage du vertueux philosophe, pour avoir vu son image dans plusieurs temples. Frappé d'étonnement, il lui promit aussitôt une image, des statues, un temple, et revint à des sentiments plus humains. Je tiens ce fait des hommes les plus graves; je l'ai même lu, depuis, dans la bibliothèque Ulpienne, et, d'après la renommée d'Apollonius, je n'ai pas de peine à le croire. En effet, a-t-on jamais vu parmi les hommes un personnage plus respectable, plus auguste, plus divin? Il a rendu la vie aux morts : ses actions, ses paroles sont au-dessus de l'humanité. Pour les connaître, on n'a qu'à consulter les livres grecs, où sa vie est racontée. Ah! si les dieux m'en laissent le temps, et que ce soit toujours la volonté de mon protecteur, moi aussi j'essayerai de retracer les actions immortelles d'un si grand homme : non qu'une vie pareille ait besoin du secours de ma faible éloquence, mais pour que des faits si dignes de l'admiration des hommes soient célébrés par tout l'univers.

XXV. Après avoir pris Thyane, il s'empara d'Antioche, en publiant une amnistie, et après un léger combat près de Daphné. Désormais, et pour obéir, sans doute, aux conseils d'Apollonius, il montra plus d'humanité et de clémence. Il livra ensuite, près d'Émesse, à Zénobie et à son allié Zaba, une grande bataille qui devait décider du sort de l'Orient. La cavalerie d'Aurélien, harassée de fatigue, commençait à plier : elle allait

certamine; quumque Aureliani equites fatigati jam pæne discederent, ac terga darent, subito vi numinis, quod postea proditum, hortante quadam divina forma, per pedites etiam equites restituti sunt. Fugata est Zenobia cum Zaba, et plenissime parta victoria. Recepto igitur Orientis statu, Emessam victor Aurelianus ingressus est, ac statim ad templum Heliogabali [24] tetendit, quasi communi officio vota soluturus. Verum illic eam formam numinis reperit, quam in bello sibi faventem viderat; quare et illic templa fundavit, donariis ingentibus positis: et Romæ Soli templum posuit, majore honorificentia consecratum, ut suo dicemus loco.

XXVI. Post hæc Palmyram iter flexit, ut, ea oppugnata, laborum terminus fieret. Sed in itinere a latronibus Syris male accepto frequenter exercitu, multa perpessus est, et in obsidione usque ad ictum sagittæ periclitatus est. Epistola ipsius exstat ad Mucaporem missa, in qua de ejus belli difficultate ultra pudorem imperialem fatetur.

« Romani me modo dicunt bellum contra feminam [25] gerere : quasi sola mecum Zenobia et suis viribus pugnet, ac non hostium, quantum si vir a me oppugnandus esset, in conscientia et timore longe deteriore. Dici non potest quantum hic sagittarum, qui belli apparatus, quantum telorum, quantum lapidum : nulla pars muri est, quæ non binis et ternis balistis occupata sit : ignes etiam tormentis jaciuntur. Quid plura? non quasi fe-

tourner bride, quand une divinité, qui ne fut connue que plus tard, vint encourager nos soldats. Alors l'infanterie elle-même, animée par ce secours divin, soutint la cavalerie; Zénobie et Zaba prirent la fuite, et la victoire fut complète. Maître de l'Orient, Aurélien entra dans Émesse en triomphateur, et sur-le-champ se rendit au temple d'Héliogabale, voulant s'acquitter envers les dieux. Là, il aperçut encore, et sous la même forme, la divinité qu'il avait vue dans le combat, encourageant l'effort de ses armes. Sa reconnaissance éleva aussitôt à ce dieu tutélaire des temples qu'il enrichit des plus précieuses offrandes; et, de retour à Rome, il fit bâtir en l'honneur du Soleil, un temple dont la dédicace fut faite avec la plus grande magnificence, comme nous le dirons en son temps.

XXVI. Alors il marcha sur Palmyre, afin de terminer la guerre par la prise de cette capitale. Mais, en route, son armée fut harcelée par des brigands syriens, dont les fréquentes attaques la firent beaucoup souffrir; et, pendant le siège, Aurélien courut de grands dangers : il fut même blessé d'une flèche. On a de lui une lettre à Mucapore, qui expose les difficultés de cette guerre, avec une franchise où l'orgueil impérial est trop mis de côté.

« Les Romains disent que je ne fais la guerre qu'à une femme : comme si je n'avais à combattre que Zénobie et ses seules forces; mais j'ai tant d'ennemis sur les bras, que, pour ma gloire et ma sûreté, j'aimerais mieux avoir affaire à un homme. On ne saurait dire ce qu'ils ont de flèches, de machines, de traits et de pierres. Il n'y a pas un endroit des murailles, qui ne soit défendu par trois ou quatre rangs de balistes. Les machines lancent jusqu'à des flammes. En un mot, Zénobie ne combat point comme une femme, mais comme un coupable qui craint le sup-

mina pugnat : quasi pœnam timens; sed credo adjuturos Romanam rempublicam deos, qui nunquam nostris conatibus defuerunt. »

Denique fatigatus, ac pro malis fessus, litteras ad Zenobiam misit, deditionem illius petens, vitam promittens, quarum exemplum indidi.

« Aurelianus, imperator Romani orbis, et receptor Orientis, Zenobiæ ceterisque, quos societas tenet bellica. — Sponte facere debuistis id quod meis litteris nunc jubetur : deditionem præcipio, impunitate vitæ proposita, ita ut illic, Zenobia, cum tuis agas vitam, ubi te ex senatus amplissimi sententia collocavero. Gemmas, argentum, aurum, sericum, equos, camelos in ærarium Romanum conferas. Palmyrenis jus suum servabitur. »

XXVII. Hac epistola accepta, Zenobia superbius insolentiusque rescripsit, quam ejus fortuna poscebat, credo ad terrorem : nam ejus quoque epistolæ exemplum indidi.

« Zenobia, regina Orientis, Aureliano Augusto. — Nemo adhuc, præter te, quod poscis, litteris petiit. Virtute faciendum est, quidquid in rebus bellicis est gerendum. Deditionem meam petis, quasi nescias Cleopatram[26] reginam perire maluisse, quam in qualibet vivere dignitate. Nobis Persarum auxilia non desunt, quæ jam speramus : pro nobis sunt Saraceni, pro nobis Armenii. Latrones Syri exercitum tuum, Aureliane, vicerunt; quid igitur, si illa venerit manus, quæ undique

plice. Pourtant, j'espère en la protection des dieux, qui n'ont jamais trahi les efforts de la république. »

Enfin, découragé, et de guerre lasse, il écrivit à Zénobie de se rendre, lui promettant la vie sauve. Voici la copie de sa lettre :

« Aurélien, maître du monde romain, vainqueur de l'Orient, à Zénobie et à tous ses alliés dans la guerre. — Vous eussiez dû me prévenir, en accomplissant de vous-mêmes l'ordre que vous transmet la présente : rendez-vous, et je vous garantis la vie sauve. Zénobie ira s'établir avec les siens dans la résidence que lui auront assignée les décrets du sénat; elle livrera au trésor romain tout ce qu'elle possède en pierres précieuses, argent, or, soie, chameaux et chevaux. Palmyre conservera son indépendance. »

XXVII. Zénobie fit à cette lettre une réponse plus fière, plus insolente, que ne le comportait l'état de ses affaires, sans doute pour effrayer son ennemi. Voici sa lettre :

« Zénobie, reine d'Orient, à Aurélien Auguste. — Personne, avant toi, n'avait fait par écrit une telle demande; à la guerre, on n'obtient rien que par le courage. Tu me dis de me rendre, comme si tu ne savais pas que la reine Cléopâtre a préféré la mort à toutes les dignités qu'on lui promettait. Les secours de la Perse ne me manqueront pas : à chaque instant ils peuvent arriver. J'ai pour moi les Sarrasins et les Arméniens. Vaincu déjà par les brigands de la Syrie, Aurélien, comment pourrais-tu résister aux troupes que l'on attend de toutes parts? Alors, sans doute, tombera cet orgueil ridicule,

speratur? Pones profecto supercilium, quo nunc mihi deditionem, quasi omnifariam victor, imperas. »

Hanc epistolam Nicomachus se transtulisse in Græcum ex lingua Syrorum dicit, ab ipsa Zenobia dictatam : nam illa superior Aureliani Græca missa est.

XXVIII. His acceptis litteris, Aurelianus non erubuit, sed iratus est : statimque collecto exercitu ac ducibus suis, undique Palmyram obsedit. Neque quidquam vir fortis reliquit, quod aut imperfectum videretur, aut incuratum : nam et auxilia, quæ a Persis missa fuerant, intercepit, et alas Saracenas Armeniasque corrupit, atque ad se, modo ferociter, modo subtiliter, transtulit. Denique post multa mulierem potentissimam vicit. Victa igitur Zenobia quum fugeret camelis, quos dromadas vocitant [27], atque ad Persas iter tenderet, equitibus missis, est capta, atque in Aureliani potestatem deducta. Victor itaque Aurelianus, totiusque jam Orientis possessor, quum in vinculis Zenobiam teneret cum Persis, Armeniis, Saracenis, superbior atque insolentior egit ea quæ ratio temporis postulabat. Tunc illæ vestes, quas in templo Solis videmus, consertæ gemmis; tum Persici dracones, et tiaræ; tum genus purpuræ, quod postea nec ulla gens detulit, nec Romanus orbis vidit : de qua pauca saltem libet dicere.

XXIX. Meministis enim, fuisse in templo Jovis Optimi Maximi Capitolini pallium breve purpureum lanestre : ad quod quum matronæ, atque ipse Aurelianus, jungerent purpuras suas, cineris specie decolorari videbantur

qui ose m'ordonner de me rendre, comme si la victoire ne pouvait t'échapper. »

Nicomaque dit avoir traduit du syrien en grec cette lettre que lui dicta Zénobie elle-même : celle d'Aurélien, citée plus haut, était en grec également.

XXVIII. Loin de confondre l'empereur, cette réponse ne fait que l'irriter. Il rassemble aussitôt ses troupes, ses lieutenants, et assiége Palmyre de tous les côtés à la fois. Aucun moyen de succès n'est oublié; rien n'échappe à la vigilance de ce vaillant homme : les secours envoyés par les Perses, il les intercepte ; les auxiliaires sarrasins et arméniens, gagnés moitié par ruse, moitié par terreur, passent du côté des Romains. Enfin, après tant d'efforts, il réduit cette reine puissante. Fuyant vers la Perse, sur un de ces chameaux que l'on appelle dromadaires, Zénobie fut prise par des cavaliers envoyés à sa poursuite, et tomba au pouvoir d'Aurélien. Celui-ci, vainqueur et maître de tout l'Orient, tenant en ses mains Zénobie, et avec elle les Perses, les Arméniens, les Sarrasins, montra, il faut le dire, tout l'orgueil, toute l'insolence que pouvait inspirer une si haute fortune. Alors parurent dans Rome ces robes couvertes de pierreries, que nous voyons dans le temple du Soleil, ces dragons venus de Perse, ces mitres d'or, cette pourpre merveilleuse, comme jamais depuis on n'en retrouva nulle part, comme jamais l'empire n'en vit de semblable; et je veux dire quelques mots à ce sujet.

XXIX. Vous vous rappelez qu'il y avait au Capitole, dans le temple de Jupiter Très-Bon, Très-Grand, un petit manteau de laine pourpre. Il était si merveilleusement beau, que les plus riches vêtements des dames romaines et de l'empereur même, mis à côté de ce tissu divin, per-

ceteræ, divini comparatione fulgoris. Hoc munus rex Persarum ab Indis interioribus sumptum, Aureliano dedisse perhibetur, scribens : « Sume purpuram[28], qualis apud nos est. » Sed hoc falsum fuit : nam postea diligentissime et Aurelianus, et Probus, et proxime Diocletianus, missis diligentissimis confectoribus, requisiverunt tale genus purpuræ, nec tamen invenire potuerunt; dicitur enim sandyx Indica talem purpuram facere, si curetur. Sed ad incepta redeamus.

XXX. Ingens tamen strepitus militum fuit omnium, Zenobiam ad pœnam poscentium; sed Aurelianus, indignum existimans, mulierem interimi, occisis plerisque, quibus auctoribus illa bellum moverat, paraverat, gesserat, triumpho mulierem reservavit, ut populi Romani oculis esset ostentui. Grave inter eos, qui cæsi sunt, de Longino philosopho[29] fuisse perhibetur, quo illa magistro usa esse ad Græcas litteras dicitur : quem quidem Aurelianus idcirco dicitur occidisse, quod superbior illa epistola ipsius diceretur dictata consilio, quamvis Syro esset sermone contexta. Pacato igitur Oriente, in Europam Aurelianus rediit victor, atque illic Carporum copias afflixit; et quum illum *Carpicum* senatus absentem vocasset, mandasse illico fertur : « Superest, patres conscripti, ut me etiam Carpisculum vocetis. » (*Carpisculum* enim genus calciamenti esse satis notum est.) Quod cognomen deforme videbatur, quum et Gothicus, et Sarmaticus, et Armeniacus, et Parthicus, et Adiabenicus diceretur.

daient leur couleur et devenaient comme noirâtres. Ce tissu venait, dit-on, de l'intérieur des Indes. Le roi des Perses, en le donnant à Aurélien, lui écrivait cependant : « Recevez cet échantillon de la pourpre de notre pays. » Mais cela était faux : car, dans la suite, Aurélien lui-même, Probus, et plus tard Dioclétien, envoyèrent inutilement les plus habiles ouvriers, pour tâcher de s'en procurer de pareille. On dit, en effet, que c'est le vermillon de l'Inde qui la produit, quand il est traité avec soin. Mais revenons à notre récit.

XXX. Il se fit dans l'armée un grand tumulte : les soldats demandaient le supplice de Zénobie. Aurélien, trouvant indigne de faire périr une femme, se contenta de livrer au supplice ceux dont les conseils avaient déterminé la reine à entreprendre, à soutenir et à continuer la guerre. Quant à elle, réservée pour le triomphe, elle dut satisfaire l'avide curiosité des Romains. Parmi ceux que l'empereur fit mettre à mort, on regrette la perte du philosophe Longin, qui, dit-on, avait enseigné les lettres grecques à Zénobie. Aurélien le comprit dans l'arrêt de mort, parce qu'on le prétendait l'instigateur de cette lettre arrogante, qui cependant avait été rédigée en langue syriaque. L'Orient ainsi pacifié, Aurélien revint triomphant en Europe, et là il tailla en pièces la tribu des Carpiens. A la nouvelle de cette victoire, le sénat lui ayant décerné, en son absence, le titre de *Carpicus*, l'empereur répondit aussitôt : « Il ne vous reste plus, pères conscrits, qu'à m'appeler *Carpisculus*. » (On sait que ce mot désigne en latin une espèce de chaussure.) Le fait est qu'un tel surnom devait sembler bien ridicule, donné à un homme qu'on appelait déjà le Sarmatique, le Gothique, l'Arméniaque, le Parthique et l'Adiabénique.

XXXI. Rarum est ut Syri fidem servent[30], immo difficile : nam Palmyreni, qui jam victi atque contusi fuerant, Aureliano rebus Europensibus occupato, non mediocriter rebellarunt. Sandarionem enim, quem in præsidio illic Aurelianus posuerat, cum sexcentis sagittariis occiderunt, Achilleo cuidam, parenti Zenobiæ, parantes imperium. Verum adeo Aurelianus, ut erat paratus, ex Europa revertit ; atque urbem, quia ita merebatur, evertit. Crudelitas denique Aureliani, vel, ut quidam dicunt, severitas, eatenus exstitit, ut epistola ejus feratur, confessionem immanissimi furoris ostentans, cujus hoc exemplum est :

« Aurelianus Augustus Cejonio Basso. — Non oportet ulterius progredi militum gladios : jam satis Palmyrenorum cæsum atque occisum est. Mulieribus non pepercimus, infantes occidimus, senes jugulavimus, rusticos interemimus; cui terras, cui urbem deinceps relinquemus ? Parcendum est iis qui remanserunt. Credimus enim tam paucos tam multorum suppliciis esse correctos. Templum sane Solis, quod apud Palmyram aquiliferi legionis tertiæ cum vexilliferis, et draconario, et cornicinibus, atque liticinibus diripuerunt, ad eam formam volo, quæ fuit, reddi. Habes trecentas auri libras e Zenobiæ capsulis; habes argenti mille octingenta pondo de Palmyrenorum bonis; habes gemmas regias. Ex his omnibus fac cohonestari templum : mihi et diis immortalibus gratissimum feceris. Ego ad senatum scribam, petens ut mittat pontificem, qui dedicet templum. »

XXXI. Il est rare, il est même bien difficile que les Syriens tiennent leurs serments. A peine vaincus et réduits, les Palmyréniens, pendant que l'empereur était occupé en Europe, se soulevèrent avec violence; ils égorgèrent Sandarion, laissé en garnison chez eux avec six cents archers, et mirent sur le trône un certain Achilleus, parent de Zénobie. Mais Aurélien accourt aussitôt d'Europe, et, furieux contre les révoltés, détruit leur ville de fond en comble. Enfin, la cruauté, ou, si l'on veut, la sévérité d'Aurélien alla si loin, qu'il existe de lui une lettre où se trouve l'aveu de la plus incroyable fureur. La voici :

« Aurélien Auguste à Cejonius Bassus. — Je ne veux pas que la cruauté des soldats aille plus loin : c'est assez de victimes comme cela dans Palmyre. Nous n'avons pas même épargné les femmes; nous avons tué les enfants, immolé les vieillards, égorgé les gens des campagnes. A qui laisserons-nous donc les champs et la ville? Il faut faire grâce à ceux qui restent. Tant de sang répandu a corrigé pour jamais le petit nombre de ceux qui leur survivent. Quant au temple du Soleil, que les aquilifères de la troisième légion ont pillé près de Palmyre avec les porte-enseigne, les porte-étendard, les clairons et les musiciens, j'entends qu'il soit rétabli dans son état primitif. Vous avez trois cents livres d'or, provenant des cassettes de Zénobie; vous avez les mille huit cents livres d'argent, trouvées dans Palmyre, sans compter les joyaux de la reine. En voilà bien assez pour réparer magnifiquement ce temple, et vous rendre ainsi agréable à moi-même et aux dieux immortels. Je vais écrire au sénat d'envoyer un pontife, pour en faire la dédicace. »

Hæ litteræ, ut videmus, indicant satiatam esse immanitatem principis duri.

XXXII. Securior denique iterum in Europam rediit; atque illic, omnes qui vagabantur hostes nota illa sua virtute contudit. Interim res per Thracias Europamque omnem Aureliano ingentes agente, Firmus quidam exstitit, qui sibi Ægyptum, sine insignibus imperii, quasi ut esset civitas libera, vindicavit. Ad quem continuo Aurelianus revertit; nec illi defuit felicitas solita : nam Ægyptum statim recepit; atque, ut erat ferox animi, cogitatione multus, vehementer irascens quod adhuc Tetricus Gallias obtineret, Occidentem petiit, atque ipso Tetrico exercitum suum prodente, quod ejus scelera ferre non posset, deditas sibi legiones obtinuit. Princeps igitur totius orbis, Aurelianus, pacatis Oriente, Galliis, atque undique terris, Romam iter flexit, ut de Zenobia et Tetrico, hoc est de Oriente et Occidente, triumphum Romanis oculis exhiberet.

XXXIII. Non ab re est cognoscere, qui fuerit Aureliani triumphus : fuit enim speciosissimus. Currus regii tres fuerunt : in his unus Odenati, argento, auro et gemmis operosus atque distinctus; alter, quem rex Persarum Aureliano dono dedit, ipse quoque pari opere fabricatus; tertius, quem sibi Zenobia composuerat, sperans se urbem Romanam cum eo visuram : quod illam non fefellit, nam cum eo Urbem ingressa est, victa et triumphata. Fuit alius currus quatuor cervis junctus, qui fuisse dicitur regis Gothorum : quo, ut multi memo-

On le voit, la manie sanguinaire de ce prince inflexible était assouvie.

XXXII. Revenu enfin dans la province d'Europe, et plus tranquille, cette fois, il extermina avec son courage ordinaire tous les ennemis qu'il y trouva courant la campagne. Or, tandis qu'Aurélien remplissait la Thrace et l'Europe entière du bruit de ses exploits, un certain Firmus, sans prendre les insignes du pouvoir impérial, s'empara de l'Égypte comme d'un pays indépendant. L'empereur revient sur ses pas, marche contre lui, et, toujours suivi de la victoire, il reprend l'Égypte au pas de course; puis, infatigable, prompt à se décider, irrité de voir Tetricus encore maître des Gaules, il passe en Occident, et reçoit les légions rebelles des mains de Tetricus, qui livra lui-même une armée dont il ne pouvait supporter les excès. Maître enfin du monde entier, pacificateur de l'Orient, des Gaules et de tant d'autres contrées, il revint à Rome célébrer au milieu des Romains son triomphe sur Zénobie et Tetricus, c'est-à-dire sur l'Orient et sur l'Occident.

XXXIII. Il n'est pas hors de propos de donner ici une idée de ce triomphe, qui fut, en effet, d'une magnificence extraordinaire. On y vit trois chars royaux : l'un, celui d'Odénat, richement incrusté d'or, d'argent et de pierres précieuses; le second, offert à Aurélien par le roi des Perses, d'un travail aussi merveilleux que le premier; enfin celui que Zénobie s'était fait faire pour elle-même, et sur lequel elle espérait faire son entrée dans Rome : et en effet, elle y entra sur ce même char, mais vaincue et menée en triomphe. On voyait encore un autre char attelé de quatre cerfs, qui passe pour avoir appartenu au roi des Goths, et sur lequel Aurélien monta, dit-on, au Capitole, pour y sacrifier ces animaux

riæ tradiderunt, Capitolium Aurelianus invectus est, ut illic cæderet cervos, quos, cum eodem curru captos, vovisse Jovi Optimo Maximo ferebatur. Præcesserunt elephanti viginti, feræ mansuetæ Libycæ, Palestinæ diversæ ducentæ, quas statim Aurelianus privatis donavit, ne fiscum annonis gravaret; tigrides quatuor; camelopardali [31], alces, cetera talia per ordinem ducta; gladiatorum paria octingenta : præter captivos gentium barbararum, Blemmyes [32], Axomytæ, Arabes Eudæmones, Indi, Bactriani, Hiberi, Saraceni, Persæ, cum suis quique muneribus; Gothi, Alani, Roxolani, Sarmatæ, Franci, Suevi, Vandali, Germani, religatis manibus captivi præcesserunt; inter hos etiam Palmyreni, qui superfuerant principes civitatis, et Ægyptii ob rebellionem.

XXXIV. Ductæ sunt et decem mulieres, quas virili habitu pugnantes inter Gothos ceperat, quum multæ essent interemptæ, quas de Amazonum genere titulus indicabat. Prælati sunt tituli, gentium nomina continentes. Inter hæc fuit Tetricus, chlamyde coccinea, tunica galbina, bracis Gallicis ornatus, adjuncto sibi filio, quem imperatorem in Gallia nuncupaverat. Incedebat etiam Zenobia, ornata gemmis, catenis aureis, quas alii sustentabant; præferebantur coronæ omnium civitatum aureæ, titulis eminentibus proditæ. Jam populus ipse Romanus, jam vexilla collegiorum atque castrorum, et cataphractarii milites, et opes regiæ, et omnis exercitus, et senatus (etsi aliquantulo tristior, quod senatores triumphari vi-

qu'il avait pris, et voués en même temps que le char, à Jupiter Très-Bon, Très-Grand. En tête du cortége s'avançaient vingt éléphants de Libye apprivoisés, deux cents bêtes diverses de la Palestine, que l'empereur offrit aussitôt à des particuliers, pour n'en pas surcharger le fisc; deux paires de tigres, des girafes, des élans et des animaux de toute sorte; venaient ensuite huit cents paires de gladiateurs, des prisonniers faits sur les nations barbares, des Blemmyes, des Axomytes, des habitants de l'Arabie Heureuse, des Indiens, des Bactriens, des Hibères, des Sarrasins, des Perses, portant chacun des productions de leur pays; puis des Goths, des Alains, des Roxolans, des Sarmates, des Franks, des Suèves, des Vandales et des Germains, les mains liées derrière le dos. Parmi eux se trouvaient les principaux habitants de Palmyre échappés au massacre, et quelques Égyptiens rebelles.

XXXIV. On y voyait encore dix femmes, qui avaient été prises, déguisées en hommes, combattant parmi les Goths; il en avait péri un grand nombre d'autres, qui, d'après une inscription, auraient appartenu à la race des Amazones. On porta aussi des écriteaux où se lisaient les noms des peuples vaincus. Au milieu de cette pompe, s'avançait Tetricus, en manteau de pourpre et en tunique verte, avec les braies gauloises; à côté de lui marchait son fils, qu'il avait proclamé empereur en Gaule. Puis venait Zénobie, chargée de pierreries, les mains retenues par des chaînes d'or que soutenaient d'autres captifs. On portait aussi des couronnes d'or, présents de toutes les villes dont les noms étaient indiqués par des inscriptions. Enfin, le peuple romain, qui suivait les drapeaux des colléges et ceux des camps, puis les soldats armés de toutes pièces, les dépouilles des rois vaincus,

debat), multum pompæ addiderant. Denique vix nona hora in Capitolium pervenit, sero autem ad Palatium. Sequentibus diebus, datæ sunt populo voluptates ludorum scenicorum, ludorum Circensium, venationum, gladiatorum, naumachiæ.

XXXV. Non prætermittendum videtur, quod et memoria tenet publica, et fides historica frequentavit, Aurelianum eo tempore, quo proficiscebatur ad bellum orientale, bilibres coronas populo promisisse, si victor rediret; et quum aureas populus speraret, neque Aurelianus aut posset, aut vellet, coronas eum fecisse de panibus, qui nunc siliginei vocantur, et singulis quibusque donasse, ita ut siligineum suum [33] quotidie toto ævo suo et unusquisque reciperet, et posteris suis dimitteret. Nam idem Aurelianus et porcinam carnem populo romano distribuit, quæ hodieque dividitur; leges plurimas sanxit, et quidem salutares; sacerdotia composuit, templum Solis fundavit, et pontifices roboravit; decrevit etiam emolumenta architectis et ministris. His gestis, ad Gallias profectus, Vindelicos obsidione barbarica liberavit; deinde ad Illyricum rediit, paratoque magno potius quam ingenti exercitu, Persis quos eo quoque tempore, quo Zenobiam superavit, gloriosissime jam vicerat, bellum indixit. Sed quum iter faceret, apud Cænophrurium, mansionem quæ est inter Heracliam et Byzantium, malitia notarii sui, et manu Mucaporis interemptus est.

XXXVI. Et causa occidendi ejus quæ fuerit, et quem-

l'armée tout entière et les sénateurs (un peu abattus peut-être, car ils voyaient Aurélien triompher, pour ainsi dire, de leur ordre), ajoutaient à la magnificence du cortége. On arriva vers la neuvième heure au Capitole, et, le soir seulement, au palais. Les jours suivants, on célébra des réjouissances publiques, représentations scéniques, combats du Cirque, chasses, gladiateurs et naumachies.

XXXV. Nous voulons mentionner un fait, conservé par la tradition et répété par l'histoire. On dit qu'Aurélien, en partant pour la guerre d'Orient, avait promis au peuple des couronnes de deux livres, s'il revenait vainqueur. Le peuple espérait qu'elles seraient en or; mais Aurélien, qui ne pouvait, ou ne voulait pas faire une telle dépense, fit fabriquer de ces couronnes de pain, appelées aujourd'hui pains de gruau; or, chaque citoyen dut en recevoir une par jour durant toute sa vie, et même il transmit ce droit à ses enfants. C'est également Aurélien qui habitua le peuple à ces distributions de chair de porc, qui se font encore aujourd'hui. Il rendit plusieurs lois, et des lois fort utiles; il établit des colléges de prêtres, éleva un temple au Soleil, et affermit l'autorité des pontifes. Il décréta même des rétributions aux architectes et aux ministres du culte. Après cela, il partit pour les Gaules, et délivra les Vindéliciens, assiégés par les barbares; ensuite il repassa en Illyrie, et, à la tête d'une armée nombreuse, mais non innombrable, il déclara la guerre aux Perses, qu'il avait déjà si glorieusement vaincus pendant ses campagnes contre Zénobie. Il se trouvait près de Cénophrurium, point situé entre les villes d'Héraclée et de Byzance, lorsqu'il fut assassiné par la perfidie de son secrétaire, et de la main de Mucapor.

XXXVI. Or, comme un fait de cette importance ne peut

admodum sit occi... s, ne os tanta lateat, brevi edisseram. Aurelianus, quod negari non potest, severus, truculentus, sanguinarius fuit princeps. Hic, quum usque eo severitatem tetendisset, ut et filiam sororis occideret, non in magna neque satis idonea causa, jam primum in odium suorum venit. Incidit autem, ut se res fataliter agunt, ut Mnestheum quemdam, quem pro notario secretorum habuerat, libertum, ut quidam dicunt, suum, infensiorem sibi minando redderet, quod nescio quid de quodam suspicatus esset. Mnestheus, qui sciret Aurelianum neque frustra minari solere, neque, si minaretur, ignoscere, brevem nominum conscripsit, mixtis iis quibus Aurelianus vere irascebatur, cum iis de quibus nihil asperum cogitabat; addito etiam suo nomine, quo magis fidem faceret ingestae sollicitudinis; ac brevem legit singulis, quorum nomina continebat, addens disposuisse Aurelianum eos omnes occidere: illos vero debere suae vitae, si viri sunt, subvenire. Hi quum exarsissent timore qui merebantur offensam, dolorem miscentes beneficiis atque officiis, quibus Aurelianus videbatur ingratus, in supradicto loco iter facientem principem subito adorti, interemerunt.

XXXVII. Hic finis Aureliano fuit, principi necessario magis quam bono; quo interfecto, quum esset res prodita, et sepulcrum ingens et templum illi detulerunt ii a quibus interemptus est. Sane Mnestheus, postea surrectus ad stipitem, bestiis objectus est : quod statuae marmoreae positae in eodem loco utrinque significant,

demeurer inconnu, je vais donner quelques détails sur la cause de ce crime, et sur la manière dont il fut commis. Aurélien, ceci est incontestable, fut un prince sévère, cruel, sanguinaire. Ayant poussé la barbarie jusqu'à faire périr la fille de sa sœur, qui certainement n'avait pas mérité un châtiment pareil, il était devenu odieux à toute sa maison. Il avait auprès de lui un certain Mnesthée, son affranchi, dit-on, et qui lui servait de secrétaire. La fatalité voulut qu'il s'en fît un ennemi irréconciliable, en le menaçant par suite de je ne sais quel soupçon. Mnesthée, qui savait Aurélien fidèle à ses menaces et implacable dans ses rancunes, fit une liste où il mêla, aux noms de ceux qui avaient à redouter la vengeance de l'empereur, des gens auxquels il n'en voulait pas le moins du monde : puis il ajouta son nom, pour rendre plus vraisemblables les inquiétudes qu'il allait soulever. Enfin il lut sa liste à tous ceux dont les noms s'y trouvaient, les prévenant qu'Aurélien avait résolu leur perte : « c'était à eux, ajoutait-il, s'ils avaient du cœur, de pourvoir à leur sûreté. » Alors, ceux qui avaient encouru la disgrâce de l'empereur, l'âme remplie d'effroi, exaspérés d'ailleurs contre un maître qui, disaient-ils, payait d'ingratitude leur dévouement et leur fidélité, l'attaquèrent dans l'endroit que j'ai dit, et le tuèrent par surprise.

XXXVII. Ainsi finit Aurélien, prince nécessaire, plutôt que bon. Après sa mort, et lorsque l'odieux mystère en fut dévoilé, ses meurtriers mêmes lui élevèrent un tombeau magnifique et un temple. Quant à Mnesthée, attaché à un pieu, il fut livré aux bêtes, comme l'indiquent des statues de marbre, placées à droite et à gauche sur le théâtre de l'événement. On éleva même un portique et des statues en l'honneur d'Auré-

ubi et in columnis divo Aureliano statuæ constitutæ sunt. Senatus mortem ejus graviter tulit, gravius tamen populus Romanus, qui vulgo dicebat « Aurelianum pædagogum esse senatorum. » Imperavit annis sex, minus paucis diebus, ac rebus magnis gestis inter divos relatus est. Quia pertinet ad Aurelianum, id quod in historia relatum est, tacere non debui. Nam multi ferunt Quintillum, fratrem Claudii, quum in præsidio Italico esset, audita morte Claudii, sumpsisse imperium; verum postea, ubi Aurelianum comperit imperare, a toto exercitu derelictum; quumque contra eum concionaretur, nec a militibus audiretur, incisis sibimet venis, die vicesimo imperii sui periisse. Quidquid sane scelerum fuit, quidquid malæ conscientiæ, vel artium funestarum, quidquid denique factionum, Aurelianus toto penitus orbe purgavit.

XXXVIII. Hæc quoque ad rem pertinere arbitror, Balbati filii nomine Zenobiam, non Timolai et Herenniani, imperium tenuisse, quod tenuit. Fuit sub Aureliano etiam monetariorum bellum, Felicissimo rationali auctore ; quod acerrime severissimeque compescuit, septem tamen millibus suorum militum interemptis, ut epistola docet, missa ad Ulpium Crinitum ter consulem, qui eum ante adoptaverat.

« Aurelianus Augustus Ulpio patri. — Quasi fatale quiddam incessit, ut, omnia quæcumque gessero, omnes motus ingravescant. Ita enim seditio intramurana bellum

lien. Sa mort coûta de vifs regrets au sénat; mais elle en excita de bien plus vifs encore chez le peuple, qui aimait à l'appeler la Férule des sénateurs. Il régna six ans moins quelques jours, et ses exploits le firent placer au nombre des dieux. Je ne puis omettre un détail, auquel j'ai déjà fait allusion, parce qu'il concerne Aurélien. On a dit souvent que Quintillus, frère de Claude, étant en garnison en Italie, avait pris la pourpre à la nouvelle de la mort de son frère. Mais quand on st : qu'il avait Aurélien pour compétiteur, son armée tout entière l'abandonna; puis, comme ses soldats ne voulaient pas écouter ce qu'il leur disait contre son rival, il s'ouvrit lui-même les veines, et mourut le vingtième jour de son avénement. Aurélien poursuivit avec tant de rigueur les crimes de toute espèce, les désordres, les vices, les factions coupables, qu'on peut dire qu'il en purgea l'univers.

XXXVIII. Je ne pense pas qu'il soit étranger à cette histoire, de dire que Zénobie gouverna l'Orient pour son fils Balbatus, et non pour Timolaüs ni Herennianus. On vit aussi sous Aurélien, une guerre de monnayeurs, excitée par un comptable, nommé Felicissimus. Il l'éteignit dans le sang; mais elle lui coûta sept mille de ses soldats, comme nous l'apprend une de ses lettres à Ulpius Crinitus, consul pour la troisième fois, et qui venait de l'adopter.

« Aurélien Auguste à Ulpius, son père. — C'est comme une fatalité, que la révolte vienne sans cesse entraver mes desseins. Une sédition survenue dans Rome m'a

mihi gravissimum peperit : monetarii, auctore Felicissimo, ultimo servorum, cui procurationem fisci mandaveram, rebelles spiritus extulerunt. Hi compressi sunt, septem millibus Hiberorum [34], et Ripariensium, et Castrianorum, et Daciscorum interemptis : unde apparet nullam mihi a diis immortalibus datam sine difficultate victoriam. »

XXXIX. Tetricum triumphatum correctorem Lucaniæ fecit, filio ejus in senatu manente. Templum Solis magnificentissimum constituit; muros urbis Romæ sic ampliavit, ut quinquaginta prope millia murorum ejus ambitus teneat. Item quadruplatores ac delatores ingenti severitate persequutus est : tabulas publicas ad privatorum securitatem exuri in foro Trajani semel jussit. Amnestia etiam sub eo delictorum publicorum decreta est, de exemplo Atheniensium, cujus rei etiam Tullius in *Philippicis* meminit. Fures provinciales, repetundarum ac peculatus reos, ultra militarem modum est persequutus, ut eos ingentibus suppliciis cruciatibusque puniret. In templo Solis multum auri gemmarumque constituit. Quum vastatum Illyricum ac Mœsiam deperditam videret, provinciam trans Danubium Daciam, a Trajano constitutam, sublato exercitu et provincialibus, reliquit, desperans eam posse retineri : abductosque ex ea populos in Mœsiam collocavit, appellavitque suam Daciam, quæ nunc duas Mœsias dividit. Dicitur præterea hujus fuisse crudelitatis, ut plerisque senatoribus simulatam ingereret factionem conjurationis ac tyrannidis, quo

encore mis sur les bras une guerre dangereuse. Les monnayeurs, soulevés par un certain Felicissimus, le dernier des esclaves, à qui j'avais donné la procuration du fisc, ont organisé une révolte. Elle est apaisée; mais j'y ai perdu sept mille Hibères, Ripariens, Castriens et Daces : on voit bien que les dieux veulent me faire payer cher toutes mes victoires ! »

XXXIX. Après avoir triomphé de Tetricus, il le nomma gouverneur de Lucanie, et garda son fils dans le sénat. Il éleva en l'honneur du Soleil un temple magnifique, et agrandit l'enceinte de Rome, au point que maintenant elle n'a pas moins de cinquante milles de tour. Il poursuivit avec une grande sévérité les délateurs et dénonciateurs de toute sorte. Pour rassurer les particuliers, il fit brûler une fois sur la place de Trajan les registres publics. Sous son règne, une amnistie pour tous les crimes d'état fut prononcée, d'après un exemple des Athéniens, cité par Cicéron même dans une de ses *Philippiques*. Les prévaricateurs, convaincus de péculat et de concussion, il les poursuivit avec une rigueur plus que militaire : il ne trouvait pas de supplices assez cruels pour eux. Dans le temple du Soleil, il amassa une grande quantité d'or et de pierres précieuses. Voyant la Mésie et l'Illyricum dévastés, il retira de la Dacie, cette province fondée au delà du Danube par Trajan, l'armée et les habitants; puis il l'abandonna aux barbares, désespérant de la pouvoir sauver. Les populations ainsi déplacées, il les établit en Mésie, sur un territoire qu'il appela sa Dacie, à lui, et qui maintenant sépare les deux Mésies. Il porta, dit-on, la cruauté si loin, qu'il alla jusqu'à prêter à plusieurs sénateurs de chimériques idées de conspiration, pour les faire périr plus facilement. Selon quelques-uns même, il aurait mis à mort, non

facilius eos posset occidere. Addunt nonnulli filium sororis, non filiam, ab eodem interfectum : plerique autem etiam filiam sororis.

XL. Quam difficile sit imperatorem in locum boni principis legere, et senatus sanctioris gravitas probat, et exercitus prudentis auctoritas. Occiso namque severissimo principe, de imperatore deligendo exercitus retulit ad senatum, idcirco quod nullum de his faciendum putabat, qui tam bonum principem occiderant. Verum senatus hanc eamdem delectionem in exercitum refudit[35], sciens non libenter jam milites accipere imperatores eos quos senatus elegerit. Denique id tertio factum est, ita ut per sex menses imperatorem Romanus orbis non habuerit, omnesque judices ii permanerent, quos aut senatus, aut Aurelianus elegerat, nisi quod proconsulem Asiæ Falconium Probum in locum Arellii Fusci delegit.

XLI. Non injucundum est ipsas inserere litteras, quas ad senatum exercitus misit.

« Felices ac fortes exercitus senatui populoque Romano. — Aurelianus, imperator noster, per fraudem unius hominis, et per errorem bonorum ac malorum interemptus est. Hunc inter deos referte, sancti et domini patres conscripti, et de vobis aliquem, sed dignum vestro judicio, principem mittite. Nos enim de iis qui vel erraverunt, vel male fecerunt, imperare nobis neminem patimur. »

Rescriptum est senatusconsulto; quum die tertio nonas februarias senatus amplissimus in curiam Pompilianam convenisset, Aurelius Gordianus consul dixit : « Referi-

pas sa nièce, mais son neveu : le plus grand nombre dit aussi la fille de sa sœur.

XL. L'hésitation d'un corps aussi respectable que le sénat et aussi prudent que l'armée, prouve combien il est difficile de remplacer un bon empereur. Après le meurtre d'un prince aussi rigide, l'armée s'en remit au sénat pour la nomination d'un successeur, disant qu'elle ne voulait pas le choisir parmi les meurtriers d'un si grand homme. Mais le sénat renvoya cette élection à l'armée, sachant par expérience que les empereurs de son choix n'étaient pas bien vus des soldats. Ils en agirent ainsi par trois fois : ce qui entraîna six mois d'interrègne ; et tous les magistrats, nommés par Aurélien ou par le sénat, restèrent en charge, à l'exception d'Arellius Fuscus, que Falconius Probus remplaça dans le proconsulat d'Asie.

XLI. On lira peut-être avec plaisir la lettre même de l'armée au sénat.

« Les heureuses et vaillantes armées au sénat et au peuple romain. — Aurélien, notre empereur, a succombé sous la perfidie d'un seul homme, victime d'une erreur commise autant par les bons que par les méchants. Mettez-le au rang des dieux, pères conscrits, nos maîtres respectés, et donnez à l'empire un chef tiré de votre corps, mais digne de votre choix. Car nous ne voulons pour empereur aucun de ceux qui, par erreur ou scélératesse, ont participé à la mort d'Aurélien. »

On leur répondit par un sénatus-consulte, le troisième jour des nones de février. Le sénat s'étant réuni solennellement dans la salle de Pompilius, Aurelius Gordien, consul, parla en ces termes : « Nous mettons sous vos yeux,

mus ad vos, patres conscripti, litteras exercitus felicissimi. » Quibus recitatis, Aurelianus Tacitus, primæ sententiæ senator (hic autem est, qui post Aurelianum sententia omnium imperator est appellatus), ita loquutus est :

« Recte atque ordine consuluissent dii immortales, patres conscripti, si boni principes ferro inviolabiles exstitissent, ut longiorem ducerent vitam ; neque contra eos aliqua esset potestas iis, qui neces infandas tristissima mente concipiunt. Viveret enim princeps noster Aurelianus, quo neque utilior fuit quisquam. Respirare certe post infelicitatem Valeriani, post Gallieni mala, imperante Claudio, cœperat nostra respublica : at eadem reddita fuerat, Aureliano toto penitus orbe vincente. Ille nobis Gallias dedit : ille Italiam liberavit : ille Vindelicis jugum barbaricæ servitutis amovit. Illo vincente, Illyricum restitutum est, redditæ Romanis legibus Thraciæ. Ille, proh pudor! Orientem femineo pressum jugo in nostra jura restituit: ille Persas, insultantes adhuc Valeriani nece, fudit, fugavit, oppressit. Illum Saraceni, Blemmyes, Axomitæ, Bactriani, Seres, Hiberi, Albani, Armenii, populi etiam Indorum, veluti præsentem pæne venerati sunt deum. Illius donis, quæ a barbaris gentibus meruit, refertum est Capitolium : quindecim millia librarum auri ex ejus liberalitate unum tenet templum : omnia in Urbe fana ejus micant donis. Quare, patres conscripti, vel deos ipsos jure convenio, qui talem principem interire passi sunt : nisi forte secum eum esse maluerunt. Decerno igitur divinos honores : id, quod vos omnes existimo

pères conscrits, une lettre de l'armée très-heureuse. »
Lecture faite, Aurélien Tacite, qui avait droit à parler
le premier (c'est lui-même qui fut à l'unanimité proclamé successeur d'Aurélien), prononça le discours suivant :

« Les dieux immortels auraient bien fait, pères
conscrits, de rendre les bons princes invulnérables au
fer, pour leur garantir une existence plus longue : ainsi
auraient été condamnées à l'impuissance les machinations des pervers, qui méditent froidement l'assassinat;
et nous aurions encore notre empereur Aurélien, le plus
capable qui fut jamais. Sous le règne de Claude, il est
vrai, l'empire, ébranlé par les malheurs de Valérien et
les désastres de Gallien, avait respiré un peu; mais Aurélien, marchant de victoire en victoire, avait de nouveau soumis l'univers à nos lois. C'est lui qui nous a
donné les Gaules, lui qui a délivré l'Italie, lui qui a
sauvé la Vindélicie du joug des barbares. Ne sont-ce pas
ses victoires qui nous ont rendu l'Illyrie tout entière,
qui ont replacé les deux Thraces sous la domination
romaine ? L'Orient, quelle honte pour nous ! l'Orient subissait la loi d'une femme : il l'a remis en nos mains. Les
Perses, encore triomphants de la mort de Valérien, il les
a mis en fuite, taillés en pièces, anéantis. Les Sarrasins,
les Blemmyes, les Axomites, les Bactriens, les Tartares,
les Hibères, les Albanais, les Arméniens, les tribus de
l'Inde elle-même, ont tremblé devant lui, comme devant
un dieu. Le Capitole est rempli des richesses dont il a
dépouillé les barbares : un de nos temples possède à lui
seul quinze mille livres d'or, qu'il tient de sa libéralité.
Rome a vu tous les sanctuaires de ses dieux enrichis de ses
dons. Eh ! n'ai-je pas raison, pères conscrits, quand j'ose
accuser les dieux eux-mêmes, qui ont laissé mourir un tel
prince, à moins, peut-être, qu'ils n'aient préféré l'avoir au

esse facturos. Nam de imperatore deligendo ad eumdem exercitum censeo esse referendum. Etenim, in tali genere sententiæ, nisi fiat quod dicitur, et electi periculum erit, et eligentis invidia. »

Probata est sententia Taciti : attamen quum iterum atque iterum mitteretur, ex senatusconsulto, quod in Taciti vita dicemus, Tacitus factus est imperator.

XLII. Aurelianus filiam solam reliquit, cujus posteri etiam nunc Romæ sunt. Aurelianus namque, proconsul Ciliciæ, senator optimus, sui vere juris vitæque venerabilis, qui nunc in Sicilia vitam agit, ejus est nepos. Quid hoc esse dicam, tam paucos bonos exstitisse principes, quum jam tot Cæsares fuerint? nam, ab Augusto in Diocletianum Maximianumque principes, quæ series purpuratorum sit, index publicus tenet. Sed in his optimi, ipse Augustus, Flavius Vespasianus, Flavius Titus, Cocceius Nerva, divus Trajanus, divus Hadrianus, Pius et Marcus Antoninus, Severus Afer, Alexander Mammææ, divus Claudius et divus Aurelianus. Valerianus enim, quum optimus fuerit, ab omnibus infelix apparuit. Vides, quæso, quam pauci sint principes boni, ut bene dictum sit a quodam mimico scurra Claudii hujus temporibus, « In uno annulo bonos principes posse perscribi atque depingi. » At contra, quæ series malorum! ut enim omittamus Vitellios, Caligulas et Nerones, quis ferat Maximinos et Philippos, atque illam inconditæ multitudinis fæcem? tametsi Decios excerpere debeam, quorum et vita et mors veteribus comparanda est

milieu d'eux! Je vote donc pour son apothéose, et je pense que vous ferez tous comme moi. Quant à l'élection d'un successeur, je penche pour qu'on s'en remette à l'armée. Sinon, prenant sur vous une telle responsabilité, vous compromettez en même temps et l'élu et vous-mêmes. »

L'opinion de Tacite prévalut; cependant, comme le sénat recevait message sur message, il rendit un sénatus-consulte qui déclarait Tacite empereur, comme nous le dirons dans sa biographie.

XLII. Aurélien n'a laissé qu'une fille, dont la postérité existe encore à Rome. Cet Aurélien, proconsul de Cilicie, et l'un des premiers sénateurs, moins respectable encore par son rang que par son caractère, et qui vit maintenant en Sicile, est le petit-fils de l'empereur. Mais comment se fait-il que, sur un si grand nombre de princes, il y en ait eu si peu de bons? Car, d'Auguste à Dioclétien et Maximien, quelle longue liste d'hommes revêtus de la pourpre nous offrent les annales publiques! Et parmi eux, en peut-on citer d'autres qu'Auguste lui-même, Vespasien, Titus, Nerva, Trajan, Adrien, les deux Antonin, Sévère, Alexandre fils de Mammée, Claude et Aurélien? Quant à Valérien, il a été si malheureux, qu'on n'ose le mettre au rang des bons princes. Voyez donc comme il y en a peu! N'est-il pas juste et vrai, ce mot d'un comédien du temps de Claude : « On mettrait sur un anneau la liste et le portrait de tous les bons empereurs? » En revanche, quelle série de mauvais princes! Car, sans parler des Vitellius, des Caligula, des Néron, quels hommes que les Maximien, les Philippe, et tant d'autres misérables, lie abjecte du trône! Exceptons pourtant les Dèces, dont la vie et la mort rappellent les meilleurs temps de la république.

XLIII. Et quæritur quidem quæ res malos principes faciat. Jam primum nimia licentia, deinde rerum copia, amici præterea improbi, satellites detestandi, eunuchi avarissimi, aulici vel stulti vel detestabiles, et, quod negari non potest, rerum publicarum ignorantia. Sed ego a patre meo audivi, Diocletianum principem, jam privatum, dixisse : « Nihil esse difficilius quam bene imperare. » Colligunt se quatuor vel quinque, atque unum consilium ad decipiendum imperatorem capiunt : dicunt quod probandum sit : imperator, qui domi clausus est, vera non novit : cogitur hoc tantum scire, quod illi loquuntur : facit judices, quos fieri non oportet : amovet a republica quos debebat obtinere. Quid multa? ut Diocletianus ipse dicebat : « Bonus, cautus, optimus venditur imperator. » Hæc Diocletiani verba sunt : quæ idcirco inserui, ut prudentia tua sciret, nihil esse difficilius bono principe.

XLIV. Et Aurelianum quidem multi neque inter bonos, neque inter malos principes ponunt, idcirco quod ei clementia, imperatorum dos prima, defuerit. Verconnius Herennianus, præfectus prætorio Diocletiani, teste Asclepiodoto, sæpe dicebat Diocletianum frequenter dixisse, quum Maximiani asperitatem reprehenderet : « Aurelianum magis ducem esse debuisse, quam principem; » nam ejus nimia ferocitas eidem displicebat. Mirabile fortasse videtur, quod compertum Diocletiano, Asclepiodotus Celsino, consiliario suo, dixisse perhibet :

XLIII. On se demande ce qui fait les mauvais princes. C'est, avant tout, le droit de tout faire, et les illusions de la grandeur; ajoutez à cela de faux amis, des satellites cruels, des eunuques pleins d'avidité, des courtisans insensés ou détestables; enfin, une chose que l'on ne peut nier, l'ignorance des affaires publiques. Je me rappelle avoir entendu citer à mon père ce mot de Dioclétien, qui n'était plus empereur : « Rien n'est plus difficile que de bien gouverner. » Quatre ou cinq intrigants se liguent entre eux, et s'entendent pour abuser le prince; ils lui soufflent ses décisions. L'empereur, enfermé au fond de son palais, ne connaît pas la vérité : forcé de s'en rapporter à des misérables, il nomme magistrats des gens indignes, il éloigne des affaires ceux qui seraient des serviteurs fidèles. « Et voilà, disait Dioclétien, comme l'on vend un prince, honnête homme, attentif, vertueux! » Je cite exprès ce mot profond, pour vous bien convaincre qu'il n'est rien de plus difficile à trouver qu'un bon prince.

XLIV. Bien des gens ne veulent mettre Aurélien ni parmi les mauvais, ni parmi les bons princes, parce que la première vertu d'un empereur, la clémence, lui a manqué. Verconnius Herennianus, préfet du prétoire sous Dioclétien, répétait souvent, si l'on en croit Asclépiodote, un mot qu'il avait maintes fois entendu dire à ce prince, gourmandant Maximien de son caractère intraitable : « Aurélien était plus fait pour être général que pour être empereur; » car il n'aimait pas non plus l'excessive dureté de ce prince. On s'étonnera peut-être que Dioclétien ait su et qu'il ait dit, suivant Asclépiodote, à son conseiller Celsinus, ce que je vais rapporter; mais la postérité en jugera. Il assurait donc

sed de hoc posteri judicabunt. Dicebat enim quodam tempore Aurelianum Gallicanas consuluisse druidas, sciscitantem, utrum apud ejus posteros imperium permaneret? Tum illas respondisse dixit : « Nullius clarius in republica nomen, quam Claudii posterorum futurum. » Et est quidem jam Constantius imperator[36] ejusdem vir sanguinis, cujus puto posteros ad eam gloriam, quæ a druidibus prænuntiata sit, pervenire; quod idcirco ego in Aureliani vita constitui, quia hæc ipsi Aureliano consulenti responsa sunt.

XLV. Vectigal ex Ægypto urbi Romæ Aurelianus vitri, chartæ, lini, stupæ, atque anabolicas species æternas constituit. Thermas in Transtiberina regione Aurelianus facere paravit hiemales, quod aquæ frigidioris copia illic deesset. Forum nominis sui in Ostiensi ad mare fundare cœpit, in quo postea prætorium publicum constitutum est. Amicos suos honeste ditavit et modice, ut miserias paupertatis effugerent, et divitiarum invidiam patrimonii moderatione vitarent. Vestem holosericam neque ipse in vestiario suo habuit, neque alteri utendam dedit; et quum ab eo uxor sua peteret ut unico pallio blatteo serico uteretur, ille respondit : « Absit, ut auro fila pensentur. » Libra enim auri tunc libra serici fuit.

XLVI. Habuit in animo ut aurum neque in cameras, neque in tunicas, neque in pelles, neque in argentum mitteretur, dicens, plus auri esse in rerum natura, quam argenti : sed aurum per varios bractearum, filorum, et

qu'Aurélien avait un jour consulté les druidesses gauloises, pour savoir si l'empire passerait à ses descendants; et elles lui auraient répondu : « Aucun nom dans l'empire ne sera plus célèbre que celui des descendants de Claude. » Et, en effet, nous voyons aujourd'hui sur le trône un prince de cette famille, Constance, dont les descendants sont réservés, ce me semble, à l'illustration jadis prédite par les druidesses. J'ai parlé de cette circonstance à propos d'Aurélien, parce que c'est à lui-même que la réponse avait été faite.

XLV. Aurélien força l'Égypte à nous donner en tribut le verre, le papier, le lin, le chanvre, et ces tissus indigènes dont la durée est éternelle. Il avait commencé à construire au delà du Tibre des thermes pour l'hiver, parce que ce quartier manquait d'eau fraîche; c'est lui également qui avait commencé, sur le bord de la mer, à Ostie, le forum, où l'on a dans la suite établi un prétoire public. Il enrichit ses amis, mais sans scandale et avec modération, pour les mettre au-dessus de la pauvreté, et voulant que la médiocrité de leur fortune ne pût exciter l'envie. Jamais il n'eut dans sa garde-robe une tunique de soie, et il n'en donna jamais à personne. Sa femme lui demandant la permission d'avoir un seul manteau de soie teinte en pourpre : « Non pas, dit-il ; car je n'entends point que le fil se vende au poids de l'or. » A cette époque, la livre de soie valait une livre d'or.

XLVI. Il ne voulait pas qu'on employât l'or dans les appartements, les tuniques, ou les chaussures, ni qu'on l'alliât avec l'argent. Il disait qu'il y avait plus d'or que d'argent dans la nature, mais que le premier s'en allait tous les jours en paillettes, en galons, ou par

liquationum usus perire, argentum autem in suo usu manere. Idem dederat facultatem, ut aureis, qui vellent, et vasis uterentur, et poculis. Dedit praeterea potestatem ut argentatas privati carrucas haberent, quum antea aerata et eborata vehicula fuissent. Idem concessit ut blatteas matronae tunicas haberent, et ceteras vestes, quum antea coloreas habuissent, et ut multum oxypaederotinas. Et ut fibulas aureas gregarii milites haberent, idem primus concessit, quum antea argenteas habuissent. Paragaudas vestes ipse primus militibus dedit, quum ante nonnisi rectas purpureas accepissent : et quidem aliis monolores, aliis dilores, trilores aliis, et usque ad pentelores, quales hodie lineae sunt.

XLVII. Panibus urbis Romae unciam de Ægyptio vectigali auxit, ut quadam epistola, data ad praefectum annonae Urbis, etiam ipse gloriatur.

« Aurelianus Augustus Flavio Arabiano praefecto annonae. — Inter cetera quibus, diis faventibus, Romanam rempublicam juvimus, nihil mihi est magnificentius, quam quod additamento unciae omne annonarum urbicarum genus juvi : quod ut esset perpetuum, navicularios Niliacos apud Ægyptum novos, et Romae amnicos posui. Tiberinas exstruxi ripas : vadum alvei tumentis effodi. Diis et perennitati vota constitui, almam Cererem consecravi. Nunc tuum est officium, Arabiane jucundissime, elaborare ne meae dispositiones in irritum veniant. Neque enim populo Romano saturo quidquam potest esse laetius [37]. »

XLVIII. Statuerat et vinum gratuitum populo Romano

la fonte, tandis que l'argent conservait sa forme primitive. Il permettait l'usage des coupes et des vases d'or ; il autorisa même les particuliers à posséder des litières incrustées d'argent, bien qu'elles n'eussent été jusque-là enrichies que de cuivre et d'ivoire. Il laissa les dames s'habiller à leur fantaisie et porter des robes de pourpre, tandis qu'auparavant elles ne portaient que des étoffes de couleur, surtout couleur d'améthyste. C'est lui qui, le premier, permit aux soldats de remplacer les fibules d'argent par des fibules d'or ; le premier, aussi, il leur donna des tuniques bordées de soie : jusque-là, ils n'en avaient eu qu'en pourpre et tout unies. Il en donna qui avaient une seule bande de pourpre ; il en donna qui en avaient deux, trois, et même jusqu'à cinq, comme les robes de lin qu'on porte aujourd'hui.

XLVII. Avec l'argent de l'Égypte, il ajouta une once aux pains distribués à Rome, comme il s'en glorifie lui-même dans cette lettre au préfet des vivres :

« Aurélien Auguste à Flavius Arabianus, préfet des vivres. — Parmi les bienfaits que la faveur des dieux m'a permis d'accorder au peuple romain, il n'en est pas dont je sois plus fier, que d'avoir pu augmenter d'une once toutes les distributions de pain qui se font à la ville ; et, pour rendre cette faveur perpétuelle, j'ai établi de nouveaux transports sur le Nil et sur le Tibre. J'ai élevé les rives de ce fleuve ; j'ai creusé son lit pour empêcher les débordements ; j'ai institué de nouveaux sacrifices en l'honneur des dieux et de l'éternité de l'empire ; j'ai renouvelé le culte de Cérès. C'est à vous maintenant, cher Arabianus, de féconder les dispositions que j'ai prises. Voir le peuple romain bien nourri, ce serait mon plus grand bonheur. »

XLVIII. Il songeait à lui donner le vin gratuitement,

dare, ut, quemadmodum oleum et panis et porcina gratuita præberentur, sic etiam vinum daretur, quod perpetuum hac dispositione conceperat. Etruriæ, per Aureliam usque ad Alpes maritimas, ingentes agri sunt, iique fertiles ac silvosi; statuerat igitur dominis locorum incultorum, qui tamen vellent, pretia dare, atque illic familias captivas constituere, vitibus montes conserere, atque ex eo opere vinum dare, ut nihil redituum fiscus acciperet, sed totum populo Romano concederet. Facta erat ratio dogæ, cuparum, navium et operum; sed multi dicunt Aurelianum, ne id faceret, præventum; alii a præfecto prætorii sui prohibitum, qui dixisse fertur : « Si et vinum populo Romano damus, superest ut et pullos et anseres demus. » Argumento est id vere Aurelianum cogitasse, imo etiam facere disposuisse, vel ex aliqua parte fecisse, quod in porticibus templi Solis fiscalia vina ponuntur, non gratuita populo eroganda, sed pretio. Sciendum tamen congiaria illum ter dedisse, donasse etiam populo Romano tunicas albas manicatas ex diversis provinciis, et lineas Afras atque Ægyptias puras; ipsumque primum donasse oraria populo Romano, quibus uteretur populus ad favorem.

XLIX. Displicebat ei, quum esset Romæ, habitare in palatio, ac magis placebat in hortis Sallustii, vel in Domitiæ vivere. Milliarensem denique porticum in hortis Sallustii ornavit, in qua quotidie et equos et se fatigabat, quamvis esset non bonæ valetudinis. Servos et ministros peccantes coram se cædi jubebat, ut plerique dicunt, causa tenendæ severitatis; ut alii, studio

comme il avait déjà l'huile, le pain, la chair de porc ; et voici comment il voulait lui assurer cet avantage pour toujours. Entre l'Étrurie (du côté qui porte le nom d'Aurélien) et les Alpes maritimes, s'étendent de vastes plaines, fertiles et boisées. L'empereur voulait acheter le terrain à ceux de ses possesseurs qui consentiraient à s'en défaire, pour y établir des colonies de captifs, et planter la vigne sur tous les coteaux. Les récoltes, exemptes d'impôt, auraient été affectées tout entières au peuple de Rome. On avait déjà fait le calcul pour les mesures, les tonneaux, la main d'œuvre et le transport ; mais on assure que l'empereur fut circonvenu dans ce projet, et même qu'il en fut détourné par cette parole de son préfet du prétoire : « Si nous donnons le vin au peuple, il ne manquera plus que de lui donner aussi de la volaille. » La preuve qu'Aurélien avait eu vraiment cette intention, et qu'il y avait même déjà donné suite, au moins en partie, c'est qu'il fit placer dans les portiques du temple du Soleil des vins du fisc, lesquels, il est vrai, ne furent pas donnés, mais vendus. Il faut savoir, en outre, qu'il fit trois fois des largesses au peuple romain, qu'il lui donna même des tuniques blanches, venant de diverses provinces, des robes simples de lin d'Afrique et d'Égypte ; enfin, il est le premier qui lui ait donné les mouchoirs dont on s'est servi depuis pour témoigner son approbation.

XLIX. Il n'aimait pas, quand il était à Rome, le séjour du palais impérial ; il préférait les jardins de Salluste ou ceux de Domitia. Il embellit les jardins de Salluste, en y ajoutant un portique d'un mille de long, où il allait tous les jours fatiguer ses chevaux et sa personne, même quand il était souffrant. Il faisait fouetter devant lui ses esclaves et ses serviteurs pris en faute ; c'était, selon les uns, pour tenir sa sévérité en haleine ;

crudelitatis. Ancillam suam, quæ adulterium cum servo suo fecerat, capite punivit. Multos servos e familia propria, qui peccaverant, legibus audiendos judiciis publicis dedit. Senatum, sive senaculum, matronis reddi voluerat : ita ut primæ illic, quæ sacerdotia senatu auctore meruissent. Calceos mulleos, et cereos, et albos, et hederacios viris omnibus tulit; mulieribus reliquit. Cursores eo habitu, quo ipse habebat, senatoribus concessit. Concubinas ingenuas haberi vetuit. Eunuchorum modum pro senatoriis professionibus statuit, idcirco, quod ad ingentia pretia pervenissent. Vas argenti ejus nunquam triginta libras transiit. Convivium de assaturis maxime fuit. Vino rufo maxime delectatus est.

L. Medicum ad se, quum ægrotaret, nunquam vocavit sed ipse se inedia præcipue curabat. Uxori et filiæ annulum sigillaricium, quasi privatus, instituit. Servis suis vestes easdem imperator, quas et privatus, dedit, præter duos senes, quibus quasi libertis plurimum detulit, Antistium et Gillonem, qui post eum, ex senatus sententia, manumissi sunt. Erat quidem rarus in voluptatibus; sed miro modo mimis delectabatur : vehementissime autem delectatus est Phagone, qui usque eo multum comedit, ut uno die ante mensam ejus aprum integrum, centum panes, vervecem et porcellum comederet; biberet autem, infundibulo apposito, plus orca. Habuit tempus, præter seditiones quasdam domesticas, fortunatissimum. Populus autem Romanus eum amavit : senatus et timuit.

selon les autres, c'était par cruauté. Il punit de mort une servante coupable d'adultère avec un esclave. Il livrait aux tribunaux publics ceux de ses propres esclaves qui avaient commis des fautes. Il avait voulu rendre aux dames leur sénat, c'est-à-dire une manière de petit sénat, où les premières en dignité étaient celles que le sénat avait jugées dignes du sacerdoce. Il interdit aux hommes les chaussures rouges, jaunes, blanches et vertes, pour ne les permettre qu'aux femmes. Les sénateurs purent avoir des coureurs semblables à ceux qu'il avait lui-même. Il défendit les concubines d'extraction libre. Il régla d'après les charges sénatoriales le nombre des eunuques, parce qu'ils avaient monté à un prix exorbitant. Jamais il n'eut un vase d'argent de plus de trente livres. Ses repas consistaient principalement en viandes rôties ; le vin rouge était celui qu'il préférait.

L. Dans aucune maladie il ne fit appeler un médecin : il se traitait lui-même, et par la diète surtout. Il laissa, comme un particulier, à sa femme et à sa fille l'anneau qui lui servait de cachet. Il habillait ses esclaves étant empereur, comme du temps où il était simple particulier, à l'exception de deux vieillards, qu'il traitait en affranchis et avec une bonté toute particulière : ils se nommaient Antistius et Gillon, ceux-là mêmes auxquels, après la mort de leur maître, le sénat accorda la liberté. Aurélien s'adonnait rarement à la volupté ; mais il avait un goût prononcé pour les mimes. Il avait un plaisir extraordinaire à voir Phagon, ce consommateur intrépide qui, dans un seul repas, un jour, devant lui, mangea un sanglier tout entier, avec cent pains, un mouton, un porc, et but par un robinet à même d'une jarre énorme qu'il mit à sec. Aurélien eut un règne des plus heureux, à l'exception de quelques soulèvements intérieurs. Il fut cher au peuple romain, et redouté du sénat.

[A. U. 1028-1029]

TACITI VITA.

1. Quod post excessum Romuli, novello adhuc Romanæ urbis imperio, factum pontifices, penes quos scribendæ historiæ potestas fuit, in litteras retulerunt, ut interregnum, dum post bonum principem bonus alius quæritur, iniretur : hoc post Aurelianum, habito inter senatum exercitumque Romanum non invido, non tristi, sed grato religiosoque certamine, sex totis mensibus factum est. Multis tamen modis hæc ab illo negotio causa separata est. Jam primum enim, quum interregnum initum est post Romulum, interreges tamen facti sunt : totusque ille annus per quinos et quaternos dies, sive ternos, centum senatoribus deputatus est, ita ut qui valerent, interreges essent singuli duntaxat. Quare factum est, ut et plures annos interregnum iniretur, ne aliquis sub æquali dignitate Romani expers remaneret imperii. Huc accedit, quod etiam sub consulibus tribunisque militaribus, præditis imperio consulari, si quando interregnum initum est, interreges fuerunt; nec unquam ita vacua fuit hoc nomine Romana respublica, ut nullus interrex biduo saltem triduove

[De J.-C. 275-276]

VIE DE TACITE.

I. Après la mort de Romulus (si l'on en croit le récit des pontifes, qui avaient seuls autrefois le privilége d'écrire l'histoire), lorsque l'empire de Rome commençait à peine, il y eut un interrègne qu'on employa, dit-on, à chercher un bon successeur à un bon roi. Ainsi, après Aurélien, on vit s'élever entre le sénat et l'armée romaine une lutte, non pas d'ambition et de jalousie, mais de reconnaissance et de piété, et cette lutte dura six mois tout entiers. Pourtant, une des nombreuses différences qui distinguent ces deux événements, c'est que, dans l'interrègne qui suivit la mort de Romulus, il y eut des interrois, et que toute l'année fut partagée, par trois, quatre ou cinq jours, entre cent sénateurs, pour que chacun de ces grands dignitaires gérât à tour de rôle la royauté provisoire : aussi l'interrègne dura plusieurs années, pour que nul de ceux qui étaient égaux en dignité ne fût privé de l'honneur de gouverner l'État. Plus tard, également, à l'époque du consulat et des tribuns militaires, qui remplacèrent les consuls, chaque fois qu'il y eut interrègne, on nomma des interrois; et jamais, pendant aucune des vacances du pouvoir, la république romaine ne se trouva sans interroi, fût-ce pour trois, ou même pour deux jours. On me dira que, chez nos pères, les magistratures

crearetur. Video mihi posse objici, curules magistratus apud majores nostros quadriennium in republica non fuisse : sed erant tribuni plebis cum tribunitia potestate, quæ pars maxima regalis imperii est : tamen non est proditum interreges eo tempore non fuisse. Quin etiam verioribus historicis referentibus declaratum est, consules ab interregibus prius creatos, qui haberent reliquorum comitia magistratuum.

II. Ergo, quod rarum et difficile fuit, senatus populusque Romanus perpessus est, ut imperatorem per sex menses, dum bonus quæritur, respublica non haberet. Quæ illa concordia militum? quanta populo quies? quam gravis senatus auctoritas fuerit? Nullus usquam tyrannus emersit : sub judicio senatus et militum populique Romani totus orbis est temperatus : non illi principem quemquam, ut recte facerent, non tribunitiam potestatem formidabant, sed (quod est in vita optimum) se timebant[1]. Dicenda est tamen causa tam felicium morarum, et speciatim monumentis publicis inserenda ea in posteros humani generis stupenda moderatio, ut discant, qui regna cupiunt, non raptum ire imperia, sed mereri. Interfecto sane fraude Aureliano, ut superiore libro scriptum est, calliditate servi nequissimi, errore militarium, ut apud quoslibet commenta plurimum valent, dummodo irati audiant, plerumque temulenti, certe consiliorum prope semper expertes : reversis ad bonam mentem omnibus, eisdemque ab exercitu graviter confutatis, cœptum est quæri et quis fieri deberet ex

curules furent, quatre années durant, sans titulaires : je le sais ; mais il y avait au moins des tribuns du peuple, investis de ce pouvoir tribunitien, qui était presque le pouvoir royal. Rien ne prouve, d'ailleurs, qu'il n'y ait pas eu d'interrois à cette époque ; et même des historiens très-dignes de foi assurent que, primitivement, les consuls étaient nommés par des interrois, et présidaient ensuite les comices, où se nommaient les autres magistrats.

II. Ainsi, pendant six mois que le sénat et le peuple employèrent à chercher un bon empereur, on eut le singulier et compromettant spectacle d'un empire sans chef. Pourtant, quelle union parmi les soldats ! quelle tranquillité à Rome ! quel respect pour l'autorité du sénat ! On ne vit pas un seul usurpateur : le sénat, l'armée et le peuple réglèrent d'un commun accord les intérêts du monde; et ce qui les enchaînait à leurs devoirs, ce n'était ni la crainte d'un maître, ni le contrôle des tribuns : c'était la conscience, la plus puissante des garanties. Il faut dire cependant la cause de ces heureux retards : oui, il faut, pour l'instruction de la postérité, graver dans l'histoire le souvenir de cette modération extraordinaire du monde entier : ainsi les prétendants ambitieux apprendront à mériter l'empire, et non à l'usurper. Aurélien avait donc succombé, comme je l'ai dit plus haut, victime de l'infâme trahison d'un vil esclave : on avait abusé les soldats, si faciles à égarer, quand la calomnie profite du moment où la rancune, et plus souvent encore l'ivresse, obscurcit des intelligences naturellement bornées. Mais on fut bientôt revenu de ce funeste égarement ; les coupables furent sévèrement punis, et l'on se mit sérieusement à la recherche d'un successeur. Alors, ne voyant autour de la victime que des noms détestés, l'armée, qui d'ordinaire se hâtait de

omnibus princeps. Tunc odio præsentium, exercitus, qui creare imperatorem raptim solebat, ad senatum litteras misit, de quibus priore libro jam dictum est, petens ut ex ordine suo principem legerent. Verum senatus, sciens lectos a se principes militibus non placere, rem ad milites retulit : dumque id sæpius fit, sextus peractus est mensis.

III. Interest tamen ut sciatur quemadmodum Tacitus imperator sit creatus. Die septimo kalendas octobres, quum in curiam Pompilianam ordo amplissimus consedisset, Velius Cornificius Gordianus consul dixit : « Referimus ad vos, patres conscripti, quod sæpe retulimus. Imperator est deligendus : exercitus sine principe recte diutius stare non potest ; simul quia cogit necessitas. Nam limitem trans Rhenum Germani rupisse dicuntur, occupasse urbes validas, nobiles, divites et potentes. Jam si nihil de Persicis motibus nuntiatur, cogitate tam leves esse mentes Syrorum, ut regnare vel feminas cupiant, potius quam nostram perpeti sanctimoniam. Quid Africam? quid Illyricum? quid Ægyptum, earumque omnium partium exercitum? quousque sine principe credimus posse consistere? Quare agite, patres conscripti, et principem dicite : aut accipiet eum exercitus, quem elegeritis ; aut, si refutaverit, alterum faciet. »

IV. Post hæc, quum Tacitus, qui erat primæ sententiæ consularis, sententiam (incertum quam) vellet dicere, omnis senatus acclamavit : « Tacite auguste, dii te servent! te deligimus, te principem facimus, tibi

proclamer les empereurs, écrivit au sénat qu'il eût à proclamer un de ses membres. J'ai déjà parlé de cette lettre dans le livre précédent. Mais le sénat, sachant par expérience que les empereurs de son choix n'étaient pas bien vus des soldats, leur renvoya cette élection ; et, de refus en refus, six mois s'écoulèrent.

III. Toutefois il faut dire de quelle manière Tacite fut élu. Le septième jour des calendes d'octobre, l'illustre assemblée s'étant réunie dans la salle de Pompilius, le consul Velius Cornificius Gordien s'exprima ainsi : « Nous venons encore vous soumettre, pères conscrits, une proposition déjà soumise à vos lumières. Il faut choisir un empereur. L'armée ne saurait plus longtemps rester sans chef ; il y aurait danger, et puis la nécessité nous commande. On annonce que les Germains ont franchi nos frontières du Rhin, qu'ils ont envahi des villes fortes, célèbres, riches et puissantes. D'un autre côté, bien qu'il ne soit pas question de mouvements chez les Perses, songez à la légèreté des Syriens, qui aiment mieux subir le joug d'une femme que d'obéir à notre juste puissance. Et l'Afrique, et l'Illyrie, et l'Égypte, et les armées de toutes ces provinces, croyez-vous donc qu'elles puissent toujours tenir sans un chef ? Décidez-vous, pères conscrits, nommez un empereur ; car de deux choses l'une : ou l'armée ratifiera votre choix, ou bien, dans le cas contraire, elle choisira elle-même. »

IV. Alors Tacite, personnage consulaire, qui avait droit à parler le premier, voulant émettre un avis, on ne sait lequel, le sénat, d'une voix unanime, s'écria : « Tacite auguste, que les dieux vous protégent ! c'est vous que nous choisissons, que nous faisons empereur

curam reipublicæ orbisque mandamus. Suscipe imperium ex senatus auctoritate : tui loci, tuæ vitæ, tuæ mentis est, quod mereris. Princeps senatus recte augustus creatur : primæ sententiæ vir recte imperator creatur. Et quis melius quam gravis imperat ? et quis melius quam litteratus imperat? Quod bonum, faustum salutareque sit, diu privatus fuisti. Scis quemadmodum debeas imperare, qui alios principes pertulisti. Scis quemadmodum debeas imperare, qui de aliis principibus judicasti. » At ille : « Miror, patres conscripti, vos in locum Aureliani, fortissimi imperatoris, senem velle principem facere. En membra, quæ jaculari valeant, quæ hastile torquere, quæ clypeis intonare, quæ ad exemplum docendi milites frequenter equitare! Vix munia senatus implemus, vix sententias, ad quas nos locus arctat, edicimus. Videte diligentius, quam ætatem de cubiculo atque umbra in pruinas æstusque mittatis. An probaturos senem imperatorem milites creditis? Videte ne reipublicæ non eum, quem velitis, principem detis, et mihi hoc solum obesse incipiat, quod me unanimiter delegistis. »

V. Post hæc acclamationes senatus hæ fuerunt : « Et Trajanus ad imperium senex venit (dixerunt decies). Et Hadrianus ad imperium senex venit (dixerunt decies). Et Antoninus ad imperium senex venit (dixerunt decies). Et tu legisti

.... Incanaque menta [1]
Regis Romani [2]

à vous la direction de la république et du monde entier! Recevez l'empire des mains du sénat : il est bien dû à votre naissance, à vos vertus, à vos talents. N'est-ce pas justice que le prince du sénat soit nommé auguste? n'est-ce pas justice de nommer empereur celui à qui appartient le droit de parler le premier? Qui gouvernerait mieux qu'un homme sage, mieux qu'un homme lettré? Quel bonheur, quel bienfait, quelle garantie pour tous, que vous ayez si longtemps vécu simple particulier! Vous savez comment il faut gouverner, vous qui avez obéi à d'autres empereurs; vous savez comment il faut gouverner, vous qui avez pu juger d'autres empereurs. » Tacite répondit : « Je m'étonne, pères conscrits, de vous voir ainsi donner un vieillard pour successeur à un prince si énergique, à Aurélien! Voyez ce corps affaibli : suis-je capable, hélas! de lancer le javelot, de manier la lance, d'agiter le bouclier retentissant, de monter un cheval fougueux à la tête de nos bataillons attentifs? A peine puis-je remplir mes devoirs de sénateur, et formuler les opinions que je suis tenu de motiver, pourtant. Y avez-vous bien réfléchi? Vous arrachez ma vieillesse au foyer de la vie domestique, pour lui faire affronter les intempéries des saisons. Croyez-vous, d'ailleurs, que les soldats soient charmés d'avoir un vieil empereur? Prenez garde de vous tromper, en donnant un tel chef à l'empire; craignez que l'unanimité de vos suffrages ne soit justement une cause de défaveur pour moi-même. »

V. Après ces paroles de Tacite, le sénat répondit par ces acclamations : « Trajan aussi était âgé quand il parvint à l'empire! et Adrien aussi! Antonin aussi! et ne sais-tu pas ce que dit le poëte

De ce roi des Romains à la tête blanchie?

(dixerunt decies). Et quis melius quam senex imperat (dixerunt decies)? Imperatorem te, non militem facimus (dixerunt vicies). Tu jube : milites pugnent (dixerunt tricies). Habes prudentiam et bonum fratrem (dixerunt decies). Severus dixit, caput imperare, non pedes (dixerunt tricies). Animum tuum, non corpus, eligimus (dixerunt vicies). Tacite auguste, dii te servent ! » Deinde omnes interrogati [3]; præterea, qui post Tacitum sedebat, senator consularis Metius Falconius Nicomachus in hæc verba disseruit :

VI. « Semper quidem, patres conscripti, recte atque prudenter reipublicæ magnificus hic ordo consuluit, neque a quoquam orbis terræ populo solidior unquam exspectata sapientia est : attamen nulla unquam neque gravior, neque prudentior in hoc sacrario dicta sententia est. Seniorem principem fecimus, et virum, qui omnibus quasi pater consulat. Nihil ab hoc immaturum, nihil properum, nihil asperum formidandum est. Omnia seria, cuncta gravia, et quasi ipsa respublica jubeat, auguranda sunt. Scit enim qualem sibi principem semper optaverit : nec potest aliud nobis exhibere, quam quod ipse desideravit et voluit. Enimvero si recolere velitis vetusta illa prodigia, Nerones dico, et Heliogabalos, et Commodos, seu potius semper incommodos, certe non hominum magis vitia illa, quam ætatum, fuerunt. Dii avertant principes pueros; et patres patriæ dici impuberes, et quibus ad subscribendum magistri

Qui peut gouverner plus sagement qu'un vieillard ? Ce n'est pas un soldat, c'est un empereur que nous nommons. Commande, et les soldats combattront. Tu as pour toi la sagesse, et un frère, vaillant capitaine ; Sévère n'a-t-il point dit : « C'est la tête qui commande, « et non les pieds ? » C'est ton esprit, non ta personne, que nous choisissons. Tacite auguste, que les dieux te protégent ! » Chacune de ces acclamations fut répétée, soit dix, soit vingt, et même trente fois. On prit ensuite les avis de tous ; puis, quand vint le tour de Metius Falconius Nicomaque, sénateur consulaire, et le premier en rang après Tacite, il parla en ces termes :

VI. « Il est bien vrai, pères conscrits, que toujours cette illustre assemblée a compris les intérêts de la république avec une prudence remarquable, et que jamais, chez aucun peuple de la terre, on ne vit sagesse plus profonde. Jamais, cependant, sentence plus imposante et plus sage n'a été prononcée dans cette enceinte sacrée. L'empereur que nous avons nommé, vieillard auguste, veillera sur tous comme un père. On n'aura, certes, à craindre de sa part ni erreur, ni précipitation, ni rigueurs. N'attendons de lui que sagesse et dignité ; la république elle-même commandera par sa voix : car il sait bien, lui, quel empereur il a toujours désiré, et il ne nous montrera d'autres qualités que celles qu'il a toujours souhaitées et voulues. Jetez les yeux en arrière sur ces monstres abominables, ces Néron, ces Héliogabale, ces Commode (si incommodes, oserai-je le dire ?), et vous verrez que ces horreurs ne sont pas moins la faute des temps que des hommes. Nous préservent les dieux des princes en tutèle ! et puissions-nous n'avoir jamais à appeler père de la patrie, un de ces faibles enfants à qui un secrétaire est obligé de tenir la main quand il faut signer, et qui, pour des friandises ou des jouets, qui flattent

litterarii manus teneant : quos ad consulatus dandos, dulcia, et circuli et quæcumque voluptas puerilis invitet. Quæ malum ratio est habere imperatorem, qui famam curare non noverit : qui, quid sit respublica, nesciat, nutritorem timeat, respiciat ad nutricem, manuum magistralium ictibus terrorique subjaceat : faciat eos consules, duces, judices, quorum vitas, merita, ætates, familias, gesta non norit. Sed quid diutius, patres conscripti, protrahor? magis gratulemur, quod habemus principem senem, quam illa iteremus, quæ plusquam lacrymanda tolerantibus exstiterunt. Gratias igitur diis immortalibus ago atque habeo, et quidem pro universa republica; teque, Tacite auguste, convenio, petens, obsecrans, libere pro communis patriæ legibus deposcens, ne parvulos tuos, si te citius fata prævenerint, facias Romani heredes imperii : nec sic rempublicam, patresque conscriptos, populumque Romanum, ut villulam tuam, ut colonos tuos, ut servos tuos relinquas! Quare circumspice, imitare Nervas, Trajanos, Hadrianos. Ingens est gloria morientis principis, rempublicam magis amare, quam filios. »

VII. Hac oratione et Tacitus ipse vehementer est motus, et totus senatorius ordo concussus : statimque acclamatum est : « Omnes, omnes ! » Inde itum ad campum Martium. Ibi comitiale tribunal ascendit ; ibi præfectus Urbis Ælius Cesetianus sic loquutus est : « Vos, sanctissimi milites, et sacratissimi, vos, Quirites, habetis principem, quem de sententia omnium exercituum

les goûts de leur âge, élèvent au consulat d'adroits courtisans. Pourquoi se donner un méchant empereur, qui ne s'intéresse pas à sa gloire, qui ne saura pas même ce que c'est que l'État, qui craindra son précepteur, courra se réfugier auprès de sa nourrice, et tremblera sous la férule? qui fera consuls, généraux, juges, des hommes dont il ne connaîtra ni la vie, ni les services, ni l'âge, ni la famille, ni les antécédents? Mais à quoi bon insister plus longtemps, pères conscrits? Réjouissons-nous de voir sur le trône un homme que l'âge a mûri; il nous sauve de toutes ces calamités qui ont coûté plus que des larmes à nos ancêtres opprimés. Je rends donc des actions de grâces aux dieux immortels; je les rends au nom de la république tout entière; et je m'adresse à vous, Tacite auguste, je vous prie, je vous supplie, je vous adjure avec confiance, au nom des lois de notre commune patrie, si les destins vous enlevaient avant que vos fils eussent atteint l'âge viril, de ne les pas désigner pour vos successeurs, et de ne pas disposer de l'empire, du sénat et du peuple romain, comme vous feriez de vos domaines, de vos colons et de vos esclaves. Jetez les yeux sur ces images glorieuses; prenez pour modèles les Nerva, les Trajan, les Adrien! C'est une gloire insigne pour un prince, à son lit de mort, que de préférer la république à sa famille. »

VII. Ce discours toucha vivement Tacite lui-même, et transporta l'assemblée tout entière, qui aussitôt s'écria : « Nous sommes tous de cet avis! » On se rendit au Champ de Mars; Tacite monta sur le tribunal des comices, et le préfet de Rome, Élius Cesetianus, parla ainsi : « Vaillants soldats, et vous, nobles citoyens, vous avez un empereur nommé par le sénat, d'après le consentement unanime des armées : c'est Tacite, le vénérable Tacite, qui, après avoir aidé la république

senatus elegit : Tacitum dico, augustissimum virum, ut qui hactenus sententiis suis rempublicam juvit, nunc juvet jussis atque consultis. » Acclamatum est a populo : « Felicissime Tacite auguste, dii te servent! » et reliqua, quæ solent dici. Hoc loco tacendum non est plerosque in litteras retulisse, Tacitum absentem, et in Campania positum, principem nuncupatum : quod verum est, nec dissimulare possum : nam quum rumor emersisset, illum imperatorem esse faciendum, discessit, atque in Baiano duobus mensibus fuit; sed inde deductus, huic senatusconsulto interfuit, quasi vere privatus, et qui vere recusaret imperium.

VIII. Ac ne quis me Græcorum alicui, vel Latinorum existimet temere credidisse, habet bibliotheca Ulpia in armario sexto librum elephantinum, in quo hoc senatusconsultum perscriptum est, cui Tacitus ipse manu sua subscripsit : nam diu hæc senatusconsulta, quæ ad principes pertinebant, in libris elephantinis scribebantur. Inde ad exercitus profectus : ibi quoque, quum primum tribunal ascendit, Mœsius Gallicanus præfectus prætorio in hæc verba disseruit : « Dedit, sanctissimi commilitones, senatus principem, quem petiistis : paruit præceptis et voluntati castrensium ordo ille nobilissimus. Plura mihi apud vos, præsente imperatore, non licet loqui. Ipsum igitur, qui tueri nos debet, loquentem dignanter audite. » Post hoc Tacitus augustus dixit : « Et Trajanus ad imperium senex venit, sed ille ab uno deductus est : at me, sanctissimi com-

de ses avis, la servira maintenant par la sagesse de ses ordres et de ses décrets. » Le peuple répondit par les acclamations ordinaires : « Heureux Tacite, empereur auguste ! que les dieux veillent sur toi ! » N'oublions pas une circonstance mentionnée dans tous les mémoires du temps, c'est que Tacite était absent, et retiré en Campanie lors de son élection : le fait est parfaitement exact, et je ne puis le dissimuler. Quand on parla de le faire empereur, il quitta Rome, et alla passer deux mois près de Baïa ; puis, forcé de revenir, il prit part à la délibération que j'ai dite, mais comme simple sénateur, avec la ferme intention de refuser la pourpre.

VIII. Et qu'on ne m'accuse pas d'avoir suivi légèrement quelque historien grec ou latin ; car on voit à la bibliothèque Ulpienne, sixième compartiment, une tablette d'ivoire où ce décret du sénat est consigné tout au long, avec la signature autographe de Tacite lui-même. En effet, ce fut l'usage pendant longtemps de transcrire sur l'ivoire toutes les résolutions du sénat concernant les empereurs. Tacite se rendit aux armées, et dès qu'il eut pris place sur le tribunal, Mésius Gallicanus, préfet du prétoire, s'exprima ainsi : « Nobles compagnons d'armes, le sénat vous a donné l'empereur de votre choix ; l'illustre compagnie s'est rendue aux désirs et à la volonté des armées. La présence de l'empereur m'empêche de vous en dire davantage : écoutez donc avec bienveillance celui qui est chargé de notre salut. » Alors, Tacite auguste, prenant la parole : « Trajan aussi, dit-il, était avancé en âge quand il parvint à l'empire : or, il n'y arriva que par la volonté d'un seul homme, et moi, nobles compagnons d'armes, c'est par vous d'abord, par vous qui savez apprécier vos em-

militones, primum vos, qui scitis principes approbare, deinde amplissimus senatus, dignum hoc nomine judicavit : curabo, enitar, efficiam, ne vobis desint, si non fortia facta, at saltem vobis atque imperatore digna consilia. »

IX. Post hoc, stipendium et donativum ex more promisit, et primam orationem ad senatum talem dedit : « Ita mihi liceat, patres conscripti, sic imperium regere, ut a vobis me constet electum, ut ego cuncta ex vestra facere sententia et potestate decrevi. Vestrum est igitur ea jubere atque sancire, quæ digna vobis, digna modesto exercitu, digna populo Romano esse videantur. » In eadem oratione, Aureliano statuam auream ponendam in Capitolio decrevit : item statuam argenteam in curia, item in templo Solis, item in foro divi Trajani. Sed aurea non est posita : dedicatæ autem sunt solæ argenteæ. In eadem oratione, cavit ut, si quis argento publice privatimque æs miscuisset, si quis auro argentum, si quis æri plumbum, capitale esset, cum bonorum proscriptione. In eadem oratione, cavit ut servi in dominorum capita non interrogarentur, ne in causa majestatis quidem ; addidit ut Aurelianum omnes pictum haberent. Divorum templum fieri jussit, in quo essent statuæ principum bonorum, ita ut iisdem, natalibus suis, et Parilibus [4], et kalendis januariis, et votis, libamina ponerentur. In eadem oratione, fratri suo Floriano consulatum petiit, at non impetravit, idcirco quod jam senatus omnia nundina suffectorum consulum clauserat.

pereurs, et ensuite par la volonté du sénat, que je suis appelé à l'empire : aussi mettrai-je tous mes soins et toute ma gloire à répondre à votre confiance, sinon par des exploits éclatants, du moins par une sagesse digne de vous et d'un empereur. »

IX. Alors il promit, selon l'usage, la solde et la bienvenue. Voici les premières paroles qu'il prononça dans le sénat : « Permettez-moi, pères conscrits, de gouverner en homme qui tient de vous l'empire. Je suis résolu à ne rien faire que d'après vos avis et sous votre autorité : c'est donc à vous de prendre les mesures, et de voter les lois qui vous sembleront dignes de vous, dignes d'une armée vaillante et sage, dignes du peuple romain. » Le même discours annonçait qu'il serait élevé à la mémoire d'Aurélien une statue d'or dans le Capitole, et trois statues d'argent, dans le sénat, dans le temple du Soleil, et sur le forum de Trajan. On n'éleva jamais la statue d'or : les statues d'argent furent seules consacrées. En même temps il déclarait que le mélange de l'argent et du cuivre, dans les usages publics et particuliers, le mélange de l'or et de l'argent, du cuivre et du plomb, entraînerait la peine de mort et la confiscation des biens. Il abolissait le témoignage des esclaves contre leur maître, même dans les accusations de lèse-majesté. Il enjoignait à tous d'avoir une image d'Aurélien. Il voulait élever aux dieux un temple, où figureraient les statues des bons princes, pour qu'aux jours anniversaires de leur naissance, aux fêtes de Palès, aux calendes de janvier, et à l'époque des vœux solennels, on leur offrît des libations. Enfin, il demandait le consulat pour Florien, son frère ; mais il ne put l'obtenir, parce que le sénat avait déjà fermé la liste des consuls substitués. On dit même qu'il se félicita vivement de l'indépendance dont le sénat fit preuve, en lui refu-

Dicitur autem multum lætatus senatus libertate, quod ei negatus esset consulatus, quem fratri petierat. Fertur denique dixisse, « Scit senatus quem principem fecerit. »

X. Patrimonium suum publicavit, quod habuit in reditibus, sestertium bis millies octingenties[5]. Pecuniam, quam domi collegerat, in stipendium militum vertit. Togis et tunicis iisdem est usus, quibus privatus. Meritoria intra Urbem stare vetuit : quod quidem diu tenere non potuit. Thermas omnes ante lucernam claudi jussit, ne quid per noctem seditionis oriretur. Cornelium Tacitum, scriptorem historiæ Augustæ, quod parentem suum eumdem diceret, in omnibus bibliothecis collocari jussit; et, ne lectorum incuria deperiret, librum per annos singulos decies scribi publicitus in evicis archiis jussit[6], et in bibliothecis poni. Holosericam vestem viris omnibus interdixit. Domum suam destrui præcepit, atque in eo loco thermas publicas fieri privato sumptu jussit. Columnas centum Numidicas, pedum vicenum ternum, Ostiensibus donavit de proprio. Possessiones quas in Mauritania habuit, sartis tectis Capitolii deputavit. Argentum mensale, quod privatus habuerat, ministeriis conviviorum, quæ in templis fierent, dedicavit. Servos urbanos omnes manumisit utriusque sexus; intra centum tamen, ne Caniniam transire videretur.

XI. Ipse fuit vitæ parcissimæ, ita ut sextarium vini tota die nunquam potaverit, sæpe intra heminam. Convivium vero unius gallinacei, ita ut sinciput adderet, et ova. Præ omnibus, oleribus affatim ministratis, lactu-

sant la dignité qu'il demandait pour son frère ; et l'on assure qu'il ajouta : « Le sénat sait bien quel prince il s'est donné. »

X. Il abandonna à l'État son patrimoine, qui s'élevait à deux cent quatre-vingts millions de sesterces, et il n'en garda que l'usufruit. Ses épargnes antérieures servirent à la paye des soldats. Empereur, il continua de s'habiller comme par le passé. Il défendit tous les lieux de débauche dans l'intérieur de Rome ; mais cette défense ne put subsister longtemps. Il fit fermer tous les bains avant la nuit, pour prévenir les troubles nocturnes. Il se vantait de descendre du fameux historien Tacite : aussi fit-il placer son buste dans toutes les bibliothèques ; et, pour obvier à l'incurie des lecteurs, il ordonna que dix exemplaires de ses ouvrages, copiés chaque année aux frais du trésor, seraient déposés dans les bibliothèques et dans les archives. Il interdit aux hommes les vêtements tout de soie. Il fit abattre sa maison, et, sur son emplacement, éleva des bains publics à ses frais. Ostie reçut de sa générosité cent colonnes en marbre de Numidie, hautes de vingt-trois pieds. Tous les biens qu'il possédait en Mauritanie, il en affecta la valeur à la réparation des toits du Capitole. Il consacra aux festins qui se donnaient dans les temples, toute sa vaisselle d'argent. Il rendit la liberté à tous ses esclaves de la ville, hommes et femmes : il en affranchissait un peu moins de cent à la fois, pour ne pas enfreindre la loi Caninia.

XI. Il était d'une grande sobriété, ne buvant jamais un setier de vin par jour, souvent même n'en buvant que la moitié. Son repas se composait d'une simple volaille, d'une hure et d'œufs. Sa table était abondamment pourvue de légumes. Son mets de prédilection

cis impatienter indulsit : somnum enim se mercari illa sumptus effusione dicebat. Amariores cibos appetivit. Balneis raro usus est, atque validior fuit in senectute. Vitreorum diversitate atque operositate vehementer est delectatus. Panem, nisi siccum, nunquam comedit, eumdemque sale atque aliis rebus conditum. Fabricarum peritissimus fuit, marmorum cupidus : nitoris senatorii, venationum studiosus. Mensam denique suam nunquam, nisi agrestibus, opimavit. Fasianam avem, nisi suo et suorum natali, et diebus festissimis, non posuit. Hostias suas semper domum revocavit, iisdemque suos vesci jussit. Uxorem gemmis uti non est passus. Auroclavatis vestibus idem interdixit : nam et ipse auctor Aureliano fuisse perhibetur, ut aurum a vestibus et cameris et pellibus submoveret. Multa hujus feruntur, sed longum est ea in litteras mittere; quod si quis omnia de hoc viro cupit scire, legat Suetonium Optatianum, qui ejus vitam affatim scripsit. Legit sane senex minutulas litteras ad stuporem. Nec unquam noctem intermisit, qua non aliquid vel scriberet, vel legeret, præter posterum kalendarum diem.

XII. Nec tacendum est, et frequenter intimandum tantam senatus lætitiam fuisse, quod eligendi principis cura ad ordinem amplissimum revertisset, ut et supplicationes decernerentur, et hecatombæ promitterentur; singuli denique senatores ad suos scriberent, nec ad suos tantum, sed etiam ad externos; mitterentur præterea litteræ ad provincias, ut scirent omnes socii

était la laitue : « C'est la monnaie dont je paie mon sommeil, » disait-il. Il préférait les mets amers. Il prenait peu de bains, et sa vieillesse n'en fut que plus robuste. Il recherchait particulièrement les ouvrages en verre, pour la variété et le travail. Il mangeait son pain sec, ou avec du sel et d'autres assaisonnements. Il était connaisseur en fait d'arts, et grand amateur de marbres. Il avait une mise aristocratique et un grand goût pour la chasse. Néanmoins sa table ne fut jamais servie que simplement : on n'y voyait de faisan qu'à l'anniversaire du jour de sa naissance, à celui de ses parents et dans les grandes solennités. On rapportait toujours les victimes qu'il avait sacrifiées : c'était la nourriture de sa maison. Il défendit à sa femme les parures de pierres précieuses et les broderies d'or. C'est lui, dit-on, qui avait conseillé à l'empereur Aurélien de bannir l'or des vêtements, des appartements et de la chaussure. On rapporte sur Tacite une multitude de particularités qu'il serait trop long de consigner ici : toutefois, ceux qui désireraient les connaître pourront lire Suétone Optatianus, qui a donné une biographie très-circonstanciée de cet empereur. Je dirai seulement que, malgré son âge, Tacite lisait avec une facilité surprenante les caractères les plus fins. Si l'on en excepte le lendemain des calendes, jamais il ne passa une nuit sans écrire ou sans lire.

XII. Une chose à dire, et qu'on ne saurait trop souvent répéter, c'est la joie extrême du sénat, en se voyant remis en possession d'élire les empereurs. Il décréta des supplications publiques, et fit vœu d'immoler des hécatombes. Les sénateurs en écrivirent à leurs familles, à leurs amis, et même à des étrangers. On envoya des lettres dans toutes les provinces, pour faire savoir à tous les alliés, à toutes les nations, que la république était revenue à ses antiques usages, que le

omnesque nationes in antiquum statum redisse rempublicam, ac senatum principes legere, imo ipsum senatum principem factum, leges a senatu petendas, reges barbaros senatui supplicaturos, pacem ac bella senatu auctore tractanda. Ne quid denique deesset cognitioni, plerasque hujusmodi epistolas in fine libri posui, et cum cupiditate et sine fastidio, ut existimo, perlegendas.

XIII. Et prima quidem illi cura imperatori facto hæc fuit, ut omnes, qui Aurelianum occiderant, interimeret, bonos malosve, quum jam ille vindicatus esset. Et quoniam a Mæotide multi barbari eruperant, hos eosdem consilio atque viribus, ut eo redirent compulit. Ipsi autem Mæotidæ ita congregabantur, quasi accitu Aureliani ad bellum Persicum convenissent, auxilium daturi nostris, si necessitas postularet. Quum Tullius dicat magnificentius esse dicere, quemadmodum ceperit consulatum : at in isto viro magnificum fuit, quod tanta gloria cepit imperium. Gessit autem, propter brevitatem temporum, nihil magnum. Interemptus est enim insidiis militaribus, ut alii dicunt, sexto mense; ut alii, morbo interiit. Tamen constat factionibus eum oppressum, mente atque animo defecisse. Hic idem mensem septembrem *Tacitum* appellari jussit, idcirco quod eo mense et natus et factus est imperator. Huic frater Florianus in imperio successit, de quo pauca ponenda sunt.

sénat nommait les empereurs, ou plutôt qu'il était lui-même devenu l'empereur : c'était au sénat désormais qu'il fallait demander des lois; au sénat que les rois barbares devaient adresser leurs suppliques; au sénat qu'il appartenait de traiter de la paix et de la guerre. Enfin, pour éclairer l'opinion à ce sujet, j'ai reproduit la plupart de ces lettres à la fin de mon livre : on les lira, je pense, avec intérêt, et même avec plaisir.

XIII. Le premier soin de Tacite, aussitôt après son avénement, fut de faire périr les meurtriers d'Aurélien, bons ou méchants, bien qu'on eût déjà tiré vengeance de sa mort. Les barbares avaient en grand nombre déserté les Palus-Méotides; mais par adresse ou par force, il les fit rentrer chez eux. Ils s'étaient rassemblés, sous prétexte qu'Aurélien les avait appelés à la guerre contre les Perses, pour nous porter secours, en cas de nécessité. Cicéron prétend que sa plus belle gloire est la manière dont il parvint au consulat : eh bien, on peut dire que l'élévation de Tacite fut aussi très-glorieuse. S'il ne fit rien de grand, c'est que le temps lui manqua. Il mourut au bout de six mois, victime de la perfidie des soldats, selon les uns; selon d'autres, enlevé par la maladie. Quoi qu'il en soit, il est bien établi qu'il n'eut pas l'énergie nécessaire pour résister aux factions, et qu'il succomba sous la tâche. Il avait donné le nom de *Tacite* au mois de septembre, parce qu'il avait vu et sa naissance et son élection. Il eut pour successeur Florien, son frère, dont je vais dire quelques mots.

[A. U. 1029]

FLORIANI VITA.

I. Hic frater Taciti germanus fuit, qui post fratrem arripuit imperium, non senatus auctoritate, sed suo motu, quasi hereditarium esset imperium : quum sciret adjuratum esse in senatu Tacitum, ut, quum mori coepisset, non liberos suos, sed optimum aliquem principem faceret. Denique vix duobus mensibus imperium tenuit, et occisus est Tarsi a militibus, qui Probum audierant imperare, quem omnis exercitus legerat. Tantus autem Probus fuit in re militari, ut illum senatus optaret, miles eligeret, ipse populus Romanus acclamationibus peteret. Fuit etiam Florianus morum fratris imitator, nec tamen usquequaque : nam effusionem in eo frater frugi reprehendebat, et hæc ipsa imperandi cupiditas aliis eum moribus ostendit fuisse, quam fratrem. Duo igitur principes una exstiterunt domo : quorum alter sex mensibus, alter vix duobus, imperaverunt, quasi quidam interreges inter Aurelianum et Probum, post interregnum principes nuncupati.

II. Horum statuæ fuerunt Interamnæ duæ, pedum

[De J.-C. 276]

VIE DE FLORIEN.

I. Après la mort de Tacite son frère utérin, Florien prit la pourpre sans attendre l'agrément du sénat, et de sa propre autorité, comme si l'empire était un héritage. Il savait pourtant qu'on avait, en plein sénat, conjuré Tacite de choisir pour son successeur, en cas de mort, non pas un de ses enfants, mais l'homme le plus digne du trône. Enfin, il ne garda le pouvoir que deux mois : il fut tué par les soldats dans la ville de Tarse, à la nouvelle de l'avénement de Probus, nommé par le suffrage unanime de l'armée. Or, tels étaient les talents militaires de Probus, que le sénat, l'armée, et le peuple romain lui-même, l'avaient à l'envi désigné, élu, proclamé. Florien avait le caractère de son frère, mais il ne l'imitait pas en tout point : aussi le frugal Tacite lui reprochait-il sa prodigalité; et cette ambition même de régner accuse une différence profonde entre les deux frères. La même famille donna donc deux empereurs, dont l'un régna six mois, l'autre deux mois à peine. On dirait deux interrois, appelés à l'empire pendant un interrègne qui s'étendrait d'Aurélien à Probus.

II. On leur éleva deux statues de marbre à Inté-

tricenum, ex marmore, quod illic eorum cenotaphia constituta sunt in solo proprio : sed dejectæ fulmine ita contritæ sunt, ut membratim jaceant dissipatæ : quo tempore responsum est ab haruspicibus, quandoque ex eorum familia imperatorem Romanum futurum, seu per feminam, seu per virum, qui det judices Parthis ac Persis; qui Francos et Alemannos sub Romanis legibus habeat; qui per omnem Africam barbarum non relinquat; qui Taprobanis præsidem imponat; qui ad Romanam insulam proconsulem mittat; qui Sarmatis omnibus judicet; qui terram omnem, qua oceano ambitur, captis omnibus gentibus, suam faciat; postea tamen senatui reddat imperium, et antiquis legibus vivat, ipse victurus annis centum viginti, et sine herede moriturus. Futurum autem eum dixerunt a die fulmine præcipitatis statuis confractisque post annos mille. Non magna hæc urbanitas haruspicum fuit, qui principem talem post mille annos futurum esse dixerunt : quia, si post centum annos prædicerent fore, possent eorum deprehendi mendacia, quum vix remanere talis possit historia. Ego tamen hæc idcirco inserenda volumini credidi, ne quis me, legens, legisse non crederet.

III. Tacitus congiarium populo Romano intra sex menses vix dedit. Imago ejus posita est in Quintiliorum, in una tabula quincuplex, in qua semel togatus, semel chlamydatus, semel armatus, semel palliatus, semel venatorio habitu. De qua quidam epigrammatarius ita

ramne, où furent érigés leurs cénotaphes, dans une terre qui leur appartenait. Ces deux statues, hautes de trente pieds, furent renversées par la foudre, et leurs fragments mutilés furent dispersés sur le sol. Vers le même temps, les aruspices annoncèrent que de leur famille il naîtrait un jour, soit par les femmes, soit par les hommes, un empereur romain, qui donnerait des lois aux Parthes et aux Perses, asservirait les Franks et les Alemans, ne laisserait pas dans toute l'Afrique un seul barbare, imposerait un chef aux habitants de Taprobane, et enverrait un proconsul dans une île romaine ; qui commanderait à toute la Sarmatie, subjuguerait tous les pays qu'entoure l'océan, et, après se les être appropriés par la victoire, finirait par rendre l'empire au sénat, rappellerait l'antique constitution, et ne mourrait qu'à l'âge de cent vingt ans, sans héritier. Mais cet homme ne devait naître, disaient-ils, qu'au bout de mille ans, à compter du jour où les statues avaient été renversées et brisées par la foudre. Or, les aruspices ne se compromettaient guère par cette flatterie, qui ajournait à dix siècles la venue d'un tel empereur. S'ils avaient dit que ce serait pour dans cent ans, on pourrait les convaincre de mensonge, en supposant même que de pareils contes puissent vivre cent ans. J'ai cru pourtant devoir les mentionner ici, pour que le lecteur ne m'accusât point de les avoir ignorés.

III. C'est à peine si, dans l'espace de six mois, Tacite fit quelques largesses au peuple romain. Son image fut placée dans le palais des Quintilius, et le même tableau le représentait de cinq manières différentes : en toge, en chlamyde, sous les armes, en manteau, et en costume de chasse. Cette singularité donna lieu à l'épigramme

lusit, ut diceret : « Non agnosco senem armatum, non chlamydatum inter cetera, sed agnosco togatum. » Et Floriani liberi et Taciti multi exstiterunt : quorum sunt posteri, credo, millesimum annum exspectantes. In quos multa epigrammata scripta, quo jocati sunt haruspices imperium pollicentes. Hæc sunt, quæ de vita Taciti atque Floriani digna memoratu comperisse memini. Nunc nobis aggrediendus est Probus, vir domi forisque conspicuus, vir Aureliano, Trajano, Hadriano, Antoninis, Alexandro Claudioque præferendus; nisi quia in illis varia, in hoc omnia præcipua tunc fuere : qui, post Tacitum, omnium judicio bonorum imperator est factus, orbemque terrarum pacatissimum gubernavit, deletis barbaris gentibus, deletis etiam plurimis tyrannorum, qui ejus temporibus exstiterunt : de quo dictum est, ut Probus diceretur, etiamsi Probus nomine non fuisset. Quem quidem multi ferunt etiam Sibyllinis libris promissum : qui si diutius fuisset, orbis terræ barbaros non haberet. Hæc ego in aliorum vita de Probo idcirco credidi prælibanda[1], ne dies, hora, momentum aliquid sibi vindicaret, ne fatali necessitate absumptus Probo indicto deperirem. Nunc claudam volumen, satisfactum arbitrans studio et cupiditati meæ.

IV. Omina imperii Tacito hæc fuerunt : fanaticus quidam in templo Sylvani tensis membris exclamavit : « Taciti purpuram ! Taciti purpuram ! » idque septimo : quod quidem postea omini deputatum est. Vinum, quo

suivante : « Quel est donc ce vieillard ? Je ne le reconnais ni à ces armes, ni à cette chlamyde, ni à ces autres costumes ; mais je le reconnais à sa toge. » Florien et Tacite laissèrent un grand nombre d'enfants, dont les descendants, j'imagine, attendent l'an mil. On a fait contre eux une foule d'épigrammes, où l'on tourne en ridicule les aruspices qui leur ont promis l'empire. Voilà tout ce que j'ai pu recueillir sur Florien et Tacite, qui méritât d'être rapporté. Maintenant parlons de Probus, homme également illustre dans la paix, dans la guerre, et qu'on doit mettre au-dessus d'Aurélien, de Trajan, d'Adrien, des Antonins, d'Alexandre Sévère et de Claude : car les qualités qui brillèrent dans chacun de ces empereurs, Probus les réunit toutes au suprême degré. Appelé à l'empire, après Tacite, par le consentement unanime des gens de bien, il gouverna l'univers dans la paix la plus profonde, après l'avoir délivré des nations barbares et des tyrans qui parurent sous son règne. On a dit de lui qu'il devait être appelé Probus, quand même ce nom n'eût pas été le sien. Les livres Sibyllins, à ce qu'on assure, avaient annoncé au monde cet empereur, qui l'aurait à jamais purgé des barbares, s'il eût vécu plus longtemps. J'ai voulu, dès maintenant, préluder par quelques mots à la biographie de Probus, dans la crainte de ne pas trouver le temps de l'écrire, et ne voulant pas quitter la vie sans avoir au moins parlé de ce grand homme. Maintenant, je puis terminer ce volume, avec l'idée d'avoir satisfait mon désir et mon vœu.

IV. Voici les présages qui avaient annoncé l'élévation de Tacite : un prêtre de Sylvain, agitant les bras, s'écria, dans un temple du dieu : « La pourpre, la pourpre à Tacite ! » Et cette exclamation, sept fois répétée, fut, depuis, considérée comme un présage. Un jour, comme

libaturus Tacitus fuerat in templo Herculis Fundani, subito purpureum factum est [2]. Vitis quæ uvas Aminæas albas ferebat, eo anno quo ille imperium meruit, purpurascere plurima purpura cœpit. Mortis omina hæc fuerunt : patris sepulcrum, disruptis januis, se aperuit; matris umbra se per diem et Tacito et Floriano velut viventis obtulit (nam diversis patribus nati ferebantur); in larario dii omnes, seu terræ motu, seu casu aliquo, conciderunt; imago Apollinis, quæ ab his colebatur, ex summo fastigio [3] in lectulo posita sine cujuspiam manu deprehensa est. Sed hæc sunt quæ a plerisque dicuntur. Nos ad Probum et ad Probi gesta insignia revertemur.

V. Et quoniam me promisi aliquas epistolas esse positurum, quæ, creato Tacito principe, gaudia senatus ostenderent, his additis, finem scribendi faciam.

Epistolæ publicæ :

« Senatus amplissimus curiæ Carthaginiensi salutem dicit. — Quod bonum, faustum, felix, salutareque sit reipublicæ, orbique Romano, dandi jus imperii, appellandi principis, nuncupandi augusti, ad nos revertit. Ad nos igitur referte quæ magna sunt. Omnis provocatio præfecti urbis erit, quæ tamen a proconsulibus et ab ordinariis judicibus emerserit : in quo quidem etiam vestram in antiquum statum redisse credimus dignitatem, siquidem primus hic ordo est, qui, recipiendo vim suam, jus suum ceteris servat. »

il allait offrir des libations dans le temple d'Hercule, à Fundi, le vin prit tout à coup une teinte pourprée. Un cep de vigne aminéen, qui jusqu'alors avait donné du raisin blanc, donna des grappes d'un rouge foncé, l'année où Tacite parvint à l'empire. Des prodiges aussi annoncèrent sa mort : les portes du tombeau de son père se brisèrent en s'ouvrant; Tacite et Florien virent distinctement, en plein jour, l'ombre de leur mère (on sait qu'ils n'étaient pas fils du même père); dans le laraire, toutes les images des dieux pénates tombèrent, renversées par un tremblement du sol, ou par un effet du hasard; la statue d'Apollon, objet de leur vénération particulière, enlevée du fronton du palais, fut retrouvée sur un lit, sans que personne l'y eût déposée. Voici du moins ce que rapportent plusieurs historiens. Mais revenons à Probus et aux faits éclatants de son règne.

V. Et puisque j'ai promis de donner quelques lettres qui témoigneraient de la joie du sénat à l'avénement de Tacite, je vais terminer par ces citations la biographie de ce prince.

Lettres officielles :

« Le sénat amplissime à la curie de Carthage, salut. — Le droit de conférer l'empire, de désigner le chef de l'État, de nommer l'empereur, est revenu au sénat; ce droit précieux doit contribuer au bonheur, à la gloire, à la perpétuité, au salut de l'empire et du monde. C'est donc à nous que vous en référerez pour toutes les affaires importantes. C'est au préfet de Rome que ressortiront désormais tous les appels, ceux, du moins, qui émaneront des proconsuls et des tribunaux ordinaires. Voyons en cela, pour vous aussi, un retour à votre ancienne dignité : car en recouvrant son antique suprématie, le sénat garantit les droits de chacun. »

Alia epistola :

« Senatus amplissimus curiæ Trevirorum. — Ut estis liberi et semper fuistis, lætari vos credimus. Creandi principis judicium ad senatum redit ; simul etiam præfecturæ urbanæ appellatio universa decreta est. »

Eodem modo scriptum est Antiochensibus, Aquileiensibus, Mediolanensibus, Alexandrinis, Thessalonicensibus, Corinthiis, et Atheniensibus.

VI. Privatæ autem epistolæ hæ fuerunt :

« Autronio Justo patri Autronius Tiberianus salutem. — Nunc te, pater sancte, interesse decuit senatui amplissimo ; nunc sententiam dicere ; quum tantum auctoritatis amplissimo ordini creverit, ut revertat in antiquum statum respublica, et nos principes demus, nos faciamus imperatores, nos denique nuncupemus augustos. Fac igitur ut convalescas, curiæ interfuturus antiquæ. Nos recepimus jus proconsulare, redierunt ad præfectum Urbis appellationes omnium potestatum, et omnium dignitatum. »

Item alia :

« Claudius Capellianus Cercio Metiano patruo salutem. — Obtinuimus, pater sancte, quod semper optavimus : in antiquum statum senatus revertit. Nos principes facimus ; nostri ordinis sunt potestates. Gratias exercitui Romano, et vere Romano : reddidit nobis, quam semper habuimus, potestatem. Abjice Baianos Puteolanosque secessus. Da te Urbi, da te curiæ. Floret

Autre lettre :

« Le sénat amplissime à la curie des Trévires. — Vous devez être heureux de vous voir indépendants, ainsi que vous l'aviez toujours été. Le choix d'un empereur est revenu au sénat, et l'on a décrété que tous les appels ressortiraient au préfet de Rome. »

On écrivit dans les mêmes termes aux conseils d'Antioche, d'Aquilée, de Milan, d'Alexandrie, de Thessalonique, de Corinthe et d'Athènes.

VI. Passons maintenant aux lettres particulières :

« A Autronius Justus son père, Autronius Tiberianus, salut. — C'est maintenant, mon vénérable père, que vous devriez assister aux séances du sénat amplissime, et prendre part à ses délibérations : car cet ordre illustre a vu renaître son autorité tout entière. La république a recouvré son antique splendeur : c'est nous qui donnons des chefs à l'empire, nous qui faisons les empereurs, nous qui nommons les maîtres du monde. Revenez donc à la santé pour reprendre votre place dans l'antique sénat. Nous avons repris le pouvoir proconsulaire : c'est au préfet de Rome que s'adressent maintenant les appels de tous les pouvoirs, de toutes les juridictions. »

En voici une autre :

« Claudius Capellianus à Cereius Metianus, son oncle paternel, salut. — Enfin nous avons maintenant, respectable père, ce privilége objet de tous nos vœux : le sénat est redevenu ce qu'il était. C'est nous qui faisons les empereurs ; toutes les dignités émanent de notre sein. Grâces en soient rendues à notre armée : cette armée si vraiment romaine, par elle nous avons recouvré le pouvoir que nous avions toujours eu. Quittez donc vos retraites de Pouzzol et de Baïa. Revenez dans la capitale,

Roma, floret tota respublica. Imperatores damus, principes facimus; possumus et prohibere, qui cœpimus facere. Dictum sapienti sat est. »

Longum est omnes epistolas connectere, quas reperi, quas legi; tantùm illud dico, senatores omnes ea esse lætitia elatos, ut domibus suis omnes, albas hostias cæderent, imagines frequenter aperirent, albati sederent, convivia sumptuosiora prævenirent, antiquitatem sibi redditam crederent.

revenez au sénat. Rome est florissante, la république tout entière est florissante. Nous nommons les empereurs ; et comme nous pouvons donner la pourpre, nous pouvons aussi la refuser : ce que nous avons déjà fait. Je n'ai pas besoin d'en dire davantage à votre sagesse. »

Il serait trop long de citer toutes les lettres que j'ai retrouvées et lues. Je n'ajouterai qu'un mot : tels furent l'enthousiasme et la joie de tous les sénateurs, que tous immolèrent, dans leurs foyers, des victimes blanches. Souvent ils découvraient les images de leurs ancêtres ; ils siégeaient vêtus de blanc et donnaient des festins magnifiques, croyant que les temps passés étaient revenus.

[A. U. 1029 — 1035.]

PROBI VITA.

1. Centum est, quod Sallustius Crispus, quodque Marcus Cato, et Gellius, historici, sententiæ modo in litteras retulerunt, « Omnes omnium virtutes tantas esse, quantas videri eas voluerint eorum ingenia, qui uniuscujusque facta descripserint. » Inde esse, quod Alexander Magnus Macedo, quum ad Achillis sepulcrum venisset, graviter ingemiscens, « Felicem te, inquit, juvenis, qui talem præconem tuarum virtutum reperisti : » Homerum intelligi volens, qui Achillem tantum in virtutum studio finxit, quantum ipse valebat ingenio. Quorsum hæc pertineant, mi Celse, ne fortassis requiras, Probum principem, cujus imperio Oriens, Occidens, Meridies, Septentrio, omnesque orbis partes in totam securitatem redactæ sunt, scriptorum inopia jam pæne nescimus. Occidit, pro pudor! tanti viri et talis historia, qualem non habent bella Punica, non terror Gallicus, non motus Pontici, non Hispaniensis astutia. Sed non patiar ego ille, a quo dudum solus Aurelianus est expetitus[1], cujus vitam, quantum potui, persequutus,

[De J.-C. 276 — 282]

VIE DE PROBUS.

1. Ce que les historiens Crispus Salluste, Marcus Caton et Gellius ont consigné dans leurs écrits comme une sentence est bien vrai : « Toutes les vertus des grands hommes ne sont que ce que les fait le génie de leurs biographes. » Voilà pourquoi Alexandre le Grand, roi de Macédoine, devant le tombeau d'Achille, dit, en laissant échapper un profond soupir : « Heureux jeune homme, qui as trouvé un tel héraut pour célébrer tes hauts faits ! » Il faisait ainsi allusion à Homère, qui a donné à Achille autant d'amour pour la gloire, qu'il avait lui-même de génie. Ne me demande pas, mon cher Celse, où tend ce discours. La disette d'écrivains fait que nous connaissons à peine l'empereur Probus, sous le gouvernement duquel l'Orient, l'Occident, le Midi, le Septentrion, toutes les parties de l'univers enfin, ont joui de tous les bienfaits de la paix qu'il leur avait rendue. A notre honte, l'histoire a laissé périr la mémoire d'un homme si grand et d'un mérite tel que les guerres puniques, les soulèvements des Gaules, les troubles du Pont, les ruses de l'Espagne n'en ont offert aucun qui lui soit comparable. On ne m'avait demandé, il y a bien longtemps, qu'une *Vie d'Aurélien*, et je l'ai faite du mieux qu'il m'a été possible. Mais il ne sera pas dit qu'ayant composé déjà

Tacito Florianoque jam scriptis, non me ad Probi facta conscendere; si vita suppetet, omnes, qui supersunt usque ad Maximianum Diocletianumque dicturus. Neque ego nunc facultatem eloquentiamque polliceor, sed res gestas, quas perire non patior.

II. Usus autem sum, ne in aliquo fallam carissimam mihi familiaritatem tuam, præcipue libris ex bibliotheca Ulpia, ætate mea thermis Diocletianis; item ex domo Tiberiana². Usus etiam ex regestis scribarum porticus Porphyreticæ, actis etiam senatus ac populi. Et quoniam me ad colligenda talis viri gesta ephemeris Turduli Gallicani plurimum juvit, viri honestissimi ac sincerissimi, beneficium amici senis tacere non debui. Cn. Pompeium, tribus fulgentem triumphis, belli piratici, belli Sertoriani, belli Mithridatici, multarumque rerum gestarum majestate sublimem, quis tandem nosset, nisi eum Marcus Tullius et Titus Livius in litteras retulissent? Publium Scipionem Africanum, immo Scipiones omnes, seu Lucios, seu Nasicas, nonne tenebræ possiderent ac tegerent, nisi commendatores eorum historici nobiles atque ignobiles exstitissent? Longum est omnia persequi, quæ ad exemplum hujuscemodi, etiam nobis tacentibus, usurpanda sunt.

Illud tantum contestatum volo, me et rem scripsisse, quam, si quis voluerit, honestius eloquio celsiore

celles de Tacite et de Florien, je ne m'élèverais pas jusqu'aux exploits de Probus. Non : que les dieux m'en laissent le temps, et j'espère bien poursuivre l'histoire des empereurs jusqu'à Maximien et Dioclétien. Je ne promets pas d'orner mon récit des fleurs de l'éloquence; le seul but que je me propose est de sauver leurs hauts faits de l'oubli.

II. Pour ne point induire en erreur, sur quelque point que ce soit, un ami dont l'intimité m'est si douce, j'ai principalement consulté les manuscrits de la bibliothèque Ulpienne, maintenant transportée aux thermes de Dioclétien, et de celle du palais de Tibère. Je me suis aussi servi des registres des scribes du portique de Porphyre, ainsi que des actes du sénat et du peuple. Je ne dois point, non plus, laisser ignorer combien m'a été utile, pour recueillir les actions de l'illustre empereur dont j'écris la vie, l'éphéméride de Turdulus Gallicanus, vieillard aussi respectable qu'impartial, qui, en raison de l'amitié qui nous lie, a bien voulu m'en donner communication. Qui donc connaîtrait Cn. Pompée, malgré tout l'éclat qu'ont jeté sur lui trois triomphes dans les guerres des pirates, de Sertorius et de Mithridate, sans parler d'un grand nombre d'exploits glorieux, si M. T. Cicéron et Tite-Live n'avaient consigné ses hauts faits dans leurs ouvrages? Publius Scipion l'Africain, je dirai même tous les Scipions, les Lucius aussi bien que les Nasica, ne seraient-ils point enveloppés dans les ténèbres de l'oubli, si des historiens distingués et des historiens vulgaires n'avaient pris à tâche de faire revivre leur mémoire? Mais il serait trop long d'énumérer ici tous les exemples qu'on pourrait citer à l'appui de cette vérité, même en omettant ceux qui me sont particulièrement connus.

Je tiens seulement à constater ici que je me suis borné à énoncer les faits, laissant à ceux qui le vou-

demonstret. Et mihi quidem id animi fuit, non ut Sallustios, Livios, Tacitos, Trogos, atque omnes disertissimos imitarer viros, in vita principum et temporibus disserendis, sed Marium Maximum, Suetonium Tranquillum, Fabium Marcellinum, Gargillium Martialem, Julium Capitolinum, Ælium Lampridium, ceterosque, qui hæc et talia non tam diserte, quam vere, memoriæ tradiderunt. Sum enim unus ex curiosis, quod infinita scire non possum, incendentibus vobis, qui, quum multa sciatis, scire multo plura cupitis. Et ne diutius ea quæ ad meum consilium pertinent loquar, magnum et præclarum principem, et qualem historia nostra non novit, arripiam.

III. Probus oriundus e Pannonia, civitate Sirmiensi [3], nobiliore matre, quam patre, patrimonio moderato, affinitate non magna, tam privatus, quam imperator nobilissimis virtutibus claruit. Probo, ut quidam in litteras retulerunt, pater nomine Maximus fuit: qui quum ordines honestissime duxisset, tribunatum adeptus, apud Ægyptum vita functus est, uxore ac filio et filia derelictis. Multi dicunt, Probum Claudii propinquum fuisse, optimi et sanctissimi principis: quod, quia per unum tantum Græcorum relatum est, nos in medio relinquemus. Unum tamen dico, quod in ephemeride legisse me memini, a Claudia sorore Probum sepultum. Adolescens Probus corporis moribus tam clarus est factus, ut Valeriani judicio tribunatum prope imberbis acciperet.

dront le soin de les présenter dans un style plus élevé. En effet, mon but n'a point été d'imiter les Salluste, les Tite-Live, les Tacite, les Trogue Pompée, et tous ces éloquents historiens qui ont écrit la vie des princes ou tracé le tableau des mœurs de leurs temps, mais Marius Maximus, Suétone Tranquille, Fabius Marcellin, Gargillius Martialis, Julius Capitolinus, Élius Lampride et autres dont les récits sont plus recommandables par la véracité que par l'élégance de la diction. Je ne puis tout connaître; mais je dois naturellement être jaloux d'apprendre, excité en cela par vous qui savez tant et qui désirez savoir beaucoup plus encore. Je ne parlerai pas davantage du plan que je me suis tracé ; j'aborde la biographie du prince le plus grand et le plus illustre dont puisse s'enorgueillir notre histoire.

III. Probus naquit en Pannonie, dans la ville de Sirmium. Sa mère était d'une condition plus relevée que son père, son patrimoine médiocre, sa parenté peu nombreuse. Citoyen ou empereur, il se distingua par les plus nobles vertus. Le père de Probus, au dire de quelques écrivains, s'appelait Maximus; du grade d'officier qu'il avait rempli avec distinction, il parvint à celui de tribun, et mourut en Égypte; laissant sa femme, son fils et une fille. Plusieurs historiens disent que Probus était le parent de Claude, prince excellent et vénérable : toutefois, comme je ne trouve cette opinion consignée que dans un seul auteur grec, je m'abstiendrai de me prononcer à cet égard. Je rappellerai seulement une particularité que je me rappelle d'avoir lue dans l'éphéméride : c'est que Probus fut enseveli par sa sœur Claudia. Probus, dans sa jeunesse, se distingua tellement par la pureté de ses mœurs, que Valérien le jugea digne du tribunat, quoiqu'il eût à

Exstat epistola Valeriani ad Gallienum, qua Probum laudat adhuc adolescentem, et imitationi omnium proponit. Ex quo apparet, neminem unquam pervenisse ad virtutum summam jam maturum, nisi qui puer, seminario virtutum generosiore concretus, aliquid inclytum designasset.

IV. Epistola Valeriani :

« Valerianus pater Gallieno filio, augustus augusto. — Et meum sequutus judicium, quod semper de Probo adolescente primo habui, et omnium bonorum, qui eumdem sui nominis virum dicunt, tribunatum in eum contuli, datis sex cohortibus Saracenis, creditis etiam auxiliaribus Gallis, cum ea Persarum manu, quam nobis Artabasses Syrus mancipavit. Te quæso, fili carissime, ut eum juvenem, quem imitari pueris omnibus volo, in tanto habeas honore, quantum virtutes ejus et merita, pro debito mentis splendore, desiderant[4]. »

Alia epistola de eodem ad præfectum prætorio, cum salario.

« Valerianus augustus Mulvio Gallicano præfecto prætorii. — Miraris fortassis, quod ego imberbem tribunum fecerim, contra constitutum divi Hadriani; sed non multum miraberis, si Probum cogitas adolescentem vere probum : nunquam enim aliud mihi, quum eum cogito, nisi nomen occurrit. Quod nisi nomen haberet, potuit habere cognomen.

« Huic igitur dari jubebis, quoniam mediocris fortuna

peine de la barbe. Valérien, dans une lettre adressée à Gallien, et que nous possédons encore, loue le jeune Probus et le propose à tous pour modèle. On juge de là que personne, dans l'âge mûr, ne peut atteindre le faîte de la vertu, si, dans son enfance, il n'en a reçu le germe le plus pur, et n'en a dès lors donné des marques éclatantes.

IV. Lettre de Valérien :

« Valérien auguste à son fils Gallien auguste. — D'après la bonne opinion que je n'ai cessé d'avoir de Probus depuis qu'il a atteint l'âge de l'adolescence, et celle de tous les gens de bien qui disent que c'est un homme digne de son nom, je lui ai conféré le tribunat avec six cohortes sarrasines ; je lui ai aussi confié les auxiliaires gaulois avec le corps de Perses que nous avons reçu à mancipe du Syrien Artabasse. Je te prie, mon très-cher fils, d'accorder à ce jeune homme, que je désirerais que tous les enfants prissent pour modèle, toute la considération que réclament ses vertus et son grand mérite : c'est justice à rendre à son beau caractère. »

Autre lettre adressée au préfet du prétoire, avec la note du salaire accordé à Probus :

« Valérien auguste à Mulvius Gallicanus, préfet du prétoire. — Vous êtes peut-être surpris de ce que, contrairement à la loi établie par le divin Adrien, j'ai conféré le grade de tribun à un jeune homme sans barbe ; mais votre étonnement diminuera beaucoup quand vous saurez que Probus est un jeune homme d'une probité reconnue : aussi je ne pense jamais à lui sans que tout d'abord son nom préoccupe mon esprit. S'il n'avait le nom de Probus, on pourrait justement le surnommer ainsi.

« En raison de son peu de fortune, et pour l'aider

est, ut ejus dignitas incrementis juvetur, tunicas rufulas duas, pallia Gallica duo fibulata, interulas paragaudias duas, patinam argenteam librarum decem specillatam, aureos antoninianos centum, argenteos aurelianos mille, æreos philippeos decem millia. Item in salario diurno, bubulæ pondo [5]..., porcinæ pondo sex, caprinæ pondo decem, gallinaceum per biduum, olei per biduum sextarium unum, vini veteris diurnos sextarios decem cum larido bubalino : salis, olerum, lignorum, quantum satis est. Hospitia præterea eidem, ut tribunis legionum, præberi jubebis. »

V. Et hæc quidem epistolæ declarant. Nunc quantum ex ephemeride colligi potuit. Quum bello Sarmatico jam tribunus, transmisso Danubio, multa fortiter fecisset, publice in concione donatus est hastis puris quatuor[6], coronis vallaribus duabus, corona civica una[7], vexillis puris quatuor[8], armillis aureis duabus, torque aureo uno, patera sacrificali quinquelibri una. Quo quidem tempore Valerium Flaccum, adolescentem nobilem, parentem Valeriani, e Quadorum liberavit manu : unde illi Valerianus coronam civicam detulit. Verba Valeriani pro concione habita : « Suscipe, Probe, præmia pro republica, suscipe coronam civicam pro parente. » Quo quidem tempore legionem tertiam eidem addidit, sub testimonio ejusmodi. Epistola de legione tertia : « Res gestæ tuæ, Probe carissime, faciunt ut et serius tibi tradere majores exercitus videar, et cito tamen tradam.

dans les frais qu'exige sa dignité, vous lui ferez donner deux tuniques rousses, deux manteaux gaulois à fibule, deux tuniques intérieures bordées de soie, un plat d'argent à facettes du poids de dix livres, cent antonins d'or, mille auréliens d'argent, dix mille philippes de cuivre; et, chaque jour, à titre d'émoluments, [huit] livres de bœuf, six livres de porc, dix livres de chevreau, dix setiers de vin vieux, autant de bœuf salé; tous les deux jours un poulet et un setier d'huile. Vous lui ferez aussi donner une quantité convenable de sel, de légumes et de bois, et de plus le logement, comme cela se fait pour les tribuns des légions. »

V. Après avoir cité textuellement ces lettres, je vais rapporter ce que j'ai pu recueillir dans l'éphéméride. Déjà tribun lors de la guerre contre les Sarmates, après avoir passé le Danube il se distingua par plusieurs exploits glorieux qui lui méritèrent d'être gratifié publiquement, devant l'armée assemblée, de quatre lances sans fer, de deux couronnes vallaires, d'une couronne civique, de quatre étendards tout unis, de deux bracelets et d'un collier d'or, d'une patère pour les sacrifices du poids de cinq livres. Dans le même temps il délivra de la main des Quades Valerius Flaccus, jeune homme de noble famille et parent de Valérien, qui, pour cette belle action, l'honora de la couronne civique. « Recevez, Probus, lui dit-il devant les troupes assemblées, les récompenses que vous décerne la république; recevez la couronne civique pour avoir sauvé mon parent. » Il lui confia aussi le commandement de la troisième légion, et, à ce sujet, lui adressa cette lettre comme témoignage de son admiration : « Vos exploits, mon cher Probus, semblent me reprocher de vous avoir bien tard donné la direction de forces imposantes, et

Recipe in fidem tuam legionem tertiam felicem, quam ego adhuc nulli, nisi provecto jam, credidi : mihi autem eo tempore credita est, quo et me canosum, qui credebat, cum gratulatione vidit. Sed ego in te non exspecto ætatem, quum et virtutibus fulgeas, et moribus polleas. Vestes tibi triplices dari jussi, salarium duplex feci, vexillarium deputavi. »

VI. Longum est, si per res gestas tanti percurram viri, quæ ille sub Valeriano, quæ sub Gallieno, quæ sub Aureliano et Claudio privatus fecerit, quoties murum conscenderit, vallum diripuerit, hostem cominus interemerit, dona principum emeruerit, rempublicam in antiquum statum sua virtute reddiderit. Docet Gallieni epistola ad tribunos data, qui fuerit Probus.

« Gallienus augustus tribunis excercituum Illyricianorum. — Etiamsi patrem meum fatalis belli Persici necessitas tenuit, habeo tamen parentem Aurelium Probum, quo laborante possim esse securus : qui si affuisset, nunquam ille ne nominandus quidem tyrannus sibi usurpasset imperium. Quare omnes vos consiliis ejus cupio parere, qui et patris judicio probatus est, et senatus. »

Non magnum fortassis judicium Gallieni esse videatur, principis mollioris; sed, quod negari non potest, ne dissolutus quidem quispiam se nisi in ejus fidem tradit,

pourtant je vous la donne bien tôt. Prenez donc sous votre protection la troisième légion, l'heureuse, que jusqu'alors je n'ai confiée qu'à des chefs d'un âge avancé : moi-même je n'eus l'honneur de la commander que lorsque le prince qui me la remit vit avec plaisir que mes cheveux étaient blancs. Mais votre valeur incomparable et vos mœurs irréprochables me sont un sûr garant qu'il n'est pas besoin chez vous d'attendre le nombre des années. J'ai donné l'ordre de vous remettre trois vêtements, une double paye, et je vous envoie un enseigne. »

VI. Énumérer ici toutes les belles actions par lesquelles ce grand homme, comme simple particulier, s'illustra sous Valérien, sous Gallien, sous Aurélien et sous Claude, serait pour moi une tâche fort longue. Combien n'escalada-t-il pas de murailles! combien ne força-t-il pas de remparts! combien son bras n'immola-t-il pas d'ennemis! Ne mérita-t-il pas mille fois les récompenses de ses empereurs? ne rendit-il pas à la république son ancien éclat? Une lettre adressée par Gallien aux tribuns nous montre quel était Probus.

« Gallien auguste aux tribuns des armées d'Illyrie. — Quoique mon père expie par sa captivité la malheureuse issue de la guerre contre les Perses, je puis cependant, grâce à l'activité d'Aurelius Probus, mon parent, vivre dans une sorte de sécurité. S'il eût été présent, jamais, certes, le tyran dont le nom ne devrait jamais être prononcé n'eût usurpé l'empire. Je désire donc que vous suiviez tous ponctuellement les ordres de l'homme dont mon père et le sénat ont apprécié les hautes qualités. »

Le témoignage de Gallien, prince sans énergie, ne paraîtra peut-être pas d'une grande autorité; mais ce qu'on ne peut nier, c'est que les hommes dissolus ne se confient jamais qu'à ceux dont les qualités paraissent

cujus sibi virtutes existimat profuturas. Sed esto, Gallieni epistola sequestretur, quid Aureliani judicium ? qui Probo decimanos, fortissimos exercitus sui, et cum quibus ipse ingentia gesserat, tradidit sub hujusmodi testimonio :

« Aurelianus augustus Probo salutem dicit. — Ut scias, quanti te faciam, decimanos meos sume, quos Claudius mihi credidit. Isti enim sunt, qui, quadam felicitatis prærogativa, præsules, nisi futuros principes, habere non norunt. »

Ex quo intellectum est, Aurelianum in animo habuisse, ut, si quid sibi scienti prudentique eveniret, Probum principem faceret.

VII. Jam Claudii, jam Taciti judicia de Probo longum est innectere ; quamvis feratur in senatu Tacitus dixisse, quum eidem offerretur imperium, « debere Probum principem fieri ; » sed ego senatusconsultum ipsum non inveni. Ipse autem Tacitus imperator primam talem ad Probum epistolam dedit :

«Tacitus augustus Probo. — Me quidem senatus principem fecit de prudentis exercitus voluntate. Attamen sciendum tibi est, tuis nunc humeris magis incubuisse rempublicam. Qui et quantus sis, omnes novimus ; scit senatus. Adesto igitur nostris necessitatibus : tuæ familiæ assere, ut soles, rempublicam. Nos tibi, decreto totius Orientis ducatu, salarium quintuplex fecimus, ornamenta militaria geminavimus, consulatum in annum

pouvoir leur être utiles. Mais laissons de côté, si l'on veut, la lettre de Gallien ; récusera-t-on le témoignage d'Aurélien, qui, en conférant à Probus le commandement de la dixième légion, la plus brave de son armée, et avec laquelle il avait lui-même fait de grandes choses, lui adressa la lettre qui suit :

« Aurélien auguste à Probus, salut. — Pour vous prouver combien je fais cas de votre mérite, je vous donne le commandement de la dixième légion, que Claude me confia jadis. Par une sorte de prérogative qu'elle doit à son bonheur, elle n'a jamais eu pour chefs que des hommes destinés à devenir empereurs. »

Ceci montre assez qu'Aurélien avait l'intention, si les destins lui permettaient d'agir selon ses vues, d'élever Probus à l'empire.

VII. Consigner ici tout ce que Claude et Tacite ont dit à l'avantage de Probus serait fort long ; mais je rapporterai les paroles prononcées, dit-on, par Tacite au sénat, lorsqu'on lui offrit l'empire : « C'est Probus qu'il faut faire empereur. » Je n'ai pu trouver le sénatus-consulte qui les confirme. Voici, toutefois, la première lettre que Tacite, après son avénement, adressa à Probus :

« Tacite auguste à Probus. — Le sénat vient de me déférer l'empire d'après le vœu de l'armée, qui en avait délibéré. Sachez cependant que c'est principalement sur vous que doit retomber le poids des affaires publiques. Le sénat, tout le monde connaît vos grandes capacités. Prêtez-nous donc votre concours, et, comme vous l'avez fait jusqu'ici, assimilez la république à votre famille. Nous vous confions le gouvernement de tout l'Orient, nous quintuplons votre salaire, nous doublons votre équipement militaire, nous vous choisissons pour

proximum nobiscum decrevimus : te enim manet pro virtutibus tuis Capitolina palmata. »

Ferunt quidam, Probo id pro imperii omine fuisse, quod Tacitus scripsit, « Te manet Capitolina palmata; » sed in hanc sententiam omnibus semper consulibus scribebatur.

VIII. Amor militum erga Probum ingens semper fuit; neque enim[9] unquam ille passus est peccare militem. Ille, quin etiam, Aurelianum sæpe a gravi crudelitate deduxit. Ille singulos manipulos adiit, vestes et calceamenta perspexit; si quid prædæ fuit, ita divisit, ut sibi nihil, præter tela et arma, servaret. Quin etiam quum de prædato, sive ex Alanis, sive ex aliqua alia gente, incertum est, repertus esset equus non decorus, neque ingens, qui, quantum captivi loquebantur, centum ad diem milliaria currere diceretur, ita ut per dies octo vel decem continuaret, et omnes crederent, Probum tale animal sibimet servaturum, jam primum dixit : « Fugitivo militi potius, quam forti, hic equus convenit; » deinde in urnam militares jussit nomen suum mittere, ut aliquis eum sorte ductus acciperet. Et quum essent in exercitu quidam, nomine Probi, alii quatuor milites, casu evenit, ut primum emergeret, cui Probo nomen exsisteret, quum ipsius Probi ducis nomen missum non esset. Sed quum quatuor illi milites inter se contenderent, ac sortem sibi quisque defenderet, jussit iterum agitari urnam ; sed et iterum Probi nomen emersit; quumque tertio et quarto fecisset, quarto Probi nomen

partager avec nous, l'année prochaine, les honneurs du consulat, et vous recevrez au Capitole la robe palmée due à votre mérite. »

Si l'on en croit quelques historiens, on vit dans ce passage de la lettre de Tacite, « Vous recevrez au Capitole la robe palmée, » le présage que l'empire était réservé à Probus ; pourtant c'est toujours en ces termes qu'on écrivait à tous les consuls.

VIII. Probus fut toujours chéri des soldats, et cependant il ne leur laissa jamais enfreindre la discipline. Souvent il détourna Aurélien de sévir avec trop de rigueur contre eux. Il inspectait chaque manipule en particulier, examinait les vêtements et les chaussures ; et, lorsqu'il y avait du butin à partager, il ne réservait pour lui que des traits et des armes. Un jour, parmi le butin pris sur les Alains, ou sur une autre nation, car c'est un point qui est resté indécis, on trouva un cheval que ne recommandaient ni ses formes ni sa taille, mais qui, au dire des prisonniers, pouvait, en courant, franchir cent milles par jour et faire le même trajet pendant huit ou dix jours sans interruption. Chacun pensait que Probus garderait pour lui un animal si extraordinaire, lorsqu'on l'entendit s'exprimer ainsi : « Ce cheval convient à un soldat qui fuit, plutôt qu'à un homme de courage ; » puis il donna l'ordre aux soldats de jeter leurs noms dans l'urne pour le tirer au sort. Comme il y avait dans l'armée quatre soldats qui s'appelaient Probus, il se trouva que ce fut le premier nom qui sortit, quoique celui du chef n'eût point été mis au nombre de ceux qui pouvaient gagner : les quatre soldats s'étant disputés, chacun d'eux prétendant être celui que le sort avait désigné, il fit procéder à un nouveau tirage, et pour la seconde fois le nom de Probus sortit de l'urne ; on recommença une troisième, puis une quatrième fois, et toujours le nom de Probus d'ap-

effusum est. Tunc omnis exercitus equum illum Probo duci dicavit, ipsis etiam militibus, quorum nomina exierant, id volentibus.

IX. Pugnavit et contra Marmaridas in Africa fortissime, eos denique vicit, atque ex Libya Carthaginem transiit, eamdemque a rebellionibus vindicavit. Pugnavit et singulari certamine contra quemdam Aradionem in Africa, eumdemque prostravit : et quia fortissimum ac pertinacissimum virum viderat, sepulcro ingenti honoravit, quod adhuc exstat, tumulo usque ad ducentos pedes terra elato per milites, quos otiosos esse nunquam est passus. Exstant apud Ægyptum ejus opera, quæ per milites struxit, in plurimis civitatibus. In Nilo autem tam multa fecit, ut vectigal frumentarium solus adjuverit; pontes, templa, porticus, basilicas, labore militum struxit; ora fluminum multa patefecit, paludes plerasque siccavit, atque in his segetes agrosque constituit. Pugnavit etiam contra Palmyrenos, pro Odenati et Cleopatræ partibus Ægyptum defendentes, primo feliciter, postea temere, ut pæne caperetur; sed postea refectis viribus, Ægyptum et Orientis maximam partem in Aureliani potestatem redegit.

X. Quum his igitur tot et tantis virtutibus eniteret, Tacito absumpto fataliter[10], ac Floriano imperium arripiente, omnes Orientales exercitus eumdem imperatorem fecerunt. Non inepta neque inelegans fabula est, scire quemadmodum imperium Probus sumpserit. Quum

paraître. Alors toute l'armée, avec l'assentiment même des quatre soldats dont le sort venait de proclamer le nom, offrit le cheval à son chef.

IX. Il combattit avec intrépidité en Afrique contre les Marmarides, les vainquit, et passa de la Libye à Carthage, qu'il délivra des soulèvements auxquels elle était en proie. Il soutint en Afrique, contre un certain Aradion, un combat singulier dont il sortit vainqueur, et, en raison du grand courage et de la fermeté inébranlable qu'il avait reconnus dans son adversaire, il lui érigea un tombeau magnifique dont l'emplacement est encore indiqué par un tertre de près de deux cents pieds de hauteur, élevé par les soldats, que jamais il ne laissait oisifs. On voit dans plusieurs villes de l'Égypte des monuments qu'il avait fait construire par les soldats. Il améliora tellement la navigation du Nil, que tout le transport du blé se fit par cette voie. Il fit construire par les troupes des ponts, des temples, des portiques, des basiliques; il élargit les embouchures d'un grand nombre de fleuves, desséche plusieurs marais qu'il fit cultiver et ensemencer. Il combattit aussi contre les Palmyréniens qui défendaient l'Égypte, attachés au parti d'Odénat et de Cléopâtre : il obtint d'abord des succès, mais sa témérité faillit plus tard le faire tomber aux mains de ses ennemis; toutefois, après avoir recruté ses forces, il soumit l'Égypte et la plus grande partie de l'Orient au pouvoir d'Aurélien.

X. Tacite étant mort d'une manière funeste, comme Florien se saisissait du pouvoir, toutes les troupes de l'Orient élurent empereur Probus, qu'avaient illustré tant et de si nobles exploits. Il est naturel et opportun de rapporter ici les circonstances de son avénement. Quand l'armée apprit que Tacite n'était plus, sa pre-

ad exercitus nuntius venisset, tum primum animus militibus fuit praevenire Italicos exercitus, ne iterum senatus principem daret; sed quum inter milites sermo esset, quis fieri deberet, et manipulatim in campo tribuni eos alloquerentur, dicentes, « requirendum esse principem aliquem fortem, sanctum, verecundum, clementem, probum; » idque per multos circulos, ut fieri assolet, diceretur, quasi divino nutu undique ab omnibus acclamatum est : « Probe auguste, dii te servent! » Deinde concursus, et caespititium tribunal : appellatusque imperator, ornatus etiam pallio purpureo, quod de statua templi oblatum est; atque inde ad palatium reductus, invitus ac retrectans, et saepe dicens : « Non vobis expedit milites; non mecum bene agitis. Ego enim vobis blandiri non possum. » Prima ejus epistola, data ad Capitonem praefectum praetorio, talis fuit :

« Imperium nunquam optavi, et invitus accepi. Deponere mihi rem invidiosissimam non licet : agenda est persona, quam mihi miles imposuit. Te quaeso, Capito, ita mecum salva republica perfruaris, annonam et commeatus, et quidquid necessarium est, ubique militi pares; ego, quantum in me est, si recte omnia gubernaveris, praefectum alterum non habebo. »

Itaque milites, cognito, quod imperaret Probus, Florianum, qui quasi hereditarium imperium arripuerat, interemerunt, scientes neminem dignius imperare quam

mière pensée fut de prévenir les troupes d'Italie, et d'empêcher le sénat de nommer un nouvel empereur : les soldats délibérèrent donc entre eux sur le choix qu'ils devaient faire, et les tribuns se rendirent auprès de chaque manipule assemblé dans la plaine, disant : « Il nous faut un empereur courageux, respectable, modeste, clément et probe. » On répétait ces paroles, suivant l'usage, au milieu des cercles nombreux formés par les soldats, quand, par une sorte d'inspiration divine, part de tous côtés ce cri : « Probus auguste, que les dieux vous conservent ! » Puis on court, on élève un tribunal de gazon ; on en fait approcher l'empereur, on le couvre d'un manteau de pourpre, parure de la statue d'un temple, et de là on le reconduit au palais malgré sa résistance et son refus. Il ne cessait de répéter aux soldats : « Vous ne savez ce que vous faites ; vous agissez mal avec moi. Vous vous donnez un maître qui ne saura point vous flatter. » Sa première lettre, qu'il adressa à Capiton, préfet du prétoire, était conçue en ces termes :

« Je n'ai jamais désiré l'empire, et je ne l'ai accepté qu'à regret. Je ne puis toutefois abdiquer une position à laquelle tant de personnes aspirent, et je dois remplir le rôle que les soldats m'ont imposé. Je vous prie donc, mon cher Capiton, de me prêter votre concours dans tout ce qui peut faire prospérer la république, et de faire en sorte que, partout où il se trouve, le soldat ait toujours du pain, des vivres, et tout ce qui lui est nécessaire ; pour moi, je vous donne l'assurance, autant que je puis le faire, que si vous remplissez vos fonctions avec zèle, je n'aurai jamais d'autre préfet que vous. »

A la nouvelle que Probus avait été élu empereur, les soldats, persuadés que personne plus que lui n'était digne du pouvoir, tuèrent Florien, qui s'était emparé du trône comme d'un héritage. Ainsi, sans le moindre

Probum. Ita ei sine ulla molestia totius orbis imperium, et militum et senatus judicio, delatum est.

XI. Et quoniam mentionem senatus fecimus, sciendum est quid ipse ad senatum scripserit, quid item ad eum amplissimus ordo rescripserit.

Oratio Probi prima ad senatum :

« Recte atque ordine, patres conscripti, proximo superiore anno factum est, ut Vestra Clementia orbi terrarum principem daret, et quidem de vobis, qui et estis mundi principes, et semper fuistis, et in vestris posteris eritis; atque utinam id Florianus exspectare voluisset, nec velut hereditarium sibi vindicasset imperium ; vel illum, vel alium quempiam Majestas Vestra fecisset. Nunc quoniam ille imperium arripuit, nobis a militibus delatum est nomen augustum, vindicatum quin etiam in illum a prudentioribus militibus, quod fuerat usurpatum : quæso, ut de meis meritis faciatis, quidquid jusserit Vestra Clementia. »

Item senatusconsultum. Die tertio nonas februarias in æde Concordiæ : inter cetera, Ælius Scorpianus consul dixit : « Audistis, patres conscripti, litteras Aurelii Valerii Probi : de his quid videtur? » Tunc acclamatum est : « Probe auguste, dii te servent! Olim dignus, et fortis, et justus, bonus ductor; bonus imperator. Exemplum militiæ, exemplum imperii, dii te servent! Assertor reipublicæ felix imperes; magister militiæ felix imperes; te cum tuis dii custodiant! Et senatus antea te delegit. Ætate Tacito posterior, ceteris prior. Quod imperium

obstacle, lui fut déféré l'empire de tout l'univers par décision de l'armée et du sénat.

XI. Puisqu'il est ici question du sénat, c'est le moment, je pense, de faire connaître ce que Probus écrivit à cette assemblée, et ce que lui répondit cet illustre corps.

Premier discours de Probus au sénat :

« Votre Clémence, pères conscrits, a agi avec autant de raison que de régularité, en donnant, l'année dernière, à l'univers un prince que vous choisîtes parmi vous, qui êtes les maîtres du monde, qui l'avez toujours été, et qui le serez toujours dans la personne de vos descendants ; et plût au ciel que Florien eût voulu attendre votre décision et n'eût pas revendiqué l'empire comme un héritage ! Votre Majesté y eût appelé lui ou un autre ; mais par cela même qu'il s'empara du pouvoir, je fus nommé auguste par les soldats, et, qui plus est, par les soldats les plus prévoyants, qui ne purent souffrir cette usurpation. Veuillez donc faire de mes services l'emploi que Votre Clémence jugera convenable. »

Puis fut rendu un décret du sénat. Le 3 des nones de février, dans le temple de la Concorde, le consul Élius Scorpianus, entre autres choses, dit : « Vous venez d'entendre, pères conscrits, la lettre d'Aurelius Valerius Probus : que vous en semble ? » Ces paroles furent suivies de cette acclamation : « Probus auguste, que les dieux vous conservent ! Naguère vous étiez un chef estimable, courageux, juste, habile ; maintenant vous serez un bon prince. Modèle des soldats, modèle des empereurs, que les dieux vous conservent ! Défenseur de la république, que votre règne soit heureux ; maître de la milice, que votre règne soit heureux ; que les dieux vous gardent, vous et les vôtres ! Le sénat

suscepisti, gratias agimus. Tuere nos, tuere rempublicam; bene tibi committimus, quos ante servasti. Tu Francicus, tu Gothicus, tu Sarmaticus, tu Parthicus, tu omnia; et prius fuisti semper dignus imperio, dignus triumphis. Felix agas, feliciter imperes! »

XII. Post hæc Manlius Statianus, qui primæ sententiæ tunc erat, ita loquutus est :

«Diis immortalibus gratias, et præ ceteris, patres conscripti, Jovi Optimo, qui nobis principem talem, qualem semper optabamus, dederunt. Si recte cogitemus, non nobis Aurelianus, non Alexander, non Antonini, non Trajanus, non Claudius requirendi sunt : omnia in uno principe constituta sunt, rei militaris scientia, animus clemens, vita venerabilis, exemplar agendæ reipublicæ, atque omnium prærogativa virtutum : enimvero quæ mundi pars est, quam ille non vincendo didicerit? Testes sunt Marmaridæ, in Africæ solo victi, testes Franci, inviis strati paludibus, testes Germani et Alemanni, longe a Rheni submoti litoribus. Jam vero quid Sarmatas loquar, quid Gothos, quid Parthos, ac Persas, atque omnem Ponticum tractum? ubique vigent Probi virtutis insignia. Longum est dicere quot reges magnarum gentium fugaverit, quot duces manu sua occiderit, quantum armorum sit, quæ ipse cepit privatus. Superiores prin-

vous a choisi depuis longtemps. Inférieur par l'âge à Tacite, vous lui êtes supérieur pour tout le reste. Nous vous rendons grâce de ce que vous avez bien voulu accepter l'empire. Protégez-nous, protégez la république; à qui pourrions-nous confier plus sûrement ce que vous avez si bien conservé? Probus le Francique, le Gothique, le Sarmatique, le Parthique (car on peut également vous donner tous les surnoms), depuis longtemps vous êtes digne de commander, vous êtes digne de triompher. Vivez heureux, que votre règne soit prospère! »

XII. Ensuite Manlius Statianus, qui avait droit à parler le premier, s'exprima ainsi :

« Grâces soient rendues aux dieux immortels, pères conscrits, et d'abord à Jupiter Très-Grand, d'avoir bien voulu nous donner un prince tel que nous l'avons toujours désiré. Si nous réfléchissons mûrement, nous ne devons regretter ni Aurélien, ni Alexandre, ni les Antonins, ni Trajan, ni Claude, puisque nous trouvons aujourd'hui réunies dans un seul empereur une connaissance parfaite de la tactique militaire, la clémence, une vie honorable, une habileté consommée pour gouverner la république, et la prérogative de toutes les vertus : quelle partie du monde, en effet, ses victoires lui ont-elles laissé ignorer ? J'en atteste les Marmarides, qui furent vaincus sur la terre d'Afrique; les Franks, qui furent défaits dans leurs marais inaccessibles; les Germains et les Alemans, chassés loin des bords du Rhin. Parlerai-je des Sarmates, des Goths, des Parthes, des Perses et de toutes les provinces que renferme le Pont ? partout on trouve des monuments de la valeur de Probus. Il serait trop long de rappeler ici combien il a mis en fuite de rois de grandes nations, combien il a immolé de chefs de sa propre main, combien il a pris d'armes étant simple

cipes quas illi gratias egerint, testes sunt litteræ, publicis insertæ monumentis. Dii boni, quoties ille donis militaribus est donatus! quas militum laudes emeruit! Adolescens tribunatum, non longe post adolescentiam regendas legiones accepit. Jupiter Opt. Max., Juno regina, tuque virtutum præsul Minerva, tu orbis Concordia, et tu Romana Victoria, date hoc senatui, populoque Romano, date militibus, date sociis, atque exteris nationibus : imperet, quemadmodum militavit! Decerno igitur, patres conscripti, votis omnium concinentibus nomen cæsareum, nomen augustum ; addo proconsulare imperium, patris patriæ reverentiam, pontificatum maximum, jus tertiæ relationis, tribunitiam potestatem. » Post hæc acclamatum est : « Omnes! Omnes! »

XIII. Accepto igitur hoc senatusconsulto, secundum orationem[11], permisit patribus ut ex magnorum judicum appellationibus ipsi cognoscerent, proconsules crearent, legatos consulibus darent, jus prætorium præsidibus darent, leges, quas Probus ederet, senatusconsultis propriis consecrarent. Statim deinde, si qui de interfectoribus Aureliani superfuerant, vario genere vindicavit ; mollius tamen moderatiusque, quam prius exercitus, et postea Tacitus, vindicaverant. Deinde animadvertit etiam in eos, qui Tacito insidias fecerant[12]. Floriani sociis pepercit, quod non tyrannum aliquem videbantur sequuti, sed sui principis fratrem. Recepit deinde omnes

particulier. On peut voir, par des lettres déposées dans nos monuments publics, quelles actions de grâces lui ont rendues les empereurs qui l'ont précédé. Grands dieux! de quelles distinctions militaires n'a-t-il pas été honoré! de quelles louanges les soldats l'ont-ils trouvé indigne! Jeune homme, il obtint le tribunat; à peine sorti de l'adolescence, il fut mis à la tête de nos légions. Jupiter Très-Bon, Très-Grand, Junon reine des dieux, et vous Minerve, qui présidez aux vertus; vous Concorde du monde, et vous Victoire romaine, exaucez les vœux du sénat, du peuple romain, des soldats, des alliés et des nations étrangères : faites que Probus soit aussi bon empereur qu'il était bon soldat! Je lui décerne donc, pères conscrits, selon le vœu général, le nom de césar, celui d'auguste; j'y ajoute le pouvoir proconsulaire, le titre de père de la patrie, le grand pontificat, le droit de mettre trois affaires en délibération, et la puissance tribunitienne. » Puis l'assemblée tout entière s'écria : « Nous sommes tous de cet avis! »

XIII. Ayant reçu ce décret, Probus prononça un second discours devant le sénat, dans lequel il donna à cette assemblée le droit de connaître des jugements des grands magistrats dont serait appel, de créer les proconsuls, de donner des lieutenants aux consuls, d'investir les présides de l'autorité des préteurs, et de sanctionner les lois que lui-même aurait proposées. Un des premiers actes de son gouvernement fut d'infliger des peines diverses à ceux des meurtriers d'Aurélien qui vivaient encore; toutefois, il usa d'une sévérité moins rigoureuse que ne l'avait fait d'abord l'armée, puis Tacite. Il fit ensuite rechercher ceux qui avaient dressé des embûches à ce dernier prince. Il pardonna à ceux qui s'étaient associés à la fortune de Florien, parce qu'on pouvait croire qu'ils l'avaient suivi plutôt en

Europenses exercitus, qui Florianum et imperatorem fecerant, et occiderant. His gestis, cum ingenti exercitu Gallias petit, quæ omnes, occiso Postumo, turbatæ fuerant; interfecto Aureliano, a Germanis possessæ. Tanta autem illic prœlia feliciter gessit, ut a barbaris sexaginta per Gallias nobilissimas reciperet civitates; prædam deinde omnem, qua illi, præter divitias, etiam efferebantur ad gloriam. Et quum jam in nostra ripa, immo per omnes Gallias, securi vagarentur, cæsis prope quadringentis millibus, qui Romanum occupaverant solum, reliquias ultra Nicrum fluvium et Albam removit. Tantum his prædæ barbaricæ tulit, quantum ipsi Romanis abstulerant; contra urbes Romanas et castra in solo barbarico posuit, atque illic milites collocavit.

XIV. Agros, et horrea, et domos, et annonam Transrhenanis omnibus fecit, iis videlicet, quos in excubiis collocavit ; nec cessatum est unquam pugnari (quum quotidie ad eum barbarorum capita deferrentur, jam ad singulos aureos singula), quamdiu reguli novem ex diversis gentibus venirent, atque ad pedes Probi jacerent: quibus ille primum obsides imperavit, qui statim dati sunt; deinde frumentum, postremo etiam vaccas atque oves. Dicitur jussisse his acrius, ut gladiis non uterentur, Romanam exspectaturi defensionem, si essent ab aliquibus vindicandi. Sed visum est id non posse fieri, nisi si limes Romanus extenderetur, et fieret Germania tota provincia. Maxime tamen, ipsis regibus consentientibus,

qualité de frère de leur empereur, que comme tyran. Puis il reçut la soumission de toutes les armées d'Europe qui avaient fait Florien empereur, et lui avaient ôté la vie. Après cela, il part avec une armée formidable pour les Gaules, qui tout entières étaient en proie à des troubles depuis le meurtre de Postumus, et qui, depuis celui d'Aurélien, avaient été envahies par les Germains. Ses armes furent si heureuses dans cette grande expédition, qu'il reprit sur les barbares soixante villes parmi les plus importantes de la Gaule, et tout le butin qui, après les avoir enrichis, était pour eux un autre sujet d'orgueil. Comme ils parcouraient toutes nos côtes et même toutes les Gaules avec sécurité, après leur avoir tué près de quatre cent mille hommes qui avaient envahi le territoire romain, il refoula le reste au delà du Nècre et de l'Elbe. Il reprit à ces barbares autant de butin qu'ils en avaient enlevé aux Romains; il construisit, de plus, des villes romaines et des forteresses sur le sol barbare, et y mit garnison.

XIV. Il donna des champs, des greniers, des maisons et des vivres à tous ceux qu'il établit au delà du Rhin comme des sentinelles avancées. Cependant on ne cessa pas de combattre (car chaque jour on lui apportait des têtes de barbares, pour chacune desquelles on donnait une pièce d'or), jusqu'à ce que neuf petits rois de diverses nations vinrent se jeter aux pieds de Probus. Ce prince d'abord leur demanda des otages qu'ils livrèrent aussitôt; puis du blé, enfin des vaches et des brebis. On prétend qu'il leur interdit rigoureusement l'usage des armes : ils attendraient que les Romains vinssent les défendre, si quelque ennemi osait les attaquer; mais cette condition parut ne pouvoir être exécutée qu'autant que les limites de l'empire romain seraient reculées, et que la Germanie entière serait réduite en province. Toutefois, du consentement même de ces rois, on infligea des châtiments sévères à ceux qui n'avaient pas

in eos vindicatum est, qui praedam fideliter non reddiderunt. Accepit praeterea sedecim millia tironum, quos omnes per diversas provincias sparsit, ita ut numeris, vel limitaneis militibus, quinquagenos et sexagenos intersereret, dicens, sentiendum esse, non videndum, quum auxiliaribus barbaris Romanus juvatur.

XV. Compositis igitur rebus in Gallia, tales ad senatum litteras dedit :

« Ago diis immortalibus gratias, patres conscripti, quia vestra in me judicia comprobarunt. Subacta est omnis qua tenditur late Germania; novem reges gentium diversarum ad meos pedes, immo ad vestros, supplices stratique jacuerunt. Omnes jam barbari vobis arant, vobis jam serunt, et contra interiores gentes militant. Supplicationes igitur vestro more decernite : nam et quadringenta millia hostium caesa sunt, et sedecim millia armatorum nobis oblata, et septuaginta urbes nobilissimae captivitate hostium vindicatae, et omnes penitus Galliae liberatae. Coronas, quas mihi obtulerunt omnes Galliae civitates, aureas, Vestrae, patres conscripti, Clementiae dedicavi; et has Jovi Optimo Maximo, ceterisque diis deabusque immortalibus, vestris manibus consecrate. Praeda omnis recepta est, capta etiam alia, et quidem major quam fuerat ante direpta. Arantur Gallicana rura barbaris bobus, et juga Germanica captiva praebent nostris colla cultoribus; pascuntur ad nostram alimoniam gentium pecora diversarum ; equinum

fidèlement rendu le butin. Probus reçut en outre seize mille recrues qu'il dispersa dans les diverses provinces, et qu'il incorpora par cinquante ou soixante, soit parmi les soldats des légions, soit parmi ceux qui gardaient les frontières, disant qu'il ne fallait pas, quand les Romains avaient des barbares pour auxiliaires, qu'on le vît, mais qu'on le sentît.

XV. Le calme ainsi rétabli dans la Gaule, il écrivit au sénat la lettre qui suit :

« Je rends grâce au dieux immortels, pères conscrits, de ce qu'ils ont confirmé vos jugements à mon égard. La Germanie est soumise dans toute son étendue ; neuf rois de diverses nations sont venus se jeter à mes pieds, ou plutôt aux vôtres, en suppliants et le front dans la poussière. Déjà tous les barbares labourent pour vous, ensemencent pour vous, et pour vous se battent contre des nations plus reculées. Décrétez donc des prières, comme vous avez coutume de le faire ; car nous avons tué quatre cent mille ennemis, on nous a offert seize mille hommes tout armés, nous avons arraché les soixante-dix villes les plus importantes des mains de l'ennemi, les Gaules enfin sont entièrement délivrées. Les couronnes que m'ont offertes toutes les cités de la Gaule, je les ai dédiées, pères conscrits, à Votre Clémence ; vous, consacrez-les de vos mains à Jupiter Très-Bon, Très-Grand, et aux autres dieux et déesses immortels. Tout le butin est repris ; bien plus, nous avons fait de nouvelles prises plus considérables que n'avaient été nos pertes d'abord. Les champs de la Gaule sont labourés par les bœufs des barbares, et les attelages germains tendent leurs cous esclaves à nos cultivateurs; diverses nations élèvent des bestiaux pour notre consommation, et des chevaux pour la remonte de notre cavalerie; nos magasins sont remplis du blé des barbares.

pecus nostro jam fecundatur equitatui ; frumento barbarico plena sunt horrea. Quid plura? illis sola relinquimus sola, nos eorum omnia possidemus. Volueramus, patres conscripti, Germaniæ novum præsidem facere; sed hoc ad pleniora vota distulimus; quod quidem credimus conferre, quum divina Providentia nostros uberius fecundarit exercitus. »

XVI. Post hæc Illyricum petiit; et, priusquam veniret, Rhætias sic pacatas reliquit, ut illic ne suspicionem quidem ullius terroris relinqueret. In Illyrico Sarmatas ceterasque gentes ita contudit, ut prope sine bello cuncta reciperet, quæ illi diripuerant. Tetendit deinde iter per Thracias, atque omnes Geticos populos, fama rerum territos, et antiqui nominis potentia pressos, aut in deditionem, aut in amicitiam recepit. His gestis, Orientem petiit, atque in itinere potentissimo quodam latrone Palfurio capto et interfecto, omnem Isauriam liberavit, populis atque urbibus Romanis legibus restitutis. Barbarorum, qui apud Isauros sunt, vel per terrorem, vel per voluntatem, loca ingressus est : quæ quum peragrasset, hoc dixit : « Facilius est ab istis locis latrones arceri, quam tolli. » Veteranis omnia illa, quæ anguste adeuntur, loca privata donavit, addens, ut eorum filii, ab anno octavo decimo, mares duntaxat, ad militiam mitterentur, ne ante latrocinari, quam militare, discerent.

XVII. Pacatis denique omnibus Pamphyliæ partibus,

En un mot, nous laissons seulement le sol aux vaincus, tous leurs autres biens sont à nous. Nous avions d'abord jugé nécessaire, pères conscrits, de nommer un nouveau préside de la Germanie, mais nous avons différé cette mesure jusqu'au jour où notre ambition sera plus pleinement satisfaite ; ce qui, ce nous semble, arrivera lorsqu'il aura plu à la divine Providence de féconder et d'accroître les rangs de nos armées. »

XVI. Probus tourna ensuite ses armes vers l'Illyrique, et, avant d'y entrer, il laissa les Rhéties dans un état de calme tel, que la moindre apparence de trouble y paraissait impossible. Il châtia si vigoureusement les Sarmates et les autres peuples de l'Illyrique, qu'il reconquit presque sans combattre tout ce qu'ils avaient pris aux Romains. De là il se dirigea au travers des Thraces, et reçut à discrétion ou comme alliés tous les peuples gètes que la renommée de ses exploits avait terrifiés, et que le prestige qui s'attachait à son nom avait contenus. L'Orient alors attira ses regards, et, en s'y rendant, il prit et fit mettre à mort un certain Palfurius, brigand des plus redoutés, qui opprimait toute l'Isaurie, et fit rentrer les peuples et les villes sous l'empire des lois romaines. Il pénétra dans les retraites des barbares qui sont chez les Isaures, soit par l'effroi qu'il inspira à ceux qui les occupaient, soit de leur plein gré ; et lorsqu'il les eut visitées, il dit : « Il est plus facile d'empêcher les brigands d'y entrer que de les en arracher. » Il donna aux vétérans tous les lieux dont des chemins étroits rendaient l'accès difficile, ajoutant que leurs enfants mâles, dès l'âge de dix-huit ans, seraient envoyés sous les drapeaux, afin qu'ils n'apprissent pas à exercer le brigandage avant d'avoir appris à faire la guerre.

XVII. Après la pacification de toutes les parties de la

ceterarumque provinciarum, quæ sunt Isauriæ vicinæ, ad Orientem iter flexit. Blemmyas etiam subegit [13], quorum captivos Romam transmisit, qui mirabilem sui visum, stupente populo Romano, præbuerunt. Copton præterea et Ptolemaidem urbes, ereptas barbarico servitio, Romano addidit juri. Ex quo tantum profecit, ut Parthi legatos ad eum mitterent, confitentes timorem, pacemque poscentes : quos ille superbius acceptos, magis timentes domum remisit. Fertur etiam epistola illius, repudiatis donis, quæ rex Parthorum miserat, ad Narseum talis fuisse :

« Miror te de omnibus quæ nostra futura sunt tam pauca misisse. Habeto interim omnia illa quibus gaudes : quæ si nos habere cupiamus, scimus quemadmodum possidere debeamus. »

His acceptis litteris Narseus maxime territus, et præcipue, quod Copton et Ptolemaidem comperit a Blemmyis, qui eas tenuerant, vindicatas, cæsosque ad internecionem eos, qui gentibus fuerant ante terrori.

XVIII. Facta igitur pace cum Persis, ad Thracias rediit, et centum millia Bastarnarum in solo Romano constituit : qui omnes fidem servaverunt. Sed quum et ex aliis gentibus plerosque pariter transtulisset, id est ex Gepidis, Gauttunnis, et Vandalis, illi omnes fidem fregerunt, et, occupato bellis tyrannicis Probo, per totum pæne orbem, pedibus et navigando, vagati sunt, nec parum molestiæ Romanæ gloriæ intulerunt. Quos

Pamphylie et des autres provinces voisines de l'Isaurie, il marcha sur l'Orient. Il soumit aussi les Blemmyes, et envoya à Rome les prisonniers de cette nation, qui furent pour le peuple romain un spectacle aussi nouveau que surprenant. Il affranchit, en outre, Coptos et Ptolémaïs de l'état de servitude où les tenaient les barbares, et soumit ces villes à l'empire romain. Il tira de ce fait d'armes un grand avantage, car les Parthes lui envoyèrent des ambassadeurs pour lui avouer leurs craintes et lui demander la paix. Probus les reçut avec hauteur et les renvoya chez eux plus effrayés que jamais. On prétend qu'il refusa les présents que lui avait adressés le roi des Parthes, et qu'il écrivit la lettre suivante à Narsès :

« Je suis surpris de ce que vous nous envoyez une si faible partie de tout ce qui doit un jour nous appartenir. Possédez donc toutes les choses auxquelles vous attachez tant de prix, en attendant qu'il nous plaise de les posséder à notre tour : car nous savons pour cela ce qu'il faut faire. »

Grand fut l'effroi de Narsès en recevant cette lettre, et surtout en apprenant que Probus avait arraché des mains des Blemmyes Coptos et Ptolémaïs, et qu'il avait exterminé ce peuple qui, auparavant, était la terreur des nations.

XVIII. Après avoir fait la paix avec les Perses, Probus revint en Thrace, et établit sur le sol romain cent mille Bastarnes qui restèrent fidèles à la république ; mais il n'en fut pas de même d'un grand nombre de nouveaux sujets qu'il tira d'autres nations, c'est-à-dire de celles des Gépides, des Gautunnes et des Vandales, qui tous violèrent la foi du serment, et qui, tandis que Probus était occupé des guerres des tyrans, se répandirent par terre et par mer dans presque toutes les parties du monde, non sans honte et sans dommage pour la gloire

quidem ille diversis vicibus, variisque victoriis oppressit, paucis domum cum gloria redeuntibus, quod Probi evasissent manus. Hæc Probus cum barbaris gessit. Sed habuit etiam non leves tyrannicos motus : nam et Saturninum, qui Orientis imperium arripuerat, variis prœliorum generibus et nota virtute superavit. Quo victo, tanta in Oriente quies fuit, ut, quemadmodum vulgo loquebantur, mures rebelles nullus audiret. Deinde quum Proculus et Bonosus apud Agrippinam in Gallia imperium arripuissent, omnesque sibi jam Britannias, Hispanias, et braccatæ Galliæ provincias vindicarent, barbaris semet juvantibus, vicit. Ac ne requiras plura vel de Saturnino, vel de Proculo, vel de Bonoso, suo eosdem inseram libro, pauca de iisdem, ut decet, immo ut poscit necessitas, loquuturus. Unum sane sciendum est, quod Germani omnes, quum ad auxilium essent rogati a Proculo, Probo potius perservire maluerunt, quam cum Bonoso et Proculo esse. Gallis omnibus et Hispanis ac Britannis hinc permisit, ut vites haberent, vinumque conficerent. Ipse Almam montem, in Illyrico circa Sirmium, militari manu fossum, lecta vite consevit.

XIX. Dedit Romanis etiam voluptates, et quidem insignes, delatis etiam congiariis. Triumphavit de Germanis et Blemmyis : omnium gentium drungos usque ad quinquagenos homines ante triumphum duxit. Vena-

de Rome. Probus, toutefois, les battit dans diverses rencontres et remporta sur eux plusieurs victoires qui leur coûtèrent tant d'hommes, que ce fut une gloire, pour le petit nombre qui retournèrent dans leur patrie, d'avoir pu échapper aux mains de cet empereur. Probus en finit ainsi avec les barbares; mais il eut aussi à réprimer plusieurs séditions fort graves suscitées par les tyrans : il vainquit entre autres dans divers combats, avec son courage accoutumé, Saturnin, qui s'était emparé de l'empire d'Orient. Après la défaite de cet usurpateur, l'Orient jouit d'une tranquillité telle, que ce dicton avait couru alors : On n'y entend pas même une souris bouger. Ensuite, avec l'aide des barbares, Probus vainquit Proculus et Bonose, qui avaient pris la pourpre à Cologne, dans la Gaule, et qui déjà s'emparaient de la Grande-Bretagne, de l'Espagne et des provinces de la Gaule Narbonnaise. Mais je n'en dirai pas ici davantage sur Saturnin, Proculus et Bonose, me réservant d'en parler dans une biographie spécialement écrite pour eux, mais qui sera courte, comme il convient, ou plutôt comme la nécessité l'exige. Il est bon, toutefois, de dire ici que tous les Germains, lorsque Proculus leur demanda de le secourir, préférèrent servir sous les ordres de Probus, que de marcher avec Bonose et Proculus : aussi, en raison de cette préférence, Probus permit à tous les Gaulois, Espagnols et Bretons, d'avoir des vignes et de faire du vin, et lui-même fit fouir par ses soldats, dans l'Illyrique, aux environs de Sirmium, le sol du mont Alma, et y planta des ceps choisis.

XIX. Il donna des fêtes magnifiques aux Romains et leur offrit le congiaire. Il triompha des Germains et des Blemmyes, et fit précéder son char de bataillons composés de cinquante hommes de toutes les nations. Il donna dans le Cirque une chasse somptueuse où le

tionem in Circo amplissimam dedit [14], ita ut populus cuncta diriperet. Genus autem spectaculi fuit tale. Arbores validæ, per milites radicitus vulsæ, connexis late longeque trabibus affixæ sunt, terra deinde superjecta, totusque Circus ad silvæ consitus speciem, gratia novi viroris effronduit. Immissi deinde per omnes aditus struthiones mille, mille cervi, mille apri, mille damæ, ibices, oves feræ, et cetera herbatica animalia, quanta vel ali potuerunt, vel inveniri; immissi deinde populares : rapuit quisque, quod voluit. Edidit alia die in Amphitheatro una missione centum jubatos leones, qui rugitibus suis tonitrua excitabant : qui omnes e posticis interempti sunt, non magnum præbentes spectaculum, quum occidebantur : neque enim erat bestiarum impetus ille, qui esse e caveis egredientibus solet. Occisi sunt præterea multi, qui dirigere nolebant, sagittis. Editi deinde centum leopardi Libyci, centum deinde Syriaci, centum leænæ, et ursi simul trecenti : quarum omnium ferarum magnum magis constat spectaculum fuisse, quam gratum. Edita præterea gladiatorum paria trecenta, Blemmyis plerisque pugnantibus, qui per triumphum erant ducti, plerisque Germanis et Sarmatis, nonnullis etiam latronibus Isauris.

XX. Quibus peractis, bellum Persicum parans, quum per Illyricum iter faceret, a militibus suis per insidias interemptus est. Causæ occidendi ejus hæ fuere: primum, quod nunquam militem otiosum esse per-

gibier était laissé à la disposition du peuple. Voici la description de ce spectacle. De grands arbres arrachés avec leurs racines par les soldats furent fixés sur un assemblage de longues poutres liées entre elles en long et en large, et qu'on recouvrit de terre : le Cirque tout entier, planté d'arbres dans tout l'éclat de leur verdure, offrait ainsi l'aspect merveilleux d'une forêt. On lâcha ensuite par toutes les avenues mille autruches, mille cerfs, mille sangliers, mille daims, des ibis, des brebis sauvages, et autres animaux herbivores autant qu'on en put nourrir, ou plutôt qu'on en put trouver; puis on donna accès au peuple, et chacun y prit ce qu'il voulut. Un autre jour il fit lancer en même temps dans l'amphithéâtre cent lions à longue crinière. Ces animaux, dont les rugissements étaient comparables au bruit du tonnerre, furent tous tués au sortir des loges souterraines, mourant sans donner de grandes marques de courage : ces bêtes n'avaient pas la fougue qu'elles montrent ordinairement quand elles sortent des voûtes grillées; plusieurs même, qui ne voulaient pas quitter leurs loges, furent tuées à coups de flèches. Parurent ensuite cent léopards de Libye, cent de Syrie, cent lionnes et trois cents ours en même temps : le spectacle de tous ces animaux féroces fut plutôt merveilleux qu'agréable. Enfin furent introduits trois cents paires de gladiateurs, parmi lesquels combattirent plusieurs Blemmyes qui avaient précédé le char triomphal de Probus, plusieurs Germains et Sarmates, et même quelques brigands isauriens.

XX. Sur ces entrefaites, Probus faisait ses préparatifs pour la guerre de Perse, lorsque, passant par l'Illyrique, il périt victime d'embûches que lui tendirent ses soldats. Ce qui d'abord les porta à lui ôter la vie, c'est que jamais il n'avait pu souffrir qu'ils restassent

pessus est : siquidem multa opera militari manu perfecit, dicens, « annonam gratuitam militem comedere non debere. » His addidit dictum eis grave, « si unquam eveniat salutare reipublicae, brevi milites necessarios non futuros. » Quid ille conceperat animo, qui hoc dicebat? nonne omnes barbaras nationes subjecerat pedibus, quia totum mundum fecerat jam Romanum? « Brevi, inquit, milites necessarios non habebimus. » Quid est aliud dicere? Romanus jam miles erit nullus; ubique regnabit, omnia possidebit secura respublica; orbis terrarum non arma fabricabit, non annonam praebebit; boves habebuntur aratro, equus nascetur ad pacem; nulla erunt bella, nulla captivitas; ubique pax, ubique Romanae leges, ubique judices nostri.

XXI. Longius amore imperatoris optimi progredior quam pedestris sermo desiderat. Quare addam illud, quod praecipue tanto viro fatalem properavit necessitatem : nam quum Sirmium venisset, ac solum patrium effecundari cuperet et dilatari, ad siccandam quamdam paludem multa simul millia militum posuit, ingentem parans fossam, qua dejectis in altum navibus, loca Sirmiensibus profutura siccaret. Hoc permoti milites, confugientem eum in turrem ferratam, quam ipse speculae causa editissimam exaedificaverat, interemerunt, anno imperii sui quinto. Postea tamen ingens ei sepulcrum, elatis

oisifs : en effet, il leur faisait exécuter d'immenses travaux, disant « que le soldat ne devait pas manger son pain sans l'avoir gagné. » A ce propos il avait ajouté le suivant, qui avait plus de portée encore : « Si les affaires de la république ont un heureux succès, bientôt nous n'aurons plus besoin de soldats. » Quelle était la pensée de celui qui prononçait ces paroles? N'avait-il pas subjugué toutes les nations barbares, lui qui avait fait romain l'univers entier ? Que pouvait-on entendre par ces mots : « Bientôt nous n'aurons plus besoin de soldats, » si ce n'est : bientôt il n'y aura plus de soldats romains; la république régnera tranquillement sur toutes les nations et jouira sans troubles de tout ce qu'elle possède ; nulle part on ne fabriquera d'armes, les approvisionnements du dehors deviendront inutiles ; les bœufs seront employés au labourage, le cheval jouira des bienfaits de la paix ; plus de guerre, plus de captifs ; partout la paix, partout les lois romaines et partout nos magistrats.

XXI. Mais mon admiration pour cet excellent prince m'entraîne hors des limites assignées à la simple prose. Je vais donc me borner à dire ce qui contribua le plus à hâter sa mort. Étant venu à Sirmium et voulant fertiliser et étendre le sol de son pays natal, il y établit plusieurs milliers de soldats pour y dessécher un marais : il voulait, pour y parvenir, faire creuser un immense fossé qui, tout en ouvrant aux vaisseaux une voie pour prendre la mer, assainirait les lieux environnants, que les Sirmiens pourraient alors consacrer à la culture. Ce projet irrita les soldats au point qu'ils le poursuivirent jusque dans une tour garnie de fer, qu'il avait fait élever à une grande hauteur pour lui servir de point d'observation, et l'y tuèrent, la cinquième année de son règne. Par la suite, cependant, toute l'armée, d'un ac-

aggeribus, omnes pariter milites fecerunt, cum titulo hujusmodi, inciso marmori :

HIC PROBUS IMPERATOR,
ET VERE PROBUS,
SITUS EST,
VICTOR OMNIUM GENTIUM BARBARARUM,
VICTOR ETIAM TYRANNORUM.

XXII. Conferens ego cum aliis imperatoribus principem Probum, omnibus prope Romanis ducibus, qui fortes, qui clementes, qui prudentes, qui mirabiles exstiterunt, intelligo hunc virum parem fuisse, aut, si non repugnat invidia furiosa, meliorem. Quinquennio enim imperii sui per totum orbem terrarum tot bella gessit, et quidem per se, ut mirabile sit, quemadmodum omnibus occurrerit prœliis. Multa manu sua fecit; duces præclarissimos instituit : nam ex ejus disciplina Carus, Diocletianus, Constantius, Asclepiodotus, Annibalianus, Leonides, Cecropius, Pisonianus, Herennianus, Gaudiosus, Ursinianus, Herculius Maximianus, et ceteri, quos patres nostri mirati sunt, et de quibus nonnulli boni principes exstiterunt, instituti sunt. Conferat nunc, cui placet, viginti Trajani Hadrianique annos; conferat prope totidem Antoninorum (nam quid de Augusto loquar, cujus imperii anni vix possunt credi? Malos autem principes taceo), ipsa vox Probi clarissima indicat, quid se facere potuisse speraret, qui dixit, « Brevi necessarios milites non futuros. »

cord unanime, lui érigea un tombeau magnifique sur une éminence, avec cette inscription sculptée sur le marbre :

CI GÎT
L'EMPEREUR PROBUS,
HOMME PROBE S'IL EN FUT,
VAINQUEUR DE TOUTES LES NATIONS BARBARES,
ET VAINQUEUR DES TYRANS.

XXII. En comparant Probus à ses prédécesseurs et à presque tous les généraux romains qui se sont acquis une réputation de courage, de clémence, de prudence ou des plus nobles vertus, je vois que ce prince les égala, et même, si je ne craignais d'attirer sur moi les traits de l'envie, je dirais qu'il les surpassa. Pendant les cinq ans qu'il conserva l'empire, le nombre de guerres qu'il eut à soutenir dans toutes les parties de l'univers, et qu'il conduisit en personne, fut si grand, qu'on s'étonne à juste titre qu'il ait pu assister à tant de combats. En plus d'une rencontre il combattit comme un simple soldat; la république lui dut des chefs de la plus grande distinction : car c'est lui qui avait formé Carus, Dioclétien, Constance, Asclépiodote, Annibalien, Léonide, Cécropius, Pisonien, Herennianus, Gaudiosus, Ursinianus, Hercule Maximien, et autres dont nos pères ont admiré les exploits, et du rang desquels sont sortis plusieurs bons empereurs. Que l'on se reporte maintenant aux vingt années pendant lesquelles Trajan et Adrien ont occupé l'empire, et aux règnes des Antonins, qui n'ont guère été moins longs (car je ne veux pas parler ici de celui d'Auguste, dont la durée paraît à peine croyable, et je tais le nom des mauvais princes), la grande voix de Probus ne révèle-t-elle pas ce qu'espérait pouvoir faire celui qui disait : « Bientôt nous n'aurons plus besoin de soldats ? »

XXIII. Ille vero conscius sui, non barbaros timuit, non tyrannos. Quæ deinde felicitas emicuisset, si sub illo principe milites non fuissent! Annonam provincialis daret nullus, stipendia de largitionibus nulla erogarentur, æternos thesauros haberet Romana respublica; nihil expenderetur a principe, nihil a possessore redderetur : aureum profecto seculum promittebat. Nulla futura erant castra, nusquam lituus audiendus, arma non erant fabricanda; populus iste militantium, qui nunc bellis civilibus rempublicam vexat, pacis studiis incumberet, erudiretur artibus, navigaret; adde, quod nullus occideretur in bello. Dii boni, quid tantum vos offendit Romana respublica, cui talem principem sustulistis? Eant nunc, qui ad civilia bella milites parant, in germanorum necem arment dexteras fratrum, hortentur in patrum vulnera liberos, et divinitatem Probo derogent, quam imperatores nostri prudenter et consecrandam vultibus, et ornandam templis, et celebrandam ludis Circensibus judicarunt.

XXIV. Posteri Probi, vel odio, invidiæ vel timore Romanam rem fugerunt : et in Italia circa Veronam, ac Benacum, et Larium, atque in his regionibus, larem locaverunt. Sane, quod præterire non potui, quum imago Probi in Veronensi ita fulmine icta esset, ut ejus prætexta colores mutaret, haruspices responderunt, hujus familiæ posteros tantæ in senatu claritudinis fore, ut omnes summis honoribus fungerentur; sed adhuc neminem

XXIII. Confiant en lui-même, Probus ne redouta ni les barbares ni les tyrans. Combien l'empire eût été heureux sous ce prince, s'il n'y eût plus eu de soldats! Les provinces n'eussent plus eu à pourvoir à l'approvisionnement de la métropole, le trésor n'aurait plus eu de troupes à payer, la république eût conservé ses richesses intactes; le prince n'ayant aucunes dépenses à faire, les contributions fussent devenues inutiles : c'était le siècle d'or que promettait Probus. Plus de camp nulle part, nulle part le son de la trompette, plus d'armes à fabriquer ; ce peuple de guerriers, dont les séditions troublent maintenant la république, se livrerait paisiblement à l'étude, cultiverait les beaux-arts, parcourrait les mers ; ajoutez à cela que personne ne perdrait la vie dans les combats. Dieux cléments! de quels crimes la république romaine s'est-elle rendue coupable envers vous, pour l'avoir privée d'un si grand prince? Qu'ils osent donc se montrer maintenant, ceux qui dressent des soldats pour des guerres civiles, qui arment les frères contre leurs frères, qui excitent les enfants à se souiller du sang paternel, et qui contestent la divinité de Probus, divinité que nos empereurs ont sagement voulu consacrer par des statues, honorer par des temples, et célébrer par les jeux du Cirque.

XXIV. Les descendants de Probus, soit par haine, soit par crainte de l'envie, quittèrent Rome, et allèrent se fixer en Italie dans les environs de Vérone, de Benacum et de Larium. Une particularité que je ne saurais omettre ici, c'est que, sur le territoire de Vérone, la foudre en tombant sur la statue de Probus, changea la couleur de sa robe prétexte. Les aruspices expliquèrent ce prodige, en disant que les descendants de ce prince brilleraient un jour d'un tel éclat dans le sénat, que tous s'élèveraient aux premières dignités. Nous n'en avons

vidimus : posteri autem videntur æternitatem habere. Senatus mortem Probi gravissime accepit, æque populus. Et quum esset nuntiatum Carum imperare, virum bonum quidem, sed longe a moribus Probi, causa filii ejus Carini, qui semper pessime vixerat, tam senatus, quam populus, inhorruit : metuebant enim unusquisque tristiorem principem, sed magis improbum metuebant heredem.

Hæc sunt, quæ de Probo cognovimus, vel quæ digna memoratu existimavimus. Nunc in alio libro, et quidem brevi, de Firmo, et Saturnino, et Bonoso, et Proculo dicemus : non enim dignum fuit, ut quadrigæ tyrannorum bono principi miscerentur. Post deinde, si vita suppetit, Carum incipiemus propagare cum liberis.

cependant vu encore aucun qui ait confirmé cette prédiction ; mais il est vrai de dire que la chaîne de ses descendants peut s'étendre jusqu'à l'époque la plus reculée. La nouvelle de la mort de Probus affecta gravement le sénat et le peuple ; mais grande fut leur consternation, lorsqu'ils apprirent que l'empire avait été déféré à Carus, homme de bien sans doute, quoique son caractère ne pût entrer en parallèle avec celui de Probus, mais dont le fils Carin avait toujours mené une vie des plus répréhensibles : on craignait moins encore d'avoir un empereur obscur, que de lui voir un successeur méchant.

Voilà ce que nous savons sur Probus, du moins ce que nous avons cru digne de mémoire. Maintenant nous allons, dans le livre qui suit, parler en peu de mots de Firmus, de Saturnin, de Bonose et de Proculus ; car nous n'avons pas cru devoir mêler l'histoire d'un excellent prince à celle de quatre tyrans ; plus tard, si les dieux nous prêtent vie, nous ferons la biographie de Carus et de ses fils.

[A. U. 1027 — 1033]

FIRMI,
SATURNINI, PROCULI ET BONOSI
VITÆ.

I. Minusculos tyrannos scio plerosque tacuisse, aut breviter prætcrisse. Nam et Suetonius Tranquillus, emendatissimus et candidissimus scriptor, Antonium et Vindicem tacuit, contentus eo, quod eos cursim perstrinxerat; et Marius Maximus, qui Avidium Marci temporibus, Albinum et Nigrum Severi, non suis propriis libris, sed alienis innexuit. Et de Suetonio non miramur, cui familiare fuit amare brevitatem. Quid Marius Maximus, homo omnium verbosissimus, qui et mythistoricis se voluminibus implicavit, num ad istam descriptionem curamque descendit? At contra Trebellius Pollio ea fuit diligentia, eaque cura in edendis bonis malisque principibus, ut etiam triginta tyrannos uno breviter libro concluderet, qui Valeriani et Gallieni, nec multo superiorum aut inferiorum fuere principum temporibus. Quare nobis etiam non minima fuit cura, ut, dictis Aureliano, Tacito et Floriano, Probo etiam, magno ac singulari principe, quum dicendi essent Carus, Carinus,

[De J.-C 274 — 280]

VIES

DE FIRMUS, DE SATURNIN, DE PROCULUS ET DE BONOSE.

1. La plupart des historiens, je le sais, ont passé sous silence les petits tyrans, ou n'en ont dit que bien peu de chose. Ainsi Suétone Tranquille, écrivain aussi clair que châtié, ne s'est point occupé spécialement d'Antoine et de Vindex, mais s'est contenté d'en dire quelques mots en passant; Marius Maximus, non plus, n'a point consacré de pages particulières à Avidius, contemporain de Marc Aurèle, ni à Albinus et à Niger, qui vivaient du temps de Sévère, et n'en a fait mention qu'en parlant d'autres personnages. Je comprends le motif de Suétone, qui aimait naturellement la brièveté; mais pourquoi Marius Maximus, le plus prolixe des historiens, et qui a mêlé des volumes entiers de fables à ses écrits, n'a-t-il pas daigné descendre à traiter cette partie de nos annales ? Trebellius Pollion, au contraire, fut d'une exactitude telle, et apporta tant de soin à publier les vies des bons et des mauvais princes, qu'il a même réuni dans un seul livre de peu d'étendue celles des trente tyrans qui se sont élevés sous Valérien et sous Gallien, aussi bien que sous les princes qui avaient occupé le trône un peu avant ou après eux. Nous avons donc cru, après avoir fait l'histoire d'Aurélien, de Tacite, de Florien, et

et Numerianus, de Saturnino, Bonoso, Proculo, et Firmo, qui sub Aureliano fuerant, non taceremus.

II. Scis enim, mi Basse, quantâ nobis contentio proxime fuerit cum amatore historiarum Marco Fonteio, quum ille diceret, Firmum, qui Aureliani temporibus Ægyptum occupaverat, latrunculum fuisse, non principem : contra ego, mecumque Rufus Celsus, et Cejonius Julianus, et Fabius Sosianus contenderent, dicentes, illum et purpura usum, et percussa moneta augustum esse vocitatum ; quin etiam nummos ejus Severus Archontius protulit ; de Græcis autem Ægyptiisque libris convicit, illum αὐτοκράτορα in edictis suis esse vocitatum. Et illi quidem adversum nos contendenti hæc sola ratio fuit, quod dicebat, Aurelianum in edicto suo non scripsisse, quod tyrannum occidisset, sed quod latrunculum quemdam a republica removisset : perinde quasi digne tanti princeps nominis debuerit tyrannum appellare hominem tenebrarum, aut non semper latrones vocitaverint magni principes eos quos invadentes purpuras necaverunt. Ipse ego, in *Aureliani vita*, priusquam de Firmo cuncta cognoscerem, Firmum non inter purpuratos habui[2], sed quasi quemdam latronem : quod idcirco dixi, ne quis me oblitum existimaret mei. Sed ne volumini, quod brevissimum promisi, multa connectam, veniamus ad Firmum.

de Probus, ce grand et excellent prince, et avant de nous occuper de Carus, de Carin et de Numérien, ne pouvoir nous dispenser de parler de Saturnin, de Bonose, de Proculus et de Firmus, qui ont vecu sous Aurélien.

II. Vous n'ignorez pas, mon cher Bassus, quelle discussion j'ai eue dernièrement avec Marcus Fonteius, cet amant de l'histoire, qui prétendait que Firmus, qui s'était emparé de l'Égypte sous Aurélien, n'était qu'un brigand, et non un prince. Je soutenais, au contraire, et Rufus Celsus, Cejonius Julianus et Fabius Sosianus étaient de mon avis, qu'il avait pris la pourpre, qu'il avait frappé monnaie, et qu'il eut le titre d'auguste; Severus Archontius produisit même des médailles à son effigie, et prouva par des citations d'ouvrages grecs et égyptiens qu'il portait le titre d'autocrate dans ses ordonnances. Notre adversaire nous opposait cette seule raison, qu'Aurélien a déclaré dans son édit, non qu'il avait tué un tyran, mais qu'il avait délivré la république d'un brigand : comme s'il n'était pas naturel qu'un prince si illustre n'appelât pas tyran un homme obscur, et comme si jamais les grands empereurs avaient donné d'autre nom que celui de brigands à ceux qui voulaient prendre la pourpre et qui succombaient sous leurs coups. Moi-même, dans la *Vie d'Aurélien*, avant de bien connaître l'histoire de Firmus, je l'ai considéré non comme ayant été revêtu de la pourpre, mais comme un brigand, et j'en fais ici la remarque pour qu'on ne m'objecte pas que je suis en contradiction avec moi-même. Mais, pour ne pas donner trop d'étendue à ce volume, que je me suis engagé à resserrer dans d'étroites limites, je passe sans plus tarder à la biographie de Firmus.

FIRMUS.
[A. U. 1027]

III. Firmo patria Seleucia fuit; tametsi plerique Graecorum alteram tradunt, ignari, eo tempore ipso tres fuisse Firmos, quorum unus praefectus Ægypti, alter dux limitis Africani, idemque proconsul, tertius iste Zenobiae amicus ac socius : qui Alexandriam Ægyptiorum incitatus furore pervasit, et quem Aurelianus solita virtutum suarum felicitate contrivit. De hujus divitiis multa dicuntur : nam et vitreis quadraturis, bitumine aliisque medicamentis insertis, domum induxisse perhibetur : et tantum habuisse de chartis, ut publice saepe diceret, exercitum se alere posse papyro et glutino [3]. Idem et cum Blemmyis societatem maximam tenuit, et cum Saracenis. Naves quoque ad Indos negotiatorias saepe misit. Ipse quoque dicitur habuisse duos dentes elephanti pedum denum, e quibus Aurelianus ipse sellam constituerat facere, additis aliis duobus, in qua Jupiter aureus et gemmatus sederet, cum praetexta, ponendus in templo Solis, Apenninis sortibus [4] additis, quem appellari voluerat Jovem Consulem, vel Consulentem. Sed eosdem dentes postea Carinus mulieri cuidam dono dedit, quae lectum ex iis fecisse narratur : et quia nunc scitur, et sciri apud posteros nihil proderit, taceo. Ita donum Indicum, Jovi Optimo Maximo consecratum, per de-

FIRMUS.

[De J.-C. 174]

III. Firmus naquit à Séleucie : la plupart des historiens grecs, il est vrai, lui donnent une autre patrie ; mais ils ont ignoré qu'à la même époque vivaient trois Firmus, dont le premier était préfet de l'Égypte, le second préposé à la défense des frontières d'Afrique et proconsul, le troisième, enfin, cet ami et cet allié de Zénobie, qui, dans sa fureur, pénétra jusque dans Alexandrie d'Égypte, et qui fut mis à mort par l'ordre d'Aurélien, dont la fortune semblait se plaire à favoriser les armes. On rapporte sur ses richesses un grand nombre de choses extraordinaires. Tous les murs de sa maison, s'il en faut croire la renommée, étaient couverts de carrés de cristal qu'il avait fait fixer avec du bitume ou autres matières gluantes. Il avait tant de livres, qu'il disait souvent en public qu'avec le papier et la colle il pourrait nourrir une armée. Il avait contracté une étroite alliance avec les Blemmyes et les Sarrasins. Il envoya souvent des vaisseaux dans les Indes pour y faire le commerce. On dit aussi qu'il avait deux dents d'éléphant de dix pieds, qu'Aurélien réservait, en attendant qu'il en eût deux autres, pour faire un siége destiné à recevoir une statue d'or de Jupiter, qui devait être ornée de pierreries, couverte de la prétexte et placée dans le temple du Soleil avec les sorts de l'Apennin, et qu'il voulait qu'on appelât cette statue Jupiter *Consul* ou *Consulens*[1]. Mais Carinus, par la suite, donna ces deux dents à une femme, qui en fit, dit-on, un lit : comme ce fait est maintenant bien connu, et qu'il servirait peu à l'instruction de la postérité, je n'en dirai pas davantage à ce sujet. Ainsi, ce présent venu de l'Inde,

[1] Jupiter auteur des bons conseils ou donnant des conseils.

terrimum principem et ministerium libidinis factum videtur et pretium !

IV. Fuit tamen Firmus statura ingenti, oculis foris eminentibus, capillo crispo, fronte vulnerata, vultu nigriore, reliqua parte corporis candidus, sed pilosus atque hispidus, ita ut eum plerique Cyclopem vocarent. Carne multa vescebatur, struthionem ad diem comedisse fertur. Vini non multum bibit, aquæ plurimum ; mente firmissimus, nervis robustissimus, ita ut Tritanum vinceret, cujus Varro meminit[5] : nam et incudem superpositam pectori constanter, aliis tundentibus, pertulit, quum ipse reclinus ac resupinus et curvatus in manus penderet potius, quam jaceret. Fuit tamen ei contentio cum Aureliani ducibus ad bibendum, si quando eum tentare voluisset : nam quidam Burburus nomine, de numero vexillariorum, notissimus potator, quum ad bibendum eumdem provocasset, situlas duas plenas mero duxit, et toto postea convivio sobrius fuit ; et quum ei Burburus diceret, « Quare non fæces bibisti? » respondit ille : « Stulte, terra non bibitur. » Levia persequimur, quum majora dicenda sint.

V. Hic ergo contra Aurelianum sumpsit imperium ad defendendas partes quæ supererant Zenobiæ. Sed Aureliano de Caris redeunte, superatus est. Multi dicunt, laqueo vitam cum finisse ; aliud edictis suis ostendit Aurelianus : namque quum eum vicisset, tale edictum Romæ proponi jussit.

« Amantissimo sui populo Romano Aurelianus augustus

qui avait été consacré à Jupiter Très-Bon, Très-Grand, un prince détestable osa en faire un moyen de séduction et le prix de ses débauches!

IV. Firmus était de haute taille; il avait les yeux saillants, les cheveux crépus, le front balafré, le teint brun, quoique le reste de son corps fût blanc. Il était couvert de poils et barbu, au point qu'on l'appelait généralement le Cyclope. Il faisait une grande consommation de viande, et l'on dit qu'il mangeait une autruche dans un jour. Il buvait peu de vin, beaucoup d'eau; son caractère était très-ferme, et sa force musculaire telle, qu'il l'emportait sur Tritanus, dont parle Varron. Renversé en arrière, non couché, mais appuyé sur ses mains qui le tenaient suspendu, il supportait sans fléchir une enclume qu'on lui plaçait sur la poitrine, et sur laquelle on frappait avec des marteaux. Un jour, les officiers d'Aurélien le mirent au défi de boire avec eux, voulant éprouver s'il supporterait bien le vin : un des vexillaires, nommé Burburus, grand buveur, l'ayant provoqué, il vida deux seaux de vin, et se montra ensuite, pendant toute la durée du repas, dans la plénitude de son bon sens. Burburus lui ayant dit : « Pourquoi n'avez-vous pas bu la lie? — Imbécile, lui répondit-il, on ne boit pas de la terre. » Mais nous nous arrêtons à des futilités, quand nous avons des choses plus importantes à faire connaître.

V. Firmus, donc, prit la pourpre contre Aurélien, dans le but de défendre le territoire qui restait à Zénobie; mais il fut défait par cet empereur, qui revenait de Carres. Un grand nombre d'écrivains prétendent que Firmus mit fin à ses jours en s'étranglant; mais des édits d'Aurélien prouvent qu'il n'en est point ainsi : en effet, après sa victoire ce prince fit afficher à Rome la proclamation suivante :

« Au peuple romain, son très-affectionné Aurélien

salutem dicit. — Pacato undique gentium toto, qua patet, orbe terrarum, Firmum etiam latronem Ægyptium, barbaricis motibus æstuantem, et feminei propudii reliquias colligentem, ne plurimum loquar, fugavimus, obsedimus, cruciavimus, et occidimus. Nihil est, Romulei Quirites, quod timere possitis. Canon Ægypti, qui suspensus per latronem improbum fuerat, integer veniet. Sit vobis cum senatu concordia, cum equestri ordine amicitia, cum prætorianis affectio; ego efficiam, ne sit aliqua sollicitudo Romana. Vacate ludis, vacate Circensibus : nos publicæ necessitates teneant; vos occupent voluptates. Quare, sanctissimi Quirites, » et reliqua.

VI. Hæc nos de Firmo cognovisse, scire debuisti, sed digna memoratu : nam ea, quæ de illo Aurelianus Festivus, libertus Aureliani, sigillatim retulit, si vis cognoscere, eumdem oportet legas; maxime quum dicat, Firmum eumdem inter crocodilos, unctum crocodilorum adipibus, natasse, et elephantum rexisse, et hippopotamos edisse, et sedentem ingentibus struthionibus vectum esse, et quasi volitasse. Sed hæc scire quid prodest? quum et Livius et Sallustius taceant res leves de iis quorum vitas scribendas arripuerint : non enim scimus, quales mulos Clodius habuerit, aut mulas Titus Annius Milo; aut utrum Tusco equo sederit Catilina, an Sardo; vel quali chlamyde Pompeius usus fuerit, an purpura. Quare finem de Firmo faciemus, venientes ad

auguste, salut. — Nous avons pacifié toute l'étendue de l'empire, et, de plus, un brigand égyptien, Firmus, suscité par les troubles des barbares, et qui, c'est tout dire, ralliait les débris de l'armée d'une femme sans pudeur, a été par nous mis en fuite, assiégé, crucifié et mis à mort. Vous n'avez donc plus rien à craindre, Romains : le tribut d'Égypte, naguère intercepté par cet indigne brigand, vous parviendra sans obstacle. Que la concorde règne entre vous et le sénat, que l'amitié vous lie à l'ordre équestre, et l'affection aux prétoriens ; pour moi, je veillerai à ce que rien ne trouble la tranquillité de l'empire. Livrez-vous aux divertissements, aux loisirs des jeux du Cirque : à nous le labeur forcé des affaires publiques ; à vous les soins du plaisir. C'est pourquoi, vertueux Quirites, » etc.

VI. Vous avez déjà dû m'entendre rapporter ce que je viens de dire sur Firmus ; mais j'ai cru qu'il était utile de le rappeler ici. Quant aux anecdotes recueillies sur lui par Aurélien Festivus, affranchi d'Aurélien, si vous voulez les connaître, vous les lirez dans cet auteur. Vous y verrez, par exemple, que Firmus, frotté de graisse de crocodile, nageait parmi ces reptiles ; qu'il conduisait un éléphant, qu'il mangeait de l'hippopotame, et que, monté sur de grandes autruches et porté par elles, il semblait voler. Mais tout cela mérite-t-il d'être connu ? Tite-Live et Salluste n'ont-ils pas omis toutes les futilités dans l'histoire de ceux dont ils ont écrit la vie ? Ainsi ils n'ont pas dépeint les mulets de Clodius, ni les mules de Titus Annius Milon ; ils n'ont pas dit si le cheval que montait Catilina était toscan ou sarde ; ils n'ont pas fait, non plus, la description de la chlamyde ou de la trabée de Pompée. Nous terminons donc ici ce que nous avions à dire de Firmus, pour passer à

Saturninum, qui contra Probum imperium sibimet in Orientis partibus vindicavit.

SATURNINUS.
[A. U. 1033]

VII. Saturninus oriundus fuit Gallis, ex gente hominum inquietissima, et avida semper, vel faciendi principis, vel imperii. Huic inter ceteros duces, qui vere summus videretur, Aurelianus limitis Orientalis ducatum dedit, sapienter præcipiens, ne unquam Ægyptum videret : cogitabat enim, quantum videmus, vir prudentissimus, Gallorum naturam, et verebatur ne, si perturbidam civitatem vidisset, quo eum natura ducebat, societate quoque hominum duceretur. Sunt enim Ægyptii, ut satis nosti, viri ventosi, furibundi, jactantes, injuriosi, atque adeo vani, liberi, novarum rerum, usque ad cantilenas publicas, cupientes, versificatores, epigrammatarii, mathematici, haruspices, medici : nam et christiani, samaritæ, et quibus præsentia semper tempora cum enormi libertate displiceant. Ac ne quis mihi Ægyptiorum irascatur, et meum esse credat, quod in litteras retuli, Hadriani epistolam, ex libris Phlegontis liberti ejus proditam, ex qua penitus Ægyptiorum vita detegitur, indidi.

VIII. « Hadrianus augustus Serviano consuli salutem. — Ægyptum, quam mihi laudabas, Serviane carissime, totam didici, levem, pendulam, et ad omnia famæ mo-

Saturnin, qui s'empara du pouvoir en Orient contre Probus.

SATURNIN.
[De J.-C. 180]

VII. Saturnin était originaire de la Gaule, la plus remuante des nations, toujours jalouse de faire des princes ou de dominer. Aurélien le choisit parmi ses autres généraux comme celui qui lui paraissait le plus capable de défendre les frontières de l'Orient, en lui faisant la prudente recommandation de ne jamais aller en Égypte : autant que nous en pouvons juger, ce prince prévoyant, qui connaissait le caractère gaulois, craignait que si Saturnin se trouvait au milieu d'une ville turbulente, son naturel ne le portât à s'associer au tumulte. Les Égyptiens, vous ne l'ignorez pas, sont inconstants, enclins à la fureur et à la jactance, insolents, vains à l'excès, indisciplinés, désireux de nouveauté au point de courir même après des chansons ; versificateurs, épigrammatistes, mathématiciens, aruspices, médecins : car ils sont chrétiens et samaritains, et se plaisent toujours à verser impitoyablement le blâme sur le temps présent. Mais, pour ne pas m'attirer la haine des Égyptiens, et pour qu'ils ne croient pas que je consigne ici mon opinion personnelle, je vais citer une lettre d'Adrien, tirée des ouvrages de Phlégon, son affranchi, qui fait parfaitement connaître le caractère de ce peuple.

VIII. « Adrien auguste à Servianus consul, salut. — Je n'ai trouvé dans l'Égypte, que vous me vantiez tant, mon cher Servianus, qu'une nation légère, irrésolue, et toujours à la recherche des nouvelles du jour. Ceux

menta volitantem. Illi, qui Serapin colunt, christiani sunt, et devoti sunt Serapi, qui se Christi episcopos dicunt. Nemo illic archisynagogus judæorum, nemo samarites, nemo christianorum presbyter, non mathematicus, non haruspex, non aliptes[6]. Ipse ille patriarcha quum Ægyptum venerit, ab aliis Serapidem adorare, ab aliis cogitur Christum. Genus hominum seditiosissimum, vanissimum, injuriosissimum ; civitas opulenta, dives, fecunda, in qua nemo vivat otiosus. Alii vitrum conflant, ab aliis charta conficitur : omnes certe linifiones, cujuscumque artis et videntur, et habentur. Podagrosi quod agant, habent; cæci quod agant, habent; cæci quod faciant; ne chiragrici quidem apud eos otiosi vivunt. Unus illis deus est : hunc christiani, hunc judæi, hunc omnes venerantur et gentes; et utinam melius esset morata civitas, digna profecto sui profunditate, quæ pro sui magnitudine totius Ægypti teneat principatum. Huic ego cuncta concessi, vetera privilegia reddidi, nova sic addidi, ut præsenti gratias agerent ; denique ut primum inde discessi, et in filium meum Verum multa dixerunt, et de Antinoo quæ dixerunt[7], comperisse te credo. Nihil illis opto, nisi ut suis pullis alantur, quos quemadmodum fecundant, pudet dicere[8]. Calices tibi allassontes versicolores transmisi, quos mihi sacerdos templi obtulit, tibi et sorori meæ specialiter dedicatos : quos tu velim festis diebus conviviis adhibeas. Caveas tamen, ne his Africanus noster indulgenter utatur. »

qui adorent Sérapis sont chrétiens, et ceux qui se disent évêques chrétiens sont dévoués au culte de Sérapis. On n'y voit point de chef de synagogue juive, point de samaritain, point de prêtre chrétien qui ne soit mathématicien, aruspice ou alypte; et le patriarche lui-même, quand il vient en Égypte, est contraint par les uns d'adorer Sérapis, et par les autres d'adorer Christ. Les Égyptiens sont séditieux, vains et portés à l'outrage; leur ville est opulente, riche, industrieuse, et personne n'y vit dans l'oisiveté. Les uns y soufflent le verre, les autres y fabriquent le papier, et tous, quels que soient leur position et l'état qu'ils exercent, s'occupent de la confection de la toile. Chez eux les podagres travaillent; les aveugles ont leurs occupations, ont leur tâche à remplir; les chiragres même ne restent pas oisifs. Ils n'ont qu'un seul dieu, que les chrétiens, les juifs et toutes les nations révèrent. Plût au ciel que les mœurs de cette ville fussent plus pures; car elle est certainement digne, par son importance, par sa grandeur, d'être considérée comme la première de l'Égypte! J'ai accueilli toutes ses demandes, je lui ai rendu ses anciens priviléges, je lui en ai octroyé de nouveaux, ce dont ils me rendirent grâces quand j'étais chez eux; mais à peine m'étais-je éloigné, qu'ils ont même décrié mon fils Verus. Je pense que vous avez aussi appris ce qu'ils ont dit d'Antinoüs. Tout ce que je leur souhaite, c'est qu'ils se nourrissent de leurs poulets: je n'ose dire ici le moyen qu'ils emploient pour les faire éclore. Je vous adresse des coupes de couleur changeante qui m'ont été offertes par le prêtre du temple, et que j'ai spécialement réservées pour ma sœur et pour vous: je vous engage à vous en servir dans les festins des fêtes solennelles, mais je vous recommande de n'en point permettre l'usage à notre petit Africain. »

IX. Hæc ergo cogitans de Ægyptiis Aurelianus, jusserat ne Saturninus Ægyptum videret; et mente quidem divina : nam ut primum Ægyptii, magnam potestatem ad se venisse viderunt, statim clamaverunt, «Saturnine auguste, dii te servent!» et ille quidem, quod negari non potest, vir sapiens, de Alexandrina civitate mox fugit, atque ad Palæstinam rediit. Ibi tamen quum cogitare cœpisset, tutum sibi non esse, si privatus viveret, deposita purpura ex simulacro Veneris, cyclade uxoria, militibus circumstantibus, amictus, et adoratus est. Avum meum sæpe dicentem audivi se interfuisse quum ille adoraretur. Flebat (inquit) et dicebat, «Necessarium (si non arroganter dicam) respublica virum perdidit. Ego certe instauravi Gallias, ego a Mauris possessam Africam reddidi. Ego Hispanias pacavi. Sed quid prodest? omnia hæc affectato semel honore perierunt.»

X. Et quum eum animarent vel ad vitam, vel ad imperium, qui induerant purpuram, in hæc verba disseruit : «Nescitis, amici, quid mali sit imperare. Gladii et tela nostris cervicibus impendent, imminent hastæ undique, undique spicula; ipsi custodes timentur, ipsi comites formidantur; non cibus pro voluptate, non iter pro auctoritate, non bella pro judicio, non arma pro studio. Adde, quod omnis ætas in imperio reprehenditur. Senex est quispiam? inhabilis videtur; sin minus, inest furor : nam quod imperatorem me cupitis, in necessitatem mortis me trahitis. Sed habeo solatium mortis,

IX. Avec ces idées sur les Égyptiens, Aurélien avait donc défendu à Saturnin d'entrer en Égypte. Cet ordre semblait être une inspiration divine; car dès que les Égyptiens virent chez eux ce haut dignitaire, ils s'écrièrent aussitôt : « Saturnin auguste, que les dieux vous conservent! » Mais lui, en homme prudent (car il faut ici lui rendre justice), partit immédiatement d'Alexandrie et retourna en Palestine. Puis, ayant réfléchi qu'il n'y serait pas en sûreté, s'il y vivait en simple particulier, il vêtit une cyclade de sa femme, jeta dessus un manteau de pourpre qui couvrait naguère une statue de Vénus, et s'offrit aux soldats, qui le saluèrent empereur. J'ai souvent entendu raconter à mon aïeul qu'il était présent lorsqu'on déféra l'empire à Saturnin. Il pleura (disait-il) et prononça ces paroles : « La république perd aujourd'hui un homme qui lui était nécessaire, je puis le dire sans orgueil : car j'ai restauré les Gaules, j'ai reconquis à l'empire l'Afrique que les Maures lui avaient enlevée, j'ai pacifié l'Espagne. Mais à quoi bon? j'ai tout sacrifié du moment que j'ai usurpé le pouvoir. »

X. Puis il parla ainsi à ceux qui l'avaient élevé à la suprême puissance, et qui l'exhortaient à conserver la vie et l'empire : « Vous ignorez, mes amis, combien le pouvoir traîne après lui de soucis. Les glaives et les traits sont suspendus sur nos têtes, partout des lances, partout des dards qui nous menacent ; nos gardes eux-mêmes sont pour nous des sujets de crainte, ceux même qui nous approchent nous sont suspects, nous ne mangeons qu'avec défiance, nous ne voyageons pas quand il nous plaît, nous ne faisons point la guerre quand nous le jugeons nécessaire, nous n'osons point nous exercer au maniement des armes. Ajoutez à cela que, pour un empereur, il n'est point d'âge qui soit à l'abri de la critique : est-il vieux, on le croit incapable ; s'il est jeune,

solus perire non potero.» Marcus Salvidienus hanc ipsius orationem vere fuisse dicit; et fuit re vera non parum litteratus : nam et in Africa rhetoricæ operam dederat, Romæ frequentaverat pergulas magistrales.

XI. Et ne longius progrediar, dicendum est quod præcipue ad hunc pertinet. Errare quosdam scio, et putare, hunc esse Saturninum, qui Gallieni temporibus imperium occupavit; quum hic longe alius fuerit, et Probo pæne nolente sit occisus. Fertur autem Probus et clementes ad eum litteras sæpe misisse, et veniam esse pollicitum; sed milites, qui cum eo fuerant, non credidisse. Obsessum denique in castro quodam ab iis, quos Probus miserat, invito Probo esse jugulatum. Longum est frivola quæque connectere, et odiosum dicere, quali statura fuerit, quo corpore, quo decore, quid biberit, quid comederit : ab aliis ista dicantur, quæ prope ad exemplum nihil prosunt. Nos ad ea, quæ sunt dicenda, redeamus.

PROCULUS.
[A. U. 1033]

XII. Proculo patria Albingauni fuere, positi in Alpibus maritimis; domi nobilis, sed majoribus latrocinantibus, atque adeo pecore, ac servis, et iis rebus,

on lui trouve trop d'ardeur. Sachez qu'en me déférant l'empire, vous prononcez contre moi un arrêt de mort. Mais, ce qui me console, c'est que je ne puis pas mourir seul. » Marcus Salvidienus assure que ce discours fut, tel que je le rapporte, prononcé par Saturnin, qui, du reste, était très-versé dans les lettres, car il avait étudié la rhétorique en Afrique, et avait suivi à Rome les leçons des grands maîtres.

XI. Je ne veux point dépasser les limites que je me suis assignées, mon seul but étant de faire connaître les traits principaux de sa vie. Des écrivains, je le sais, ont cru que le Saturnin dont il est ici question est le même que celui qui prit la pourpre sous Gallien; mais c'est une grande erreur, car ce dernier fut tué presque contre le gré de Probus. On dit même que ce prince lui adressa plusieurs lettres pleines de bonté, dans lesquelles il lui promettait sa grâce ; mais que les soldats qui avaient été ses complices ne voulurent pas y ajouter foi. Enfin, il fut assiégé dans un château par des troupes qu'avait envoyées Probus, et y fut égorgé sans que celui-ci en eût donné l'ordre. Il serait aussi long que fastidieux de consigner ici mille frivolités sur la taille, l'embonpoint et la mine de Saturnin ; sur ce qu'il buvait, sur ce qu'il mangeait : nous laissons à d'autres le soin d'entrer dans ces détails, dont l'utilité nous paraît au moins contestable. Revenons maintenant à ce qui nous reste à dire.

PROCULUS.

[De J.-C. 280]

XII. Proculus naquit à Albingaunum, dans les Alpes maritimes; il était de bonne maison, quoique ses ancêtres eussent autrefois exercé le brigandage, et lui-

quas abduxerat, satis dives. Fertur denique eo tempore quo sumpsit imperium, duo millia servorum suorum armasse. Huic uxor virago, quæ illum in hanc præcipitavit dementiam, nomine Sampso, quod ei postea inditum est : nam antea Viturgia nominata est. Filius Herennianus, quem et ipsum, quinquennium si implesset. ita enim loquebatur, dicasset imperio. Homo, quod negari non potest, optimus, idemque fortissimus ; ipse quoque latrociniis assuetus, qui tamen armatam semper egerit vitam : nam et multis legionibus tribunus præfuit, et fortia edidit facta. Et quoniam minima quæque jucunda sunt, atque habent aliquid gratiæ, quum leguntur, tacendum non est, quod et ipse gloriatur in quadam sua epistola : quam i; 'am melius est ponere, quam de ea plurimum dicere.

« Proculus Metiano affini salutem dicit. — Centum ex Sarmatia virgines cepi. Ex his una nocte decem inivi; omnes tamen, quod in me erat, mulieres intra dies quindecim reddidi. »

Gloriatur, ut vides, rem ineptam, et satis libidinosam; atque inter fortes se haberi credit, si criminum densitate coalescat.

XIII. Hic tamen, quum etiam post honores militares se improbe et libidinose, tamen fortiter ageret, hortantibus Lugdunensibus, qui et ab Aureliano graviter contusi videbantur, et Probum vehementissime pertimescebant, in imperium vocitatus est, ludo pæne et joco, ut Onesimus dicit : quod quidem apud nullum alium

même, par le bétail, les esclaves et les nombreux objets qu'il s'était appropriés, s'était fait une fortune assez considérable. On rapporte qu'il arma deux mille de ses esclaves au temps où il prit la pourpre. Cet acte de témérité lui fut conseillé par son épouse, femme d'un caractère viril, qui avait été surnommée Sampso, et dont le nom était Viturgia. Il eut un fils nommé Herennianus, qu'il voulait, disait-il, s'associer à l'empire dès qu'il aurait cinq ans accomplis. Proculus était, sans contredit, un homme excellent et fort brave. Quoiqu'il eût été accoutumé au brigandage, il consacra sa vie aux armes : il fut tribun de plusieurs légions et s'illustra par des actes de courage. Comme les moindres particularités sont agréables et ont une sorte d'attrait quand on les lit, nous croyons ne devoir pas omettre ce dont il se glorifiait dans une lettre que nous transcrirons ici, plutôt que d'entrer sur elle dans de plus longs détails :

« Proculus à Metianus, son parent, salut. — J'ai pris cent jeunes filles en Sarmatie : dix, dans une seule nuit, ont partagé ma couche ; et j'ai si bien mis le temps à profit, que, dans l'espace de quinze jours, je les ai toutes rendues femmes. »

Comme vous le voyez, il tirait vanité d'un action brutale et licencieuse, et il croyait fonder sa réputation de grand homme sur un amas de crimes.

XIII. Parvenu aux honneurs militaires, Proculus continua à vivre dans le vice et dans le dérèglement ; toutefois, comme il était plein de courage, d'après les conseils qu'en donnèrent les Lyonnais, qui étaient fatigués de l'oppression que faisait peser sur eux Aurélien, et de la crainte que leur inspirait Probus, il fut appelé à l'empire, en jouant et comme par plaisanterie, s'il faut en

reperisse me scio. Nam quum in quodam convivio ad latrunculos luderetur [9], atque ipse decies imperator exisset, quidam non ignobilis scurra, « Ave, inquit, auguste, » allataque lana purpurea, humeris ejus ingessit, eumque adoravit : timor inde consciorum, atque inde jam exercitus tentatio et imperii. Nonnihilum tamen Gallis profuit : nam Alemannos, qui tunc adhuc Germani dicebantur, non sine gloriæ splendore contrivit, nunquam aliter, quam latrocinandi pugnans modo. Hunc tamen Probus fugatum usque ad ultimas terras, et cupientem in Francorum auxilium venire, a quibus originem se trahere ipse dicebat, ipsis prodentibus Francis, quibus familiare est ridendo fidem frangere, vicit et interemit. Posteri ejus etiam nunc apud Albingaunos agunt, qui joco solent dicere, sibi non placere, se esse vel principes, vel latrones.

Hæc digna memoratu de Proculo didicisse memini. Veniamus ad Bonosum, de quo multo minora condidi.

BONOSUS.
[A. U. 1033]

XIV. Bonosus domo Hispaniensi fuit, origine Britannus, Galla tamen matre : ut ipse dicebat, rhetoris filius; ut ab aliis comperi, pædagogi litterarii. Parvulus patrem amisit, atque a matre fortissima educatus; lit-

croire Onésime : car je ne sache pas que cette relation existe dans aucun autre auteur. Un jour qu'à la suite d'un repas on jouait aux échecs, il arriva à Proculus de sortir dix fois empereur; alors un plaisant qui avait le talent de l'à-propos, lui dit : « Je vous salue, auguste; » et, ayant apporté une pièce de drap de pourpre, il la lui jeta sur les épaules et le proclama empereur. Les complices ne tardèrent pas à envisager leur position, et, pour s'y soustraire, tâchèrent de gagner l'armée et de lui faire confirmer le choix qu'ils avaient fait du nouveau prince. Celui-ci, toutefois, ne fut pas inutile aux Gaulois, car il défit complétement, et non sans gloire, les Alemans, qui alors portaient encore le nom de Germains, en ne leur faisant qu'une guerre d'escarmouche. Mais Probus le poursuivit jusqu'aux terres les plus reculées, et tandis que le fugitif offrait aux Franks, dont il tirait, disait-il, son origine, son bras pour les défendre, ceux-ci, pour qui la foi du serment n'est qu'un jeu, le trahirent : de là sa défaite et son supplice. Il existe encore chez les Albingaunes des descendants de Proculus; ils disent, en riant, qu'ils ne désirent être ni princes ni brigands.

Voilà tout ce que j'ai recueilli sur Proculus qui soit digne d'être rapporté. Passons à Bonose, dont j'ai moins à dire encore.

BONOSE.

[De J.-C. 280]

XIV. Bonose naquit dans la Grande-Bretagne; il descendait d'une famille espagnole, quoique sa mère fût Gauloise. Son père, qu'il se plaisait à qualifier du titre de rhéteur, n'était, selon d'autres, qu'un simple maître d'école. Il le perdit étant encore au berceau,

terarum nihil didicit. Militavit primum inter ordinarios, deinde inter equites; duxit ordines, tribunatus egit, dux limitis Rhætici fuit. Bibit quantum hominum nemo; de hoc Aurelianus sæpe dicebat : «Non, ut vivat, natus est, sed ut bibat;» quem quidem diu in honore habuit causa militiæ : nam si quando legati barbarorum undecumque gentium venissent, ipsi propinabantur, ut eos inebriaret, atque ab his per vinum cuncta cognosceret. Ipse quantumlibet bibisset, semper securus et sobrius, et, ut Onesimus dicit, scriptor vitæ Probi, adhuc in vino prudentior. Habuit præterea rem mirabilem, ut, quantum bibisset, tantum mingeret; neque unquam aut ejus pectus, aut venter, aut vesica gravaretur.

XV. Hic idem, quum quodam tempore in Rheno Romanas lusorias Germani incendissent[10], timore ne pœnas daret, sumpsit imperium; idque diutius tenuit, quam merebatur : nam longo gravique certamine a Probo superatus, laqueo vitam finivit. Tunc quidem jocus exstitit, «Amphoram pendere, non hominem.» Filios duos reliquit, quibus ambobus Probus pepercit, uxore quoque ejus in honore habita, et usque ad mortem salario præstito. Fuisse enim dicitur (ut et avus meus dicebat) femina singularis exempli, et familiæ nobilis gentis Gothicæ : quam illi Aurelianus uxorem idcirco

et fut élevé par sa mère, femme d'un mâle caractère, qui négligea de lui donner de l'éducation. Il servit d'abord dans l'infanterie, puis dans la cavalerie. Il fut centurion, et, après avoir passé par le grade de tribun, il fut préposé à la défense des frontières de la Rhétie. C'était le plus grand buveur qui fût au monde. Aurélien disait souvent de Bonose : « Cet homme n'est pas né pour vivre, mais pour boire; » et cependant il eut pendant longtemps beaucoup de considération pour lui, en raison des services qu'il rendait à la guerre. S'il arrivait à quelque nation barbare d'envoyer des ambassadeurs, Bonose buvait avec eux pour les enivrer, et, quand il avait réussi, il apprenait d'eux tout ce qu'on avait intérêt à connaître. Pour lui, quelle que fût la quantité de vin qu'il eût bue, il était toujours calme et dans tout son bon sens, et même, si l'on en croit Onésime, le biographe de Probus, il se montrait alors plus prévoyant qu'à jeun. Ce qui était surprenant en lui, c'est qu'il urinait autant qu'il buvait, et que jamais il n'éprouva d'affections d'estomac, d'intestins ni de vessie.

XV. Les Germains ayant un jour incendié des vaisseaux romains en station sur le Rhin, Bonose, dans la crainte d'être puni, prit la pourpre, et la conserva plus longtemps qu'il ne méritait : car, ayant été vaincu par Probus après un long et terrible combat, il mit fin à ses jours en se pendant. On dit alors de lui par plaisanterie : « Ce n'est pas un homme qui est pendu, c'est une amphore. » Il laissa deux fils, que Probus épargna. Son épouse fut aussi traitée avec distinction par le vainqueur, qui lui paya une pension jusqu'à sa mort. Cette femme, qui appartenait à une famille illustre du pays des Goths, était (comme le disait mon aïeul) le modèle de son sexe. Aurélien l'avait unie à Bonose, pour apprendre de lui par cette femme, qui

dederat, ut per eum a Gothis cuncta cognosceret : erat enim illa virgo regalis. Exstant litteræ ad legatum Thraciarum scriptæ, de iis nuptiis et donis, quæ Aurelianus Bonoso dari nuptiarum causa jussit, quas ego inserui :

« Aurelianus augustus Gallonio Avito salutem. — Superioribus litteris scripseram, ut optimates Gothicas apud Perinthum collocares, decretis salariis, non ut singulæ acciperent, sed ut septem simul unum convivium haberent : quum enim divisæ accipiunt, et illæ parum sumunt, et respublica plurimum perdit. Nunc tamen, quoniam placuit Bonoso Hunilam dari, dabis ei, juxta breve infra scriptum, omnia, quæ præcipimus ; sumptu etiam publico nuptias celebrabis. »

Brevis munerum fuit :

« Tunicas palliolatas hyacinthinas subsericas ; tunicam auro clavatam subsericam librilem unam, interulas dilores duas, et reliqua, quæ matronæ conveniunt. Ipsi dabis aureos philippeos centum, argenteos antoninianos mille, æris sestertium decies. »

Hæc me legisse teneo de Bonoso ; et potui quidem horum vitam præterire, quos nemo quærebat, attamen, ne quid fidei deesset, etiam de iis, quæ didiceram, intimanda curavi.

Supersunt mihi Carus, Carinus, et Numerianus : nam Diocletianus, et qui sequuntur, majore stilo dicendi sunt.

était de race royale, tous les desseins des Goths. Nous avons une lettre adressée au lieutenant des Thraces, relative à cette union et aux présents qu'Aurélien ordonna de faire à Bonose à l'occasion de ce mariage. J'en donne ici la copie :

« Aurélien auguste à Gallonius Avitus, salut. — Dans ma lettre précédente, je vous avais mandé d'établir à Périnthe les jeunes filles de nobles familles du pays des Goths, avec des allocations destinées non pas à chacune en particulier, mais à chaque société de sept, pour pourvoir à leur vie en commun : car en donnant à chacune, elles n'eussent reçu que peu, et la république eût dépensé beaucoup. Maintenant que j'ai résolu d'unir Hunila à Bonose, vous donnerez à ce dernier les objets dont la note est ci-jointe; vous célébrerez aussi ses noces aux frais de l'État. »

Voici la note des présents :

« Des tuniques à capuchon, d'étoffe mi-soie et de couleur hyacinthe ; une tunique d'étoffe mi-soie, garnie de nœuds d'or et flottante ; deux tuniques intérieures à double bordure, et tout ce qui convient à une matrone. Vous compterez à Bonose cent philippes d'or, mille antonins d'argent, et un million de sesterces de cuivre. »

Voilà ce que je me souviens d'avoir lu sur Bonose ; quoique j'eusse pu ne pas écrire la vie de ces tyrans, dont personne ne s'inquiète, j'ai cru, pour l'acquit de ma conscience, devoir consigner ici ce que j'en ai pu apprendre.

Il me reste maintenant à parler de Carus, de Carin et de Numérien : car l'histoire de Dioclétien et de ses successeurs demande un style plus élevé que le mien.

[A. U. 1035 — 1037]

CARI,
NUMERIANI ET CARINI
VITÆ.

1. Fato rempublicam regi, eamque nunc ad summum evehi, nunc ad ima retrahi [1], Probi mors satis prodidit. Nam quum ducta per tempora, variis vel erecta motibus, vel afflicta, nunc tempestate aliqua, nunc felicitate variata, omnia prope passa esset, quæ patitur in homine uno mortalitas, videbatur post diversitatem malorum jam secura, continuata felicitate mansura, post Aurelianum vehementem principem, Probo ex sententia senatus et populi leges et gubernacula temperante. Sed ruina ingens, vel naufragii modo, vel incendii, accensis fataliter militibus, sublato e medio tali principe, in eam desperationem votum publicum redegit, ut timerent omnes Domitianos, Vitellios, et Nerones : plus enim timetur de incertis moribus principis, quam speratur; maxime in ea republica, quæ recentibus confossa vulneribus, Valeriani captivitatem,

[De J.-C. 282 — 284]

VIES
DE CARUS, DE NUMÉRIEN
ET DE CARIN.

I. C'est le destin qui régit la république, et qui tantôt l'élève au faîte de la puissance, et tantôt la réduit aux dernières extrémités : la mort de Probus l'a suffisamment prouvé. Après avoir traversé les temps, florissante ou affligée, suivant les phases diverses par lesquelles elle avait passé, aujourd'hui agitée par la tempête, demain au comble de la félicité, après avoir été soumise à tous les événements auxquels la vie de l'homme est exposée, elle semblait, après une longue série de malheurs, se raffermir et commencer une suite durable de jours prospères sous Probus, entre les mains duquel le sénat et le peuple avaient remis les lois et les rênes de l'empire, depuis qu'Aurélien, ce prince fougueux, n'était plus; mais, par une catastrophe épouvantable, aussi désastreuse qu'un naufrage ou qu'un incendie, des soldats furieux, qui semblaient être les instruments du destin, enlevèrent à la république cet excellent prince, et la replongèrent ainsi dans le désespoir, chacun craignant de voir surgir des Domitiens, des Vitellius et des Nérons : car on est plutôt porté à croire méchants que bons les princes dont on ne connaît

Gallieni luxuriam, triginta etiam prope tyrannorum, caesa civilium membra sibimet vindicantium ² perpessa moeruerit.

II. Nam si volumus ab ortu Urbis repetere, quas varietates sit passa Romana respublica, inveniemus, nullam magis vel bonis floruisse, vel malis laborasse. Et, ut a Romulo incipiam, vero patre ac parente reipublicae, quae illius felicitas? qui fundavit, constituit, roboravitque rempublicam, atque unus omnium conditorum perfectam Urbem reliquit? Quid deinde Numam loquar? qui frequentem bellis, et gravidam triumphis, civitatem religione munivit. Viguit igitur usque ad Tarquinii Superbi tempora nostra respublica; sed passa tempestatem de moribus regiis, non sine gravi exitio semet ulta est. Adolevit deinde usque ad tempora Gallicani belli; sed, quasi quodam mersa naufragio, capta praeter arcem Urbe, plus paene mali sensit quam tunc boni habuerat. Reddidit se deinde in integrum; sed eousque gravata est Punicis bellis, ac terrore Pyrrhi, ut mortalitatis mala praecordiorum timore sentiret.

III. Crevit deinde, victa Carthagine, trans maria missis imperiis; sed socialibus affecta discordiis, extenuato felicitatis sensu, usque ad Augustum bellis civilibus confecta, consenuit. Per Augustum deinde repa-

pas le caractère ; ce qui devait être, surtout dans un État dont les plaies saignaient encore, et qui déplorait les perplexités où l'avaient jeté la captivité de Valérien, les déréglements de Gallien, et [la violence] de trente tyrans qui avaient morcelé l'empire pour s'en approprier les débris.

II. Si nous voulons récapituler les diverses révolutions subies par la république romaine depuis la fondation de Rome, nous trouverons que nul État ne peut se glorifier ou se plaindre d'avoir eu un plus grand nombre de bons ou de mauvais princes. Et, pour commencer par Romulus, qui est le véritable père et le créateur de la république, de quel bonheur ne jouit-elle pas sous lui, qui, après l'avoir fondée, l'ordonna et affermit sa puissance, et qui, parmi tous les fondateurs, est le seul qui ait laissé une ville parfaite? Parlerai-je ensuite de Numa, qui fortifia par la religion cette ville belliqueuse et grosse de triomphes ? Notre république fut ainsi florissante jusqu'au règne de Tarquin le Superbe ; mais si elle eut à souffrir de la tyrannie de ce prince, elle sut le punir, à quelque prix qu'ait été la vengeance. Elle s'agrandit ensuite jusqu'à l'époque de la guerre contre les Gaulois ; mais, submergée comme par un naufrage, Rome étant prise, à l'exception de la citadelle, elle ressentit peut-être alors plus de maux que jusque-là elle n'avait eu de bonheur. Par la suite elle recouvra toute sa splendeur ; mais les guerres puniques, et la terreur que lui inspira Pyrrhus, l'affectèrent tellement, que son découragement la réduisit aux dernières extrémités.

III. Carthage vaincue, elle s'accrut encore et étendit son empire au delà des mers ; mais, affaiblie par la guerre Sociale, ayant perdu jusqu'au sentiment du bien-être, épuisée par les guerres civiles jusqu'au règne d'Auguste, elle ne fut plus qu'un corps usé par la

rata : si reparata dici potest, libertate deposita; tamen utcumque (etiamsi domi tristis fuit) apud exteras gentes effloruit. Passa deinceps tot Nerones, per Vespanianum caput extulit; nec omni Titi felicitate lætata, Domitiani vulnerata immanitate, per Nervam atque Trajanum, usque ad Marcum solito melior, Commodi væcordia et crudelitate lacerata est : nullum post hæc, præter Severi diligentiam, usque ad Alexandrum Mammææ, sensit bonum. Longum est, quæ sequuntur universa connectere. Uti enim principe Valeriano non potuit ; et Gallienum per quindecim annos passa est. Invidit Claudio longinquitatem imperii, amans varietatum prope, et semper inimica fortuna justitiæ. Sic enim Aurelianus occisus est, sic Tacitus absumptus, sic Probus cæsus, ut appareat, nihil tam gratum esse fortunæ, quam ut ea, quæ sunt in publicis actibus, eventuum varietate mutentur. Sed quorsum talibus querelis et temporum casibus distinemur? Veniamus ad Carum, medium, ut ita dixerim, virum, inter bonos magis, quam inter malos principes collocandum, et longe meliorem, si Carinum non reliquisset heredem.

CARUS.
(A. U. 1035 — 1036)

IV. Cari patria sic ambigue a plerisque proditur, ut præsumpte veritatem dicere nequeam, quæ illa vera

vieillesse. Auguste cependant la rétablit, si l'on peut dire qu'il la rétablit en lui enlevant sa liberté. Quoi qu'il en soit, bien qu'affligée au dedans, elle devint florissante au dehors. Elle eut bientôt à souffrir de la cruauté de tous ses Nérons, et ce n'est que sous Vespasien qu'elle releva la tête. Avant qu'elle eût pu jouir de toute la félicité que semblait lui promettre Titus, le féroce Domitien lui fit de profondes blessures; elle traversa ensuite, sous Nerva, Trajan et jusqu'à Marc Aurèle, des temps meilleurs, puis fut déchirée par le lâche et cruel Commode. De cette époque jusqu'à Alexandre, fils de Mammée, si l'on en excepte le règne du belliqueux Sévère, elle ne goûta plus aucun bonheur. Pour ne point consigner ici tous les événements qui suivirent, qu'il nous suffise de dire qu'elle ne put jouir du gouvernement de Valérien, et qu'elle eut à gémir pendant quinze années sous celui de Gallien. La fortune inconstante et toujours ennemie de la justice, ne permit pas à Claude de gouverner longtemps l'empire, et, par le meurtre d'Aurélien, par la mort de Tacite, par la fin tragique de Probus, elle a voulu montrer que rien ne lui est plus agréable que les changements incessants dans les affaires publiques. Mais pourquoi ces plaintes? pourquoi nous occuper des vicissitudes des temps? Parlons de Carus, qui tient le milieu, pour ainsi dire, entre les bons et les mauvais princes, mais qui pourtant doit plutôt être rangé parmi les premiers, et qui même devrait y occuper une place distinguée, s'il n'avait point laissé l'empire à Carin.

CARUS.

IV. Le plus grand nombre des historiens émettent des opinions si peu fondées sur la patrie de Carus, que

sit[3]. Onesimus enim, qui diligentissime vitam Probi scripsit, Romæ illum et natum et litteris eruditum, sed Illyricianis parentibus fuisse, contendit. Sed Fabius Cerilianus, qui tempora Cari, Carini, et Numeriani solertissime persequutus est, neque Romæ, sed in Illyrico genitum, neque Pannoniis, sed Pœnis parentibus asserit natum. In ephemeride quadam legisse memini, Carum Mediolanensem fuisse, sed avo juri Aquileiensis civitatis insertum. Ipse, quod negari non potest, ut epistola ejus indicat, quam proconsul ad legatum scripsit, quum eum ad bona hortaretur officia, Romanus vult videri.

Epistola Cari :

« Carus Manlius Aurelianus, proconsul Ciliciæ, Junio legato suo. — Majores nostri, Romani illi principes, in legatis creandis hac usi sunt consuetudine, ut morum suorum specimen per eos ostenderent, quibus rempublicam delegabant. Ego vero, si ita non esset, aliter non fecissem; feci aliter, si, te juvante, non fallar[4]. Fac igitur, ut majoribus nostris, id est Romanis, non discrepemus viris. »

Vides, quod tota epistola majores suos Romanos vult intelligi.

V. Indicat et oratio ejus ad senatum data istam generis prærogativam : nam quum primum imperator esset creatus, sic ad senatorium ordinem scripsit inter cetera :

« Gaudendum est itaque, patres conscripti, quod unus

je ne saurais sans hésiter dire à laquelle on doit accorder confiance. Onésime, qui a écrit avec beaucoup de soin la vie de Probus, prétend qu'il naquit à Rome et qu'il y étudia les belles-lettres, mais que ses parents étaient Illyriens. D'un autre côté, Fabius Cerilianus, auteur d'une histoire fort estimable des temps de Carus, de Carin et de Numérien, affirme qu'il naquit non à Rome, mais dans l'Illyrique, et que ses parents n'étaient point Pannoniens, mais Carthaginois. Je me souviens d'avoir lu dans les éphémérides, que Carus était de Milan, mais que son aïeul l'avait inscrit au nombre des citoyens d'Aquilée. Ce qu'il y a de certain (et la lettre qu'il écrivit, étant proconsul, à son lieutenant pour l'exhorter à lui accorder ses bons offices, en est une preuve), c'est qu'il voulait qu'on le crût Romain.

Lettre de Carus :

« Carus Manlius Aurélien, proconsul de Cilicie, à Junius son lieutenant. — Les princes romains nos ancêtres avaient la coutume, quand ils nommaient des lieutenants, de ne confier les intérêts de la république qu'à des hommes qui pouvaient donner une idée de leur propre caractère. Certes, je n'eusse pas agi autrement qu'eux, quand même je n'aurais point eu à me prévaloir de leur exemple. Je pense que votre zèle ne me fera point repentir d'avoir suivi leurs principes. Faites donc en sorte que nous ne démentions point les Romains nos ancêtres. »

Comme on le voit, Carus, dans toute cette lettre, tend à persuader que ses ancêtres étaient Romains.

V. Dans sa harangue au sénat, il affecte aussi de se donner la même origine : car dès qu'il fut créé empereur, il écrivit entre autres choses à cet ordre illustre :

« Il faut se réjouir, pères conscrits, de ce qu'un des

ex vestro ordine, vestri etiam generis, imperator est factus. Quare annitemur, ne meliores peregrini, quam vestri esse videantur.»

Hoc quoque loco satis clarum est, illum voluisse intelligi se esse Romanum, id est Roma oriundum. Hic igitur per civiles et militares gradus, ut tituli statuarum ejus indicant; præfectus prætorii a Probo factus, tantum sibi apud milites amoris locavit, ut, interfecto Probo tanto principe, solus dignissimus videretur imperio.

VI. Non me præterit, suspicatos esse plerosque, et eos in fastos retulisse, Cari factione interemptum Probum; sed neque meritum Probi erga Carum, neque Cari mores id credi patiuntur : simul quia Probi mortem et acerrime et constantissime vindicavit. Quid autem de eo Probus senserit, indicant litteræ, de ejus honoribus ad senatum datæ.

« Probus augustus amantissimo senatui suo salutem dicit.» — Inter cetera : « Felix esset nostra respublica, si, qualis Carus est, aut plerique vestrum, plures haberem in actibus collocatos. Quare equestrem statuam viro morum veterum (si vobis placet) decernendam censeo; addito eo, ut publico sumptu, vel eidem exædificetur domus, marmoribus a me delatis. Decet enim nos talis integritatem remunerari viri, » et reliqua.

membres de votre ordre, un Romain comme vous, vient d'être appelé à l'empire. Nos efforts, n'en doutez pas, tendront toujours à ce qu'on ne puisse croire que les princes étrangers sont meilleurs que les vôtres. »

On voit aussi clairement, par ce passage, qu'il voulait se faire passer pour Romain, c'est-à-dire pour être né à Rome. Comme les inscriptions de ses statues l'indiquent, Carus passa par les grades civils et militaires; élevé par Probus à la dignité de préfet du prétoire, il sut si bien conquérir l'affection des soldats, qu'après la mort de ce grand prince, il parut seul digne de l'empire.

VI. Je n'ignore pas que la plupart des écrivains ont pensé, et même consigné dans leurs histoires, que Probus avait été tué par la faction de Carus; mais les bienfaits de Probus envers Carus, et la conduite de ce dernier, qui punit sévèrement, et sans distinction de personnes, les meurtriers de son prédécesseur, ne permettent guère que l'on ajoute foi à cette assertion. La lettre que Probus écrivit au sénat relativement aux honneurs à accorder à Carus, montre quelle était son opinion sur lui.

« A son très-affectueux sénat, Probus auguste, salut. — Notre république serait heureuse (dit Probus entre autres choses), si je pouvais confier les charges de l'État à un grand nombre de sujets aussi distingués que Carus ou que la plupart d'entre vous. Aussi je pense, sénateurs, et je crois ne point trouver d'opposition parmi vous, qu'il convient de décerner une statue équestre à cet homme de mœurs vraiment antiques, et, de plus, de lui construire aux dépens du trésor public une maison pour laquelle je fournirai les marbres : car il est de notre dignité de récompenser l'intégrité d'un homme aussi recommandable, » etc.

VII. Ac ne minima quæque connectam, et ea, quæ apud alios poterunt inveniri; ubi primum accepit imperium, consensu omnium militum bellum Persicum, quod Probus parabat, aggressus est, liberis cæsaribus nuncupatis: et ita quidem, ut Carinum ad Gallias tuendas cum viris lectissimis destinaret; secum vero Numerianum, adolescentem quum lectissimum, tum etiam disertissimum, duceret. Et dicitur quidem sæpe dixisse, se miserum, quod Carinum ad Gallias principem mitteret; neque illa ætas esset Numeriani, ut illi Gallicanum, quod maxime constantem principem quærit, crederetur imperium. Sed hæc alias. Nam exstant jam litteræ Cari, quibus apud præfectum suum de Carini moribus queritur, ut appareat verum esse, quod Onesimus dicit, habuisse in animo Carum, ut Carino cæsareum abrogaret imperium. Sed hæc, ut diximus, alias in ipsius *Carini vita* dicenda sunt. Nunc ad ordinem revertamur.

VIII. Ingenti apparatu, et totis viribus Probi profligato magna ex parte bello Sarmatico, quod gerebat, contra Persas profectus, nullo sibi occurrente Mesopotamiam Carus cepit, et Ctesiphontem usque pervenit; occupatisque Persis domestica seditione, imperatoris Persici nomen meruit. Verum quum avidus gloriæ, præfecto suo maxime jurgante (qui et ipsius et filii ejus quærebat exitium, cupiens imperare), longius progressus esset, ut alii dicunt, morbo, ut plures, fulmine interemptus est. Negari non potest, eo tempore, quo periit,

VII. Pour ne pas entrer dans des détails trop minutieux, et ne pas répéter ce qu'on peut trouver dans les autres auteurs, je me bornerai à dire que, dès qu'il fut parvenu à l'empire, il commença, avec l'assentiment de tous les soldats, la guerre contre les Perses, dont Probus faisait les préparatifs, et conféra à ses fils la dignité de césars. Il désigna donc Carin pour défendre les Gaules avec des hommes d'élite, et emmena avec lui Numérien, jeune homme aussi distingué qu'éloquent. On rapporte qu'il témoignait souvent ses regrets de ce qu'il lui fallait envoyer Carin dans les Gaules, l'âge de Numérien ne lui permettant pas de confier à ce dernier le gouvernement de ce pays, qui réclamait un prince de la plus grande fermeté. Mais je reviendrai sur ce sujet. Il nous est parvenu une lettre de Carus adressée à son préfet, dans laquelle il se plaint de la conduite de Carin, ce qui confirme l'opinion émise par Onésime, que Carus se proposait de retirer le titre de césar à ce fils. Mais, comme nous venons de le dire, ces détails trouveront place plus loin dans la *Vie de Carin*. Revenons donc à notre sujet.

VIII. La guerre des Sarmates, que Carus conduisait, étant en grande partie terminée, il marcha avec un appareil extraordinaire et toutes les forces de Probus contre les Perses, qui, étant alors occupés par une dissension domestique, le laissèrent s'emparer sans résistance de la Mésopotamie, et parvenir jusqu'à Ctésiphon. Ces succès lui méritèrent le titre d'empereur Persique. Mais, avide de gloire, et à l'instigation de son préfet, qui, visant au pouvoir, cherchait sa perte et celle de son fils, il s'avança trop loin, et mourut, selon les uns, de maladie, selon les autres, frappé par la foudre. Il est certain qu'à l'époque de sa mort, le tonnerre se fit entendre avec tant de fracas, que plusieurs personnes

tantum fuisse subito tonitruum, ut multi terrore ipso exanimati esse dicantur. Quum igitur ægrotaret, atque in tentorio jaceret, ingenti exorta tempestate, immani coruscatione, immaniori, ut diximus, tonitru, exanimatus est. Junius Calpurnius, qui ad memoriam dictabat, talem ad præfectum Urbis, super morte Cari, epistolam dedit. Inter cetera :

« Quum (inquit) Carus, princeps noster vere carus, ægrotaret, tanti turbinis subito exorta tempestas est, ut caligarent omnia, neque alter alterum nosceret : coruscationum deinde ac tonitruum in modum fulgurum igniti sideris continuata vibratio, omnibus nobis veritatis scientiam sustulit. Subito enim conclamatum est, imperatorem mortuum, et post illud præcipue tonitruum, quod cuncta terruerat. His accessit, quod cubicularii, dolentes principis mortem, incenderunt tentorium. Unde fama emersit, fulmine interemptum eum, quem, quantum scire possumus, ægritudine constat absumptum. »

IX. Hanc ego epistolam idcirco indidi, quod plerique dicunt, vim fati quamdam esse[5], ut Romanus princeps Ctesiphontem transire non possit : ideoque Carum fulmine absumptum, quod eos fines transgredi cuperet, qui fataliter constituti sunt. Sed sibi habeat artes suas timiditas, calcanda virtutibus. Licet plane, ac licebit, per sacratissimum cæsarem Maximianum, Persas vincere, atque ultra eos progredi : et futurum reor, si a nostris

périrent, dit-on, de frayeur. L'empereur était donc malade et couché dans sa tente, lorsqu'il s'éleva un violent orage : un éclair terrible brilla, un coup de tonnerre plus terrible se fit entendre, et Carus avait cessé de vivre. Junius Calpurnius, historiographe du prince, adressa sur sa mort la lettre suivante au préfet de Rome (je n'en cite qu'une partie) :

« Carus, notre empereur, dont le nom rappelle si bien l'amitié que nous avions pour lui, était malade lorsqu'il s'éleva subitement une furieuse tempête accompagnée d'une obscurité telle, qu'il n'était plus possible de distinguer personne; bientôt des éclairs qui faisaient paraître le ciel tout en feu, et les coups répétés du tonnerre nous ôtèrent à tous le sang-froid nécessaire pour savoir ce qui se passa alors. Mais soudain part un cri, qui se fit surtout entendre après un grand éclat de tonnerre qui avait partout répandu l'effroi : « L'empereur est mort ! » Joignez à cela que les officiers de la chambre du prince, désespérés de sa perte, brûlèrent sa tente. De là s'est répandu le bruit que Carus avait été frappé par la foudre, tandis que, autant que nous pouvons le savoir, il est certain qu'il a succombé à sa maladie. »

IX. Ce qui m'a engagé à rapporter cette lettre, c'est la croyance généralement répandue que, par l'ordre du sort, un prince romain ne peut aller au delà de Ctésiphon, et que Carus fut foudroyé parce qu'il avait voulu passer les bornes qu'avait posées le destin. Mais laissons à la timidité ses superstitions, que l'homme de courage doit fouler sous ses pieds. Le très-vénérable césar Maximien peut, quand il le voudra, marcher en vainqueur sur la Perse, et porter ses armies plus loin encore ; ce qui arrivera, je l'espère, si les nôtres ne dédaignent

non deseratur promissus numinum favor. Bonum principem Carum fuisse, quum multa indicant, tum illud etiam, quod statim adeptus imperium, Sarmatas, adeo morte Probi feroces, ut invasuros se non solum Illyricum, sed Thracias quoque Italiamque minarentur, ita inter bella patiendo contudit, ut paucissimis diebus Pannonias securitate donaverit, occisis Sarmatarum sedecim millibus, captis diversi sexus viginti millibus. Haec de Caro satis esse credo.

X. Veniamus ad Numerianum, cujus et vicinior patri, et admirabilior per socerum suum facta videtur historia. Et quamvis Carinus major aetate fuerit, prior etiam caesar sit nuncupatus, tamen necesse est ut prius de Numeriano loquamur, qui patris sequutus est mortem : post de Carino, quem vir reipublicae necessarius, augustus Diocletianus, habitis conflictibus, interemit.

NUMERIANUS.
[A. U. 1033 — 1037]

XI. NUMERIANUS, Carini filius, moratus egregie et vere dignus imperio, eloquentia etiam praepollens, adeo ut publice declamaverit; feranturque illius scripta nobilia, declamationi tamen, quam Tulliano accommodatiora stilo. Versu autem talis fuisse praedicatur, ut omnes poetas sui temporis vicerit : nam et cum Olym-

point la protection que les dieux nous ont promise. Carus était un prince habile : plusieurs indices le prouvent et entre autres la conduite qu'il tint envers les Sarmates dès qu'il fut parvenu à l'empire. Ces peuples, à la mort de Probus, se montraient arrogants à tel point, qu'ils menaçaient d'envahir non-seulement l'Illyrique, mais encore les Thraces et l'Italie. Carus leur fit une guerre si opiniâtre, qu'en peu de jours il leur tua seize mille combattants, leur fit vingt mille prisonniers des deux sexes, et rendit ainsi la sécurité aux Pannoniens. En voilà, je pense, assez sur Carus.

X. Passons à Numérien, dont l'histoire, qui se rattache plus intimement à celle de son père, est rendue plus intéressante encore par le crime de son beau-père. Quoique Carin fût l'aîné, et eût reçu le premier le titre de césar, il nous a paru convenable de parler d'abord de Numérien, qui suivit le premier son père au tombeau, nous réservant de revenir ensuite à Carin, que fit périr Dioclétien auguste, ce prince si nécessaire à la république, contre lequel il avait plusieurs fois combattu.

NUMÉRIEN.
(De J.-C. 282 — 284)

XI. NUMÉRIEN, fils de Carus, était doué d'un heureux naturel, et vraiment digne de l'empire ; il était aussi éloquent, au point qu'il prononça des harangues en public. Quelque estime que l'on ait pour ceux de ses écrits qui sont venus jusqu'à nous, il faut convenir cependant qu'ils se rapprochent plus du style déclamatoire que du style cicéronien. Il faisait, dit-on, si bien les vers, qu'il l'emportait sur tous les poëtes de son temps : il

pio Nemesiano contendit, qui ἁλιευτικὰ, κυνηγετικὰ et ναυτικὰ scripsit, quique omnibus coloniis illustratus emicuit; et Aurelium Apollinarem, iamborum scriptorem, qui patris ejus gesta in litteras retulit, iisdem, quæ recitaverat, editis, veluti radio solis obtexit. Hujus oratio fertur ad senatum missa tantum habuisse eloquentiæ, ut illi statua, non quasi cæsari, sed quasi rhetori decerneretur, ponenda in bibliotheca Ulpia, cui subscriptum est,

NUMERIANO CÆSARI,
ORATORI TEMPORIBUS SUIS POTENTISSIMO.

XII. Hic patri comes fuit bello Persico : quo mortuo, quum nimio fletu oculos dolere cœpisset, quod illi ægritudinis genus, utpote, confecto vigilia, familiarissimum fuit, ac lectica portaretur[6], factione Arrii Apri soceri sui, qui invadere conabatur imperium, occisus est. Sed quum per plurimos dies de imperatoris salute quæreretur a milite, concionareturque Aper, idcirco illum videri non posse, quod oculos invalidos a vento ac sole subtraheret; fœtore tamen cadaveris res esset prodita : omnes invaserunt Aprum, cujus factio latere non potuit, eumque ante signa et principia protraxere. Tunc habita est ingens concio, factum etiam tribunal.

XIII. Et quum quæreretur, qui vindex Numeriani justissimus fieret, quis daretur reipublicæ bonus princeps, Diocletianum omnes divino consensu, cui multa

disputa même la palme à Olympius Némésien, auteur de poëmes didactiques sur la pêche, sur la chasse et sur la navigation, et que son talent avait rendu célèbre dans toutes les colonies. Semblable au soleil, dont l'éclat fait pâlir les autres astres, il éclipsa Aurelius Apollinaire, poëte iambique, qui avait célébré les actions de Carus, son père, en publiant un poëme sur le même sujet. On dit que sa harangue adressée au sénat était si éloquente, qu'on décréta en son honneur, non en sa qualité de césar, mais en sa qualité de rhéteur, l'érection d'une statue dans la bibliothèque Ulpienne, avec cette inscription :

A NUMÉRIEN CÉSAR,

L'ORATEUR LE PLUS DISTINGUÉ DE SON TEMPS.

XII. Il accompagna son père à la guerre contre les Perses. Quand il le perdit, les pleurs abondants qu'il versa, lui ayant causé une ophthalmie, genre d'affection auquel l'excès des veilles l'avait rendu fort sujet, il se faisait porter dans une litière. Ce fut alors qu'il fut assassiné par la faction d'Arrius Aper, son beau-père, qui était dévoré de la soif de régner. Pendant plusieurs jours, lorsque les soldats s'informaient de l'état de la santé de l'empereur, Aper leur répondait qu'on ne pouvait le voir, parce qu'il craignait l'irritation que pouvait produire sur ses yeux le vent et le soleil. Toutefois, l'odeur du cadavre dévoila l'affreuse vérité. La faction d'Aper ne put rester longtemps cachée ; tous se jetèrent sur son chef et le traînèrent devant les drapeaux et la place d'armes du camp. Alors se tint une grande assemblée, et l'on dressa un tribunal.

XIII. On se demandait quel était celui qui se chargerait de la juste vengeance de Numérien, quel était le prince qui serait donné à la république, quand, par une inspiration divine, toutes les voix proclament

jam signa facta dicebantur imperii, augustum appellaverunt, domesticos tunc regentem, virum insignem, callidum, amantem reipublicæ, amantem suorum, et ad omnia, quæ tempus quæsierat, paratum, consilii semper alti, nonnunquam tamen effrontis, sed prudentis, nimia pervicacia motus inquieti pectoris comprimentis. Hic quum tribunal conscendisset, atque augustus esset appellatus, et quæreretur quemadmodum Numerianus esset occisus, educto gladio, Aprum præfectum prætorii ostentans, percussit; addens verbis suis, « Hic est auctor necis Numeriani! » Sic Aper se ipsum fœdavit, et deformibus consiliis agens, dignum moribus suis exitum dedit. Avus meus retulit, se interfuisse concioni, quum Diocletiani manu esset Aper occisus; percussisse autem dicebat Diocletianum, et dixisse : « Gloriare, Aper,

Æneæ magni dextra cadis [1]; ...... »

quod ego miror de homine militari, quamvis sciam plurimos plus quam militares, vel Græce, vel Latine, vel comicorum usurpare dicta, vel talium poetarum; ipsi denique comici plerumque sic milites inducunt, ut eos faciant vetera dicta usurpare; nam et,

Lepus tute es, et pulpamentum quæris [2],

Livii Andronici dictum est; multaque alia, quæ Plautus Cæciliusque posuerunt.

auguste Dioclétien, que déjà, dit-on, plusieurs présages avaient désigné pour l'empire. Dioclétien, qui commandait alors la garde du prince, était un homme remarquable, expérimenté, dévoué à la république et aux siens, toujours prêt à satisfaire aux exigences du moment, d'une perspicacité que rien ne mettait en défaut; quelquefois cependant il affectait de l'effronterie, mais ce n'était que par prudence et pour cacher, sous les dehors d'une fermeté excessive, les chagrins d'un esprit en proie à l'inquiétude. Quand Dioclétien fut monté sur son tribunal et qu'on l'eut salué auguste, on s'informait comment Numérien avait été tué. Tirant alors son glaive, il montra le préfet du prétoire, Aper, et frappa le traître en disant : « Voilà l'auteur de la mort de Numérien ! » Ainsi Aper, après s'être souillé d'un crime auquel l'avait poussé sa coupable ambition, eut une fin digne de son caractère. Mon aïeul m'a rapporté qu'il assistait à l'assemblée lorsqu'Aper périt par la main de Dioclétien. Le nouveau césar, en frappant le meurtrier, me disait-il, prononça ces paroles : « Félicite-toi, Aper,

« Tu tombes sous la main du grand Énée ; »

ce qui me surprend de la part d'un homme de guerre, quoique je n'ignore pas qu'un fort grand nombre de guerriers ont cité des passages, soit grecs, soit latins, tirés d'auteurs comiques et d'autres poëtes, et que les auteurs comiques eux-mêmes se plaisent souvent à mettre d'anciens proverbes dans la bouche des soldats. On peut citer comme exemple ce mot de Livius Andronicus :

« Tu cherches bien loin ce que tu as sous la main ; »

et beaucoup d'autres que Plaute et Cécilius ont employés.

XIV. Curiosum puto 9, neque satis vulgare, fabellam de Diocletiano augusto ponere hoc convenientem loco, quæ illi data est ad omen imperii. Avus meus mihi retulit, ab ipso Diocletiano compertum. Quum (inquit) Diocletianus apud Tungros in Gallia quadam in caupona moraretur, in minoribus adhuc locis militans, et cum druide quadam muliere rationem convictus sui quotidiani faceret, atque illa diceret, « Diocletiane nimium avarus, nimium parcus es ; » joco, non serio, Diocletianus respondisse fertur, « Tunc ero largus, quum imperator fuero. » Post quod verbum druias dixisse fertur, « Diocletiane, jocari noli : nam imperator eris, quum Aprum occideris. »

XV. Semper exinde Diocletianus in animo habuit imperii cupiditatem, idque Maximiano conscio, atque avo meo, cui hoc dictum a druide ipse retulerat. Denique, ut erat altus, risit et tacuit. Apros tamen in venationibus, ubi fuit facultas, manu sua semper occidit. Denique quum Aurelianus imperium accepisset, quum Probus, quum Tacitus, quum ipse Carus, Diocletianus dixit : « Ego semper apros occido, sed alter semper utitur pulpamento. » Jam illud notum est, atque vulgatum, quod, quum occidisset Aprum præfectum prætorii, dixisse fertur, « Tandem occidi Aprum fatalem ! » Ipsum Diocletianum idem avus meus dixisse dicebat, nullam aliam fuisse sibi causam occidendi manu sua Aprum, nisi ut impleret druidis dictum, et suum fir-

XIV. Je pense piquer la curiosité du lecteur en rapportant ici, comme y trouvant naturellement sa place, une histoire peu connue sur Dioclétien auguste, et qui fut pour lui le présage de l'empire. Mon aïeul m'a assuré qu'il la tenait de Dioclétien lui-même. Ce prince (me dit-il), encore dans un des plus bas grades militaires, se trouvait dans une hôtellerie de Tongres, ville des Gaules. Un jour qu'il réglait avec une druidesse le compte de sa dépense journalière, cette femme lui dit : « Vous êtes trop avare, Dioclétien ; vous êtes trop économe. — Je serai prodigue quand je serai empereur, » répliqua Dioclétien en riant et en badinant. « Ne plaisantez pas, Dioclétien, reprit alors la druidesse : car vous serez empereur quand vous aurez tué un sanglier (1). »

XV. Depuis lors Dioclétien nourrissait dans son esprit le désir de régner, ce que n'ignorait point Maximien, non plus que mon aïeul, à qui il avait rapporté le mot de la druidesse ; mais il finit par dissimuler, rire et se taire. Cependant, quand il allait à la chasse, jamais il ne laissait échapper l'occasion de tuer des sangliers. Enfin, après avoir vu Aurélien, Probus, Tacite et Carus lui-même successivement appelés à l'empire, Dioclétien dit : « Je tue toujours les sangliers, mais toujours un autre les mange. » Tout le monde connaît, et il n'est pas permis d'ignorer les paroles que prononça Dioclétien en immolant le préfet Aper : « Je l'ai enfin tué, ce sanglier que m'avait désigné l'oracle ! » Mon aïeul m'a encore rapporté que Dioclétien lui avait dit qu'en tuant Aper de sa main, il n'avait eu d'autre but que d'accomplir la prédiction de la druidesse, et que d'affermir son empire : car il

---

(1) C'est sur le mot *Aper*, qui est un nom d'homme et qui signifie en même temps *sanglier*, que porte l'équivoque, qu'il n'est pas possible de reproduire en français.

maret imperium : non enim tam crudelem se innotescere cuperet, primis maxime diebus imperii, nisi illum necessitas ad hanc atrocitatem occisionis attraheret.

Dictum est de Caro, dictum etiam de Numeriano : superest nobis Carinus.

CARINUS.
[A. U. 1035 — 1037]

XVI. Carinus, homo omnium contaminatissimus, adulter, frequens corruptor juventutis (pudet dicere quod in litteras Onesimus retulit), ipse quoque male usus genio sexus sui. Hic quum cæsar, decretis sibi Galliis atque Italia, Illyrico, Hispaniis, ac Britanniis et Africa, relictus a patre, cæsarianum teneret imperium, sed ea lege, ut omnia faceret, quæ augusti faciunt, enormibus se vitiis et ingenti fœditate maculavit. Amicos optimos quosque relegavit; pessimum quemque elegit, aut tenuit : præfectum Urbi unum ex cancellariis suis fecit, quo fœdius nec cogitari potuit aliquando, nec dici. Præfectum prætorii, quem habebat, occidit : in ejus locum Matronianum, veterem conciliatorem, fecit. Unum ex his notarium, quem stuprorum et libidinum conscium semper atque adjutorem habuerat, invito patre, consulem fecit. Superbas ad senatum litteras dedit. Vulgo urbis Romæ, quasi populo Romano, bona senatus promisit. Uxores ducendo ac rejiciendo novem

n'aurait pas voulu paraître si cruel, surtout dans les premiers jours de son règne, si la nécessité ne l'eût poussé à commettre ce meurtre.

Après avoir parlé de Carus, puis de Numérien, nous allons terminer par l'histoire de Carin.

CARIN.
[De J.-C. 282 — 284]

XVI. Carin, souillé de tous les crimes plus qu'aucun homme du monde, adultère, corrupteur assidu de la jeunesse (j'ai honte de dire ce qu'Onésime en rapporte), poussa l'infamie jusqu'à se prêter à des débauches que son sexe semblait rendre impossibles. Son père, en partant pour la guerre, lui ayant confié le gouvernement des Gaules, de l'Italie, de l'Illyrique, de l'Espagne, de la Grande-Bretagne et de l'Afrique, à condition qu'il aurait, quoique césar seulement, toutes les prérogatives d'un auguste, il se souilla des vices les plus dégradants et des turpitudes les plus incroyables. Il éloigna tous ceux de ses amis qui étaient hommes de bien, et ne retint près de lui ou ne rechercha que ceux qui avaient le caractère le plus méprisable : il nomma préfet de la ville un de ses huissiers, dont la dépravation était au-dessus de tout ce qu'on peut penser et dire. Il fit tuer son préfet du prétoire et le remplaça par un nommé Matronianus, ancien entremetteur de ses débauches. Malgré son père, il déféra le consulat à un de ses secrétaires qu'il avait toujours eu pour confident et pour complice de ses infamies et de ses débordements. Il écrivit au sénat des lettres arrogantes. Il promit à la populace de Rome, qu'il regardait comme le peuple

duxit, pulsis plerisque praegnantibus. Mimis, meretricibus, pantomimis, cantoribus atque lenonibus palatium implevit. Fastidium subscribendi tantum habuit, ut impurum quemdam, cum quo semper meridie jocabatur, ad subscribendum poneret; quem objurgabat plerumque, quod bene suum imitaretur magistrum.

XVII. Habuit gemmas in calceis; nisi gemmata fibula usus non est; balteum etiam saepe gemmatum. Regem denique illum Illyrici plerique vocitarunt. Praefectis nunquam, consulibus obviam processit. Hominibus improbis plurimum detulit, eosque ad convivium semper vocavit. Centum libras avium, centum piscium, mille diversae carnis in convivio suo frequenter exhibuit; vini plurimum effudit. Inter poma et melones natavit. Rosis Mediolanensibus et triclinia, et cubicula stravit. Balneis ita frigidis usus est, ut solent esse cellae suppositoriae, frigidariis semper nivalibus. Quum hiemis tempore ad quemdam locum venisset, in quo fons erat aqua pertepida, ut solet per hiemem naturaliter [10], eaque in piscina usus esset, dixisse balneatoribus fertur, « Aquam mihi muliebrem praeparatis; » atque hoc ejus clarissimum dictum effertur. Audiebat pater ejus, quae ille faceret, et clamabat : « Non est meus. » Statuerat denique, Constantium (qui postea caesar est factus, tunc autem praesidatum Dalmatiae administrabat) in locum ejus subro-

romain, les biens des sénateurs. Il épousa et répudia successivement neuf femmes, qu'il renvoya enceintes pour la plupart. Il remplit le palais de mimes, de courtisanes, de pantomimes, de chanteurs et de corrupteurs de la jeunesse. Il lui répugnait tant de donner sa signature, qu'il avait préposé, pour signer à sa place, un homme de mœurs impures, avec lequel il avait coutume de jouer tous les jours à midi. Il lui arrivait souvent de le gronder de ce qu'il imitait trop bien son écriture.

XVII. Il portait des pierres précieuses sur ses souliers; il ne se servait d'aucune fibule qui ne fût ornée de pierreries, et souvent même son baudrier en était enrichi; enfin, la plupart des Illyriens l'appelaient roi. Il n'alla jamais au-devant des préfets ni des consuls. Il montrait beaucoup de déférence pour les hommes pervers, et les invitait fréquemment à sa table, où souvent, dans un seul repas, on servait cent livres d'oiseaux, cent livres de poisson et mille livres de viandes diverses; le vin y était versé avec profusion. Il nageait parmi les pommes et les melons. Il jonchait ses salles à manger et ses chambres à coucher de roses de Milan. Il prenait comme tièdes les bains froids, et ces derniers pour lui devaient toujours être à la température de la neige. On rapporte qu'étant venu en hiver dans un endroit où se trouvait une fontaine dont l'eau était très-tiède, comme cela est naturel dans cette saison, il dit aux gens de service, après s'être baigné dans cette eau : « Vous me donnez de l'eau de femme; » plaisanterie qui passe pour la meilleure qu'il ait faite. Son père, en apprenant quelle était sa conduite, s'écria : « Ce n'est point là mon fils. » Carus avait enfin pris la résolution de le faire mourir (si l'on en croit Onésime) et de lui substituer Constance (qui plus tard fut fait césar, et qui alors était préside de Dalmatie), l'homme le meilleur

gare, quod nemo tunc vir melior videbatur : illum vero (ut Onesimus dicit) occidere. Longum est, si de ejus luxuria plura velim dicere; quicumque ostiatim cupit noscere, legat etiam Fulvium Asprianum, usque ad tœdium gestorum ejus universa dicentem.

XVIII. Hic ubi patrem fulmine absumptum, fratrem a socero interemptum, Diocletianum augustum appellatum comperit, majora vitia et scelera edidit, quasi jam liber a frenis domesticæ pietatis, suorum mortibus absolutus. Nec ei tamen defuit ad vindicandum sibimet imperium vigor mentis : nam contra Diocletianum multis prœliis conflixit; sed ultima pugna, apud Murtium [11] commissa, victus occubuit. Hic trium principum finis fuit, Cari, Numeriani, et Carini, post quos Diocletianum et Maximianum principes dii dederunt; jungentes talibus viris Galerium atque Constantium : quorum alter natus est, qui acceptam ignominiam Valeriani captivitate deleret; alter, qui Gallias Romanis legibus redderet. Quatuor sane principes mundi, fortes, sapientes, benigni, et admodum liberales, unum in republica sentientes; præterea senatus Romani moderati, populo amici, potestate graves, religiosi, et quales principes semper oravimus : quorum vitam singulis libris Claudius Eusthenius, qui Diocletiano ab epistolis fuit, scripsit : quod idcirco dixi, ne quis a me tantam rem quæreret, maxime quum vel [12] vivorum principum vita non sine reprehensione dicatur.

qu'il connût alors. Il serait trop long de parler davantage de la luxure de Carin ; les personnes qui voudront connaître en détail ses turpitudes, pourront lire Fulvius Asprianus, qui les expose toutes jusqu'à provoquer le dégoût.

XVIII. Dès qu'il eut appris que son père avait été frappé de la foudre, que son frère était mort assassiné par son beau-père, et que Dioclétien avait été salué auguste, comme s'il eût été affranchi, par la mort des siens, des entraves que lui imposaient ses devoirs de famille, il se montra plus dissolu et plus criminel que jamais. Toutefois, il ne manqua pas de cœur pour conquérir l'empire qu'on lui disputait : il combattit plusieurs fois contre Dioclétien ; mais il fut défait dans un dernier combat qui fut livré près de Murtium, et y perdit la vie. Ainsi finirent les trois princes Carus, Numérien et Carin, après lesquels les dieux nous donnèrent Dioclétien et Maximien, ces grands hommes auxquels ils joignirent Galérien et Constance, dont l'un est né pour laver l'ignominie de la captivité de Valérien, l'autre pour remettre les Gaules sous les lois romaines. Ces quatre maîtres du monde furent courageux, sages, bienveillants, généreux, animés du même désir de faire prospérer la république, modérés envers le sénat, amis du peuple, pénétrés des devoirs que leur imposait leur puissance, tels, en un mot, que nous avons toujours demandé des empereurs aux dieux. Claudius Eusthenius, secrétaire de Dioclétien, a publié séparément leur biographie. Je mentionne ce fait, pour m'excuser à l'avance de ne pas entreprendre un travail aussi difficile : car on est toujours exposé à la critique, surtout lorsqu'on écrit l'histoire de princes vivants.

XIX. Memorabile maxime et Carini et Numeriani hoc habuit imperium, quod ludos populo Romano, novis ornatos spectaculis, dederunt, quos in palatio circa porticum Stabuli pictos vidimus. Nam et neurobaten, qui velut in ventis cothurnatus ferretur, exhibuit, et tichobaten, qui per parietem urso eluso cucurrit, et ursos mimum agentes, et item centum salpistas uno crepitu concinentes, et centum camptaulas, choraulas centum, etiam pithaulas centum, pantomimos et gymnicos mille, pegma præterea, cujus flammis scena conflagravit, quam Diocletianus postea magnificentiorem reddidit. Mimos præterea undique advocavit. Exhibuit et ludum Sarmaticum, quo dulcius nihil est. Exhibuit cyclopem. Donatum est et Græcis artificibus, et gymnicis, et histrionibus, et musicis, aurum et argentum, donata et vestis serica.

XX. Sed hæc omnia, nescio quantum ad populum gratiæ habeant, nullius certe sunt momenti apud principes bonos. Diocletiani denique dictum fertur, quum ei quidam largitionalis suus editionem Cari laudaret, dicens, multum placuisse principes illos, causa ludorum theatralium, ludorumque Circensium : « Ergo, inquit, bene risus est imperio suo Carus. » Denique quum omnibus gentibus advocatis Diocletianus daret ludos, parcissime usus liberalitate, dicens, « Castiores esse oportere ludos, spectante censore. » Legat hunc locum Junius Messalla, quem ego libere culpare audeo : ille enim patrimonium suum scenicis dedit, heredibus

XIX. Carin et Numérien rendirent surtout leur règne remarquable en donnant au peuple romain des jeux embellis de nouveaux spectacles qu'on voit encore représentés en peinture dans le palais situé près du portique de l'Étable. On y offrit à la curiosité du public un acrobate chaussé de cothurnes, qui semblait suspendu dans les airs; un tichobate qui, pour éviter un ours, courait sur un mur; des ours qui jouaient la pantomime; des concerts de cent trompettes, de cent cors, de cent flûtes, de cent cornemuses; mille pantomimes et gymniques; en outre, une machine de théâtre dont les flammes consumèrent la scène, que Dioclétien, par la suite, fit reconstruire avec plus de magnificence encore qu'auparavant. On fit venir aussi de toutes parts des mimes; on exécuta, de plus, des exercices sarmates, la chose du monde la plus agréable à voir; on montra un cyclope. Les artistes grecs, les gymniques, les histrions et les musiciens reçurent en présent de l'or, de l'argent et des vêtements de soie.

XX. Je ne sais combien toutes ces choses peuvent plaire au peuple, mais il est bien certain que les bons princes n'y attachent aucune importance. On rapporte qu'un des préposés aux menus-plaisirs de Dioclétien, lui vantait un jour les spectacles donnés par Carus, disant que ces princes s'étaient rendus fort populaires par les représentations théâtrales et les jeux du Cirque. « Carus a donc bien ri [*ou* On a donc bien ri aux dépens de Carus] pendant son règne, » reprit l'empereur. Enfin Dioclétien ayant donné lui-même des jeux où il avait convoqué toutes les nations, et n'ayant pas fait preuve dans cette occasion d'une grande libéralité, dit : « Il faut de la réserve dans les jeux quand le censeur y assiste. » J'engage Junius Messalla, que j'ose ici blâmer sans crainte, à lire ce passage, lui qui priva ses héri-

abnegavit; matris tunicam dedit mimæ, lacernam patris mimo: et recte, si aviæ pallio aurato atque purpurato, pro syrmate tragœdus uteretur. Inscriptum est adhuc in choraulæ pallio tyrianthino, quo ille velut spolio nobilitatis exsultat, Messallæ nomen et uxoris. Jam quid lineas petitas Ægypto loquar? quid Tyro et Sidone tenuitate perlucidas, micantes purpura, plumandi difficultate pernobiles? Donati sunt ab Atrebaticis birri petiti [13], donati birri Canusini, Africanæ opes in scena non prius visæ.

XXI. Et hæc quidem idcirco ego in litteras retuli, quo futuros editores pudor tangeret, ne patrimonia sua, proscriptis legitimis heredibus, mimis et balatronibus deputarent.

Habe, mi amice, meum munus, quod ego, ut sæpe dixi, non eloquentiæ causa, sed curiositatis, in lumen edidi; id præcipue agens, ut, si quis eloquens vellet facta principum reserare, materiam non requireret, habiturus meos libellos ministros eloquii. Te quæso, sis contentus, nosque sic voluisse scribere melius, quam potuisse, contendas.

tiers de son patrimoine pour l'offrir à des histrions, lui qui donna la tunique de sa mère à une comédienne, et la lacerne de son père à un comédien : je l'excuserais encore s'il avait couvert quelqu'acteur tragique du manteau de pourpre rehaussé d'or de son aïeul, pour lui tenir lieu de robe traînante. On voit encore brodé sur un manteau de couleur pourpre violette d'un joueur de flûte, dont celui-ci s'enorgueillit comme d'un noble trophée, le nom de Messalla et celui de son épouse. Que dirai-je maintenant du lin tiré d'Égypte ? des étoffes de Tyr et de Sidon, si fines que l'œil pénètre leur tissu, si brillantes de pourpre, et que le travail difficile de la broderie rend plus précieuses encore ? On y donna aussi des saies tirées du pays des Atrébates, des mantelets de Canusium, et de riches tuniques d'Afrique qu'on n'avait point encore vues sur la scène.

XXI. Je consigne ici ces faits, afin d'exciter, chez ceux qui, à l'avenir, donneront des jeux, un sentiment honnête qui les empêche de dissiper pour des histrions et des bateleurs un patrimoine qui doit passer à de légitimes héritiers.

Acceptez, mon cher ami, cet ouvrage : je ne le publie point, je vous l'ai souvent dit, comme un modèle d'éloquence, mais parce qu'il me semble propre à piquer la curiosité du lecteur, et que j'ai surtout à cœur d'épargner des recherches à ceux qui voudraient écrire l'histoire des empereurs en l'ornant des agréments du style : ils trouveront dans ce petit volume des matériaux qui n'attendent que leur talent. Soyez donc assez indulgent pour ne pas dédaigner mon offrande, et persuadez-vous bien que si ce livre n'est pas mieux écrit, c'est qu'il n'a pas été en mon pouvoir de mieux faire.

NOTES

SUR FLAVIUS VOPISCUS.

VIE D'AURÉLIEN.
(An. de J.-C. 270 — 275.)

1. — *Hilaribus.* Les Hilaries, ou fêtes en l'honneur de Cybèle et de Pan, se célébraient à l'époque de notre carnaval. Comme leur nom l'indique assez, la gaîté n'y faisait pas défaut : les prêtres de ces divinités leur rendaient hommage en faisant mille contorsions au bruit des cymbales et de toutes sortes d'instruments.

2. — *Templum Solis..., ab Aureliano principe consecratum.* Sextus Rufus, dans son ouvrage intitulé *de Regionibus urbis Romæ*, indique deux temples du Soleil : l'un situé dans la quatrième région (*Templum Pacis*), l'autre dans la septième (*Via Lata*). Publius Victor mentionne seulement ce dernier. Lampride nous apprend encore (*Vie d'Héliogabale*, ch. 1er) qu'Héliogabale éleva un temple au Soleil à l'endroit même où l'on voyait auparavant la chapelle de Pluton.

3. — *Ex libris linteis.* Les *libri lintei*, ainsi appelés parce qu'ils étaient écrits sur la toile, outre les annales romaines qui y étaient consignées, contenaient les formalités qu'avaient à remplir les anciens pontifes romains dans les sacrifices.

4. — *Sermo nobis de Trebellio Pollione.* Ce passage, comme le fait fort bien remarquer M. Fl. Legay, dans sa Notice sur Trebellius Pollion (t. 1er, p. 291 des *Écrivains de l'Histoire Auguste*), suffit abondamment pour assurer à cet auteur les biographies de Valérien et de quelques autres, qui, sur l'autorité des manuscrits, lui étaient contestées.

5. — *Aurelianus, ortus, ut plures loquuntur, Sirmii.* C'est aussi à Sirmium (*Sirmich*), ville de la 2e Pannonie, que Probus et Gratien naquirent; aussi, en raison de ce qu'elle avait donné le jour à plusieurs empereurs, cette ville reçut-elle le titre d'Impériale. Marc-Aurèle et Claude II y moururent.

6. — *Dacia ripensi.* Cette partie de la Dacie était située entre les rives du Tibisque (la *Theiss*) et du Danube; elle est aujourd'hui comprise dans la Hongrie et le Banat.

7. — *Francos.... sic afflixit.* Les Francs, et mieux Franks, confédération des Germains du N.-O., et l'un des peuples barbares les plus célèbres, malgré les défaites nombreuses qu'ils eurent à essuyer dans leurs invasions en Gaule, devinrent sous Clovis le peuple dominant de ce pays, où ils formèrent plusieurs petits royaumes, et qui prit alors le nom de France.

8. — *Sub corona vendiderit.* « D'après une ancienne coutume, dit le jurisconsulte Célius Sabinus, les esclaves pris à la guerre étaient mis en vente, une couronne sur la tête; de là est venue l'expression *sub corona venire*, c'est-à-dire vendre sous la couronne. De même que la couronne était la marque distinctive des captifs, le bonnet faisait reconnaître les esclaves dont le vendeur ne répondait pas. » *Voyez* AULU-GELLE, liv. VII, ch. 4 (t. II, p. 33 de l'édition Panckoucke).

9. — *Nihil præterea possum addere.... quam patitur sobria et bene gerenda respublica.* Cette sage économie posée en principe est loin de nous paraître appliquée quand nous considérons la longue liste de comestibles que Valérien faisait délivrer à Aurélien, comme récompense de ses services. Nous ignorons l'idée que le peuple romain attachait à de telles distinctions; mais nous sommes persuadés que chez nous on n'y trouverait qu'un sujet de raillerie. Autres temps, autres mœurs.

10. — *Frivola hæc fortassis cuipiam et nimis levia esse videantur.* Vopiscus semble ici s'excuser d'entrer dans des détails qui, dit-il, peuvent paraître frivoles; mais ces détails mêmes nous sont d'autant plus précieux que les historiens de premier ordre n'ont pas cru devoir s'y arrêter. A combien de rapprochements ne donnent-ils pas lieu, et ne montrent-ils pas quels progrès, quoi qu'on en puisse dire, la civilisation a faits, à l'honneur de l'humanité?

11. — *Habes sagittarios.* Les archers ou sagittaires, ainsi que les frondeurs, étaient, dans les armées romaines, annexés à la quatrième classe des troupes.

12. — *Cape igitur tibi pro rebus gestis tuis coronas.* Sur les diverses sortes de couronnes militaires, consultez AULU-GELLE, *Nuits attiques*, liv. V, ch. 6.

13. — *Cape.... hastas puras decem.* La haste pure, autrement la lance sans fer, était la récompense des soldats qui s'étaient distingués par leur bravoure. De notre temps on offre encore une épée, un sabre ou un fusil d'honneur comme prix de glorieux exploits.

14. — *Tunicæ.* Les tuniques étaient un vêtement commun aux deux sexes chez les Romains. Dans le principe, ils n'en portaient qu'une seule de laine sur la peau; mais par la suite ils en mirent deux et même trois. La première, nommée *tunica interior*, remplaçait la chemise : elle n'avait point de manches et descendait seulement jusqu'aux genoux. Celle des femmes était plus ample et plus longue. La seconde, qu'on désignait sous le nom de *tunica exterior*, était plus étoffée et descendait plus bas que la première. Elle avait des manches fort larges qui n'atteignaient pas le coude. Il s'introduisit plus tard à Rome un genre de tunique dont les manches descendaient jusque sur les mains; mais il paraît qu'il n'y eut guère que les hommes de mœurs efféminées qui en firent usage.

15. — *Paventibus cunctis ne eadem, quæ sub Gallieno fuerant, provenirent.* Sous le règne de Gallien, les barbares envahirent les Gaules, la Grèce et l'Orient, et trente de ses généraux, connus sous le nom des *Trente Tyrans*, prirent la pourpre. L'empire eût sans doute été démembré sans la valeur d'Odénat, roi de Palmyre, qui vainquit les Perses et renversa un grand nombre de tyrans.

16. — *Clarissimorum.... auctoritas.* Le titre honorifique de *clarissime* fut donné, sous le Bas-Empire, d'abord aux consuls et aux proconsuls, et plus tard aux gouverneurs et présides de province, aux comtes de deuxième classe, etc.

17. — *Ambarvalia.* On appelait victimes ou hosties ambarvales une truie, une brebis et un taureau qu'on immolait à Cérès, lors de la célébration des Ambarvalies, pour obtenir une heureuse récolte. *Suovetaurilia* (de *sus, ovis, taurus*) était le nom qu'on donnait au sacrifice. Les Ambarvalies répondaient à nos Rogations, avaient le même but, et leur ressemblaient par la forme, puisqu'elles consistaient en processions que l'on faisait autour des champs.

18. — *Tanta apud Placentiam clades.* L'an 536 de R. (218 av. J.-C.), il s'était déjà livré, sous les murs de Plaisance, entre les Carthaginois et les Romains, un combat qui n'avait pas été non plus à l'avantage de ces derniers. Le nom de cette ville pourtant

VIE D'AURÉLIEN.

(de *placere*, plaire), n'était pas de nature à alarmer leur superstition, comme l'avait fait celui de Maleventum (*Malum eventum*), qu'ils changèrent en Beneventum (*Bonum eventum*), lorsqu'ils y établirent une colonie, l'an de R. 436 (288 av. J.-C.).

19. — *Pontus Polemoniacus*. Cette portion du royaume du Pont (la partie du N.-E.), qui échappa à la conquête de J. César (47 ans av. J.-C.), forma un petit royaume qui eut deux princes du nom de Polémon. C'est sans doute à l'un deux que cet État dut son appellation de Pont Polémoniaque.

20. — *In Illyrico.... barbaros vicit*. Sous la dénomination d'*Illyricum* les Romains comprenaient tous les pays situés entre l'Istrie et l'Épire, c'est-à-dire la Liburnie, la Dalmatie et l'Illyrie grecque. L'an 586 de R. (168 av. J.-C.), les Romains soumirent l'Illyrique, firent prisonnier son roi Gentius, et, l'année suivante, la déclarèrent province romaine.

21. — *Fertur enim Aurelianum de Thyanæ civitatis eversione vera dixisse, vera cogitasse : verum, etc.* Faut-il voir dans ces mots *vera, vera, verum*, une incorrection de l'auteur, ou une de ces *stupores librariorum* dont parle Heyne? C'est ce que le style souvent peu châtié de Vopiscus ne nous permet pas de juger. Gruter, toutefois, lit *vere dixisse, vere cogitasse*; ce qui nous semble devoir être préféré à la leçon vulgaire.

22. — *Homo Pannonicus*. Comme on l'a vu plus haut (ch. III), c'est à Sirmium que l'on s'accorde le plus communément à placer la naissance d'Aurélien. *Voyez* la note 5.

23. — *Apud Daphnen*. Daphné, qui était regardé comme un faubourg d'Antioche, au S.-O. de laquelle il était situé, était un village que son site, la fraîcheur de ses eaux et ses délicieux ombrages avaient justement rendu célèbre. Il était arrosé par l'Oronte, et avait un bois de lauriers (δάφνη) et de cyprès au milieu duquel était placée une statue de Diane.

24. — *Ad templum Heliogabali*. Ce temple était situé à Émesse, patrie d'Héliogabale.

25. — *Romani me modo dicunt bellum contra feminam gerere.* On jugera par le portrait que M. de Ségur fait de Zénobie, si la conduite d'Aurélien méritait un semblable reproche : « Cette reine, que ses talents, que son audace, que sa fortune, sa gloire et ses malheurs rendirent immortelle, joignait tous les charmes d'un sexe à la force de l'autre; sa taille était majestueuse, ses traits réguliers, son regard doux et plein de feu; la perle orientale

n'avait pas plus d'éclat que ses dents; son teint était brun, mais animé; la magnificence de sa parure rehaussait sa beauté. Elle aimait le faste, et voulait que sa cour égalât en splendeur celle des rois de Perse. La singularité de son habillement répondait à celle de son caractère; elle mêlait aux ornements d'une femme le luxe d'un guerrier : sa robe était couverte d'une cotte d'armes enrichie de pierreries; son diadème entourait un casque; elle combattait avec les soldats, le bras nu et le glaive en main; souvent on la vit soutenir à cheval les plus longues fatigues, et marcher à pied pendant plusieurs milles à la tête des troupes. Didon, Sémiramis et Cléopâtre étaient ses modèles : fermeté dans le commandement, courage dans les revers, élévation dans les sentiments, assiduité au travail, dissimulation dans la politique, audace sans frein, ambition sans bornes, tels étaient les défauts et les qualités de cette femme célèbre, qui réunit en elle toutes les vertus et tous les vices des héros, sans montrer une des faiblesses de son sexe. On vantait sa chasteté comme son courage, et elle ne connut d'amour que celui de sa gloire. »

26. — *Deditionem meam petis, quasi nescias Cleopatram, etc.* Après la bataille d'Actium, qui eut lieu le 2 septembre de l'an 31 av. J.-C., Antoine s'étant enfui en Égypte, où Cléopâtre l'avait devancé, sur la fausse nouvelle que cette reine, qui était l'objet de sa passion, était morte, se perça de son épée. Cléopâtre, pour ne pas tomber vivante aux mains d'Auguste vainqueur, quoiqu'elle eût reçu de sa part les propositions les plus séduisantes, et même une déclaration d'amour, se fit mordre le bras par un aspic et périt l'an 30 av. J.-C.

27. — *Zenobia quum fugeret camelis, quos dromadas vocitant.* Le chameau et le dromadaire sont deux espèces distinctes, et non pas deux variétés, comme le pensait Buffon. Le dromadaire a le museau moins renflé, le sommet de la tête moins élevé, le cou proportionnellement plus court que le chameau, dont il se distingue encore par sa bosse, qui est unique, arrondie et jamais tombante. Son poil est doux, laineux, médiocrement long; sa couleur ordinaire est d'un gris presque blanc, devenant roussâtre avec l'âge. Le dromadaire est bien plus répandu que le chameau à deux bosses; il est fort commun en Arabie et dans toute la partie septentrionale de l'Afrique, depuis l'Égypte jusqu'en Barbarie. On le retrouve au Sénégal, en Abyssinie, etc., et en Asie, dans la Perse et la Tartarie méridionale. — Ce passage se trouve presque mot pour mot dans l'historien Zosime.

28. — *Sume purpuram.* L'Inde a été de tout temps, à ce qu'il paraît, un pays renommé par les tissus qu'elle fournit : à l'époque d'Aurélien elle se faisait gloire de sa pourpre; aujourd'hui que la teinture de pourpre est perdue, elle donne des produits non moins importants : ses cachemires, ses foulards, ses mousselines conserveront sans doute longtemps leur prééminence sur tous nos marchés européens, et sont de dignes sujets d'émulation pour notre industrie manufacturière.

29. — *De Longino philosopho.* « Longin était né à Athènes, et florissait vers la fin du IIIe siècle de notre ère. C'était l'homme le plus célèbre de son temps pour le goût et l'éloquence ; et la lecture du seul traité (*Traité du Sublime*) qui nous reste de lui suffit pour justifier cette réputation : il y règne un jugement sain, un style animé et un ton d'éloquence convenable au sujet. La fameuse Zénobie, reine de Palmyre, qui lutta si malheureusement contre la fortune d'Aurélien, avait fait venir Longin à sa cour, pour prendre de lui des leçons de langue grecque et de philosophie. Découvrant dans son maître des talents supérieurs, elle en avait fait son principal ministre. Lorsque, après la perte d'une grande bataille qu'elle livra aux Romains, elle fut obligée de se renfermer dans sa capitale, et reçut d'Aurélien une lettre qui l'invitait à se rendre, ce fut Longin qui l'encouragea à se défendre jusqu'à l'extrémité, et qui lui dicta la réponse noble et fière que l'historien Vopiscus nous a conservée. Cette réponse coûta la vie à Longin. Aurélien, vainqueur, maître de la ville de Palmyre et de Zénobie, réserva cette reine pour son triomphe, et envoya Longin au supplice. Il y porta le même courage qu'il avait su inspirer à sa reine, et sa mort fit autant d'honneur à sa philosophie que de honte à la cruauté d'Aurélien. Il avait fait quantité d'ouvrages dont nous n'avons plus que les titres. Ils roulaient tous sur des objets de critique et de goût. » (LA HARPE, *Cours de littérature.*)

Nous devons remarquer ici que les critiques modernes, et M. Boissonnade en particulier, dans un article de la *Biographie universelle* cité en partie par M. Egger, sont plus circonspects que La Harpe, qui attribue sans hésiter le *Traité du Sublime* à Longin. Parmi les nombreuses éditions de cet ouvrage, nous citerons seulement celle de Weiske, Leipzig, 1809, et celle que M. Egger a donnée à Paris, en 1837, enrichie de nouveaux fragments. Rappelons aussi les traductions de Boileau (1674), et de Ch. Lancelot (1755).

30. — *Rarum est ut Syri fidem servent.* Dans la tragédie de *la*

Mort de César (acte I, sc. 1), Voltaire met dans la bouche de César ces deux vers que le dictateur adresse à Antoine :

> Je ne veux point de toi demander des serments,
> De la foi des humains sacrés et vains garants.

Il paraît que les Syriens étaient sur ce point du même avis que César. On pourrait donc dire *une foi syrienne*, aussi bien qu'*une foi punique*, si l'on s'en rapporte à ce que dit ici Vopiscus.

31. — *Camelopardali*. La girafe, dont le nom latin vient de *camelus*, chameau, et de *pardus*, panthère, parce que la disposition des couleurs de sa robe a quelques rapports avec celle de la panthère, et que son organisation ainsi que ses mœurs la rapproche du chameau, parut la première fois à Rome sous la dictature de César. On en a conduit quelques-unes, soit en Italie, soit en Allemagne. La ménagerie du Jardin du roi de Paris possède en ce moment un bel individu femelle de cette espèce.

32. — *Blemmyes*. Pline (*Hist. Nat.*, liv. v, ch. 8) et Solin (ch. xxxii), sur la foi de Pline, disent que les Blemmyes n'ont pas de tête, et que leur bouche et leurs yeux sont à leur poitrine. Pomponius Mela (liv. I, ch. 4) n'admet pas, il est vrai, cette fable, mais les dépeint comme une peuplade errante, sans toit, sans demeures fixes et tenant autant de la bête que de l'homme. Vopiscus parle encore plus loin (ch. xli) des Blemmyes, ainsi qu'aux ch. xvii et xix de la *Vie de Probus*, et au ch. iii des *Vies de Firmus, de Saturnin, de Proculus et de Bonose*.

33. — *Ita ut siligineum suum.... unusquisque reciperet*. Quoiqu'Aurélien eût accompli sa promesse comme il l'entendait, et non selon que la comprenait le peuple, son affection cependant lui était acquise. « Le peuple, bien nourri et bien vêtu, disait-il, est toujours gai et facile à gouverner. » Cette maxime n'a pas cessé d'être vraie.

34. — *Septem millibus Hiberorum*. Par Ilibères il faut entendre ceux qui servaient dans les légions prétoriennes ou autres, ou parmi les auxiliaires. On doit attacher la même signification aux noms de Bipariens, de Castriens et de Daces qui suivent, et non les considérer comme peuples.

35. — *Verum senatus hanc eamdem delectionem in exercitum refudit*. Aurelius Victor rapporte le même fait au ch. xxxv des *Césars*. Nous citons l'excellente traduction de M. N.-A. Dubois :
« Cependant, après la mort de leur prince, les soldats envoient

aussitôt à Rome une députation au sénat pour l'inviter à élire un empereur. Le sénat répond que cette élection convient plus spécialement à l'armée; mais les troupes persistent à la renvoyer aux sénateurs. On vit alors, de part et d'autre, un combat d'honneur et de modération : mérite bien rare parmi les hommes, surtout en pareille circonstance, et presque inconnu des soldats! »

36. — *Et est quidem jam Constantius imperator.* — *Voyez*, dans la Notice sur Vopiscus (page 257 du présent volume), l'opinion émise par nous sur ce passage.

37. — *Neque enim populo Romano saturo quidquam potest esse lætius.* Ce souhait d'Aurélien rappelle le mot de Henri IV, qui voulait que dans son royaume il n'y eût si petit ménage qui ne pût mettre la poule au pot le dimanche.

VIE DE TACITE.
(An. de J.-C. 275 — 276.)

1. — *Se timebant.* Saint Ambroise dit dans une lettre à Constance : « Nemo vel solus vel cum altero aliquid turpe aut improbum faxit; et si quis solus est se ipsum præ ceteris erubescat, quem maxime debet vereri. »

2. — *Incanaque menta Regis Romani.* Virgile, *Énéide*, liv. vi, v. 810 et 811.

3. — *Deinde omnes interrogati.... Metius Falconius Nicomachus in hæc verba disseruit.* Avec Saumaise nous rejetons la correction de Juste-Lipse : *Deinde omnes. Interrogatus*, etc., quoique nous reconnaissions que cette formule d'acclamation *Omnes* ait souvent été employée par le sénat dans des occasions solennelles. Ce qui donne à la leçon que nous adoptons une autorité d'un grand poids, c'est le passage suivant de la *Vie d'Aurélien* (ch. xx) : *Post hæc, interrogati plerique senatores sententias dixerunt.*

Il existe du discours de Metius une édition séparée, qui diffère sur plusieurs points de celle de Vopiscus. Elle a été publiée au siècle dernier par un savant philologue allemand, Christian Gotlieb Schwarz, d'après un manuscrit de la bibliothèque d'un pasteur de Nuremberg, et se trouve pages 126 et suiv. de son recueil intitulé : *Miscellanea politioris humanitatis* (Norimbergæ,

1721, in-4°). Dans cett édition, Metius Falconius Nicomachus est nommé *Metius Voconius*, et son discours est beaucoup plus vif et plus serré que dans le texte de l'historien. Le voici :

Metii Voconii oratoris senatoriique ordinis oratio dicta divo cæsari Tacito augusto.

Semper, P. C., recte ac prudenter R. P. hic amplissimus ac magnificus ordo consuluit : sed nulla unquam, neque gratior, neque prudentior, in hoc sacrario sententia dicta est. Seniorem principem facimus, virum quidem omnibus patrem, reique publicæ amatorem; a quo nil immaturum, nil perperam, nilque asperum, formidandum est. Scit enim ipse Tacitus, qualem principem semper optaverit. Si enim nobis placet recolere vetusta illa prodigia, Caios, Nerones, Commodos, Eliogabalos, non quidem homines, sed ætatum illarum vitia, omnes una voce dicetis. Avertant dii, principes pueros, et patres patriæ impuberes dici, et quibus ad scribendum magistri litterarum manus teneant, quos ad dandos magistratus dulcis ac puerilis voluptas invitat. Quid miserius quam habere imperatores, qui respiciant ad nutricem, nescientes judicare de fama? Gratias igitur pro republica diis immortalibus agamus omnes, quod Tacitum habemus principem. Teque, Tacite auguste, obsecro, ne tu parvulos tuos, si te fata præveniant, imperii Romani heredes facias : sed imiteris Nervam, Trajanum, Adrianum, Antoninum Pium, ceterosque alios, quos sacer iste senatorius ordo posuit inter deos. Ingens enim gloria principis est, rempublicam magis amare quam filios.

Sous cette forme plus nette, plus brève, plus noble et plus concise, ce discours semble bien meilleur au critique allemand, et plus digne aussi de l'orateur et de son auditoire. Selon lui, la leçon du manuscrit de Nuremberg est une copie fidèle de l'exemplaire original, et les développements du discours imprimé ne sont que de froides et puériles interpolations de Vopiscus. Il serait trop long de rapporter les différentes explications données par Schwarz à l'appui de son opinion : il nous suffira d'avoir appelé l'attention sur ce nouveau texte, et d'avoir mis le lecteur à même de le comparer au texte de l'historien [1].

4. — *Parilibus.* Ces fêtes se célébraient le 21 avril, anniversaire du jour où Romulus avait jeté les fondements de la ville de Rome. César ordonna de célébrer ce jour-là, tous les ans, les jeux du Cirque en mémoire de la nouvelle qu'on reçut à Rome, le soir avant la fête, de la dernière victoire qu'il avait remportée à Munda, en Espagne, sur Labienus et les fils de Pompée.

[1] Cette note nous a été communiquée par M. E.-F. Corpet, l'un de nos collaborateurs à cette seconde série de la *Bibliothèque Latine-Française.*

5. — *Sestertium bis millies octingenties.* Cette somme immense, puisqu'elle représente cinquante-six millions environ de notre monnaie, est écrite en toutes lettres dans les manuscrits, et si distinctement qu'on ne saurait supposer une erreur des copistes

6. — *Decies scribi publicitus in 'evicis archiis jussit.* Au moyen d'un petit changement, dit Casaubon, on peut restituer ce passage; il consiste à substituer *cunctis*, ou, comme le préférait le docte Scaliger, *civicis* à *evicis.* Nous n'avons point à nous prononcer après de si habiles commentateurs.

VIE DE FLORIEN.
(An. de J.-C. 276.)

1. — *Hæc ego in aliorum vita de Probo idcirco credidi prælibanda.* Telle est la leçon donnée par tous les manuscrits, et qui, à l'impression, s'est trouvée altérée ainsi : *De Probo idcirco indidi.* Casaubon et Gruter blâment à juste titre cette mutilation du texte. — Nous avons déjà eu l'occasion de parler, dans la Notice sur Vopiscus (p. 255), de la détermination que prend l'historien de consacrer ici quelques mots à la mémoire de Probus.

2. — *Vinum.... subito purpureum factum est.* On peut induire de ce passage que Fundi produisait des vins blancs.

3. — *Ex summo fastigio.* Saumaise pense qu'on doit entendre par ces mots la partie la plus élevée d'une maison où il était d'usage de placer les images et les statues des dieux comme on le fait sur le fronton des temples. On lit dans la *Vie de Pescennius* (ch. xii) par Spartien : « Domus ejus hodie Romæ visitur in campo Jovis, quæ appellatur Pescenniana; in qua simulacrum ejus in trichoro constituit. »

VIE DE PROBUS.
(An. de J.-C. 276 — 282.)

1. — *Sed non patiar ego ille, a quo dudum solus Aurelianus est expetitus.* Passage cité dans la Notice sur Flavius Vopiscus, p. 257 de ce volume.

2. — *Item ex domo Tiberiana.* Les manuscrits portent *Numeriana*, mais nous ne connaissons aucune bibliothèque de ce nom,

tandis qu'Aulu-Gelle (*Nuits attiques*, liv. xiii, ch. 19) fait mention de la bibliothèque du palais de Tibère. Nous ne devons pas omettre de dire, cependant, que Publius Victor parle de vingt-neuf établissements de ce genre, et que, par conséquent, on a perdu le nom du plus grand nombre.

3. — *Probus oriundus e Pannonia, civitate Sirmiensi.*—Voyez la note 5 de la *Vie d'Aurélien*.

4. — *Et merita, pro debito mentis splendore, desiderant.* Casaubon voit dans ces mots *pro debito mentis splendore*, une glose qui s'est glissée dans le texte. Sans admettre complétement son avis, nous sommes forcés de convenir que le participe *debito* est ici fort embarrassant. S'il nous était permis d'émettre une opinion après une autorité d'un si grand poids, nous proposerions un léger changement qui suffirait pour rendre le passage parfaitement intelligible. Il consiste à lire *splendori* au lieu de *splendore*. On pourrait alors traduire ainsi littéralement : « En raison de ce qui est dû à l'éclat de son caractère. » Quoique nous ayons conservé le texte tel que le donnent toutes les éditions, nous n'en avons pas moins adopté le sens fondé sur la correction que nous indiquons.

5. — *Bubulæ pondo....* Le nombre des livres manque, mais en consultant des passages analogues, et entre autres le chapitre ix de la *Vie d'Aurélien*, on peut conjecturer que ce nombre était huit. C'est du moins le chiffre que donne la proportion.

6. — *Donatus est hastis puris quatuor.* — Voyez la note 13 de la *Vie d'Aurélien*.

7. — *Coronis vallaribus duabus, corona civica una.* — Voyez Aulu-Gelle, *Nuits attiques*, liv. v, ch. 6.

8. — *Vexillis puris quatuor.* Par ces mots, suivant Saumaise, il faut entendre des étendards sans ornements d'or ni d'argent.

9. — *Enim.* Ce mot, qui signifie ici *mais*, a été employé dans ce sens par Tacite au liv. iv, ch. 11, des *Histoires*.

10. — *Tacito absumpto fataliter.* Nous n'ignorons pas que l'expression *fataliter mori* a été employée par Eutrope dans le sens de *mourir de mort naturelle*, mais nous n'avons pu adopter ici cette signification, Vopiscus disant plus loin (ch. xiii) que Probus fit rechercher ceux qui avaient dressé des embûches à Tacite. Or, tout porte à croire que si Tacite n'avait pas péri dans ces embûches, il se fût chargé lui-même du soin de punir les coupables, et que, dans le cas où il leur aurait fait grâce, Probus n'aurait

point eu à revenir sur cet acte de clémence. Du reste, le participe *absumpto*, que Vopiscus emploie ici, et qu'il applique encore à Tacite, dans les considérations qui précèdent les *Vies de Carus, de Numérien et de Carin* (p. 450), indique assez un acte de violence.

11. — *Secundum orationem.* Saumaise voit à la suite de ces mots une lacune qu'il propose de remplir par les mots *habuit, in qua*, de sorte que la phrase se lirait ainsi : « Accepto igitur hoc senatusconsulto, secundum orationem *habuit, in qua* permisit patribus, etc. » On peut, à la rigueur, sous-entendre le verbe *habeat*, et dès lors la phrase peut se comprendre ; toutefois nous traduisons d'après la leçon proposée par Saumaise.

12. — *Qui Tacito insidias fecerunt.* — *Voyez*, ci-dessus, la note 10.

13. — *Blemmyas etiam subegit.* —*Voyez*, sur les Blemmyes, la note 32 de la *Vie d'Aurélien*.

14. —*Venationem in Circo amplissimam dedit.* — *Voyez*, sur ces chasses d'animaux, la note 5 de la *Vie des trois Gordien*, t. III, p. 365.

VIES DE FIRMUS, DE SATURNIN, DE PROCULUS ET DE BONOSE.
(An. de J.-C. 274 — 280.)

1. — *Antonium.... tacuit.* L'édition de Deux-Ponts porte *Antoninum*; mais nous suivons la leçon de l'édition de Leyde (1671) qui se trouve confirmée par un passage de Spartien (*Vie de Pescennius*, ch. IX). Voyez t. 1er, p. 164 de notre édition.

2. — *Firmum non inter purpuratos habuit.* —*Voyez* la *Vie d'Aurélien*, ch. XXXII.

3. — *Tantum habuisse de chartis, ut publice sæpe diceret, exercitum se alere posse papyro et glutino.* Ce passage a beaucoup exercé l'imagination de Saumaise et de Casaubon, qui ont voulu pénétrer l'idée de Vopiscus. Y sont-ils parvenus? c'est ce que nous n'oserions affirmer. Comme toute idée sur cette matière peut se défendre, nous pensons que le lecteur se contentera d'une traduction qui, si elle n'explique pas l'esprit du passage, s'en tient fidèlement à la lettre.

4. — *Apenninis sortibus.* Casaubon voudrait qu'on lût *Aponinis*, correction qu'il a déjà proposée au ch. X de la *Vie de Claude* par

Trebellius Pollion. Ses motifs se trouvent développés par M. Legay, au tome 1er, p. 476 de cet ouvrage, note 23.

5. — *Ita ut Tritanum vinceret, cujus Varro meminit.* Lucilius a parlé avant Varron de ce Tritanus qui, suivant une conjecture assez probable de M. Corpet, était contemporain du satirique latin (*Voir* dans l'édition de Lucilius de notre *Bibliothèque Latine-Française*, le fr. 3 des *fragments incertains*, p. 223). Pline en parle (*Hist. Nat.*, liv. VII, ch. 19) d'après Varron, et Solin s'exprime en ces termes au ch. 1er du *Polyhistor* (p. 5 de l'édit. Panckoucke) : « Varron, citant des exemples d'une force extraordinaire, parle du gladiateur Samnite Tritanus, qui, grâce à l'appareil musculaire qui recouvrait ses côtes et qui sillonnait ses mains et ses bras, touchait à peine ses adversaires pour les abattre, n'ayant presque aucun danger à redouter pour lui. »

6. — *Nemo illic archisynagogus judæorum*, etc. Nous traduisons ce passage d'après l'explication qu'en donne Casaubon, et, si le texte n'est pas altéré, on ne peut le comprendre autrement. Cependant Saumaise prétend qu'il faut sous-entendre *qui non Serapin colat* après le mot *alyptes*, et traduire ainsi cette phrase : « On n'y voit point de chef de synagogue juive, point de samaritain, point de prêtre chrétien, point de mathématicien, point d'aruspice, point d'alypte qui ne rende hommage à Sérapis. » L'opinion de Casaubon est préférable à celle de Saumaise, en ce que, comme celle-ci, elle n'est pas fondée sur une conjecture.

7. — *De Antinoo quæ dixerunt.* Spartien (*Vie d'Adrien*, ch. XIV) parle de la manière tragique dont périt le favori d'Adrien.

8. — *Quos [pullos] quemadmodum fecundant pudet dicere.* Aristote est moins réservé. Il nous dit (liv. VI, ch. 2, de l'*Histoire des animaux*) que les Égyptiens mettaient des œufs dans le fumier pour les faire éclore.

9. — *Quum.... ad latrunculos luderetur.* — *Voyez* sur le jeu des échecs, tel que le jouaient les anciens, le petit poëme de Saleius Bassus adressé à Calpurnius Pison, v. 180 (p. 94), et la note qui se réfère à ce passage (p. 102 de l'édit. Panckoucke).

10. — *Quum.... Romanas lusorias Germani incendissent.* Nous suivons ici la leçon proposée par Gruter et suivie par Saumaise : avant eux on avait toujours écrit *luxurias*. « Vocabantur *lusoriæ* (dit Gruter) naves quas Romani habebant in fluminibus contra barbaros. »

VIES DE CARUS, DE NUMÉRIEN ET DE CARIN.
(An. de J.-C. 282 — 284.)

1. — *Fato rempublicam regi, eamque nunc ad summum evehi, nunc ad ima retrahi.* Ce début rappelle l'exorde de l'Oraison funèbre de Henriette-Marie de France, reine de la Grande-Bretagne, prononcée par Bossuet en 1669 : « Celui qui règne dans les cieux, et de qui relèvent tous les empires, à qui seul appartient la gloire, la majesté et l'indépendance, est aussi le seul qui se glorifie de faire la loi aux rois, et de leur donner, quand il lui plaît, de grandes et terribles leçons. Soit qu'il élève les trônes, soit qu'il les abaisse, soit qu'il communique sa puissance aux princes, soit qu'il la retire à lui-même et ne leur laisse que leur propre faiblesse, il leur apprend leurs devoirs d'une manière souveraine et digne de lui. »

2. — *Triginta etiam prope tyrannorum, cæsa civilium membra sibimet vindicantium.* De l'aveu de Casaubon, ce passage est excessivement altéré. Nous pensons qu'ici, aussi bien qu'en quelques autres endroits, le lecteur ne nous saura pas mauvais gré d'avoir plutôt cherché à présenter une idée raisonnable qu'une traduction littérale qui n'offrirait qu'un assemblage de mots incohérents.

3. — *Ut præsumpte veritatem dicere nequeam, quæ illa vera sit.* « Singulière manière de s'exprimer! » dit Casaubon. Ce savant commentateur pense qu'il faut ici supprimer un des deux mots *veritatem* ou *vera*.

4. — *Feci aliter, si, te juvante, non fallar.* « On ne peut tirer de ceci aucun sens, dit Casaubon ; il faut écrire *non feci aliter.* » Gruter dit aussi : « Je ne comprends point ces subtilités. » Le jugement de ces grands maîtres nous autorise assez à donner le sens présumé de cette phrase, et non celui qu'elle paraît présenter.

5. — *Vim fati quamdam esse.* Nous suivons ici la leçon proposée par Saumaise, qui nous paraît incontestable. L'édition de Deux-Ponts lit *quondam esse*.

6. — *Quum nimio fletu oculos dolore cœpisset, quod illi ægritudinis genus, utpote, confecto vigilia, familiarissimum fuit, ac lectica portaretur.* Cette phrase, avant les changements que lui a fait subir Gruter, était on ne peut plus défectueuse, et c'est en vain qu'on eût cherché à en tirer un sens raisonnable. Nous la transcrivons ici pour que le lecteur puisse en juger lui-même : « Quum nimio fletu oculos dolore cœpisset, quod *illud* ægritudi-

nis genus *nimia*, utpote *familiarissima*, *confectus angustia in-
currisset : et dum* lectica portaretur. »

7. — *Æneæ magni dextra cadis.* VIRGILE, *Énéide*, liv. x,
v. 830.

8. — *Lepus tute es, et pulpamentum quæris.* Ce vers, que Vopiscus attribue à Livius Andronicus, se trouve aussi dans l'*Eu-
nuque* de Térence, acte III, sc. 1. Nous le traduisons par un
équivalent que nous fournit l'excellent *Dictionnaire latin-français*
de MM. Quicherat et Daveluy.

9. — *Curiosum puto.* Nous adoptons ici la correction judicieuse
de Casaubon, et, comme lui, nous pensons que Vopiscus ne peut
avoir écrit : « Curiosum *non* puto, » que donnent toutes les éditions.

10. — *Fons erat pertepida, ut solet per hiemem naturaliter.*
Personne aujourd'hui n'ignore que la température de l'eau des
puits et des fontaines, lorsque cette eau provient d'une seule
source, varie très-peu dans les différentes saisons de l'année, et
que ce n'est que comparativement avec la température de l'air,
que nos sens croient y remarquer un changement. Les caves
sont dans le même cas, et on a reconnu par des observations
faites chaque jour depuis quarante ans, que celles de l'Observa-
toire de Paris, qui sont à $27^m,61$ au-dessous du sol, ont constam-
ment resté, aussi bien dans les grandes chaleurs de l'été, que
pendant les froids extrêmes de l'hiver, à $11°,82$.

11. — *Apud Murtium.* Les historiens ne sont pas d'accord sur
le nom de la ville auprès de laquelle Carin fut vaincu. Eutrope
(liv. IX, ch. 13) l'appelle Margus, et rend ainsi compte du même
fait : « Dioclétien, dans une grande bataille livrée près de Margus,
défait Carin, l'objet vivant de la haine et de l'exécration géné-
rales ; l'armée de Carin, plus forte que celle de son adversaire,
le trahit, ou du moins l'abandonne entre Viminatium et le mont
d'Or. » (Trad. de M. N.-A. DUBOIS.)

12. — *Maxime quum vel.* Saumaise croit que la particule dis-
jonctive *vel* est ici employée pour la conjonction *et*, comme on
en trouve plusieurs exemples dans Virgile et dans Horace. D'un
autre côté, Casaubon doute, malgré l'autorité des manuscrits,
que ce mot doive être conservé. Nous nous sommes rangés à
l'avis du premier de ces commentateurs.

13. — *Donati sunt ab Atrebaticis birri petiti*, etc. Cette phrase
trouverait plus naturellement sa place à la fin du chapitre précédent qu'en cet endroit, où l'on s'étonne à bon droit de la ren-

contrer, séparée qu'elle est du sujet auquel elle se lie, par une digression qui devait faire croire que l'historien avait fini d'énumérer les présents qui furent faits aux artistes grecs, aux gymniques, aux musiciens et aux histrions. Rendons cependant justice à Vopiscus, en faisant remarquer que son style est généralement moins décousu que celui des autres écrivains de *l'Histoire Auguste*.

Il pourra d'abord paraître téméraire aux lecteurs de la *Bibliothèque Latine-Française*, qu'un correcteur d'imprimerie ait osé placer son nom à côté de celui d'un membre de l'Université qui, à plus d'un titre, a droit à la considération des hommes de lettres ; mais le motif qui m'a décidé à partager un honneur si périlleux disposera peut-être en ma faveur des suffrages dans lesquels je place toute mon ambition.

M. Taillefert, qui signala sa sortie du collége en remportant un prix d'honneur au concours, avait accepté une rude tâche, celle de donner une traduction de Vopiscus. Appelé aux pénibles fonctions de censeur des études au collége royal de Mâcon, il s'est vu dans l'impossibilité de continuer un travail auquel, comme il le dit lui-même, il attachait une grande importance, en raison des difficultés qu'il présentait. Malgré les regrets qu'il éprouvait de laisser une œuvre non achevée, il a dû l'abandonner après avoir donné la traduction des *Vies d'Aurélien, de Tacite* et *de Florien*, que ses occupations ne lui ont pas même laissé le temps d'annoter. Trouver une personne qui voulût se mettre en parallèle avec un professeur si distingué, était chose difficile : chacun aime à voir son nom en bonne compagnie, sans doute, mais se soucie peu de le voir éclipsé par la renommée d'autrui. Il fallait donc s'adresser à quelqu'un qui fût placé dans une condition telle, que la réputation de M. Taillefert ne pût lui porter ombrage.

Ma position a paru devoir rendre la critique moins sévère à mon égard, et à moi a été dévolu le soin de traduire les *Vies de Probus, de Firmus, de Saturnin, de Proculus, de Bonose, de Carus, de Numérien* et *de Carin*. J'ai accepté, sans hésiter, la lutte qui m'était proposée, bien pénétré qu'elle serait honorable pour moi, quand même je serais vaincu.

J. CHENU.

TABLE ALPHABÉTIQUE

DES NOMS PROPRES

CITÉS PAR ÆLIUS LAMPRIDIUS ET FLAVIUS VOPISCUS.

ÆLIUS LAMPRIDIUS.

A

Abraham, p. 169
Achaïe, 25.
Acholius, 145, 201, 227, 231.
Adrien, 39, 67, 77, 79, 171, 181, 193.
Afrique, 39.
Agrippa, 161.
Alexandre le Grand, 131, 141, 143, 161, 169, 171, 177, 183.
Alexandre Mammée, 131.
Alexandre Sévère, 25, 73, 81, 87, 89, 91, 95, 113, 115, 123. *Voyez* Sévère.
Alexandrie, 39, 167.
Alexandrine (fontaine), 161.
Alexandrine Commodienne, 39.
Allius Fuscus, 25.
Alphenus, 231.
Anicius Lupus, 23.
Anteros, 15, 17.
Antioche, 51, 167, 209, 211.
Antiochianus, 89.
Antonin, 11, 217.
Antonin Caracallus, 53, 69, 161.
Antonin Mamertinus, 23.
Antonin le Pieux, 59, 67, 69, 137.
Anubis, 27, 37.
Apamée, 99.
Aper, 13, 31.
Aphricanus, 231.
Apicius, 97, 99, 105.
Apolaustus, 23.
Apollonius, 169.
Arabianus, 65.
Arabie, 63.
Aristomaque, 89.
Arka, 115, 131.
Arménie, 217.
Arméniens, 223.
Arrius Antoninus, 23.
Artaxerxe, 211, 213.

Asie, 23, 25, 63.
Assur, 183.
Atelus Sanctus, 11.
Athénée, 177.
Attale, 23.
Attilius Sévère, 19.
Auguste, 67, 167.
Aurélien, 123, 225.
Aurelius, 139.
Avidius Cassius, 127.

B

Bacchus, 85, 111.
Bassianus, 49, 135, 137, 139.
Bassianus Caracallus, 53, 59, 65, 67, 69, 71.
Bellone, 27.
Bretagne, 21, 33, 219.
Bretons, 25.
Byrrus, 23.

C

Caligula, 29, 67, 119, 121.
Callistrate, 231.
Capella Antistius, 11.
Capitole, 91, 115, 193, 215.
Caracallus, 95, 131.
Carthage, 39.
Cassius, 13.
Catilius Severus, 233.
Catulus, 153.
Célianus, 65.
Célius (mont), 37, 115.
Cellus Felix, 25.
Celse, 231.
Centumcelles, 13.
César, 13, 223.
Césarée, 145.
Chaldéens, 81.
Christ, 71, 169, 193.
Cicéron, 135, 169, 171, 191, 223.
Cingius Severus, 45.
Cirque, 119, 217.
Claude, 69, 123.

Claudia, 171.
Claudius, 21.
Claudius Censor, 85.
Claudius Lucanus, 25.
Claudius Pompeianus, 17.
Claudius Venatus, 231.
Cléandre, 21, 23, 39.
Clodius Albinus, 127.
Commode, 135, 137, 139.
Commodienne Herculienne, 39.
Condianus, 17.
Constance, 69.
Constantin, 69, 121, 227, 231.

D

Daces, 33.
Dacie, 33.
Daphné, 211.
Delos, 163.
Démosthène, 223.
Dexippe, 203.
Diadumène, 67, 71, 137, 139.
Diane, 77.
Domitien, 229.
Domitius Ulpianus, 231.
Dulius Silanus, 23.

E

Ebre, 79.
Ebutianus, 23.
Egnatius Capiton, 19.
Egypte, 13, 111, 167.
Egyptiens, 111.
Electus, 35.
Eleusis, 151.
Elius Gordianus, 231.
Elius Serenianus, 233.
Emilien (pont), 93.
Emilius Junetus, 19.
Encolpius, 149, 201.
Ethiopiennes, 119.

F

Fabius Chilon, 45.
Fabius Gurgès, 107, 109.

TABLE ALPHABÉTIQUE DES NOMS PROPRES.

Fabius Marcellinus, 201.
Fabius Sabinus, 231.
Faustia Anna, 25.
Faustine, 11.
Faustiniennes, 217.
Flore, 75.
Florentinus, 231.
Frontin (Jules), 129.
Furius Celsus, 217.
Fuscianus, 33.

G

Gargilius Martial, 181.
Gaule, 219, 225.
Gaulois, 219.
Gellia, 183.
Gellius, 65.
Germains, 209, 215, 219, 221.
Germanie, 13, 31, 33, 219, 213, 223, 225.
Géta, 59.
Gordien, 57, 95, 121, 231.
Gordius, 75, 85, 91.
Grecs, 209.

H

Héliogabale, 65, 125, 131, 135, 147, 149, 151, 155, 157, 159, 163, 173, 175, 179, 181, 185, 195, 203, 219, 221, 227.
Hercule, 27, 29, 37, 59, 61.
Herculien Commodien, 41.
Hermogène, 231.
Hérodianus, 207, 215.
Hiéroclès, 75, 91.
Homulus, 229.
Horace, 169.

I

Illyrie, 217.
Isis, 27, 163.
Italie, 63, 79.

J

Janus, 37.
Juifs, 71.
Julianus, 23, 57, 127.
Julien, 17, 29, 31.
Julius Granianus, 129.
Julius Paulus, 231.
Julius Proculus, 25.
Junius Palmatus, 217.
Junon, 61, 71.
Jupiter, 41, 51, 67, 95, 149, 181.

L

Lacédémone, 105, 161.
Lanuvium, 11, 15, 37.
Laodicée, 77.
Lartius Euripianus, 25.
Laurente, 45.
Letus, 37.
Libitine, 39.
Licinius, 123.

Livius, 45.
Lollius Urbicus, 65.
Luceius Torquatus, 25.
Lucilla, 17, 19, 25.
Lucius Antoine, 127.
Lucius Vindex, 127.

M

Macédoine, 203.
Macédoniens, 203.
Macrin (Bébius), 129.
Macrin (Opilius), 49, 51, 53, 57, 59, 61, 63, 67, 69, 71, 73, 79, 83, 125.
Mages, 81.
Mammée, 127, 153, 163.
Mammeennes, 217.
Mamméens, 217.
Marc, 135.
Marc Antonin, 11, 13, 59, 81, 97.
Marc-Aurèle, 59, 61, 67, 69, 137.
Marcellus, 131, 195.
Marcia, 25, 29, 39.
Marcius Quartus, 21.
Marcomans, 81.
Marcus, 51, 139.
Marcus Aurelius Antonin, 65.
Marius Maximus, 33, 37, 41, 85, 131, 155, 171, 201, 227, 231.
Marses, 103.
Martial, 183.
Martianus, 203, 231.
Maures, 33.
Mauritanie Tingitane, 217.
Maxence, 123.
Maxime, 31.
Maximien, 123.
Maximin, 219, 223, 225.
Memmia, 153.
Mésopotamie, 213.
Metellus, 137, 193.
Metianus, 231.
Minucius, 37.
Mithra, 27.
Modestinus, 231.
Motilenus, 27.
Murissimus, 91.

N

Narbana, 17.
Nébon, 129.
Néron, 41, 43, 67, 97, 117, 119, 121, 137, 161.
Nerva, 167.
Nicomédie, 73.
Nonia Celsa, 61.
Norbanus, 17.

O

Onésicrite, 11.
Oresta, 79.
Oreste, 77, 79.
Orient, 225.

Orphée, 169.
Orphetus, 31.
Osdroènes, 123.
Othon, 97.
Ovinius Camillus, 199.

P

Pactuleius Magnus, 25.
Pelatin (mont), 115.
Palus, 37.
Pannonie, 33.
Papinien, 163, 231.
Paralius, 17.
Pâris, 75.
Parthes, 135, 203, 219, 223.
Paulus, 163, 165.
Perennis, 19, 21, 25.
Perse, 195.
Perse (la), 103, 117, 205, 211, 213, 229.
Perses, 135, 151, 205, 209, 211, 215.
Pertinax, 39, 41, 57.
Pescennius Niger, 127, 177.
Petronius Mamertinus, 23.
Petronius Sura, 23.
Philippe, 145, 159.
Philippe l'Arabe, 119.
Philippus (Aur.), 127.
Pison, 31.
Pius, 51.
Platon, 169, 171.
Platon, 69.
Pollion, 13, 31.
Pompée, 141, 223.
Pomponius, 231.
Porphyre, 161.
Préneste, 131.
Probus (Aur.), 187.
Proculus, 231.
Protogène, 75.
Prudens, 31.
Pseudo-Philippe, 79.
Pseudo-Antonin, 79.

Q

Quadratus, 15.
Quintilius, 17.
Quintilius Marcellus, 233.
Quintus Emilius Létus, 39.
Quirinal (mont), 73.

R

Regillus, 23.
Romains, 67, 71, 107, 145, 213.
Rome, 13, 15, 19, 25, 29, 37, 161, 173, 177, 187, 191, 193, 195, 209, 213, 217, 219, 225, 227, 231.
Romulus, 13.
Rufus, 31.

S

Sabinus, 93, 231.
Salambo, 77.
Samaritains, 71.

496 TABLE ALPHABÉTIQUE

Salvius Julianus, 15.
Sarmates, 21, 209.
Scaurinus, 129.
Scipion, 107, 109.
Semiamira, 69, 89, 95.
Septimius, 201.
Septimius Arabinus, 149, 151.
Sérapion, 129.
Sérapis, 163.
Serenus Sammonicus, 169.
Servilius Silanus, 23.
Sévère, 41, 57, 59, 95, 111, 157.
Sextus, 17.
Silvinus, 93.
Spérat, 43.
Statius Valens, 201.
Stilion, 129.
Suétone, 29.
Sulpicius, 95, 153.
Sulpitius Crassus, 25.
Sybarites, 115.
Sylla, 25.
Syrie, 13, 69, 77.

T

Tarrutenus Paternus, 17.
Thébaïde, 105.
Thrasybule, 223.
Tibère, 119.
Tibre, 39, 93, 95, 115, 121.
Tigidius, 17.
Titus, 67, 139.
Titus Veturius, 127.
Trajan, 13, 67, 111, 139, 143, 161, 163, 183, 201, 229.
Triphonius, 231.
Turinus, 231.
Tuscus, 65.

U

Ulpien, 93, 147, 163, 165, 171, 175, 205, 231.

V

Valerius Bassianus, 25.

Valerius Cordus, 127.
Varia, 83, 85, 117, 125.
Varius, 67, 125.
Varius Macrin, 217.
Varron, 137.
Vatican, 103.
Vectilius, 37.
Velius Rufus, 19.
Venuléius, 231.
Vénus, 75, 77, 85, 205.
Verus, 51, 61, 137, 139, 201.
Vespasien, 67, 139.
Vesta, 71, 75.
Vetronius Turinus, 177, 179.
Vitellius, 67, 97, 105, 121, 137.
Viminale (porte), 115.
Virgile, 145, 171.
Vitrasia Faustina, 19.
Vitruvius Secundus, 17.

Z

Zoticus, 83.

FLAVIUS VOPISCUS.

A

Achille, p. 375.
Achilleus, 311.
Acholius, 281.
Adrien, 283, 329, 347, 351, 367, 381, 415, 431.
Afrique, 281, 337, 345, 365, 391, 397, 425, 435, 437, 469, 477.
Alains, 315, 389.
Albanais, 327.
Albingaunes, 441.
Albingaunum, 437.
Albinus, 275, 421.
Alemans, 365, 397, 441.
Alexandre, 375.
Alexandre Sévère. Voyez Sévère.
Alexandrie, 371, 425, 435.
Alma, 409.
Alpes, 297, 337, 437.
Anacharsis, 265.
Ancarius (Quintus), 281.
Annibalien, 415.
Antinoüs, 433.
Antioche, 267, 301, 371.
Antistius, 339.
Antoine, 421.
Antonin, 283, 319, 347, 367, 397, 415.
Antonius Gallus, 273.
Apennin, 425.
Aper, 463, 467.
Apollinaire (Aur.), 463.
Apollon, 291, 369.
Apollonius, 299, 301.
Aquilée, 371, 453.
Arabes, 279.

Arabie, 315.
Aradion, 391.
Arellius Fuscus, 325.
Aristote, 265.
Arméniens, 279, 305, 307, 327.
Arrius Aper, 463.
Artabasse, 381.
Asclépiodote, 331, 415.
Asie, 325.
Athènes, 371.
Athéniens, 323.
Atrebates, 477.
Auguste, 295, 329, 449, 451.
Aurélien, 341, 313, 347, 355, 357, 361, 363, 367, 385, 387, 391, 397, 399, 401, 421, 423, 415, 427, 429, 431, 435, 439, 443, 445, 447, 451, 467.
Aurélien Festivus, 429.
Aureolus, 285, 287.
Autronius Justus, 371.
Autronius Tiberianus, 371.
Avidius, 421.
Avulvius Saturninus, 281.
Axomytes, 315, 317.

B

Bactriens, 315, 327.
Baïa, 353, 371.
Balbatus, 321.
Bassus, 423.
Bastarnes, 407.
Bébius Macer, 281.
Benacum, 417.
Bithynie, 297.
Blemmyes, 315, 327, 407, 409, 425.

Bonose, 409, 419, 441.
Bretons, 409.
Burburus, 427.
Byzance, 277, 281, 297, 317.

C

Caligula, 329.
Callicrate, 265.
Campanie, 353.
Caninia, 357.
Caninia (loi), 357.
Cannabas, 297.
Cannabaudes, 297.
Canusium, 477.
Capitole, 307, 313, 317, 327, 355, 357, 389.
Capitolinus (Julius), 379.
Capiton, 393.
Carin, 419, 423, 445, 451, 453, 457, 461, 469, 525.
Carlovisque, 279.
Carpiens, 309.
Carres, 427.
Carthage, 369, 449.
Carthaginois, 453.
Carus, 415, 417, 423, 445, 451, 463, 467, 469, 471, 473, 475.
Castricius, 323.
Catilina, 429.
Caton (M.), 375.
Cécilius, 465.
Cecropius, 415.
Cejonius Albinus, 273.
Cejonius Bassus, 311.
Cejonius Julianus, 423.
Celse, 375.
Celsinus, 331.

DES NOMS PROPRES.

Cenophrurium, 317.
Ceréius Metianus, 371.
Chypre, 281.
Cicéron, 323, 361, 377.
Cilicie, 329, 453.
Claude, 263, 285, 289, 321, 327, 329, 333, 367, 379, 385, 387, 397, 451.
Claudia, 379.
Claudius Capellianus, 371.
Claudius Eusthenius, 473.
Cléopâtre, 305, 391.
Clodius, 429.
Cologne, 409.
Commode, 349, 451.
Constance, 333, 415, 473.
Coptos, 407.
Corinthe, 371.
Corvinus, 275.
Ctésiphon, 457, 459.
Cybèle, 261.

D

Daces, 323.
Dacie, 265, 323.
Dalmatie, 471.
Danube, 297, 383.
Daphné, 301.
Dèce, 329.
Dioclétien, 309, 329, 331, 377, 415, 445, 461, 465, 467, 473.
Domitia, 337, 447.
Domitien, 451.

E

Egypte, 281, 313, 333, 335, 345, 379, 391, 423, 425, 429, 431, 433, 435.
Egyptiens, 315, 431, 433, 435.
Elbe, 401.
Elée, 265.
Elius Cesetianus, 351.
Elius Scorpianus, 395.
Elius Xiphidius, 279.
Emesse, 301, 303.
Enée, 465.
Espagne, 375, 409, 435, 469.
Espagnols, 409.
Etable (portique de l'), 475.
Etrurie, 337.
Europe, 287, 309, 311, 313, 401.

F

Fabius Cerilianus, 453.
Fabius Marcellin, 379.
Fabius Sosianus, 423.
Falconius Probus, 325.
Felicissimus, 321, 323.
Firmus, 313, 419.
Flavius Arabianus, 335.
Flavius Claudius, 287.
Florien, 355, 361, 377, 391, 393, 395, 399, 401, 421.
Franks, 271, 365, 397.
Fulvius Asprianus, 473.

Hist. Auguste. II.

Fulvius Bojus, 281.
Fulvius Sabinus, 289.
Fundi, 369.
Furius Placidus, 285.

G

Galérien, 473.
Gallien, 273, 279, 285, 287, 289, 295, 327, 381, 385, 387, 421, 437, 449, 451.
Gallonius Avitus, 415.
Gargilius Martialis, 379.
Gaudiosus, 415.
Gaules, 275, 313, 315, 317, 327, 375, 401, 403, 409, 431, 435, 457, 467, 469, 473.
Gaulois, 409, 441, 449.
Gautunnes, 407.
Gellius, 375.
Gépides, 407.
Germains, 315, 345, 401, 409, 411, 443.
Germanie, 401, 403, 405.
Gillon, 339.
Gordien (Aur.), 325.
Goths, 281, 287, 297, 313, 315, 397, 443, 445.
Grande-Bretagne, 409, 441, 469.

H

Haldegaste, 279.
Hartomond, 279.
Héliogabale, 303, 349.
Hémimont, 287.
Héraclamon, 297, 299.
Héracléc, 317.
Hercle, 369.
Hercule Maximien, 415.
Herennianus, 321, 331, 415.
Hibères, 315, 323, 327.
Hildemond, 279.
Homère, 375.
Hunila, 445.

I

Illyricum. *Voyez* Illyrique.
Illyrie, 269, 275, 281, 287, 319, 327, 345, 385.
Illyriens, 453.
Illyrique, 297, 313, 405, 409, 411, 453, 461, 469.
Indes, 309, 327, 425.
Indiens, 315.
Interamne, 363, 365.
Isaures, 405.
Isaurie, 405, 407.
Italie, 321, 327, 393, 417, 461, 469.

J

Junius, 453.
Junius Calpurnius, 459.
Junius Messala, 475, 477.
Junon, 399.
Jupiter, 307, 315, 397, 399, 403, 425, 427.

L

Lampride (Elius), 379.
Larium, 417.
Léonide, 415.
Libye, 315, 391, 411.
Livius Andronicus, 465.
Longin, 309.
Lucanie, 323.
Lyonnais, 439.

M

Macédoine, 375.
Mallius Chilon, 299.
Mammée, 329, 451.
Manlius Statianus, 397.
Marc-Aurèle, 421, 451.
Marcomans, 289, 291, 295.
Marcus Fontéius, 423.
Marcus Salvidienus, 437.
Marius Maximus, 379, 411.
Marmarides, 391, 397.
Mars, 351.
Matronianus, 469.
Maures, 435.
Mauritanie, 357.
Maximien, 329, 331, 377, 459, 467, 473.
Mayence, 271.
Mecens de Brindes, 281.
Memmius Fuscus, 281.
Méotides, 287.
Mésie, 265, 323.
Mésius Gallicanus, 353.
Mésopotamie, 279, 457.
Metianus, 439.
Metius Falconius Nicomaque, 349.
Milan, 289, 371, 429, 453, 471.
Minerve, 399.
Mithridate, 377.
Mnesthée, 319.
Mucapore, 303, 317.
Mulvius Gallicanus, 381.
Murentius, 281.
Murtium, 473.

N

Narsès, 407.
Nècre, 401.
Némésien (Olympius), 463.
Néron, 295, 329, 349, 447, 451.
Nerva, 283, 329, 351, 451.
Nicopolis, 277.
Niger, 421.
Nil, 335, 391.
Numa, 449.
Numérien, 423, 445, 453, 457, 461, 463, 475.
Numidie, 357.

O

Odénat, 313, 391.
Onésime, 441, 443, 453, 457, 469, 471.
Ostie, 333, 357.

408 TABLE ALPHABÉTIQUE DES NOMS PROPRES.

P

Palès, 355.
Palestine, 315, 435.
Palfurius, 405.
Palmyre, 297, 303, 305, 307, 311, 315.
Palmyréniens, 311, 391.
Palus-Méotides, 261.
Pamphylie, 407.
Pannonie, 379.
Pannoniens, 453, 461.
Parthes, 365, 397, 407.
Périnthe, 445.
Perse, 361, 411.
Perse (la), 297, 305, 459.
Perses, 267, 307, 309, 313, 315, 317, 327, 345, 361, 365, 381, 385, 397, 497, 457, 465.
Phagon, 339.
Philippe, 263, 329.
Phlégon, 431.
Pisonien, 415.
Plaisance, 293.
Platon, 465.
Plaute, 465.
Pollion (Trebellius), 261, 421.
Pomérium, 295.
Pompée (Cn.) 377, 429.
Pompilius, 325, 345.
Pont, 295, 375, 397.
Porphyre, 377.
Postumius, 273.
Postumus, 401.
Pouzzol, 371.
Probus, 309, 363, 369, 423, 431, 437, 439, 441, 443, 447, 451, 453, 455, 457, 461, 465.
Proculus, 409, 419, 423.
Ptolémaïs, 407.
Pyrrhus, 449.

Q

Quades, 383.
Quintilius, 365.
Quintillus, 263, 287, 321.

R

Rhétie, 405, 443.
Rhin, 271, 345, 397, 401, 443.
Ripariens, 313.
Romains, 303, 307, 309, 313, 347, 401, 403, 409, 429, 453.

Rome, 275, 289, 295, 303, 307, 313, 321, 323, 327, 335, 337, 341, 343, 351, 353, 357, 369, 371, 373, 407, 409, 427, 437, 449, 453, 455, 459, 469.
Romulus, 341, 449.
Roxolans, 315.
Rufus Celsus, 423.

S

Salluste, 263, 337, 375, 379, 429.
Sampso, 439.
Sandarion, 311.
Sarmates, 269, 289, 315, 365, 383, 397, 405, 411, 457, 461.
Sarmatie, 365, 439.
Sarrasins, 305, 307, 315, 327, 425.
Saturnin, 409, 419, 423, 431.
Scipion, 275, 377.
Séleucie, 425.
Sérapis, 433.
Sertorius, 377.
Servianus, 431.
Sévère (Alexandre), 329, 367, 397, 421, 451.
Severus Archontius, 423.
Sicile, 329.
Sidon, 477.
Sinon, 261.
Sirmiens, 413.
Sirmium, 265, 379, 409, 413.
Stagire, 265.
Suétone Tranquille, 379, 421.
Suétone Optatianus, 359.
Suèves, 289, 315.
Sylvain, 367.
Syrie, 305, 411.
Syriens, 311, 345.

T

Tacite (Aurélien), 327, 339, 363, 365, 367, 369, 377, 387, 391, 397, 399, 421, 451, 467.
Tacite (Cornelius), 263, 379.
Taprobane, 365.
Tarquin le Superbe, 449.
Tarse, 363.
Tartares, 327.
Tetricus, 313, 315, 323.
Theoclius, 269.
Thersite, 261.

Thessalonique, 371.
Thrace, 277, 281, 287, 297, 313, 327, 405, 407.
Thraces, 445, 461.
Thyane, 297, 299, 301.
Tibère, 377.
Tiberianus (Junius), 261, 263.
Tibre, 333, 335.
Timolaüs, 321.
Tite-Live, 263, 377, 379, 429.
Titus, 329, 451.
Tongres, 467.
Trajan, 277, 279, 283, 295, 323, 329, 347, 351, 353, 355, 367, 397, 415, 451.
Trévires, 371.
Tritanus, 427.
Trogue Pompée, 263, 379.
Tryphon Julius, 281.
Turdulus Gallicanus, 377.
Tyr, 265, 477.

U

Ulpienne (bibliothèque), 273, 353, 377, 463.
Ulpius Crinitus, 277, 281, 383, 385, 321.
Ulpius Syllanus, 291.
Ursinianus, 415.

V

Valérien, 269, 273, 277, 279, 281, 283, 285, 327, 379, 381, 383, 385, 421, 449, 451, 473.
Valerius Flaccus, 383.
Vandales, 315, 407.
Varron, 427.
Velius Cornificius Gordien, 345.
Vénus, 435.
Vérone, 427.
Verus, 433.
Vespasien, 329, 451.
Vindelicie, 327.
Vindéliciens, 317.
Vindex, 421.
Vitellius, 329, 447.
Viturgia, 439.

Z

Zaba, 301, 303.
Zénobie, 297, 301, 373, 305, 307, 309, 311, 313, 315, 317, 321, 425, 427.
Zenon, 265.

TABLE

DES MATIÈRES DU TOME DEUXIÈME.

Pages

ÆLIUS LAMPRIDIUS.

Notice.. 6
Vies de Commode Antonin................................... 11
    d'Antonin Diadumène................................... 49
    d'Antonin Héliogabale................................. 67
    d'Alexandre Sévère.................................... 125
Notes... 234

FLAVIUS VOPISCUS.

Notice.. 254
Vies d'Aurélien... 261
    de Tacite... 341
    de Florien.. 363
    de Probus... 375
    de Firmus... 425
    de Saturnin... 431
    de Proculus... 437
    de Bonose... 441
    de Carus.. 451
    de Numérien... 461
    de Carin.. 469
Notes... 478
Table alphabétique des noms propres cités par Ælius Lampridius et Flavius Vopiscus............................... 494

FIN DU TOME DEUXIÈME.

www.ingramcontent.com/pod-product-compliance
Lightning Source LLC
Chambersburg PA
CBHW050608230426
43670CB00009B/1315